W9-BAW-411

# ROMAN DE LA ROSE

Letras Universales

# GUILLAUME DE LORRIS/JEAN DE MEUN

# Roman de la Rose

Edición de Juan Victorio
Traducción de Juan Victorio

**CATEDRA**

LETRAS UNIVERSALES

Letras Universales
Asesores: Carmen Codoñer, Javier Coy
Antonio López Eire, Emilio Náñez
Francisco Rico, María Teresa Zurdo

Título original de la obra:
*Roman de la Rose*

Diseño de cubierta: Diego Lara
Ilustración de cubierta: Dionisio Simón

© Ediciones Cátedra, S. A., 1987
Don Ramón de la Cruz, 67. 28001-Madrid
Depósito legal: M. 29.843-1987
ISBN: 84-376-0691-8
*Printed in Spain*
Impreso en Lavel
Los Llanos, nave 6. Humanes (Madrd)

*A Pilar, Guillermina, Mari Paz,
Maribel y Montse. Y, en especial,
a Marta, la más bella rosa.*

# INTRODUCCIÓN

## AUTORES Y ÉPOCA

EL *Roman de la Rose* es un relato dividido en dos partes, de contenido diverso, debido a dos autores distintos, y escritas cada una de ellas con unos cuarenta años de separación.

El autor de los primeros 4.052 versos es Guillaume de Lorris[1], que nace cerca de Orléans por el año 1210 y muere, dejando su obra inconclusa, entre 1237 y 1240. Se trata de un «escolar», es decir, de un hombre culto que escribe una especie de biografía sentimental para uso, principalmente, de los jóvenes aristócratas a los que pretende instruir en los asuntos amorosos, que él conoce tanto por sus lecturas como por sus propias experiencias. Por el alcance de su obra, ésta puede ser considerada como el más grande monumento de la literatura trovadoresca.

Jean Chopinel[2] (o Clopinel), más conocido como Jean de Meun, es el responsable de los 17.722 versos restantes, labor que llevó a cabo hacia el 1276. Se trata de un personaje de vasta cultura, también autor de un *Art de Chevalerie* (versión en realidad del *De re militari* de Vegecio), y de otras traducciones de obras como la *Consolatio Philosophiae* de Boecio y la *Historia de Calamitatum* de Abelardo. Es decir, el interés de nuestro hombre radica esencialmente en obras de tipo práctico, moralista.

En efecto, si Lorris podía ser el representante de los

[1] A propósito de este personaje, léase el artículo de R. Lejeune, «Propos sur l'identification de Guillaume de Lorris, auteur du Roman de la Rose», en *Marche Romane*, XXVI (1976), págs. 5-17.

[2] Véase L. Kukenheim y H. Roussel, *Guide de la littérature française du Moyen Age,* Universitaire Pers Leiden, 1959.

gustos amorosos de la nobleza que empieza a perder el monopolio cultural, Meun lo será de la burguesía, como es fácil colegir de la lectura de sus versos, en los que aparece un concepto sobre el amor mucho menos «elevado». Para este autor el amor es una manifestación naturalista, cuantificable, clasificable y con la «rentabilidad» que se debe esperar de las otras ciencias de la naturaleza, que Jean Meun conoció bastante bien. En realidad, tratará del amor de una manera nada «sentimental», en absoluto desligado del estudio de esas ciencias. Su obra es, pues, una enciclopedia. Si a ello unimos su espíritu crítico (crítica que va contra una concepción amorosa que se basa en el lujo pernicioso e inútil, pero también contra la hipocresía de las órdenes religiosas) no es raro que nuestro poeta haya sido considerado como el Voltaire del siglo XIII, en cuya segunda mitad vivió (1250-1305).

\* \* \*

El citado siglo XIII no fue, ni mucho menos, una centuria más de la muy mal conocida Edad Media. Esos cien años, en efecto, reúnen tantos o más méritos, en todos los aspectos, que la época conocida como Renacimiento.

Este renacimiento precoz es debido a múltiples razones.

Desde el punto de vista político, la monarquía de los Capetos va a poner orden en la administración y a unificar territorios y voluntades. Y es bien conocido que, cuando se pone orden y se unifica, la situación general puede mejorar, pero es seguro que la libertad individual queda recortada, dándose la paradójica situación de que un movimiento que pretende quitarle importancia a Dios para dársela al hombre, tal como se le suele definir, acabe por triturar a este último en aras de un llamado progreso a cuya cabeza se van a situar precisamente los intelectuales, que son justamente los hombres que más van a ganar. Pues todo renacimiento surge a partir de un «conocimiento» de la Naturaleza, es decir, de un avance tecnológico cuyo último fin es su dominio, que relega al hombre a la consideración de mera pieza. Este avance técnico requiere un propulsor y un ordenador, papeles que son asumidos simultáneamente por los poseedores de lo que entonces (y ahora) es considerado cultura, quienes, para conseguir este fin, tienen que apoyar necesariamente al poder político y a todo poder fáctico.

Veamos los hechos.

Acabo de decir que los Capetos van a imponerse y a traer la unificación nacional. Felipe-Augusto comienza esta labor derrotando definitivamente a los Plantagenets y a sus aliados imperiales en 1214. Eliminados los enemigos exteriores, los interiores (es decir, los grandes señores) van a ver sus poderes progresivamente reducidos por Luis IX (San Luis). El tercer gran rey de este siglo es Felipe IV *(le Bel),* quien refuerza la autoridad monárquica y llega incluso a enfrentarse al Papa Bonifacio VIII. Así, de una monarquía sin apenas poder ni territorios al inicio del siglo, se llega al final de él a una institución que se puede definir como absolutista.

Para llegar ahí, además de los enemigos políticos, han ido cayendo los que lo son por otras razones. Los herejes del *Midi,* contra los que se dirige una cruzada, van a tener el raro privilegio de ser los primeros en conocer el fuego de la hoguera inquisitorial. Su derrota va a suponer la anexión de la Francia meridional a la septentrional. Y, con los albigenses, van a sucumbir igualmente los Templarios y Judíos, que van a ver sus personas perseguidas y sus bienes confiscados.

Pero la acción política no puede pretender ser duradera sin el apoyo de la «intelligentia», para lo cual son creadas las universidades. La de París, la célebre Sorbona, nace un poco antes del año 1200, y alcanzaría muy pronto notoriedad no sólo por la impartición de una cultura, sino por convertirse en la dispensadora de lo que se tenía que tener por bueno o condenar por malo. Notoriedad de la que es buena muestra el famoso conflicto con los Dominicos (1228-1256) que querían hacerse con su control, sabedores sin duda de la creciente influencia de dicha institución. Los «legistas» o consejeros reales, salidos de esas aulas, van a permitir a Felipe IV su victoria frente a las teorías teocráticas del Papa Bonifacio VIII, y son otra muestra más de que el universitario de la época es quien, en definitiva, más gana.

De ella parten, como es de suponer, las nuevas disciplinas, en las que se mezcla lo humanístico y lo técnico. Para ser más exactos, la *escolástica,* método de enseñanza implantado entonces, prepara al individuo «pensante» para, a través de las cualidades intelectuales de que dispone, dominar su entorno: el saber, de este modo, ocupaba un lugar, nada despreciable por cierto. En cualquier caso, este nuevo «saber» deja fuera de moda la imaginación del siglo anterior. Las obras que se producen en esta centuria serán en su mayor parte de carácter enciclopédico. Hay muchas «specula», muchas «summa», muchos tratados «sobre las cosas». Mucho manual, en definitiva, que vienen a endiosar a la razón, a la que nada debe escapar.

## LA OBRA

El *Roman de la Rose* se nos presenta, en forma de alegoría, como relato de un sueño en el que se nos cuentan las vicisitudes por las que atraviesa el enamorado (positivas y negativas, sociales e individuales, todas ellas expuestas simbólicamente), hasta conseguir su deseo.

Todos estos recursos fueron ampliamente utilizados a lo largo de la Edad Media. En este sentido, ninguno de nuestros dos poetas fueron originales, ni probablemente lo pretendieron[3]. Se contentaban con saber que esta utilización daba a la obra un alcance muy superior al de la mera anécdota personal: el *yo* del narrador, cuando aparece, tiene una extensión mucho mayor, pues no pretenden tanto contar como enseñar.

Este sueño, cuya finalidad es hacer pasar el relato como verosímil, se inicia con una declaración de su «realismo», para lo cual se dan, ya dentro de él, precisiones temporales y locales, que son otros tantos tópicos, después de lo cual se inician las aventuras propiamente dichas.

El *Roman de la Rose* describe en realidad una peregrinación amorosa, con dos puntos fundamentales: el descubrimiento del objeto del deseo (la *Rosa* simboliza a la mujer) y su realización. Para llegar a ella, el aspirante logra penetrar

---

[3] Para estos detalles, consúltense los trabajos de J. V. Fleming, M. R. Jung, H. R. Jaus y J. V. Lewis citados en la bibliografía.

en un delicioso jardín, rodeado de un muro en cuya fachada exterior están representados los vicios de los que debe estar desprovisto. Por el contrario, dentro de él encontrará todas las cualidades que adornan a los «corteses». Allí reside Amor, que lo herirá con sus flechas más certeras y del que se hará vasallo, según los principios feudales de la época, quien le dictará los mandamientos por los que se tendrá que regir (los cuales conforman un auténtico *ars amandi*). Y allí descubre a la Rosa, objetivo de sus esfuerzos.

Para conseguirla, cuenta con ciertos aliados. Sobre todo, Buen Recibimiento *(Bel Accueil)*, que no es sino la buena disposición de la amada, y Amigo, cuya présencia y consejos le ayudarán a sobrellevar su desesperación. Pero también contará con serios enemigos. En primer lugar, Razón, es decir, el «buen sentido», que intentará hacerle desistir de sus locuras. Después, los obstáculos exteriores al aspirante: por una parte, Malaboca, la opinión ajena; por otra, las reticencias de la mujer amada (Peligro, Pavor, Vergüenza), que representan las «defensas» de su honor, y, sobre todo, Celos (el arrepentimiento y el sentimiento de culpabilidad en la mujer), quien manda construir un castillo, en donde encierra a Buen Recibimiento, para custodiar a la Rosa, misión que confía a aquellos otros.

Guillaume de Lorris expone de esta manera, parangonable a una novela a lo Chrétien de Troyes, lo que, fraccionariamente, se hallaba disperso en la multitud de composiciones trovadorescas.

No se sabe exactamente por qué dejó inconcluso su relato[4], cuestión que permite multitud de respuestas hipotéticas, que dejamos a la elección del lector. Lo cierto es que, dejándolo abierto, permitió a Jean de Meun cumplir su objetivo: descalificar este modo de proceder, que entronizaba el placer por el placer, para poner en su lugar una conducta amorosa tendente únicamente a la procreación, deslizándose así un ataque, más o menos subterráneo, contra la nobleza, a la que considera estéril en todos los aspectos.

Jean de Meun, pues, se ve obligado a emplear los mismos

---

[4] Que un poeta anónino creyó oportuno finalizar, añadiendo 78 versos.

recursos formales. En cuanto a los personajes, los más importantes de la Parte I van a seguir desempeñando su papel; otros (Amigo, la Vieja) van a cambiar de carácter (mucho más pragmáticos ahora); y, en fin, van a aparecer algunos más, entre los que cabe destacar a Falso Semblante, símbolo de la hipocresía social, en particular la de las Órdenes Mendicantes; a Forzosa Abstinencia, de nombre harto expresivo, compañera inseparable del anterior; a Genio, capellán de Natura y cruzado suyo; y, desde luego, a Venus, que representa el ardor amoroso femenino, ausente en la Parte I (prueba inequívoca de que en ella la mujer no tiene otra iniciativa que la de, acaso, defenderse).

También muy útil para Meun es el que Lorris abandonara al final a su protagonista lamentándose por la separación de la amada. Como si estuviese arrepentido de su peregrinación amorosa. Poco a poco, el amador va a ir haciéndose más «natural»; aleccionado por Riqueza y Amigo, ayudado por Amor y sus huestes (que forman un ejército de cruzados, a lo «chanson de geste», bendecido por Genio) cuyos miembros más activos serán Falso Semblante y Forzosa Abstinencia, conseguirá al fin su propósito de poseer la Rosa, una vez que aquellas defensas han ido cayendo una tras otra y después de que la «nueva» Vieja, prefiguración de la Trotaconventos, haya conseguido que Buen Recibimiento quede libre.

Aun operando con los mismos recursos formales, las diferencias de tono entre los contenidos de una y otra parte son muy grandes. Lorris es un poeta lírico ante todo: no hay más que leer sus versos para darse cuenta de que todo lo que dice suena a tópico trovadoresco. Su mérito ha consistido en reunir toda esa fraseología con objeto de proporcionar un relato amoroso, cual si de una novela (a la cual fueron tan proclives los siglos XII y XIII) se tratara. En efecto, el *Roman de la Rose* es una novela en la que la búsqueda *(quête, como la Quête du Graal),* el sufrimiento merecedor es el principal motivo. Y al igual que las composiciones de los trovadores se hacían oír en los palacios, principalmente por las mujeres, nuestro relato buscaba también ser allí escuchado, especialmente por los hombres, pues está intentando educar a toda una clase social, la nobleza. Su destinatario es, efectivamente, el noble: el Amador de la Parte I no es ni más ni menos que uno de esos caballeros que protagonizan las novelas artúricas, los cuales deben mostrar su calidad de tal tras haber superado una serie de pruebas que los distinguirá como grupo social superior. Lourris, pues, prescinde de los otros grupos sociales.

Jean de Meun, por su parte, inicia su trabajo con el objetivo de atacar esa mentalidad. Sus versos son, por eso mismo, mucho menos líricos, pero más hirientes (recurre a la ironía y al humor, un tanto basto a veces); y, para llevar a cabo su ataque, va a echar mano a materias, consideradas como científicas, con el fin de darle más validez a su teoría. Así, su público debe ser visto en una perspectiva doble: por una parte, la propia nobleza, a la que intenta ridiculizar; por otra, el resto de la sociedad, a la que desea adoctrinar.

Dadas estas metas, Meun se veía obligado a ir invalidando, una a una, todas las bases sobre las que se sustentaba la teoría cortés. En realidad, el *Roman de la Rose,* visto desde esta óptica, se trata de un auténtico *debate,* género muy conocido en la Edad Media desde la implantación de la metodología escolástica (en la que estaba inmerso Jean Meun) cuyo objetivo consistía en ir desmantelando los argumentos propuestos por el contrario. Ya se ha visto con respecto a los personajes simbólicos. Añadamos dos detalles más, en donde la oposición es más expresamente voluntaria.

Por una parte, el jardín que nos presenta Lorris, que simbolizaba al mundo aristocrático, es sustituido en los versos de Meun por un parque en donde todo el mundo puede entrar y ver sus bellezas gracias a la luz de la razón divina, que reemplaza a aquellos espejos de los «privilegiados».

Por otra, al mito de Narciso se va a superponer el de Pigmalión. El primero reflejaba la autocomplacencia, muy peligrosa, por la belleza de lo inútil, de lo estéril, ya que ese personaje es incapaz de amar. Pigmalión, aunque no es insensible a dicha belleza, logra superar la tragedia por un deseo de proyectarse en el otro, de donde se origina una regeneración. Y el ataque antiaristocrático se hará más evidente cuando hable de la «edad de oro», en donde expondrá los orígenes del poder y sus consecuencias.

Los objetivos de uno y otro son, pues, opuestos y reflejan la tensión entre las dos clases dirigentes, la aristocrática y la universitaria, del siglo XIII. La controversia se podía haber llevado a cabo sobre otro terreno (y así se hizo), pero el amoroso se prestaba maravillosamente para atraer a un público más numeroso por estar más interesado: el amor preocupa a todos, caballeros o no[5].

## LOS «ARS AMANDI»

En el *Roman de la Rose* podemos ver representadas las dos escuelas amorosas que dominan a lo largo de la Edad Media, época en la que se revitalizó una rica tradición de *ars amandi* procedente del que escribiera Ovidio. La primera de ellas, expuesta en los versos de Lorris, trata del *amor cortés*. Jean de Meun, por su parte, es el defensor del que llamaremos amor *naturalista*.

Puesto que el *amor cortés* está ya bien definido (sería innecesario insistir una vez más), es preferible detenerse un tanto en la época y en la razón de su surgimiento, aspectos que merecen alguna puntualización.

Es una opinión muy extendida que tal amor se difundió gracias a la creciente consideración que se dio a la mujer a partir del siglo XII. Personalmente, pienso que tal circunstancia es poco relevante: la mujer, en general, no gozó a partir de entonces de mejor trato que hasta aquel momento. El problema amoroso no radicaba en ella, tal como expuse en otro trabajo[6], sino en el hombre, cuyo comportamiento podía acarrear, como protagonista de la vida y de la historia, desastrosas o benéficas consecuencias. La mujer, según decía allí, es sólo una referencia para los actos del hombre. A ella no se dirige ningún tratado, ya que conoce sus obligaciones desde siempre. Si la historia nos muestra a alguna

---

[5] En las letras medievales castellanas se conservan algunos versos de un llamado *Debate de Elena y María,* de ese siglo XIII, cuya fragmentariedad impide conocer si contenía una doctrina amorosa. Sólo se conservan los suficientes para saber que tratan de los regalos que dos personajes, un caballero y un clérigo, hacen a sus enamoradas, y de sus respectivas vidas.

[6] *El amor y el erotismo en la literatura medieval,* Madrid, Editora Nacional, 1983.

[18]

mujer que se ha distinguido excepcionalmente, esta importancia se ha debido a circunstancias excepcionales, motivadas generalmente por un «vacío de poder» masculino.

El único modelo que se le ha mostrado a la mujer es el de la Virgen María, culto que aparece por las mismas fechas y que se ha presentado como consecuencia de aquella «creciente consideración». Pero obsérvese que María era presentada bajo dos aspectos, el de virgen y el de madre: no es el de la feminista que exigiera una participación mayor fuera de los límites tradicionalmente impuestos, sino como una celadora de las conductas de siempre.

La mujer, pues, debe ser dejada de lado. Ella tiene que esperar, como la Rosa, a que el enamorado actúe. Como las Elenas y las Marías de nuestro poema medieval, se tendrá que limitar a ponderar la conducta que aquél observe para con ellas. Así pues, es al hombre a quien se ha de educar, y, si es así, es que no se comporta como debiera. Y hasta tal punto su «mala educación» está extendida, con los consiguientes desórdenes sociales, por ser de la clase dirigente, que se ve la necesidad de escribir para él un *ars amandi*.

El *amor cortés,* cuyo calificativo alude a un grupo bien preciso, suponía, según la famosa frase de J. Huizinga, «un freno para el desenfreno». Es decir, que la cortesía no adornaba a los cortesanos, carentes de la necesaria liberalidad, delicadeza, educación y respeto, tal como nos expone J. Coppin[7] y nos revela San Bernardo, autor del siglo XII, quien comenta el famoso pasaje de San Jerónimo que dice: «Todo amor es infame para con la mujer del prójimo; para con la propia, todo amor debe ser mesurado.»

La situación debía de ser, pues, bastante «violenta»: el mutuo deseo sexual derribaría cualquier traba institucional, y, en especial, la matrimonial, en donde el afecto no era determinante: bastaba con el respeto al honor familiar. De ahí el hecho de que la mujer cantada por los trovadores fuese siempre casada.

Se trataba, pues, si no de impedir estas relaciones (los poetas del *Midi* de Francia parecen contentarse con la ilusión de realizarlas, mientras que los del Norte esperan

---

[7] En su libro *Amour et mariage dans la littérature française du Nord au Moyen Age,* París, 1961.

siempre la recompensa, como el Amador de Lorris), sí al menos de mantenerlas en un plano no ofensivo. Es la discreción que exige la cortesía. Es igualmente la elegancia, el «saber hacer» en suma, tanto para lograr lo que se persigue, como para que todas las damas vean quién es el que más se merece sus favores.

El *amor cortés,* evidentemente, no reserva ni una frase para el fruto de esta unión, cuya trascendencia debe ser nula: se limita a los propios amantes. En caso de descendencia, al robo de la esposa se añadiría un desorden más grave aún: el nacimiento de un posible y suplementario heredero, con lo que la situación social se haría más caótica todavía. Pero este placer por el placer es lo que más disgustaría a Jean de Meun.

Hasta qué punto se veía necesaria la mesura en estas relaciones nos lo muestra no sólo la historia (que dejaremos de lado), sino la propia literatura. Así, la famosa leyenda de *Tristán e Iseo* nos presenta a estos jóvenes entregándose sin el menor reparo, por más que Iseo sea la mujer destinada al rey Arturo, tío de Tristán. Para preservar la institución y castigar al culpable, no había más recurso que hacerle morir. El propio Chrétien de Troyes, el gran novelista de finales del siglo XII, vuelve a la carga en este asunto. Autor a la vez de ciertos tratados amorosos con los significativos títulos de *Remèdes d'Amour* y *Art d'aimer* (no conservados) y de una imitación del *Ars amandi* de Ovidio titulada *Philomena,* insiste en las relaciones adúlteras en sus novelas *Cligès,* cuya heroína se entrega sin contemplaciones a su amigo, y *Lancelot ou le Chevalier de la Charrete,* en donde se escenifican otros amores ilegítimos entre tal caballero y Ginebra, otra esposa del rey Arturo, decididamente cornudo.

A partir de los años finales del siglo XII, Andreas Capellanus, autor de un *De arte honeste amandi* y capellán de la corte real capeta[8], señala un nuevo camino a la nobleza, haciendo ver a los caballeros que el juego amoroso puede dar lugar a una obra de arte. Se trata, en definitiva, de convencerles de que se hagan merecedores de los favores de la dama, en

---

[8] Véase el interesante trabajo de J. E. Ruiz Doménec, *El juego del amor como re-presentación del mundo en Andrés el Capellán,* Publicaciones de la Universidad Autónoma de Barcelona, Bellaterra, 1980.

lugar de tomarla abierta y directamente. Este *ars* es el punto de partida de una serie de relatos como *L'escoufle* (ave de presa), el *Lai de l'ombre* de Jean Renart, o en el también llamado *Roman de la Rose* (o *Roman de Guillaume de Dole*), en los cuales los enamorados, héroes más líricos que épicos, deben pasar por serias pruebas para conseguir los favores de sus amigas, llegando incluso a encontrar la muerte, como ocurre en *La Châtelaine de Vergi* (anónimo) y en el *Roman du Castelain de Coucy,* de un tal Jakemes, que ha recurrido a ciertos personajes históricos para hacer su relato más modélico.

Este es el sendero, aunque brevemente esbozado, por el que camina Guillaume de Lorris. Su narración nos muestra a un nuevo héroe, modelo como todos, que debe estar adornado de ciertas cualidades y someterse a ciertas pruebas para hacerse merecedor a lo que podría haber logrado sin tanto miramiento. Pero su conducta es así más bella, más digna de alabanza: pasar, como él, a la categoría literaria era como pasar a la histórica. La invitación era demasiado tentadora.

Pero Jean de Meun vive en otra órbita y siente este problema, obviamente, de otra manera. Intelectual como es, no podemos estar seguros de si lo que prima en él es tanto dar otra teoría como atacar a la nobleza.

En efecto, el sentido general que se deduce de sus versos es que toda relación amorosa cuya finalidad no sea la procreación es, no sólo pecaminosa, como diría un clérigo, sino antinatural, y, por tanto, improductiva, estéril, tal como él mismo nos presenta a la nobleza que practica aquel juego. Por ello, debe descalificar los mitos en que ésta se apoya. Y, aquí de nuevo, la perjudicada es la mujer, objeto de aquellos sacrificios.

En efecto, lo que en el *amor cortés* estaba poco menos que sacralizado, digno de devoción y esfuerzos, pasa a ser ahora objeto de las más viles acusaciones, haciendo aparición la misoginia, que Jean de Meun, como su predecesor Jacques d'Amiens (autor de otros *Art d'Amors* y *Remèdes d'Amour,* exactamente igual que Chrétien de Troyes, lo que prueba que el asunto era candente) toman de la tradición eclesiástica. La mujer nos es presentada como astuta para hacerse desear, e insufrible en todo lo demás; dilapidadora, enojosa, poco fiable, tormento continuo. Así presentada, el hombre, que no obstante la desea y la necesita para perpetuarse, debe conocer ciertos trucos no para conquistarla, sino para domeñarla, o, en el peor de los casos, para saber defenderse y hacer llevaderas sus relaciones: éstas son las palabras de Amigo en la Parte II, muy lejanas de las que pronunciara en los primeros versos.

De esta guerra de doctrinas amatorias surgen tres términos muy empleados en literatura, cuales son *fino amor, buen amor* y *loco amor*.

El primero de ellos es el que se aplican a sí mismos los seguidores del *amor cortés* (denominación ésta que nunca se empleó en la Edad Media, por otra parte). La «finura» aludía, obviamente, a la elegancia de sus personas, de sus frases, de sus sentimientos y de sus actos, sin olvidar la de los lugares de sus aventuras. Lo contrario a *fino* era *villano*, de alcance también muy significativo, etiqueta que tenían que evitar por todos los medios: designaba lo grosero, lo materialista, el instinto carente de placer, física y estéticamente.

*Buen amor* es un término muy amplio, que designaba tanto a amor divino como a la mera amistad o solidaridad humana[9]. En el sentido que aquí nos ocupa, el buen amor era el que practicaban quienes buscaban la procreación ante todo. A ello iban movidos por instinto, es decir, por una fuerza natural. Lo antinatural sería de mero placer, el placer como único objetivo, por lo cual el practicado por los «corteses» era considerado como *loco amor,* que llevaba al descontrol, al desequilibrio de sus seguidores, que se convertían así en «piezas» inútiles y nefastas para la sociedad.

En cualquier caso, esta oposición muestra claramente la pugna por el poder entre la nobleza y los intelectuales en el siglo XIII, como ya quedó dicho. El asunto amoroso no es más que uno de los aspectos de tal confrontación. Los nobles ofrecen un mundo con referencias a un bello pasado

---

[9] Tales parecen ser los significados que le da a la expresión el Arcipreste de Hita. Al menos aparentemente. Pero en un texto tan polivalente como el *Libro de Buen Amor* el riesgo de equivocarse es grande. Para las definiciones que estoy avanzando, me baso exclusivamente en el RR, versos 4592-4604, 4770, etc., en el contexto general de la Parte II.

(la parte de Guillaume de Lorris está escrita cuando el *amor cortés* llevaba varios lustros de vida). Los intelectuales se fijan en el presente, pleno de nuevas perspectivas. Pero ni Lorris ni Meun solventan esta cuestión palpitante. Aún tendrán seguidores y detractores, pues los conceptos y los recursos empleados no podían quedar desaprovechados por los escritores venideros. El *Roman,* en efecto, será fuente de inspiración y motivo, incluso, de disputas.

En cuanto a los recursos, no es difícil adivinarlos en la obra de Guillaume de Machaut, uno de los poetas más importantes del siglo XIV, y, más concretamente, en sus *Dits* («decires»). Igualmente es visible la huella en el *Roman de Fauvel* (1314), de Gervais du Bus. La lista se podía extender mucho más, aunque sin poder discernir claramente entre lo debido al *Roman de la Rose* o a la tradición poética, ya que, como quedó dicho, ni Lorris ni Meun se muestran originales en cuanto al empleo de las formas.

Los conceptos, por su parte, sí tuvieron repercusión y, más concretamente, los vertidos por el segundo de ellos. En cuanto a Lorris, perdida la importancia cultural de la nobleza, para la cual escribía, o bien porque no hizo sino insistir en un tema ya demasiado trillado, quedó muy postergado.

Meun, por su parte, provocó con su nuevo concepto amoroso y su misoginia un verdadero alboroto entre los autores más conspicuos de finales del siglo XIV y principios del XV, aspectos ambos que parecieron adquirir una mayor relevancia, dada la enorme cultura del teorizante, que pasaría a ser considerado más como filósofo que como poeta. Razón por la cual sus afirmaciones alcanzaron adhesiones y rechazos con igual virulencia. Surgió así la llamada «Querelle du *Roman de la Rose*», iniciada, obviamente, por quien, como mujer, más afrentas recibía. Esta mujer era Christine de Pisan, la famosa poetisa, que provocó la reacción de hombres tan influyentes como Jean de Montreuil, secretario real, y de los hermanos Gontier y Pierre Gol, pero también el apoyo del célebre canciller de la Sorbona Jean Gerson, autor de un *Traité contre le Roman de la Rose,* obra que le parece nefasta[10].

---

[10] Para más detalles sobre este asunto, véanse E. Hicks, *Le débat sur le Roman de la Rose,* París, Champion, 1977; P. Y. Badel, *Le Roman de la Rose*

El debate no quedó cerrado y la obra siguió ejerciendo su influjo. Así, Jean Molinet ideó prosificarla ya en los umbrales del siglo XVI, momento en que, prueba inequívoca de su éxito, conoció al menos veintiuna ediciones. Posteriormente, Clément Marot, y toda una serie de retóricos detrás de él, continuó elogiándola. Todo lo cual explicaría el porqué de los tres centenares de manuscritos, un auténtico récord, que de ella se conservan.

Pero el eco resonó, además, fuera de las fronteras lingüísticas. Así, ya en el año 1300, poco tiempo después de la redacción de Jean de Meun, Hein van Aken hizo un resumen en holandés, eliminando las partes más polémicas o escabrosas y, en Inglaterra, fue el propio Chaucer quien se ocupó de traducirla. No obstante, en Italia, en donde la teoría amorosa de Dante, tan opuesta a la de Meun, dominaba, el *Roman de la Rose* no tuvo prácticamente ninguna resonancia.

## SU HUELLA EN ESPAÑA

Era de esperar que en la literatura catalana, más próxima que ninguna otra peninsular a la francesa por proximidad geográfica y lingüística (entre otras razones), se escucharan también aquellos ecos.

Según C. Alvar[11], la huella es evidente en Ramón Llull, contemporáneo de Meun, particularmente en su *Arbre de filosofia d'amor,* en donde «utiliza una ficción y personajes afines a los del *Roman de la Rose*», afirmación que toma de Martín de Riquer. Sin que haya por mi parte el menor deseo de quitar validez a tal afirmación, es lícito sin embargo preguntarse hasta qué medida los puntos de contacto son fruto del influjo de un autor sobre otro o a las coincidencias lógicas entre dos personas de semejante formación cultural,

*au XVIe siècle. Étude de la réception de l'oeuvre,* Ginebra, Droz, 1980; J. Huizinga, *El otoño de la Edad Media,* Madrid, Alianza Editorial, 1978, páginas 165 y ss.
[11] En el estudio preliminar a su traducción (véase en bibliografía). En este apartado, C. Alvar se basa en las afirmaciones de Martín de Riquer, *Historia de la literatura catalana,* I, págs. 321-325.

que están inmersos en la misma tradición retórica y que escriben sobre el mismo tema.

Tampoco se puede deducir, según las líneas de ambos eruditos, que la obra francesa dejara huellas endebles en otros autores como Pere de Queralt, Felip de Malla y Jordi de Sant Jordi. De lo que no cabe duda alguna, sin embargo, es de que fue leída, pues los dos primeros poseían sendos manuscritos.

En cuanto a Castilla, la situación es muy parecida. Contamos con una alusión directa en la famosa *Carta prohemio* del Marqués de Santillana, el cual, al enumerar a los poetas franceses dignos (para él) de tenerse en cuenta, cita a Guillaume de Lorris (a quien nuestro poeta llama Johan) y a su continuador «Johan Copinete, natural de la villa de Meun», autores «del Roman de la Rosa, donde, como ellos diçen, *el arte de amor es toda enclosa*», obra de la que, al parecer, poseyó tres manuscritos. Lo cual no significa que fuera una de sus lecturas favoritas, pues, además de no alabarla ni decir nada de su doble carácter, no le influyó prácticamente en nada, ya que, como él mismo confiesa a continuación, «los itálicos prefiero yo, so enmienda de quien más sabrá, a los franceses», punto de vista que, muy probablemente, compartieron sus contemporáneos.

Así viene a demostrárnoslo F. B. Luquiens[12], el cual se ve forzado a reconocer el mínimo influjo de esa obra en los poetas castellanos y reducido a algunas composiciones cancioneriles de Francisco Imperial, fray Diego de Valencia, Villasandino, Páez de Ribera y algún otro, en los cuales parece percibirse alguna huella de Guillaume de Lorris, principalmente cuando utilizan el tópico del *locus amoenus*. ¿Pero siguen a este poeta que, como ya quedó dicho, no hizo sino continuar una tradición, o a la propia tradición, muy cultivada también en nuestras letras?

Ni siquiera el *Libro de Buen Amor,* más cercano cronológica y temáticamente al *Roman de la Rose* (pues es también un «tratado» amoroso) se muestra más receptivo. Quizás sea debido a que la postura personal de Juan Ruiz es diferente

---

[12] En su artículo «The Roman de la Rose and medieval Castilian literature», en *Romanische Forschunge,* XX (1907), págs. 285-320.

tanto a la mantenida por Guillaume de Lorris como a la de Jean de Meun. Nuestro Arcipreste no tiene, como el primero de aquéllos, razón alguna para mostrarse cortés. Más cerca tendría que estar del segundo, pero Juan Ruiz teoriza desde su propia experiencia (verdadera o falsa) como amador, es decir, que se pone en el nivel del «usuario» en lugar de adoptar el papel del científico. En un hipotético debate entre ambos, el Arcipreste defendería la teoría de que «la experiencia es la madre de la ciencia», mientras que Meun sostendría la otra prioridad.

En tales circunstancias, los esfuerzos realizados para buscar esos influjos se hubiesen enriquecido mucho más de haber tocado los puntos siguientes. El primero habría tenido que versar sobre las causas del escaso eco en nuestra literatura medieval y del hecho de que se produjera tan tardíamente. A tales cuestiones dedicaré a continuación unas breves líneas. El segundo consistiría en mostrar las diferencias (tan ilustrativas como las coincidencias) en el tratamiento de algunos asuntos (que serán citados en notas a pie de página a lo largo del texto).

Obviamente, estos dos puntos están relacionados, y hasta tal punto, que el uno explicará el otro.

Los versos de Guillaume de Lorris, tal como he venido diciendo, tenían escasas posibilidades de marcar un hito, dado que, tanto sus formas como sus temas, no hacían sino incidir en algo «ya sabido» desde, en nuestro caso, la lírica gallego-portuguesa, influida además por la provenzal, tradición que se verá continuada en los cancioneros del siglo XV. Se debe suponer, pues, que en el siglo XIV no hay interrupción alguna, por más que no se conserven apenas huellas poéticas documentales de esta centuria. Pero ahí está la composición de Alfonso XI en la que, por cierto, se habla de rosas: «Ay senhora, noble rosa!». Y, entre las composiciones más tradicionales recogidas en aquellos cancioneros, ya se podían leer versos como:

> Yo m'iba, mi madre,
> las rosas coger:
> hallé mis amores
> dentro en el vergel.

Dentro del rosal
matarm'han.

Con este acervo propio, no se vería probablemente la necesidad de importar un largo poema que incide en los mismos temas.

El influjo tendría que venir, si venía, de la «revolución» originada por el concepto amoroso de Jean de Meun, absolutamente invisible en la península. Y quizás nuestra alusión a la palabra «revolución» explique ya ese silencio. Nuestro siglo XIV no era propicio para recibir tal mensaje, y lo mismo el XV, al menos por los mentores de la sociedad. Nuestros monarcas no imponían, ni mucho menos, su autoridad a una nobleza y a un pueblo sumidos en continuas guerras civiles, lo que no favorece precisamente el florecimiento cultural ni científico. En cuanto a los mentores del espíritu, es decir, la Iglesia, ésta seguía manteniéndose firme en su doctrina de siempre: el amor es pecaminoso en todos sus aspectos, incluso dentro del matrimonio. Aceptar los nuevos aires se revelaba imposible. Meun hubiese sido anatematizado y, por ende, perseguido, rigores de los que se podría escapar en el caso de usar un seudónimo, como Juan Ruiz, el cual no llega al mismo nivel que su predecesor en cuanto a pervertidor.

Si se repasa nuestra literatura de los siglos XIV y XV, se puede comprobar con facilidad que aquellos autores, y en especial los considerados más letrados (don Juan Manuel, Pedro López de Ayala, Santillana, Mena), distaban mucho de la altura universitaria requerida para el caso. Sus quehaceres literarios no intentaban romper nada (salvo en lo formal) y sí mantener estructuras antiguas: en amor, el que no seguía aún el ya caduco concepto de la cortesía se preparaba para propagar el platonismo. Sólo en un aspecto, en la misoginia «pura y dura», podemos encontrar como digno representante al Arcipreste de Talavera. Pero éste no necesitaba copiar de nadie, y menos aún de afuera: su despensa estaba bien provista.

## CRITERIOS DE ESTA TRADUCCIÓN

En mis traducciones del *Cantar de Roldán* y de la *Poesía* de François Villon (números 5 y 49 de esta colección) expuse ya los criterios que me sirvieron de guía para llevar a cabo mi trabajo. No he de insistir, pues, en lo ya dicho. Me limitaré en todo caso a recordar que, según mis principios, al verso octosílabo francés (es decir, con el último acento en la octava sílaba) corresponde en castellano el de doce sílabas. Por ser de arte mayor, y siguiendo la costumbre medieval, tal verso debía ser dividido en dos hemistiquios de seis sílabas separados mediante una cesura.

Se me podría argüir que no es este el metro vigente en Castilla en el siglo XIII, época del *Roman de la Rose,* ni siquiera en el XIV, sino propio del XV. Pero no se trata de que yo deba traducir, ni mucho menos, con sus procedimientos rigurosamente contemporáneos al texto original (por otra parte, como se acaba de ver, no dejó el menor eco en nuestra literatura de esos siglos). Sí tenía que encontrar, por el contrario, el cauce más adecuado para verter esas ideas. Y, una vez hecha aquella operación, resulta que los poetas en donde sí se puede adivinar algún influjo emplean exactamente el dodecasílabo.

De todas formas, sea lo que fuere, de lo que no cabe duda es de que no podía actuar como los responsables de ciertos textos medievales al confeccionar sus versiones de obras de evidente origen francés (como son la *Vida de Santa María Egipcíaca,* el *Libro de los Tres Reyes de Oriente,* la *Razón de Amor,* el *Debate de Elena y María,* la *Disputa del alma y del cuerpo...*) los cuales pretendieron conseguir tanto la rima como el octosílabo francés.

Lo primero les era relativamente fácil, ya que se trataba de pareados, para cuya consecución recurrían, tal como Lorris y, sobre todo, Meun, a terminaciones verbales. Pero no lograron lo segundo, y de ahí esa irregularidad métrica de que hacen gala, explicada por alguien y seguida por muchos como influjo de la poesía juglaresca (cuya no probada existencia sirve para tapar tantos huecos). Mas tal irregularidad no impide la observación de que estos versos anisosilábicos tienden a conseguir el octosílabo de origen.

Esto me demuestra que mis predecesores en el oficio de traducir estaban sometidos a unas reglas demasiado encorsetadas. La rima era entonces sacrosanta, y se debía recurrir a ella por pobre que fuera el resultado (rimas verbales, en asonancias o en consonancias), ya que en ella se basaba un pilar básico para su memorización y repetición: el siglo XX y su rima libre, o inexistente, quedaba aún lejos. Por ello, el ritmo, a pesar de constituir la esencia misma de las más primitivas poesías, se tuvo que ver sacrificado. Pero no alegremente: el anisosilabismo antes citado es el producto de un intento fallido, no algo previamente pretendido.

No estando por mi parte sujeto a aquellas normas ni a aquellos gustos (aunque algún lector podría dudarlo, una vez leído el texto que le propongo), quedaba en libertad de elegir la opción opuesta: la pobreza de la rima original me facilitaba el que me desinteresara por ella, prefiriendo a cambio imprimir al texto ese ritmo que, como acabo de decir, es la esencia de la poesía. Pues, en definitiva, y como es evidente, soy de los que piensan que un texto poético debe ser traducido poéticamente, no en prosa.

Eso sí, sin traicionarlo. En mi tan humilde como interesada opinión, creo que mi versión no traiciona en absoluto ni el espíritu general de la obra ni ninguna idea en concreto. Para las mentes malintencionadas o poco informadas, me veo en la obligación de recordar que traicionar no significa que la traducción haya de ser «al pie de la letra», entendiendo esta expresión *strictu sensu,* tarea, además, tan absurda como inútil. También recuerdo que traducción literal y traducción literaria no son sinónimos: la mía, como ya he expuesto, es literaria, pero sin perder de vista nunca una forma y un significado que mis autores me impusieron: no he dado, pues, vuelo libre a mi pluma, por la sencilla razón de que no soy, desgraciadamente, poeta, sino, pretendidamente, especialista de una época de la literatura.

Es por no haber perdido nunca de vista el texto original por lo que el lector podrá advertir una sintaxis que, aunque perfectamente comprensible, está muy lejos de la que se suele emplear en la lengua actual. Por obligación y por devoción, me he esforzado al máximo para que fuera posible hacerse una idea de unas estructuras lingüísticas que, aunque pasadas, tienen un gran poder atractivo. Como podrá comprobarse, la lengua medieval es golosa de repeticiones, aclaraciones y digresiones, las cuales cortan el hilo de la narración con mucha frecuencia. En este sentido, la densidad está más o menos amenazada según el carácter de cada episodio. Apenas alterada en los versos «amatorios», por lo que su traducción (al igual que la recepción por parte del lector) es fácil, dada la tradición del tema, la situación varía cuando Meun, más intelectual que poeta, tiene que esforzarse (y nosotros con él) en imprimir gracia a sus exposiciones sobre alquimia, sociología, astronomía, óptica, filosofía, religión, o para mostrar las relaciones entre una batalla y las reglas del ajedrez, manera de vestirse, temas todos más propios de la prosa que del verso. En estos casos, combinar el rigor propio de la exposición lógica con la gracia de la poesía supone un ejercicio que, a veces, provocaba sensación de impotencia en el traductor, y probablemente en el autor.

Si he intentado conservar aquella gracia sintáctica, me he permitido no obstante retocar el vocabulario cuando la expresión entrañaba el riesgo de no ser comprendida, dado que no tengo razones para suponer que el lector conoce perfectamente el lenguaje medieval. De haber sido así, mi labor hubiese sido mucho más fácil, ya que me hubiera evitado el trabajo suplementario que se da en la traducción de una obra medieval, cual es pasar no sólo de una lengua a otra, sino también de unas estructuras mentales y lingüísticas a otras, muy separadas cronológicamente. Dicho de otra manera, hubiese sido mucho más fácil traducir este texto al castellano antiguo, pues en aquella época se me hubiera permitido la libertad de introducir los galicismos que hubiese considerado oportunos, lo que hoy constituiría un delito.

Estas dificultades, unidas a la respetable dimensión del texto, sin olvidar el paso de moda de su contenido, explican quizás el que jamás hasta hace unos años se hiciera una traducción del *Roman de la Rose*. Según hago constar en la bibliografía, sólo se ha hecho, a mi conocimiento, la traducción, y en prosa, de la Parte I, aunque Carlos Alvar me comunica que tiene concluida, también en prosa, la de la Parte II. Me cabe, pues, el raro honor de haber sido el primero en presentar la totalidad del texto en versión ritmada.

Para llevar a cabo tal labor, y entre las diversas ediciones existentes (véase bibliografía), he optado por la de D. Poirion por dos razones. Una, porque tiene en cuenta y mejora a sus antecesores. Otra, porque se adquiere también mucho más fácilmente: al interesado en conocer el texto original, o en el trabajo de la traducción, le será, pues, cómodo tener ambas versiones, cuya enumeración de versos coincide plenamente, aunque no la titulación y separación de los capítulos, demasiado vaga en el texto francés.

# BIBLIOGRAFÍA SELECTA

(En este apartado se utilizarán las iniciales RR para
designar la obra.)

### EDICIONES

LANGLOIS, E., *Le RR*, París, SATF, 5 vols., 1914-1924.
LECOY, F., *Le RR*, París, Champion, 3 vols., 1965-1970.
POIRION, D., *Le RR*, París, Garnier-Flammarion, 1974.

### VERSIONES MODERNIZADAS

LANLY, A., *Le RR*, París, Champion, 5 vols., 1971-1976.
MARY, A., *Le RR*, París, Gallimard, 1949 (No se traduce literal-
mente, sino por ideas).

### ESTUDIOS

BADEL, P. Y., «Raison, fille de Dieu, et le rationalisme de Jean de
Meun», en *Mélanges J. Frappier,* Ginebra, Droz, 1970, vol. I, pá-
ginas 41-52.
— *Le RR au XIVᵉ siècle. Étude de la réception de l'oeuvre,* Ginebra,
Droz, 1980.
BATANY, J., *Approches du RR*, París, Bordas, 1973.
DAHLBERG, CH., «Love and the RR», en *Speculum,* XLIV (1969),
páginas 568-584.
— «Macrobius and the unity of the RR», en *Studies in Philology,*
LVIII, (1961), págs. 537-582.
DEFOURNY, M., «Le RR à travers l'histoire et la philosophie», en
*Marche Romane,* XVII (1967), págs. 53-60.

— «Observations sur la première partie du RR», en *Mélanges Rita Lejeune,* vol. 2, págs. 1163-1169, Gembloux, Duculot, 1968.

DEMATS, P., «D'amoenitas à deduit: André le Chapelain et Guillaume Lorris», en *Mélanges Jean Frappier,* I, págs. 217-233, Ginebra, Droz, 1970.

DRONKE, P., *Medieval Latin and the Rise of European Love Lyric,* Oxford, Clarendon Press, 1968.

FARAL, E., «Le RR et la pensée française au XIIIᵉ siécle», en *Revue des Deux Mondes,* 1926, págs. 439-457.

FLEMING, J. V., *The RR. A Study in allegory and iconography,* Princeton, 1969.

— «The moral reputation of the RR before 1400», en *Romance Philology,* XVIII (1965), págs. 430-435.

FORMISANO, L., «La double quête del cortese Guillaume», en *Studi offerti a G. Contini,* Florencia, Le Lettere, 1984, págs. 123-140.

FRAPPIER, J., *Amour courtois et Table Ronde,* Ginebra, Droz, 1973.

FRIEDMAN, L., «Jean de Meun's antifeminism and bourgeois realism», en *Modern Philology,* LVII (1959), págs. 13-23.

GUNN, A. M., *The Mirror of Love. A reinterpretation of the RR,* Lubboch, Texas, 1952.

HICKS, E., *Le Débat sur le RR,* París, Champion, 1977.

HILLMAN, L. H., «Another Look into the Mirror Perilous: the role of the Crystals in the RR», en *Romania,* CI (1980), págs. 225-238.

JAUSS, H. R., *Genèse de la poésie allégorique française au Moyen Age,* Heidelberg, Winter Verlag, 1962.

— «La transformation de la forme allégorique entre 1180 et 1240, d'Alain Lille à Guillaume de Lorris», en *L'Humanisme dans les littératures du XIᵉ au XIVᵉ siècles,* París, Klincksieck, 1964, páginas 107-146.

JUNG, M. R., *Études sur le poème allégorique en France au Moyen Age,* Berna, Francke, 1971.

— «Jean de Meun et l'allégorie», en *Cahiers de l'Association Internationale d'Études Françaises,* XXVIII (1976), páginas 21-36.

LANGLOIS, E., *Origines et sources du RR,* Ginebra, Slatkine, 1973.

LEJEUNE, R., «À propos de la structure du RR de Guillaume de Lorris», en *Études offertes à F. Lecoy,* París, Champion, 1973, páginas 315-348.

LEPAGE, Y. G., «Le RR et la tradition romanesque au Moyen Age», en *Études Litteraires,* IV (1971), págs. 91-106.

LEWIS, C. S., *The Allegory of Love,* Oxford University Press, 1958,

LOUIS, R., *Le RR. Essai d'interprétation de l'allégorisme érotique,* París, Champion, 1974.

MACKEAN, F., «The role of Faux Semblant and Astenance

Contrainte in the RR», en *Romance Studies in Memory of E. Ham,* Hayward, California, 1967, págs. 103-108.

MÉNARD, P. H., «Les représentations des vices sur les murs du verger du RR: le text et les enluminures», en *Texte et image. Actes du colloque international de Chantilly,* París, Les Belles Lettres, 1984.

PARÉ, G., *Les idées et les lettres au XIIIe siécle. Le RR,* Montreal, Université, 1947.

— *Le RR et la scolastique courtoise,* París-Ottawa, 1941.

PAYEN, J. CH., *La rose et l'utopie,* París, Editions Sociales, 1976.

PICKENS, R. T., «*Somnium* and interpretation in Guillaume de Lorris», en *Symposium,* XXVIII (1974), págs. 175-186.

POIRION, D., «Narcisse et Pygmalion dans le RR», en *Mélanges L. Solano,* Chapel Hill, North Carolina University Press, 1970, páginas 153-165.

— *Le RR,* París, Hatier, 1973.

RAYNAUD DE LAGE, G., «Nature et Genius chez Jean de Meun et chez Lemaire des Belges», en *Moyen Age,* LVIII (1952), págs. 125-143.

RIBARD, J., «Introduction à une étude polysémique du RR de Guillaume de Lorris», en *Mélanges F. Lecoy,* París, 1973, pp. 519-528.

RYCHNER, J., «Le mythe de la fontaine de Narcisse dans le RR de Guillaume de Lorris», en *Hommage à M. Eigeldinger,* Neuchâtel, 1978, págs. 33-46.

THUASNE, L., *Le RR,* París, Malfère, 1929.

TILLMAN, M. K., «Scholastic and Averroistic Influences on the RR», en *Annuale Medievale,* II (1970), págs. 89-106.

WETHERBEE, W., «The Literal and the Allegorical: Jean de Meun and the *De Planctu Naturae*», en *Medieval Studies,* XXXIII (1971), págs. 264-291.

— *Platonism and Poetry in the Twelfthe Century. The literary influence of the School of Chartres,* Princeton, University Press, 1972.

ZUMTHOR, P., «De Guillaume de Lorris à Jean de Meun», en *Mélanges F. Lecoy,* París, 1973, págs. 609-620.

— «Récit et anti-récit: le RR», en *Medioevo Romanzo,* I (1947), páginas 5-24.


REPERTORIOS BIBLIOGRÁFICOS

DAHLBERG CH., y JUNN, A. M., «*Rose Scholarship,* 1970-1973. A Bibliography compiled by...», en *Encomia,* I (1976), págs. 68-77.

LURIA, M., *A Reader's Guide to the RR,* Hamden (Connecticut), Archon Books, 1982.

Alvar, C., *Le RR. El Libro de la Rosa*, Barcelona, El Festín de Esopo, 1985 (I Parte). La totalidad de la obra, que no he podido consultar, acaba de aparecer en Siruela, Madrid, 1987.

Redoli Morales, R., *Le RR*, Málaga, Universidad, 1984 (Primera Parte).

# ROMAN DE LA ROSE

# PARTE I

Miniatura del *Roman de la Rose*, c. 1420

## EL SUEÑO

Hay muchas personas que dicen que en sueños
todo es una fábula, todo una mentira;
no obstante, sucede que pueden soñarse
cosas que no son nada fabulosas
sino que, al contrario, son muy verdaderas.          5
Y así yo podría traer de testigo
un autor famoso llamado Macrobio,
que nunca a los sueños tuvo por quimeras
y que describió aquella visión
que le sucedió al rey Escipión.                      10
Así, todo aquel que piense o que diga
que sea una broma o cosa de locos
creer que los sueños son tan verdaderos,
quien esto sostenga, que me llame loco.
Pues en cuanto a mí, estoy convencido                15
de que nos revelan el significado
del bien y del mal que ocurre a la gente;
pues muchas personas sueñan por la noche
muchísimas cosas que entender no pueden,
pero que después se ven perfectamente.               20
Así, cuando yo cumplí veinte años,
al punto en que Amor toma posesión
de todos los jóvenes, estaba acostado
una bella noche, tal como solía,

---

6 Macrobio es un autor latino (s. IV d.C.) que comentó el *Sueño de Escipión,* de Cicerón.

21-22 Estos versos van a constituir un tópico. El *cortés* es un enamorado siempre joven. François Villon los parodia justo al inicio de su Testamento.

y quedé dormido muy profundamente;                               25
un sueño me vino mientras que dormía,
el cual fue muy bello y mucho me plugo.
Y en este mi sueño nada sucedió,
ni un solo detalle, que después los hechos
no hayan confirmado tal como soñé.                               30
Está en mi intención contároslo todo
para amenizar vuestros corazones:
Amor me lo pide, Amor me lo manda.
Y si acaso alguno quisiera saber
cómo quiero yo que la narración                                  35
que voy a iniciar sea conocida,
quiero que se llame *Roman* de la Rosa,
do está contenido el arte de amar.
Su materia es muy bella y muy nueva.
A Dios le suplico que sepa aceptarla                             40
aquélla a la cual yo se la dedico:
ella encierra en sí tan grandes virtudes
y tan grandes méritos para ser amada,
que el nombre de Rosa le debe ser dado.


## LA PRIMAVERA

Es mi parecer que era el mes de mayo                             45
de hace cinco años, quizás sean seis;
era el mes de mayo, de eso estoy seguro,
momento amoroso lleno de alegría,
momento en que todo de gozo se esparce,
debido a que en mayo no hay planta ni arbusto                   50
que quiera negarse a ponerse bello
vistiéndose entero con las nuevas hojas.
Los bosques se cubren de un verdor florido
después del invierno, que los tuvo secos,

---

45   El mes de mayo es el momento en que la poesía amatoria sitúa la
llamada del placer. Los ejemplos pueden multiplicarse. En nuestras letras
baste recordar el conocido romance *Que por mayo era por mayo,* | *cuando faze
la calor,* ... | *cuando los enamorados* | *van a servir al amor.* Lo mismo ocurre con
la renovación de la naturaleza en primavera.

y toda la tierra se muestra festiva                         55
gracias al rocío que viene a esponjarla,
olvidada ya de aquella pobreza
en que se mantuvo durante los fríos.
Así, pues, la tierra se pone lozana
y quiere vestirse de otras nuevas galas,                    60
por lo cual se cubre de un ropaje nuevo
en el que aparecen todas las figuras
de hierbas y flores, azules y verdes,
y de otros colores de lo más diversos:
éste es el vestido con que, a mi entender,                  65
la tierra nos muestra su gloria mayor.

En cuanto a los pájaros, que estaban callados
mientras que en sus cuerpos sentían el frío
con que los hería el cruel invierno,
ahora por mayo, el tiempo sereno,                           70
están tan contentos, que muestran cantando
que en sus corazones hay mucha alegría
y por eso deben cantar y cantar.
Es en tal momento cuando el ruiseñor
se pone a trinar y a hacer alegrías;                        75
ved cómo requiere, ved cómo se agita
ese papagayo por esa calandria.

Entonces les es forzoso a los jóvenes
sentir el amor y mostrarse alegres.
Por mayo, ese tiempo tan dulce y tan bello,                 80
no hay nadie que no ame, por duro que sea,
al oír cantar entre la ramada
a los pajarillos con sus dulces trinos.
Y en esa estación tan dulce y amena
en que todo quiere moverse al amor,                         85
creía encontrarme durante ese sueño.

Y cuando soñaba, creo recordar
que era muy temprano, apenas al alba.
Salí de mi lecho diligentemente,
después de calzarme y lavar las manos.                      90
Y mientras buscaba aguja de plata
de un alfiletero pequeño y gracioso,
justo en el momento en que la enhebraba
me vino el deseo de salir al campo

[43]

y escuchar el canto de los pajarillos
que hacían sus sones entre la ramada
en una mañana muy bella y florida.
Y mientras hacía frondas en mis mangas,
yo me paseaba, sin más compañía
que la de los pájaros, a los que escuchaba 100
cantar y cantar, sin interrupción,
por los verdes prados que allí florecían.
Gentil y contento y lleno de gozo,
dirigí mis pasos hacia cierto río
que cerca de allí oí que corría: 105
como aquel lugar, creer no podía
que hubiera mejor para solazarme.

De un pequeño monte que estaba muy cerca
descendía el agua, abundante y fina.
Muy clara era el agua, muy clara y muy fría, 110
como la de pozo o como de fuente,
y aunque no tan grande como la del Sena,
también se extendía por un gran lugar.
En toda mi vida nunca había visto
río semejante que tan bien corriera. 115

Mucho me agradaba, mucho me placía
contemplando aquel tan bello lugar.
Con agua tan clara y tan transparente
quise refrescarme y lavar la cara.
Pude ver allí, todo recubierto, 120
el fondo del río lleno de guijarros.

Allí una pradera muy grande y muy bella
muy cerca del río su manto extendía.
Muy clara y serena y agradable estaba
aquella mañana, y muy bien templada. 125
Entonces me fui por medio del prado
siguiendo aquel río, las aguas arriba,
bordeando el curso, cerca de la orilla.

---

98 Las mangas no estaban cosidas, sino cogidas por alfileres y broches,
y se entregaban como prendas de amor.

## El muro de las imágenes

Y cuando hube un poco por allí avanzado
di con un jardín de gran extensión,                     130
muy bien rodeado con un alto muro
de muchas imágenes, y a su alrededor
muchos y muy ricos signos de escritura.
Tanto las imágenes como aquellos signos
me puse a mirar con curiosidad.                         135
Por eso os diré con detenimiento
todos los detalles que pude observar,
tal como retengo de aquellos recuerdos.
    Justo en la mitad estaba Aversión,
que de una gran cólera y de un fuerte enojo            140
daba la impresión de estar agitada
y fuera de sí, y muy destemplada,
cual si fuera presa de gran desazón:
tal era el semblante que daba esa imagen.
No daba el aspecto de gozar de calma,                  145
y sí de sufrir una gran locura:
tenía ceñudo, señal de violencia,
el rostro, y nariz del todo torcida.
Muy horrible estaba, muy horrible y seca,
todavía más porque se cubría                            150
horrorosamente con unos harapos.
    Había asimismo, hecha de otra talla,
otra nueva imagen junto a la anterior;
su nombre leí sobre su cabeza:

---

131    A continuación, van a ir apareciendo, representados en el muro,
todos los defectos de los que deben estar desprovistos los finos amadores.
Estos defectos son: Aversión *(Haine)*, que reprenta la cólera y el odio;
Traición *(Felonnie)*, que representa la ruptura de la obediencia feudal;
Villanía *(Villenie)*, de la que deben estar especialmente alejados los
corteses, pues es su opuesto; Codicia *(Convoitise)* y Avaricia *(Avarice)*, al
parecer muy extendidas dado el largo ataque que les dirige Lorris; Envidia
*(Envie)*, que supone un peligro social; Tristeza *(Tristesse)*, que hace
imposible toda actividad, al igual que Vejez *(Vieillesse);* Hipocresía
*(Papelardie)*, será revelada por Falso Semblante en la segunda parte; y
Pobreza *(Povreté)*, verdadero obstáculo para los asuntos amorosos.

era, según vi, llamada Traición.
    Y muy cerca de ella había otra más
que, según leí, era Villanía,
la cual ofrecía la misma impresión
que su compañera, e igual compostura.
Muy bien parecía ser vil criatura,                                  160
pues tenía aspecto de ser injuriosa,
de muy mala lengua y difamadora.
Bien supo pintar y darle la forma
aquel que logró tallar tal imagen,
pues daba señal de ser mala cosa;                                   165
porque parecía llena de maldad,
que de modo alguno se encuentra dispuesta
en honrar a quienes ella más debiera.
    También allí estaba pintada Codicia,
que es quien a la gente le gusta atizar                             170
y tomar de todos y a ninguno dar
para así amasar inmensas fortunas;
aquella que suele emplear la usura
concediendo préstamos, por el gran ardor
de tener riquezas, ganando y juntando;                             175
aquella que obliga a todo ladrón
y al desaprensivo a seguir robando,
(lo cual les resulta poco provechoso,
ya que muchos de ellos acaban ahorcados);
es quien siempre lleva a tomar lo ajeno,                            180
quien lleva a robar, quitar y engañar,
a estar siempre en ascuas, a estar descontentos;
es la que provoca que los abogados
acaben haciéndose falsos y tramposos,
ya que, con frecuencia, por sus falsedades,                        185
a los herederos y a las herederas
dejan sin derechos sobre sus herencias.
En forma de garras, cual si fueran ganchos,
tenía sus manos la imagen aquella,
lo cual es exacto, pues siempre está presta                        190
Codicia en coger los bienes ajenos;
Codicia no sabe ni quiere entender
en lo que no sea despojar al prójimo;
Codicia, por eso, a todos nos busca.

Había otra imagen, que estaba sentada,
y que se encontraba pegada a Codicia,
la cual Avaricia tenía por nombre.
Era horripilante, muy sucia y muy fea
esta otra imagen, y enteca y enclenque,
y estaba tan pálida como una cebolla                      200
(hasta tal extremo estaba de pálida,
que daba el aspecto de estar en las últimas);
también parecía estar muerta de hambre,
que hubiese vivido tan sólo de pan
mojado en lejía, y muy duro y agrio.                      205
No sólo mostrábase muy delgada y seca,
que estaba vestida también pobremente:
un sayón tenía muy roto y raído,
como si lo hubieran echado a los perros:
se veían bien en lo que llevaba                           210
múltiples remiendos, numerosos rotos.
Junto a ella había, puesto en una percha,
un no menos pobre y escuálido manto,
y una parecida saya de bruneta:
el manto ignoraba lo que era el armiño,                   215
pues era su forro de muy pobre piel
de cordero negro, velludo y espeso.
Sus ropas tenían muy bien veinte años,
puesto que Avaricia en lo del vestir
apenas se ocupa, y muy raramente.                         220
Y debéis saber que incluso le pesa
el tener que usar tan pobre vestido,
pues si se gastara o se estropeara,
consideraría muy duro comprarse
unas nuevas ropas, y que pasaría                          225
grandes estrecheces antes de comprárselas.
Tenía Avaricia cogida en su mano
una bolsa enorme que ocultar quería,
y la protegía con tanto denuedo,
que muchos esfuerzos habrían de hacerse                   230
antes de poderle sacar lo más mínimo.
Pero no sabía con ella qué hacer,
puesto que no iba a ningún lugar
que de esa su bolsa sacara ni un céntimo.

Al lado se hallaba dibujada Envidia,                    235
la cual no rió jamás en su vida,
ni nunca de nada jamás se alegró,
a menos que oyera o a menos que viera
que se originara un perjuicio grande.
No hay nada que pueda darle más placer                  240
que lo que provoca males y desastres.
Y cuando contempla que alguna desgracia
le llega a ocurrir a algún principal,
ésta es la alegría mayor que se lleva.
Se siente feliz hasta sumo grado                        245
si puede asistir a que algún linaje
se llegue a arruinar o le caiga infamia.
Y si acaso ocurre que alguien es honrado
por su gran saber o por sus proezas,
es ésta la cosa que a ella más le pesa;                 250
pues, debéis saber, a ella le va bien
estar muy airada cuando un bien nos viene.
Envidia está hecha de tal crueldad,
que nunca le tiene lealtad ninguna
ni a su compañero ni a su compañera;                    255
ningún familiar, aunque fuera próximo,
se habrá de librar de su mala rabia,
pues es bien sabido que ella no quisiera
que viniesen bienes ni a su propio padre.
Mas debéis saber que ella paga cara                     260
su perversidad, y muy cruelmente:
siente en su interior tormento tan grande
y un dolor tan vivo cuando hay bienestar,
que le falta poco para reventar.
Su propia maldad, que la martiriza,                     265
es la gran revancha de Dios y los hombres.
Envidia no para ni un solo momento
de ser maldiciente con cualquier persona:
estoy convencido de que aunque conozca
al hombre más noble que existir pudiera                 270
en nuestro lugar o en cualquier país,
no se escaparía de su mala lengua;
y si resultara de tal calidad
que ella no pudiese cebarse con él

y no consiguiera desacreditarlo, 275
ella intentará empequeñecer
sus buenas acciones; y en cuanto a su honor,
con sus falsedades querrá reducirlo.
Pude comprobar que en aquella imagen
Envidia tenía una cara horrible: 280
ella no miraba cosa que existiera
sino de través, como bizqueando;
mostraba, en efecto, mala inclinación,
ya que era incapaz de mirar a nadie
derecho a la cara, con toda franqueza; 285
antes bien, cerraba un ojo con ira,
roja de furor, y además ardía
cuando la persona a la que miraba
resultaba ser noble, bella o rica,
y que era apreciada y amada por todos. 290
Al lado de Envidia se podía ver
pintada a Tristeza, en el mismo muro;
y, a mi parecer, según su color,
estaba aquejada de un vivo dolor;
mostraba en el rostro tener icteria: 295
nada era a su lado la misma Avaricia
tocante a lo pálido ni a la delgadez,
pues la poca fuerza, la desesperanza,
el gran abandono y el nulo deseo
que ella padecía de noche y de día 300
le habían causado tal decrepitud
y el llegar a estar tan pálida y flaca.
Nunca ningún ser con tanto martirio
podría encontrarse, ni tan desgraciado
como esta figura, según demostraba. 305
Y creo que nada se pudiera hacer,
ni poco ni mucho, para consolarla;
ni ella, por su parte, quería alegrarse
ni reconfortar por nada en el mundo
del dolor tan fuerte que la atenazaba. 310
Tenía su alma muy llena de enojo
y en su corazón un gran desconsuelo,
dando la impresión de sufrir muchísimo;
hasta tal extremo, que había llegado

a arañar su carne con sus propias uñas.          315
Tampoco en su ropa mostraba cuidado:
la había deshecho por muchos lugares
como suele hacer quien siente gran ira.
De la misma forma llevaba las trenzas,
sueltas por el cuello, sin orden ninguno,          320
cosa que ella misma se había causado
por su gran pesar y gran aflicción.
Y debéis creerme sin vacilación
que estaba llorando muy profundamente:
ninguna persona, por dura que fuera,          325
quedara insensible viéndola sufrir,
ya que se arañaba y se golpeaba
y se lastimaba a más no poder.
Muy dispuesta estaba para la congoja
la muy dolorosa, la muy desgraciada.          330
Jamás le venía ninguna apetencia
de besar a nadie ni sentir placer,
puesto que a quien tiene triste el corazón,
nunca le apetece ni deseos siente
ni para bailar ni para saltar.          335
Pues no existe nadie que amoldarse pueda,
si es persona triste, a hacer alegrías,
puesto que dolores gozos contrarían.

     Al lado se hallaba pintada Vejez,
que se mantenía sobre un solo pie,          340
lo que era normal debido a su edad.
A muy duras penas podía comer
de tan reducida y vieja que estaba.
Su antigua belleza se había gastado
y se la veía demasiado fea.          345
Su cabeza estaba cubierta de canas,
totalmente blanca, como florecida,
y no hubiese sido una triste pérdida
ni una gran desgracia, si se hubiese muerto.
Pues todo su cuerpo ya estaba muy seco          350
por su gran edad, en todo decrépito.
Su rostro se hallaba ya muy apagado,
cuando un día fuera pletórico y suave.
Pero hoy está todo surcado de arrugas,

y ya sus orejas cuelgan blandamente.                   355
En cuanto a sus dientes, están tan perdidos,
que ya no conserva ni una sola pieza.
Tan cercana estaba de su propia ruina,
que apenas podía, ni aun con gran esfuerzo,
andar la distancia de unos pocos pasos.               360
El tiempo que fluye minuto a minuto,
sin tomar descanso y sin detenerse,
y se nos va yendo, andando tan quedo
y tan silencioso, que, a nuestro entender,
durante un instante se queda parado,                  365
(aunque no se para ni un solo momento,
sino que no deja nunca de avanzar,
tan continuamente, que hasta es imposible
poder discernir lo que es el presente,
puesto que sabemos de manera cierta                   370
que incluso hasta antes de haberse pensado
ya no lo será, que será pasado);
el tiempo que nunca puede detenerse
y se va marchando sin volver jamás,
como ocurre al río que va discurriendo,               375
que ya nunca puede marchar hacia atrás;
el tiempo que nada permite que dure,
ni hierros, ni cosas por fuertes que sean,
pues todo lo gasta sin dejar secuelas;
el tiempo que muda todo cuanto existe,                380
haciendo que crezca y que tome fuerza
para terminar usado y podrido;
el tiempo que lleva hacia la vejez,
que acabó con reyes, con emperadores,
y a todos nosotros envejecerá                         385
(eso, si la muerte quiere permitirlo);
el tiempo, que tiene poder absoluto
de hacernos caducos, maltrató a Vejez
de tan dura forma, que, a mi parecer,
era ya incapaz de valerse sola,                       390

---

361 El fluir del tiempo constituía un tópico literario, que derivaba de
la tradición latina (Ovidio, Virgilio) y había consagrado las mismas figuras,
especialmente la del *río,* que inmortalizó Jorque Manrique en nuestras
letras.

tan desamparada como en la niñez,
pues era evidente que estaba sin fuerzas
(así la vi yo), vigor ni sentido,
como criatura de un año de edad.
No obstante lo dicho, y a mi parecer,                    395
ella había sido muy cuerda y lozana
cuando se encontraba en su buen momento;
mas según la vi, ya no razonaba:
al contrario, estaba falta de sentido.
Gracias a una capa forrada de paño                       400
con que se vestía, si recuerdo bien,
muy cálidamente su cuerpo abrigaba.
Le era necesario el vestirse así,
pues de otra manera sufriría el frío,
puesto que los viejos lo sienten muy pronto:             405
es algo que todos sabemos muy bien.
      Junto a ella había pintada otra imagen
que daba impresión de ser muy falaz:
era Hipocresía como se llamaba.
Esta es la que a todos, siempre en emboscada,            410
cuando, desprovistos, no tienen defensa,
no pierde ocasión de hacer cualquier daño;
nos hace creer que es muy desgraciada
con su cara humilde y aspecto infeliz,
dando la impresión de ser inocente;                      415
pero bajo el cielo no existe desgracia
que no esté tramando en su fuero interno.
La imagen que daba esta Hipocresía
la representaba con gran precisión,
ya que la mostraba con aspecto humilde,                  420
tanto en el vestir como en el calzar,
cual si se tratara de mujer de iglesia.
Tenía en su mano libro de oraciones,
y daba a entender que todo su empeño
era hacer a Dios devotas plegarias,                      425
como confiarse a santos y a santas.
Ni bello ni alegre mostraba el semblante,
pero parecía muy bien predispuesta
a hacer buenas obras en toda ocasión.
Llevaba sobre ella traje penitente,                      430

que dejaba ver la gran delgadez
del habituado a extremado ayuno,
mostrando un color mortecino y pálido:
era por el mal de su corazón,
no por otra cosa, según mi opinión.          435
Pues estas personas hacen que sus caras
pierdan el vigor —dice el Evangelio—
por lograr loores de toda la gente
y por un poquito de gloria mundana,
lo que impedirá que entren en el cielo.       440
    Dibujada estaba en último término
Pobreza, la cual ni de un solo ochavo
dispuso jamás, ni aunque la colgaran,
ni aunque sus vestidos los vendiera todos:
estaba desnuda como los gusanos.              445
Si aquella estación no fuera la que era,
creo que estaría ya muerta de frío,
pues sólo tenía una vieja saya,
llena de agujeros, llena de remiendos:
tal era su ropa, tal eran sus mantos,         450
que, más que vestirla, eran un disfraz
que no le impedía tiritar a gusto.
Estaba alejada de con las demás
y, como los perros, allá en un rincón
estaba encogida, sin moverse apenas.          455
Ya que el miserable, do quiera que esté,
siempre es rechazado, visto con desdén.
¡Que sea maldita por todos la hora
en que todo pobre concebido fue!
Jamás en su vida se verá saciado,            460
ni estará vestido, ni estará calzado,
ni nunca querido, ni jamás mimado.


## EL JARDÍN DE LAS DELICIAS

Muy bien observé aquellas imágenes,
las cuales, según pude comprobar,

---

437   Según San Mateo, VI, 16.

estaban pintadas de azul y de oro                              465
a todo lo largo de aquella muralla.
Muy alto era el muro, y en forma cuadrada,
el cual encerraba por cada lugar,
a modo de seto, al jardín aquel,
donde nadie entrara, ni un sólo pastor.        470
Se hallaba el jardín en lugar precioso
y a aquel que me hiciera penetrar en él,
o por una escala o de otra manera,
siempre le estaría muy agradecido.
Pues gozo tan grande, placer tan inmenso       475
no sintiera nadie, según mi entender,
como el que venía de tan buen jardín.
Ya que aquel lugar, mansión de las aves,
no era peligroso ni tampoco hostil:
nunca otro jardín podría igualársele          480
ni en cuanto a sus árboles ni en cuanto a sus pájaros,
pues había de ellos lo menos tres veces
más que en todo el resto del reino de Francia.
Y era muy hermosa la gran armonía
de sus bellos cantos cuando los oía:          485
allí todo el mundo alegre estaría
Tanto, que sentí tal placer en mí
tan intensamente, cuando los oí,
que hubiese gastado todo mi dinero
de ser necesario pagar por entrar,            490
para por mi parte gozar escuchando
a aquella asamblea, que Dios la proteja,
de canoras aves que allí se reunía,
pues con gran encanto estaban cantando
canciones de amor produciendo notas           495

478 Este jardín cerrado, verdadero *locus amoenus,* es una alegoría del
Paraíso, en donde se dan connotaciones religiosas y sociales: sólo quienes
posean ciertas cualidades gozarán de él. En esta descripción, según
E. Langlois *(Origines,* págs. 10 y ss.), Lorris se basa en un *debate* del s. XII
llamado *Altercatio Phyllidis et Florae.* En nuestras letras, las descripciones de
estos lugares también abundan. El más cercano a éste, y también por la
ambientación de los personajes, quizás sea el de la Razón de Amor, obra
algunos años anterior al texto de Lorris. Otra descripción, pero vista
negativamente, nos es ofrecida por Rodrigo Cota en su *Diálogo entre el
Amor y un Viejo.*

amables, corteses, galanas, hermosas.
    Mientras escuchaba cantar a las aves,
me puse a pensar qué había que hacer,
qué medio emplear, por arte o ingenio,
para conseguir entrar al jardín.         500
Pero no podía encontrar la forma
mediante la cual conseguir entrar;
pues debo advertir que yo no sabía
si había una puerta o alguna abertura,
u otra solución, para introducirme;     505
ni había tampoco persona ninguna
que me lo dijera, pues estaba solo.
    Grande era mi angustia y mi malestar.
Pero terminé cayendo en la cuenta
de que no era lógico que existir pudiera    510
un jardín tan bello sin entrada alguna,
bien mediante escala, bien por una puerta.
Me eché, pues, a andar con paso ligero,
mientras que estudiaba bien la compostura
y la formación del cuadrado muro:     515
al fin una puerta bien disimulada,
conseguí encontrar, pequeña y angosta;
por otro lugar allí no se entraba.
Y en aquella puerta me puse a llamar
puesto que otra entrada no se encontraría.    520
Repetidas veces debí golpearla,
mientras que ponía debida atención
por si se escuchaba venir algún alma.
    Hasta que, por fin, esa bella puerta
vino a franquearme una noble joven    525
que era por demás hermosa y lozana.

---

518   En estos versos, entre otros, se basa F. Luquiens para mostrar el
influjo de Lorris en F. Imperial (en su obra *Dezir a las syete virtudes*).
   526  La descripción detallada que hace Lorris de esta joven responde,
más que al retrato de una determinada mujer, a unas «medidas» tópicas en
la literatura medieval. Por otra parte, no podía ser de otra manera, dado
que el poeta quiere representar la suma belleza. Absolutamente contrarios a
este retrato da algunos otros el Arcipreste de Hita, cuya intención es
parodiar las exquisiteces de la poesía cortesana, al describir a las serranas.
Así, la serrana de Tablada le parecía «yegua caballar», pues tenía una gran

Cabellos tenía rubios como el oro,
la carne más tierna que un joven pollito,
frente reluciente, cejas arqueadas;
era su entrecejo de medida exacta,                    530
ni grande ni chico, como debe ser;
era su nariz, derecha y perfecta;
sus ojos muy claros, como de un halcón,
que suelen causar gran admiración;
en cuanto a su aliento, muy sabroso y dulce,          535
muy blanca la cara, algo sonrosada;
la boca pequeña y algo grosezuela,
y hundía un hoyuelo su linda barbilla;
su cuello guardaba buena proporción,
lo bastante grueso, lo bastante largo,                540
que no había en él defecto ninguno:
no había mujer, ni en Jerusalén,
que tuviera cuello como el de esa joven,
tan suave y terso para acariciar;
era su garganta asimismo blanca,                      545
tanto cual la nieve que hay sobre las ramas
justo en el momento en que se ha posado;
ofrecía un cuerpo bien hecho y tallado:
difícil sería poder encontrar
tan bella mujer en ningún lugar.                      550
Venía adornada de un rico orifrés,
como nunca tuvo doncella ninguna:
ni más adornado ni mejor llevado
nadie lo llevó, ni con más donaire;
muy bella guirnalda de rosas muy frescas              555
traía dispuesto sobre el orifrés,
mientras que en su mano llevaba un espejo,

---

cabeza, pelo negro, ojos hundidos y rojos, enormes orejas, «pescuezo»
negro y grueso y peludo y corto, narices gordas y largas, boca como
fauces, dientes anchos de caballo, cejas anchas y negras, barbuda; en cuanto
al cuerpo, los huesos «mucho grandes», las piernas («çanca») llenas de
«cabras de fuego», tobillos de vaca, enormes muñecas y peludas, voz
«gorda e gangosa»; las «tetas colgadas» y «costillas mucho grandes».
    Se podría caer en la tentación de aventurar que la diana de esta parodia
son justamente estos versos de Lorris: en nuestras letras medievales, en
efecto, no hay un retrato que se iguale en longitud.
557   El espejo, según E. J. Richards, entre otros (véase bibliografía).

el cual reflejaba sobre su cabeza
una rica trenza con arte peinada.
Bien y bellamente y muy entalladas          560
estaban cosidas una y otra manga,
y para evitar que sus blancas manos
puedan lastimársele, lleva guantes blancos.
Era su vestido de un verde de Gante,
ornado de lino todo alrededor                565
y, viendo su porte, daba buena muestra
de ser una joven muy afortunada.
En tener peinado muy bien su cabello,
en ponerse bella y en acicalarse
tenía cumplida toda su jornada.              570
Pues mucho gozaba en el mes de mayo,
ya que no tenía más ocupación
de hacer cosa alguna, salvo solamente
adornar su porte bella y noblemente.
    Después que accedió a abrirme la puerta  575
la gentil doncella de la cual os hablo,
yo le di las gracias de muy buen talante
y le pregunté que de qué manera
era ella llamada, y también quién era.
Conmigo no quiso mostrarse altanera         580
ni andarse remisa para responderme.
    Así, pues, me dijo: «Ociosa me hago
llamar por aquellos que viven conmigo.
Rica dama soy, rica y poderosa,
y la sola cosa en que gasto el tiempo,      585
pues en los trabajos nunca he reparado,

---

podía ser símbolo de la lujuria. Desde luego, también podría ser la
personificación femenina de Narciso, que aparecerá más tarde.

568-70    En esta ocupación se puede encontrar a muchas jóvenes tanto
en la literatura francesa como en las hispánicas. En la lírica galaico-portugue-
sa son muchas las mozas que peinan o lavan sus cabellos esperando al
amado. Véanse, por ejemplo, las composiciones de Pero Meogo, don Denís
(y consúltese el artículo de V. Beltrán, «O vento lh'as levava: don Denís y
la tradición lírica peninsular», *Bulletin Hispanique,* LXXXVI, 1984, páginas 5-25.

582    La ociosidad da ocasión de actuar a los malos pensamientos según
Ovidio *(Remedia Amoris)* y según la doctrina de la Iglesia, como es bien
sabido.

es en solazarme placenteramente
peinándome el pelo con bonitas trenzas.
Soy la compañera y leal amiga
de Recreo, el bello y alegre galán,                                    590
a quien pertenece el jardín que veis,
el cual de la tierra de los Sarracenos
hizo que trajeran todos estos árboles
y que se plantaran en este jardín.
Y cuando los árboles hubieron crecido,                                 595
el muro que habéis podido observar
todo alrededor hizo construir;
y también mandó pintar por afuera
todas las imágenes allí figuradas,
las cuales no son ni alegres ni bellas,                                600
sino dolorosas y feas y tristes,
tal como vos mismo comprobar pudisteis.
Con mucha frecuencia, para solazarse
a todo su antojo, vienen al jardín
Recreo y la gente de su compañía,                                      605
personas que son de vida amenísima.
Por aquí andará muy probablemente,
Recreo el alegre, que estará escuchando
el gozoso canto de los ruiseñores,
el de los malvises y otras muchas aves.                                610
Aquí se recrea y toma solaz
junto con su gente, pues más bello sitio
ni más apropiado para estar alegre
no podréis hallar por más que busquéis.
La gente más bella, lo debéis saber,                                   615
que en el mundo entero pueda imaginarse,
son los que acompañan a Recreo aquí,
a los cuales él inspira y conduce.»

       Una vez que Ociosa esto me dijera,
que yo, por mi parte, atento escuché,                                  620
le dije a mi vez: «Vos, amiga Ociosa,
de lo que os diré no debéis dudar:
puesto que Recreo, el bello y gentil,
está todavía junto con su gente
en este jardín, toda esta asamblea                                     625
no me habrá de ser, creo, tan esquiva

que quiera negarse a que pueda verla.
Verla me es preciso, pues a mi entender
muy gentil y bella es la compañía,
y también cortés y muy enseñada.»            630
      Entonces entré, sin más añadir,
por aquella puerta, que Ociosa me abrió,
en aquel jardín, y una vez en él,
sentí gran placer, solaz y contento.
Pues debéis saber que pensé que estaba       635
viendo el Paraíso en aquel lugar:
era tan ameno y tan deleitable,
que me parecía en el Cielo estar.
Porque, yo pensé en aquel momento,
no podía haber paraíso alguno               640
tan maravilloso como lo era aquel
lugar en que tanto placer encontraba.
De canoras aves tal número había,
que, al desparramarse, el jardín llenaban:
por aquí trinaban muchos ruiseñores,        645
por allí cantaban miles de estorninos,
mientras se escuchaba la muy dulce música
de los reyezuelos y de los jilgueros,
de los colorines, de las golondrinas,
de las totovías y de las alondras;          650
había también miles de calandrias
por otro lugar, las cuales exhaustas
de cantar estaban, que no descansaban;
había asimismo mirlos y malvises,
quienes se esforzaban para superar,         655
cantando y cantando, a los otros pájaros;
y también había muchos papagayos,
y otras muchas aves, que por esos montes
y por esos bosques en que ellos habitan
con su bello canto a todos deleitan.        660
Por todas las partes causaban placer
estos pajarillos que he citado aquí.

---

743 Era una danza en corro, cuyos componentes rodeaban a una
pareja, situada en el centro, que bailaba y cantaba también, sin duda: el
corro haría, pues, la función de coro.

Porque producían un cántico tal,
que hasta se diría que era celestial;
y, debéis creerme, cuando los oí, 665
muy profundamente me quedé arrobado,
ya que melodía tan dulce y suave
nunca pudo ser por mortal oída,
puesto que era su música tan suave y bella
que no parecía ser trino de pájaro; 670
antes bien, sonaba, según mi entender,
como si cantara sirena del mar,
debido a las voces que tienen tan claras,
que son muy acordes y no malsonantes.
En cantar tenían el empeño puesto 675
las aves aquellas que saben hacerlo,
no las aprendices ni las no cantoras;
y sabed que cuando las oí cantar
y vi que el lugar estaba tan verde,
mi espíritu entero quedó arrebatado; 680
y puedo decir que nunca hasta entonces
había sentido placer tan profundo:
gracias al deleite que experimenté,
quedé sumergido en total belleza.
En aquel momento comprendí muy bien, 685
y dado que Ociosa permitido había
que participara de tanto solaz,
que yo debería ser de sus amigos,
razón por la cual quiso franquearme
la entrada de aquel jardín tan florido. 690
Así pues, ahora, si fuera capaz,
quisiera contaros lo que allí viví.
Y en primer lugar, quiénes se ocupaban
de Recreo, y quiénes estaban con él:
sin nada olvidar aquí lo diré. 695
Y en cuanto al jardín, su disposición
la diré después sin dejarme nada,
pues contar no puedo todo juntamente,
sino que lo haré siguiendo tal orden,
que nadie me pueda nada reprochar. 700
Un muy buen sevicio, muy agradable y dulce,
le estaban haciendo ya los pajarillos:

canciones de amor, sonidos corteses
cuando lo arrullaban con variados trinos,
unos por lo bajo, otros por lo alto.                    705
Con su bello canto, que tanto agradaba,
y con la dulzura de su melodía,
pusieron mi espíritu en un gozo inmenso.
Tanto que, después de escuchar un rato
a los pajarillos, resistir no pude                       710
el muy fuerte impulso de ver a Recreo,
ya que deseaba conocer de cerca
todas las delicias que lo rodeaban.

### La corte de Recreo

Así pues, tomé a mano derecha
y siguiendo el rumbo de una estrecha senda          715
en la que se olía a hinojo y a menta,
sin mucho tardar encontré a Recreo,
puesto que muy cerca había un reducto,
en el cual entré, do Recreo estaba,
lugar en el cual él se solazaba.                        720
    Estaban con él personas tan bellas,
que, cuando las vi, saber no podía
de dónde personas de tal hermosura
podían venir, ya que parecían
al verlas que fueran ángeles alados:                    725
personas así jamás viera nadie.
Y toda la gente aquí referida
o estaba jugando o estaba danzando,
y a unos y a otros cantaba una dama
a la cual llamaban todos Alegría.                       730
    Bien sabía hacerlo, con voz agradable,
como nunca nadie con tanta armonía
ni con más acierto cantara refranes.
Cantar maravillas bien le convenía,
pues era su voz muy clara y muy limpia.                 735
Y si en tal oficio no era nada mala,
aún se sabía defender mejor
en marcar el ritmo y orquestar el canto,

pues la dama estaba muy acostumbrada
en todo lugar a llevar la voz, 740
puesto que cantar era un menester
que ella realizaba con mucho placer.

Tendríais que ver hacer la carola
a aquellas personas, que tan bien danzaban
haciendo unos pasos de porte muy bello 745
y dando unas vueltas sobre el fresco prado.

Tendríais que ver allí a los flautistas,
como a los juglares y a los menestriles:
unos les cantaban muy bellas baladas,
y cantaban otros aires loreneses, 750
pues es bien sabido que es allí en Lorena
en donde se canta con arte mayor.

Había también mil tamborileras
a su alrededor, y mil timbaleras
que tocar sabían con destreza grande, 755
y que no cesaban de lanzar al aire
ambos instrumentos, que después cogían
con un dedo sólo, sin que se cayeran.

Estaban allí dos bellas mocitas
vestidas tan sólo de fina camisa 760
y con los cabellos sujetos en trenza,
a quienes Recreo, con gran ceremonia
hacía bailar en medio del corro;
tan bien, que no existe medio de expresar
la destreza que ambas mostraban bailando: 765
la una venía con paso gracioso
buscando a la otra, y cuando se hallaban
una junto a otra, lanzaban sus labios
como por besarse, tal que parecía
que ambas se besasen en medio del rostro. 770
Ambas bien sabían acordar sus pasos,
de mejor manera que puedo decirlo:
por mucho que yo quisiera alejarme
de allí, no podía, mientras contemplase
a toda esa gente caracoleando 775
en esa carola, con aquellos pasos.

Y mientras la danza se desarrollaba,
que yo contemplaba con tanto embeleso,

[62]

una dama había, de muy buen aspecto,
que a mí me miraba: era Cortesía,                    780
dama virtuosa, dama bondadosa,
a quien guarde Dios de toda desgracia.
Cortesía, pues, se me dirigió
diciéndome: «Amigo, vos, ¿qué estáis haciendo?»
Y siguió diciendo: «Venid hacia acá                  785
y con los presentes participaréis
en esta carola; venid, os rogamos.»
Sin demora alguna, sin detenimiento,
en aquella danza me metí sin más,
ya que, por mi parte, yo lo deseaba.                 790
    Tengo que deciros que mucho me plugo
el que Cortesía a mí me pidiera
que también entrase para carolar,
porque de danzar con aquella gente
muy ansioso estaba, mas no me atrevía.               795
Y me puse entonces a considerar
el rostro, los cuerpos y los caracteres,
y también los modos y los bellos gestos,
de quienes formaban parte de la danza.
Puedo, pues, decir sus disposiciones.                800
    Recreo era bello, muy alto y apuesto:
en ningún lugar podría encontrarse
ni ver nunca un hombre más bello que aquél:
tenía la cara como una manzana,
sonrosada y blanca todo alrededor;                   805
era su figura de porte muy noble:
los ojos azules, la boca perfecta,
y era su nariz una maravilla;
el cabello, rubio, muy ensortijado;
en cuanto a la espalda, ancha la tenía,              810
pero la cintura era muy delgada.
Parecía en todo ser una pintura
por su gran belleza de porte y de cara
y por lo bien hechos que estaban sus miembros.
Tan vivo y ligero, tan mañoso y hábil                815
como el hombre aquel no habréis de encontrar.
Barba no tenía, ni tampoco granos,
salvo cierto vello, pero muy ligero,

ya que era tan sólo un joven doncel.
De un manto pintado de múltiples aves                    820
y que estaba entero con oro bordado
cubría su cuerpo magníficamente.
Su vestido estaba muy bien adornado,
muy rico por todo, muy bien entallado,
y muy bien llevado, con mucha elegancia.                 825
Era su calzado de gran maestría,
con unos zapatos atados con lazos.
Con gran cortesía, para su solaz,
su amiga ofrecióle preciosa corona
que hiciera de rosas, que le iba muy bien.               830
    Mas ¿sabéis acaso quién era su amiga?
Alegría era quien lo acompañaba,
joven muy hermosa y siempre contenta,
la cual, cuando apenas tuvo siete años,
ya le concediera entero su amor.                         835
    Cogida del dedo la lleva Recreo
en medio del baile, y ella así a él;
muy bien se avenían el uno a la otra,
pues él era bello, y ella muy hermosa,
y se parecía a la nueva rosa                             840
dado su color, y a una piel tan tierna,
que sin gran esfuerzo abrirse pudiera
con sólo rozarla con pequeña espina.
Su frente era blanca, tersa, sin arrugas,
las pestañas negras y bien dibujadas,                    845
los ojos bonitos, tan llenos de vida,
que se adelantaban en el sonreír
a esa su boquita, por su intensidad;
pues de su nariz, ¿qué os puedo decir?:
mejor ni con cera se podría hacer.                       850
Tenía una boca pequeña y perfecta
y para besar al amigo presta.
Era su cabello muy rubio y brillante,
pero ¿qué más puedo de ella aún decir?
En cuanto a sus galas, muy bien se avenían:              855

---

820   La bella apariencia es indispensable para enamorar, según Ovidio
(*Ars Amandi,* I, vv. 512 y ss.).

una cinta de oro su cabello ornaba,
y un sombrero nuevo de orifrés llevaba.
Yo, que hasta el momento ya he visto bastantes,
jamás en mi vida pude imaginar
sombrero tan bien tejido de seda.                    860
De un manto que estaba trabajado en oro
cubría su cuerpo con gran esplendor,
pues llevar las mismas galas que su amigo
la llenaba a ella de satisfacción.


## EL DIOS AMOR Y SU COMPAÑÍA


Por el otro lado, junto a él estaba            865
el dios del Amor, el cual distribuye
a su solo antojo cariños y amores;
es el que gobierna a los amadores,
el que a todo el mundo cuando quiere humilla,
el que a los señores hace servidores            870
y el que a las señoras convierte en sirvientas
cuando las encuentra demasiado esquivas.
El talle y semblante del dios del Amor
daban a entender su gran calidad.
Por su gran belleza era de admirar,            875
y en cuanto a sus galas, para describirlas
yo mucho me temo no tener palabras,
ya que no llevaba vestido de seda,
sino que vestía vestido de flores
que le habían hecho manos amorosas            880
figurando rombos, como los escudos;
y con pajarillos, y con leoncitos,

866   He aquí la descripción física que hace el Arcipreste de Hita de
Amor: «un omne grande, fermoso, mesurado» (est. 181). En cuanto a su
poder, Juan Ruiz le reprocha sus mentiras, engaños, lisonjas, mal señor de
sus servidores, a los que enloquece y quita la salud (véanse estrofas 182
y ss.). En estos mismos improperios insistirá Razón más adelante. El recurso
narrativo del Arcipreste es, en principio, más eficaz: las desventajas de
seguir a Amor son expuestas precisamente por un amador, no por un rival,
por lo que ganan en «veracidad».

con fieras salvajes y con leopardos
estaba el vestido por todas las partes
muy bien dibujado, ornado de flores                    885
pintadas en él con sus mil colores.
Porque las había de todas las clases,
y representadas con un arte sumo.
No se encuentra flor, real o inventada,
que allí no estuviera: flores de retama,               890
y también violetas y la flor doncella,
flores amarillas, azules y blancas.
Y entre todas ellas, para entrelazarlas,
pétalos de rosa, pequeños y grandes.
Lleva en sus cabellos muy bella guirnalda              895
formada de rosas, y los ruiseñores
que por su cabeza revoloteaban
hacían caer los pétalos todos;
pues venía entero cubierto de aves,
así de jilgueros y de ruiseñores                       900
como de calandrias y otros pajarillos.
Parecía, pues, ser en todo un ángel
que hubiese bajado desde el mismo cielo.

    Como compañía a un joven traía
el cual se encontraba siempre junto a Amor,            905
y era conocido por Dulce Mirar.
Este jovencito se hallaba mirando
bailar la carola, mientras que guardaba
al dios del Amor dos arcos turqueses.

    Uno de los arcos era de madera                   910
de poco valor y muy mal tallado.
Repleto de nudos y de mala forma

---

906 Los ojos, según la preceptiva amorosa medieval, son la puerta por
donde entra Amor. En nuestra lírica tradicional, según un trabajo que
estoy preparando, el verbo *ver* y su campo semántico llegarían incluso más
lejos: significarían exactamente *conocer íntimamente,* como en la Biblia. He
aquí un ejemplo de Bernal de Bonaval, trovador gallego anterior a Lorris:

> Se veese o meu amigo a Bonaval e me vise,
> vedes cómo lle eu diría ante que me eu del partise.

Véase también lo que Ibn Hazm de Córdoba expone, en *El collar de la
paloma,* sobre la mirada (cap. V) como instrumento amoroso.

estaba tal arco por todos los sitios,
y era de un color más negro que mora.
Pero el otro arco era de madera 915
flexible y ligera, de bonita forma,
y estaba bien hecho, de muy buena talla,
sin ningún defecto y muy bien pulido,
que pintado estaba muy graciosamente
con muy bellas damas y apuestos galanes. 920
Y Dulce Mirar, junto con los arcos,
mostrando un semblante plácido y risueño,
tenía diez flechas que eran de su amo,
cinco de las cuales en la mano diestra.
Todas exhibían un bello trabajo 925
tanto en los penachos como en los dibujos
y ninguna había que no fuera de oro;
tenían la punta cortadora y fuerte
y muy penetrante para hincarse bien.
En ellas no había ni hierro, ni acero, 930
ni otro material que no fuera el oro,
salvo en los penachos y salvo en las varas,
y de ese metal tenían las puntas,
que en forma dentada dispuestas estaban.
De las cinco flechas, a la más preciada, 935
que era la más bella y también más rauda
y a la que mejores adornos pusieron
todos le decían por nombre Belleza.
Otra, la que más hondamente hería,
si recuerdo bien, era Sencillez. 940
También había otra, a la que llamaban
Franqueza, la cual era grande y ágil
por su gran nobleza y grandes virtudes.
A la cuarta llaman todos Compañía,
la cual era flecha mucho más pesada 945
y no se podía disparar muy lejos:
pero a quien de cerca pudiera alcanzar
sin duda le haría muy profunda herida.
Es Bello Semblante llamada la quinta,
de todas las flechas la que menos hiere, 950
si bien suele hacer lesiones muy graves;
pero todo aquel debe estar contento

que fuera alcanzado por flecha como ésta,
puesto que sus males son muy llevaderos
y, en cuanto al dolor, es muy soportable,     955
ya que la salud le llega muy pronto.

Había asimismo otras cinco flechas,
que se destacaban por su fealdad,
dado que mostraban en varas y en puntas
como de diablos un negro color.               960
Era la primera Altivez llamada,
y otra, la segunda, que aún vale menos,
era conocida como Villanía,
la cual demostraba que muy malamente
estaba viciada, llena de veneno.              965
Era la tercera Deshonra llamada;
la que le seguía, Desesperación;
y Pensar Variable, si recuerdo bien,
tenía por nombre la última de ellas.
Estas cinco flechas fueron todas hechas       970
de muy otro modo que las anteriores.
Y, dada su forma, fueron destinadas
para el otro arco, el tan contrahecho
y lleno de nudos y nada pulido:
éste era el mejor para tales flechas,         975
pues éstas tenían virtudes contrarias
a las otras cinco, sin duda ninguna.
Pero no diré en este momento
cuáles son sus fuerzas ni su poderío;
la ocasión llegada, toda la verdad            980
será aquí expresada, y el significado.
Nada de estas cosas caerá en el olvido,
ya que os lo diré detenidamente
antes que termine este mi relato.
Pues he de volver sobre lo anterior;          985
sobre la carola y su noble gente
conviene que explique tanto sus detalles,
como sus aspectos y también sus formas.

Amor se encontraba bien acompañado:
junto a una dama de mucho valor               990
se había acercado lo más que podía,
a la cual Belleza la llamaban todos,

con el mismo nombre a una de la flechas,
y que poseía todos los encantos:
tenía la tez no negra ni oscura,                            995
sino que era clara, igual que la luna,
repecto a la cual las otras estrellas
daban la impresión de humildes candelas.
Su carne era trémula, igual que el rocío,
y era su pureza de recién casada,                          1000
e igual en blancura que la flor de lis.
Un rostro tenía muy claro y muy terso;
su cuerpo era esbelto, grácil, delicado,
y no lo cargaba de ningún arreglo,
dado que no le eran nada necesarios                        1005
mayores cuidados, ni ningún adorno;
sus cabellos eran muy rubios y largos,
ya que le caían hasta el mismo pie;
de nariz, de boca y de ojos perfecta.

Inmenso placer invade mi espíritu,                         1010
¡lo juro por Dios!, cuando rememoro
tanta perfección en todos sus miembros,
que mujer ninguna tuvo en este mundo.
Para resumir, era joven, rubia,
viva y agradable, y picante y viva,                        1015
bien puesta, bien prieta, de justo contorno.

Cerca de Belleza se hallaba Riqueza,
una dama que es de cuna muy alta,
de mucho valor y de gran aprecio.
Aquel que a los suyos o a ella pensara                     1020
hacer un perjuicio, en dichos o en hechos,
sería un gran loco o muy atrevido:
en ella está todo, o hundir o salvar;
en efecto, es cosa de todos sabida
que la gente rica tiene gran poder                         1025
para castigar o para ayudar.
Por ello, los hombres de cualquier estado
siempre le han tenido gran veneración:
la gente se esfuerza en servirla bien,
y obtener así mejor sus favores,                           1030

---

1017 Véase más adelante, v. 10003 y ss., su prolija tradición literaria.

y todos la han hecho dama de sus actos,
ya que todo el mundo la suele temer
y todos están bajo su dominio.
Hay en torno a ella muchos lisonjeros,
muchos codiciosos y muchos traidores:                    1035
son todos aquellos que están siempre urdiendo
cualquier deshonor o cualquier perjuicio
a quienes son dignos de toda alabanza.
Cuando están presentes, y para halagarlos,
a todos alaban estos lisonjeros,                         1040
sin dejar a nadie sin bellas palabras.
Pero por detrás clavan sus puñales
hasta el corazón cuando están ausentes,
o bien rebajando las buenas acciones,
o bien despreciando las honras ajenas.                   1045
Muchos buenos hombres fueron engañados
por los lisonjeros con sus alabanzas,
por lo cual llegaron hasta a postergar
a quienes debieran tener más aprecio.
¡Vida miserable debieran llevar                          1050
estos lisonjeros siempre codiciosos,
a los que los nobles despreciar debieran!
Llevaba Riqueza un vestido púrpura,
cual nunca se vio tan cargado de oro:
podría afirmar con seguridad                             1055
que vestido tal, tan bello y tan rico,
no existió en el mundo, ni tan adornado,
ya que se podían admirar en él
mediante figuras en oro y en plata
historias de reyes, de duques, de condes;               1060
el cuello tenía orlado en su entorno
de una banda de oro con incrustaciones
muy ricas, sabedlo, y en gran abundancia:
había por todo y muy bien talladas
una multitud de piedras preciosas,                       1065
de las que nacía claridad muy grande.
Tenía asimismo un cinto muy bello,
como nunca pudo ceñirse mujer:
ornando la hebilla llevaba una piedra
de gran calidad y una gran virtud,                       1070

ya que la persona que en sí la llevara
de ningún veneno debía temer,
ni nadie podía producirle daño.
Sumando el valor de su pedrería,
quien la poseyera sería más rico                                    1075
que con todo el oro que atesora Roma.
En el pasador llevaba otra pidera
que salvaguardaba del dolor de muelas,
ya que poseía virtud tan extraña,
que cualquier mozuelo quedaba curado                               1080
durante los años de su larga vida
si por la mañana la hubiese mirado.
Su cinto adornaban aretes dorados,
y tantos, que el cinto de oro parecía,
y eran además grandes y macizos:                                   1085
cada cual por sí era una fortuna.
Llevaba también en sus rubias trenzas
preciosa diadema; nunca hasta aquel día
la viera tan bella, si no me equivoco,
que era toda ella de un oro muy fino.                              1090
Tendría que ser buen conocedor
el que conociera la diversidad
de piedras preciosas que en ella llevaba,
y creo que nadie lo podría hacer.
Puesto que las piedras que dicha diadema                           1095
tenía engastadas valían muchísimo:
había zafiros, rubíes, topacios,
y en cuanto a esmeraldas, más de lo que digo.
Mas sobresalía, con gran maestría,
un gran escarbunclo justo en pleno centro,                         1100
piedra que brillaba con tal claridad,
que en ese momento, que ya anochecía,
se hubiese podido, sin dificultad,

---

1073   Las piedras eran preciosas no sólo por su valor, sino también por
sus virtudes curativas. El *Lapidario* de Alfonso X el Sabio expone un buen
muestrario de esas cualidades.

1100   De todas las piedras preciosas, el *escarbunclo* era la más mágica, y
se le atribuía, ya desde la *Chanson de Roland,* una luminosidad capaz de
alumbrar grandes regiones. En nuestra literatura medieval aparece tanto en
el *Cantar de Mio Cid* (vv. 766 y 2422) como en la *Gran Conquista de Ultramar*
(95a).

ver en una legua todo lo que había.
Todas esas piedras lanzaban gran brillo,     1105
tanto, que a Riqueza le resplandecía
magníficamente su cuerpo y su rostro
y todo el lugar en que se encontraba.

Tenía a su lado, de la mano asido,
a un joven, notorio por su gran belleza,     1110
el cual parecía ser su buen amigo.
Era de esos rubios que en lo confortable,
gusta deleitarse y pasar su tiempo
el cual se vestía y calzaba bien
y montar podía muy buenos caballos:     1115
se hubiera creído un ser despreciable,
como un asesino o como un ladrón,
si en su establo hubiera un rocín tan sólo.
Por eso apreciaba tanto la amistad
y los buenos tratos de su protectora.     1120
ya que todo el día pasaba pensando
en qué nueva cosa podría gastar;
y ella estaba siempre dispuesta a ayudarlo
y a asumir sus gastos generosamente,
dado que le daba sumas tan cuantiosas,     1125
como si en su casa creciera el dinero.

Detrás de este mozo se hallaba Largueza,
muy bien educada y también dispuesta
para honrar a todos y ser generosa.
Era del linaje del gran Alejandro,     1130
y, entre todos ellos, su mayor placer
era cuando a alguno le decía «ten».
Incluso Avaricia, con ser tan avara
en ir recogiendo, es menos ligera
de lo que es Largueza en cuestión de dar.     1135
Pues el mismo Dios le hacía crecer
más y más sus bienes, y de tal manera,
que cuanto más daba, de más disponía.
Todos a Largueza siempre adularán,
pues tiene a los cuerdos, tal como a los locos,     1140

---

1130 Se trata de Alejandro Magno, personaje conocido tanto en la
literatura francesa como en la española, en las cuales se le dedicaron sendos
relatos (*Roman d'Alexandre*, siglo XII, y *Libro de Alexandre*, siglo XIII).

sin faltar ninguno, a su discreción,
dado que ella suele ser muy generosa.
Y si acaso hubiera quien la despreciara,
estoy muy seguro que ella de él haría
su amigo, ganado por muchos regalos.                1145
Por eso, Largueza siempre contará
con la devoción de pobres y ricos.
Pero, desde luego, odia a los tacaños,
pues entre los vicios que tiene la gente
nada hay que le duela como la avaricia.             1150
El hombre avariento no podrá ganar
grandes posesiones ni cortes amables,
pues nunca tendrá bastantes amigos
cuya voluntad se pueda ganar.
Antes, el que amigos quisiera tener               1155
no debe guardarse para sí su haber,
sino con regalos ganar voluntades,
ya que todo el mundo conoce muy bien
que, así como ocurre con la piedra imán,
que hacia sí se atrae fácilmente al hierro,         1160
así el corazón se deja arrastrar
por oro o por plata que le puedan dar.
Llevaba Largueza un nuevo vestido
hecho de una púrpura traída de Arabia.
Un rostro tenía bello y bien formado;             1165
estaba su cuello desnudo de adornos
porque no llevaba en aquel momento,
puesto que a una dama regalado había
hacía muy poco, un broche valioso.
Mas tal desnudez muy bien le sentaba,             1170
pues su cabellera libre le caía
y dejaba ver su dulce garganta,
la cual, a través de fina camisa,
mostraba una piel tersa y delicada.
La muy apreciada y gentil Largueza              1175
iba acompañada por un caballero
del buen rey Arturo, señor de Bretaña,
a quien confiara por su gran valor
llevar su bandera y ser su estandarte;
la fama del cual tal grado alcanzaba,             1180

que de él se contaban múltiples relatos
en cortes de reyes y en cortes de nobles.
Este caballero había llegado
hacía muy poco de hacer un torneo
donde realizó, en pro de su amiga,                         1185
proezas enormes y grandes hazañas,
ya que destrozó muchísimos yelmos,
inutilizó múltiples escudos
y de sus monturas tiró a muchos hombres
gracias al esfuerzo de su bravo brazo.                     1190

Detrás de los dichos se hallaba Franqueza,
la cual no era negra ni de tez oscura,
mas de piel muy blanca, tanto como nieve;
ni era su nariz a lo orleanesa,
sino muy delgada, de formas perfectas;                     1195
sus ojos, alegres; cejas arqueadas
y un cabello largo, rubio como el oro;
era tan ingenua como una paloma,
con un corazón dulce y cariñoso.
Nunca hubiera osado ni decir ni hacer                      1200
a ninguno nada que no fuera bueno,
y si acaso a alguno ella conociera
que hubiese sufrido por su lealtad,
pronto, según creo, vendría en su ayuda.
Era su carácter de una tal ternura,                        1205
de una tal bondad y tan generoso,
que, si por su causa, alguien padeciera
y no lo ayudara, ella temería
haberle faltado muy villanamente.
Venía vestida con una amplia túnica                        1210
que nada tenía de grueso ni basto:
ni incluso en Arrás se vio otra mejor;
y estaba su hechura tan bien ajustada,
que ni un solo punto podía apreciarse
que se hubiese dado fuera de su sitio.                     1215
Bellamente estaba vestida Franqueza,
pues ningún vestido puede ser tan bello
como son las túnicas puestas por doncellas:
es mucho más bella, mucho más bonita
la mujer con túnica que llevando sayas.                    1220

[74]

La túnica aquella, la cual era blanca,
quería decir que muy buena y noble
era la mujer que se la ponía.
Había asimismo un joven doncel,
el cual de Franqueza no se separaba.                    1225
No recuerdo ahora cómo se llamaba,
mas era tan bello, que bien merecía
el honor de ser hijo del de Windsor.

Detrás de los cuales Cortesía estaba,
que por todos era bien considerada,                     1230
pues no era ni loca ni desmesurada.
Y fue justo ella la que a aquella danza,
por su sola gracia, a mí me invitó
antes que cualquiera, cuando allí llegué.
Ella no era tímida, tampoco alocada,                    1235
sino muy aguda, sensata, educada,
tanto en sus preguntas como en sus respuestas:
nadie, por su boca, fue puesto en ridículo
ni nadie por ella resultó ofendido.
Su pelo era negro, su cara era clara,                   1240
su tez muy morena y resplandeciente:
ninguna mujer conozco más bella,
y ella merecía, si estuviera en corte,
ser la emperatriz, o al menos la reina.
Traía también otro caballero                            1245
de aspecto gentil, de bellas palabras
y de nobles usos para con la gente.
Este caballero, bello y agradable,
en las armas era muy ejercitado,
por lo cual su amiga mucho lo apreciaba.                1250

Venía después Ociosa la bella,
la cual de mi lado nunca se apartó.
Ya de esta doncella dije con detalle
tanto sus maneras como su belleza.
Así pues, ahora nada añadiré:                            1255
sólo, que ella fue quien un gran favor
me hiciera al principio, cuando a mí me abrió
del jardín la puerta, lo cual le agradezco.

---

1228   Es decir, el rey de Inglaterra.

[75]

Y por fin venía, si recuerdo bien,
Juventud, de rostro claro y sonriente, 1260
la cual todavía no había llegado
según pude ver, a los quince años.
Era candorosa y nunca pensaba
en desgracia alguna ni en ningún engaño,
sino que era alegre y también ingenua, 1265
pues en esta edad sólo se repara
en vivir contentos, como es bien sabido.
Estaba su amigo muy unido a ella,
tanto y de tal forma, que se daban besos
sin ningún reparo, cuando les placía, 1270
delante de todos los que allí danzaban.
Y aunque alguno hiciera de ellos comentarios,
no se avergonzaban de ninguna forma:
había que verlos al uno y al otro
dándose besitos, como un par de tórtolos. 1275
Era aquel doncel muy joven y bello,
dando la impresión de la misma edad
que su dulce amiga, y de igual carácter.
   Así disfrutaba toda aquella gente,
y junto con ellos otros mucho más 1280
de sus mismas formas y disposición:
todos gente franca, de bellas maneras:
muy bien enseñados y de noble porte
eran, y actuaban idénticamente.


### Descripción del Jardín

Y ya conocidas todas las personas 1285
que allí se encontraban cantando y bailando,
me entraron deseos de ver el jardín,
y de descubrirlo, y de examinarlo,
y de contemplar los bellos laureles,
y esos bellos pinos, cedros y moreras. 1290
   Los de la carola descansaban ya
y con gran placer desaparecían
con su compañía, buscando las sombras
de frondosos árboles para allí entregarse.

¡Dios, qué bella vida que llevaban todos! 1295
Loco debe estar quien no sienta envidia
de regocijarse de tan dulce vida
y de tal placer no querer gozar.
Pues no puede haber mayor paraíso
que tener amiga, la que más te guste. 1300

En fin, alejéme de todos aquellos
y me di un paseo placenteramente
por aquel jardín sin un rumbo fijo.

Pero el dios Amor mandó hacer venir
a Dulce Mirar en aquel momento: 1305
no precisa entonces que guarde las armas,
sí que las prepare: sin más dilación,
la orden le dio de entregarle el arco,
lo que sin tardar fue llevado a cabo
por Dulce Mirar, quien ejecutó 1310
y se lo entregó con cinco saetas
muy fuertes y agudas y muy bien dispuestas.
Y, así, el dios Amor, a cierta distancia
me vino siguiendo armado del arco.
¡Quiera Dios salvarme de herida tan grave, 1315
si es que para mí guardaba las flechas!

Yo, que me encontraba descuidado de esto,
iba tan tranquilo, sin pensar en nada,
por aquel jardín, andando a mis anchas,
mientras él venía siguiendo mis pasos; 1320
mas no me asaltó en ningún momento
para permitirme conocerlo todo.

La disposición del bello jardín
era de un cuadrado, con todos sus lados
de la misma anchura e igual longitud. 1325
Todas las especies de árboles frutales,
salvo si tenían formas espantosas,
se podían ver o solos o a pares,
o en mucho más número, en aquel lugar.
Había granados, lo recuerdo bien, 1330
que estaban cargados de gruesas granadas

---

1330 Se enumera a continuación una serie de árboles, muchos de los cuales eran exóticos, conocidos o por relatos o por comerciantes de países lejanos.

(la cual es muy buena para los enfermos).
Y había también miles de mirísticas,
que estaban entonces en plena sazón,
y cubiertas todas de la nuez moscada,          1335
la cual no es amarga ni desagradable;
podían hallarse almendros también
en aquel jardín, donde no faltaban
palmeras con dátiles y muchas higueras;
quien lo precisara, podría encontrar           1340
sin mayor problema clavo y regaliz
en aquel lugar, y muchas más plantas,
tales como el grano que llaman amomo,
o bien cedoaria, anís y canela
y muchas especias, que son tan sabrosas        1345
y hacen las comidas tan apetitosas.
Había también árboles de huerto,
con muchos membrillos y melocotones,
nísperos, ciruelas de todas las clases,
castañas y nueces, manzanas y peras,           1350
igual que cerezas, frescas y bermejas,
sin contar alisos, serbas y avellanas.
De grandes laureles y elevados pinos
estaba repleto todo aquel jardín,
sin faltar tampoco olivos, cipreses            1355
(los cuales no existen apenas aquí),
ni los altos olmos, muy grandes y espesos:
había asimismo adelfas y hayas,
y encinas y fresnos, y álamos temblones,
y abetos y arces, y robles también.            1360
¿Pero para qué seguirlos citando?
Tanto árbol había, de tal variedad,
que me encontraría en un grave aprieto
si fuera preciso nombrarlos a todos.
Sólo añadiré que todos estaban                 1365
entre sí alejados convenientemente,
dejando un espacio entre uno y otro
de cinco toesas, y quizá de seis;
mas eran sus ramas muy altas y largas,

---

1368  La *toesa* equivalía a algo más de un metro.

[78]

y para guardar del calor el sitio                          1370
formaban un toldo por todo el lugar,
tanto, que allí el sol en ningún momento
penetrar podía, ni llegar al suelo,
no dañando así a la tierna hierba.
Por allí corrían mil gamos y corzos             1375
y gran cantidad de ágiles ardillas
que se paseaban por entre las ramas.
Había conejos, los cuales salían
de sus madrigueras sin interrupción,
y de mil maneras y continuamente               1380
iban entre sí haciéndose fiestas
sobre aquella hierba tan verde y tan fresca.
Por allí corrían aguas cristalinas
(en donde no había ni sapos ni ranas)
que se deslizaban por entre la sombra,           1385
y recuerdo bien que eran abundantes.
Y por canalillos que mandara hacer
Recreo, y también por unas cascadas,
las aguas caían, formando un sonido
muy dulce de oír y muy placentero.              1390
Y por las orillas de aquellos arroyos
y de aquellas aguas tan puras y vivas
crecía la hierba, que era muy espesa:
se hubiera podido sin dolor ninguno
yacer con la amiga como sobre un lecho,          1395
pues la tierra estaba muy suave y fresca
a causa del agua, por lo que la hierba
era tanta y tal como convenía.
Pero lo que más agradable hacía
al lugar aquel, era la abundancia               1400
y la variedad de flores que había,
que allí florecían en toda estación.
Había violetas de un color muy bello,
y vincapervincas, recién despuntadas,
y otras muchas flores, blancas y bermejas,       1405
pero, sobre todo, flores amarillas:
la tierra mostraba toda su belleza
con aquel tapiz, muy bien adornado
de flores pintadas de muchos colores,

de donde surgían muy buenos olores. 1410

Mas no he de seguir diciendo más cosas
acerca de aquel lugar exquisito;
será necesario detenerme aquí,
pues de todas formas sería imposible
describir con tino toda su belleza 1415
ni expresar tampoco todo aquel deleite.
Así pues, yo andaba de un lugar a otro
sin un rumbo fijo por aquel jardín,
que pude admirar detalladamente.
Entre tanto, Amor venía siguiéndome 1420
sin perder mis huellas y siempre al acecho,
como el cazador, que, pacientemente,
espera a su pieza que venga al lugar
en donde poder lanzarle la flecha.

### La fuente de Narciso

Hasta que por fin a un lugar llegué 1425
bello por demás, por donde corría
una clara fuente, debajo de un pino:
ni el mismo rey Carlos, ni el mismo Pipino
nunca habían visto pino como aquél,
pues era tan alto, era tan esbelto, 1430
que en aquel jardín rival no tenía.
Y por las entrañas de piedra marmórea,
debido a un capricho de Naturaleza,
debajo del pino el agua corría;
sobre dicha piedra un letrero había 1435
del lado de arriba, de letras pequeñas,
donde se anunciaba que en ese lugar
el bello Narciso la muerte encontró.
Era este Narciso un joven doncel
que Amor atrapó dentro de sus redes, 1440
el cual lo trató tan sañudamente,

--------

1428 Nombres de varios reyes francos. Quizá se refiera a Carlomagno
y a su padre.
1435 Para este relato, Lorris se inspira en Ovidio (Metamorfosis, III,
356-503).

[80]

lo obligó a llorar y a dolerse tanto,
que el pobre acabó su alma expulsando.

Y esto fue porque Eco, una noble dama,
a Narciso amaba como a nadie amó;                1445
mas tan duramente por él fue tratada,
que llegó a decirle que, o su amor le daba,
o que perdería la vida por él.
Y esto fue debido a la gran belleza
que hacía a Narciso demasiado altivo,            1450
tanto, que jamás quiso amar a Eco,
ni tener en cuenta sus múltiples lágrimas.

Ella, cuando vio que era rechazada,
sintió tal dolor, tan grave pesar,
se puso en estado tan insoportable,              1455
que vino a morir sin remedio alguno.
Pero tuvo tiempo, antes de expirar,
de rezarle al dios y solicitarle
que el bello Narciso, que fue tan esquivo,
por cuyos amores ella sufrió tanto,              1460
conociera un día tan vivo dolor
y también sufriera por igual amor
que en ningún momento lo satisficiera;
pues podría así comprender muy bien
cuán grande es la pena de quien ama mucho        1465
y se le rechaza tan esquivamente.
Y porque esta súplica era razonable,
quiso el dios oírla y que se cumpliera.
Así pues, un día, por casualidad
se acercó Narciso a esa clara fuente             1470
para descansar debajo del pino
después de pasar el día cazando.
Tan cansado estaba de aquel ejercicio,
de correr los montes, subiendo y bajando,
que le entró gran sed, pues la intensidad        1475
del calor que hacía, y el mucho esforzarse,
lo habían dejado muy extenuado.
Por ello se vino hacia aquella fuente
que el pino cubría con sus grandes ramas,
pensando que allí podría beber;                  1480
y una vez llegado cerca de la orilla,

se puso a beber sin más dilación:
pudo ver así, en el agua pura,
su rostro perfecto, su nariz, su boca,
de todo lo cual quedóse prendado,                         1485
puesto que, ignorando que se estaba viendo,
creyó que veía las bellas facciones
de un joven doncel de gran hermosura.
Entonces se pudo bien vengar Amor
de tanto desprecio, de tanto desdén                       1490
que había empleado Narciso con él.

Este fue el castigo que quiso infligirle:
tanto se acercó Narciso a la fuente
queriendo besar su propia figura,
que acabó al final perdiendo la vida                      1495
como consecuencia de su mala acción.
Pues al comprobar que no era posible
el satisfacer lo que pretendía
y que lo querido con afán tan grande
no le dejaría ya tener sosiego                            1500
en ningún momento, ni de forma alguna,
loco de dolor, perdió su sentido
y acabó muriendo sin mucho tardar,
obteniendo así de aquella infeliz,
de cuyos amores nunca hiciera caso,                       1505
justa recompensa, justo galardón.

Así pues, tomad ejemplo, mujeres
que a vuestros amigos os mostráis esquivas.
Si vuestros amigos murieron por vos,
Amor se podrá vengar algún día.                           1510

Una vez que supe por aquel letrero
que, sin duda alguna, esa era la fuente
do el bello Narciso perdiera la vida,
de ella me alejé un prudente espacio,
puesto que no osaba mirar su interior                     1515
debido al temor que me atenazaba,
ya que recordaba de este desgraciado
cuál fue su desgracia y su triste suerte.
Mas pensé después que sin riesgo alguno
ni ningún temor para mi persona                           1520
podría acercarme a la fuente aquella,

y que estaba loco si así no lo hacía.
Así pues, mis pasos allí encaminé,
y, ya junto a ella, hinqué la rodilla:
pude ver el agua que se deslizaba, 1525
y las piedrecillas que resplandecían
en su lecho, claras como plata fina.
De todas las fuentes era la más bella,
pues ninguna otra podía igualársele:
el agua está siempre clara y renovada, 1530
pues continuamente sale en abundancia
de dos manantiales que surgen del suelo.
A su alrededor crece fina hierba
que, a causa del agua, crece muy espesa:
durante el invierno permanece igual, 1535
ya que la corriente no se agota nunca.
    En lo más profundo de aquella corriente
había dos piedras que eran de cristal,
las cuales miré con gran atención.
Y aquí he de decir algo extraordinario, 1540
que acaso creáis que es pura ficción
en cuanto sepáis de lo que se trata.
Cada vez que el sol, que ilumina todo,
envía a la fuente sus brillantes rayos
y su claridad desciende hasta abajo, 1545
de aquellos cristales más de cien colores
van apareciendo, pues la luz del sol
hace que se pongan rojos y amarillos.
Estos son cristales de gran maravilla,
y tienen tal fuerza, que todo el lugar, 1550
árboles y flores y cuanto rodea
al jardín aquel, se refleja en ellos.
Y para poderos hacer comprender,
lo mejor será poner un ejemplo:

---

1538   Se han hecho muchas interpretaciones a estos cristales. Una de
ellas (de R. Louis) pretende que se trata de los ojos de la amada, a través de
los cuales se ve el mundo. Desde luego, el que el cristal se relaciona con el
amor es una creencia atestiguada en el *Lapidario*, según el cual los hombres
que posean un cristal en un momento astronómicamente favorable tendrán
mucha suerte en amor (véase en la edición de Sagrario Rodríguez Montal-
vo, Madrid, Gredos, 1981).

tal como el espejo refleja las cosas                    1555
que puede abarcar y que están enfrente
tal como ellas son, sin deformación,
tanto en su color como en su contorno,
así sucedía, me podéis creer,
con esos cristales, de idéntico modo,                   1560
los cuales mostraban todo aquel jardín
a quien esas aguas contemplar quisiera;
de cualquier manera que estén situados
pueden abarcar una gran porción:
para contemplar lo que quede fuera,                     1565
basta con ponerse en el lado opuesto.
Y no queda nada, ni lo más menudo,
aun poco visible u oculto del todo,
que no se refleje idénticamente,
como si estuviera en ellos pintado.                     1570
   Este es el espejo falaz y temible
donde el desdeñoso y cruel Narciso
contempló su cara y sus ojos verdes
y en donde cayó, perdiendo la vida;
y el que en este espejo a mirarse venga                 1575
no puede tener la seguridad
de que a él también ocurrirle pueda
conocer los riesgos que el amor entraña.
Muchos grandes hombres sufrieron la muerte
gracias al espejo: hasta los más sabios,                1580
como los más nobles y más orgullosos,
al final acaban mirándose en él.
Por él a la gente vienen sufrimientos,
por él han cambiado muchos corazones,
por él se terminan razón y mesura,                      1585
por él sólo cuentan las ansias de amar,
por él no se escucha consejo ninguno,
puesto que Cupido, el hijo de Venus,
quiso aquí sembrar el grano de amor,
el cual ha impregnado a toda la fuente,                 1590
y además tendió sus lazos y trampas
a su alrededor para que cayeran
todos los donceles, todas las doncellas,
(puesto que de pájaros no se ocupa Amor).

Y debido al grano que allí fue sembrado,                       1595
a partir de entonces todos la llamaron
Fuente del Amor con todo derecho,
de la cual muchísimos, llegado el momento,
trataron después en libros e historias.
Pero no hallaréis descripción mejor                            1600
ni más verdadera sobre esta materia
que la que yo ahora os he presentado.


## APARICIÓN DE LA ROSA

Así pues, me puse a observarlo todo,
puesto que quería conocer la fuente
y aquellos cristales, que me hacían ver                        1605
muchísimas cosas que de ellos surgían.
¡Pero en mala hora me quedé allí fijo!
¡Y cuántos suspiros exhalé después!
Pues aquel espejo a mí me engañó:
si yo previamente hubiera sabido                               1610
cuál era su fuerza, cuáles sus poderes,
jamás en mi vida me acercara a él,
que ahora me encuentro cogido en el lazo
en el cual cayeron tantísimos hombres.
En él reflejado, y entre otras mil cosas,                      1615
distinguí un rosal cargado de rosas,
el cual se encontraba en lugar oculto,
cercado de un seto todo alrededor.
Y me sobrevino un tan gran deseo,
que, si se me diera a cambio Pavía                             1620
o incluso París, no me impedirían
que me dirigiera hacia aquel lugar.
Cuando tal furor se adueñó de mí,
el mismo furor que otros conocieron,
dirigí mis pasos hacia tal rosal.                              1625
Y, debéis creerme, cuando estuve cerca,
el olor a rosas, que era muy profundo,
en mí penetró hasta lo más hondo,
tanto, que creí perder el sentido.
Si una prohibición o acaso un castigo                          1630

no hubiese temido, hubiera cogido
una rosa al menos, y de esta manera
en mis propias manos yo la hubiese olido.
Pero tuve miedo de actuar así,
puesto que podría, aunque fuera un poco,          1635
molestar al dueño del jardín aquel.
De rosas había grandes cantidades,
¡debajo del cielo no había más bellas!:
había capullos pequeños, cerrados,
y algunos que estaban algo más abiertos;          1640
otros más había en otros rosales
por todo lugar y en gran abundancia
y estaban a punto de abrirse del todo:
aunque menos bellas, hay que aprovecharlas,
puesto que las rosas, una vez abiertas,           1645
duran poco tiempo, mueren en un día,
mientras los capullos guardan su frescor
durante más tiempo, dos días o tres.
Todos los capullos me agradaban mucho,
y en ningún lugar se hallarán más bellos.         1650
Aquel que pudiera quedarse con uno,
debería estar más que satisfecho:
¡si pudiera hacerme guirnalda con ellos
la preferiría a cualquier tesoro!
Entre los capullos me incliné por uno             1655
de una tal belleza, que a sí se bastaba
para que en los otros no se reparara,
capullo del cual me quedé prendado.
Un color tenía que lo iluminaba,
y era este color de un rojo muy fino:             1660
Natura no pudo mejor dibujarlo.
Tenía en total cuatro pares de hojas:
Natura, empleando su gran maestría,
quiso que estuvieran puestas frente a frente,
puestas en un tallo recto como un junco,          1665
al cabo del cual surgía el capullo
con gran altivez, que no se inclinaba.
Un bello perfume de él se desprendía,
y la suavidad de este grato aroma
dejaba impregnado todo aquel lugar.               1670

[86]

Cuando yo sentí tan profundo olor,
era mi deseo no apartarme de él;
pensaba, al contrario, de él apoderarme
si no me frenara tener que cortarlo.
Pero algunos cardos de pinchos agudos          1675
me obstaculizaban y me retraían,
y espinas muy grandes, agudas, punzantes,
y ortigas y ramas repletas de púas
no me permitían ir más adelante,
ya que me temía llenarme de heridas.           1680


## LA HERIDA DE AMOR

Entre tanto Amor, siempre con el arco,
que en ningún momento había dejado
de seguir mis pasos y estar al acecho,
se había parado cerca de una higuera.
Y cuando, por fin, pudo comprobar              1685
que había elegido de entre los demás
el bello capullo, por mí preferido
a todos los otros que allí se encontraban,
sin perder más tiempo se dispuso a herirme.
Y una vez que tuvo la cuerda empulgada,        1690
levantó, tensándolo hasta tras la oreja,
el arco, el cual era de una gran potencia,
y apuntó hacia mí, con tal puntería,
que a través del ojo me alcanzó en el cuerpo
con una saeta muy aguda y fina.                1695
Un frío mortal sentí por mi cuerpo,
el cual desde entonces, aun muy bien vestido,
me produciría múltiples temblores.
Nada más sentir en mí tal herida
inmediatamente me vi por los suelos:           1700
mis fuerzas fallaron, perdí mi sentido
y estuve inconsciente durante algún tiempo.
Mas cuando volví a recuperar
el conocimiento y pude pensar,
vi que aún vivía, aunque suponía               1705
que había perdido muchísima sangre;

pero la saeta que me atravesó
no había causado ninguna sangría,
sino que la herida se mostraba seca.
Cogí, pues, la flecha entre las dos manos                    1710
por ver si podía sacarla del cuerpo,
y mientras lo hacía lanzaba suspiros.
Y tanto tiré, que pude extraer
la totalidad de su larga vara;
en cuanto la punta, en forma dentada                         1715
y que por Bellleza era conocida,
dentro se quedó, y tan fijamente,
que no podré nunca sacarla de mí:
ella quedó dentro, y yo aún la siento,
y, a mi parecer, en mí quedará.                              1720
    Estaba angustiado, con gran turbación
dado que me hallaba en grave peligro;
tanto, que no supe qué decir o hacer,
ni para la herida encontrar remedio,
pues ni con las hierbas, ni con las raíces,                  1725
podía encontrar alivio ninguno:
sólo hacia el capullo ansioso miraba
mi espíritu ardiente, queriendo cogerlo.
De haber conseguido tenerlo en mis manos,
pienso que la vida me hubiera devuelto,                      1730
y que sólo al verlo y sentir su olor,
desapareciera todo mi dolor.
Así pues, a rastras fui aproximándome
hacia aquel capullo de suave aroma.
    Entretanto, Amor había cogido                            1735
una flecha más, de gran calidad:
era Sencillez, la segunda de ellas,
aquella que a muchos hombres de este mundo
y a muchas mujeres hízolos amar.
En cuanto que Amor vio que me acercaba,                      1740
se vino hacia mí, y sin previo aviso
me lanzó esa flecha con tal puntería,
que me entró en el cuerpo a través del ojo;
y allí se quedó la punta alojada
de donde ninguno me la sacará,                               1745
puesto que, tirando, no logré extraer

[88]

excepto la vara, pero nada más,
por lo cual quedó la punta en mí hundida.
Y debéis creerme, pues digo verdad,
que si ya al principio me había quedado          1750
del capullo aquel tan fuerte prendado,
fue mayor ahora por él mi deseo.
Y cuando el dolor me angustiaba más,
más la voluntad en mí se aumentaba
de ir donde estaba la pequeña rosa,             1755
que hasta a las violetas vencía en aroma.
Y aunque yo quisiera sustraerme a ella
tal me resultaba del todo imposible,
pues mi corazón allí me empujaba:
hacia donde estaba tenía que ir,                1760
aunque me costara un gran sacrificio.
Mientras, el Arquero seguía esforzándose
en herirme más, sin darme reposo,
y no me dejaba avanzar apenas.
    Y con el propósito de herirme de nuevo,     1765
la tercera flecha lanzó contra mí,
la cual Cortesía tenía por nombre.
Me causó una herida muy profunda y grande,
debido a la cual caí sin sentido
al lado del tronco de un frondoso olivo.        1770
Largo tiempo estuve sin poder moverme.
Y cuando me vino de nuevo el sentido,
asiendo la flecha y con gran esfuerzo
extraje la vara que hincada tenía;
mas tampoco entonces me saqué la punta,         1775
y eso que tiré con todas mi fuerzas.
Así pues, quedéme un rato sentado,
turbado de angustia, y meditabundo.
Un dolor muy grande me hacía la herida,
la cual me empujaba con mayor deseo             1780
siempre hacia el capullo que me cautivaba.
Pero aquel Arquero segía al acecho
y me producía temible temor,
pues el escaldado teme al agua hirviendo.
Mas es poderosa la necesidad:                   1785
aunque hubiera visto caer desde el cielo

[89]

piedras y centellas todas sobre mí
tan copiosamente como en un granizo,
no sería obstáculo para detenerme,
debido a que Amor, que todo lo puede,      1790
me proporcionaba valor y energía
para que cumpliera lo que me mandaba.

Así pues, de nuevo me puse de pie,
débil, vacilante y muy malherido,
y a muy duras penas pude encaminarme      1795
(aunque no olvidaba jamás al Arquero)
hacia aquel rosal que me provocaba.
Pero estaba armado de tantas espinas,
cardos y matojos, que llegué a pensar
que jamás podría salvar ese obstáculo      1800
para hacerme al fin con aquel capullo.
Así pues, me fue preciso quedarme
sin cruzar el seto que lo protegía
muy bien pertrechado de tantas espinas.
Mas era feliz, porque me encontraba      1805
cerca del capullo y poder olía
el suave aroma que de él emanaba,
el cual me dejaba dulcemente en éxtasis
con sólo saber que estaba tan cerca;
ya sólo con verlo tenía bastante;      1810
de cualquier herida podía olvidarme
por el gran deleite que me producía.
Grande fue el consuelo, grande fue el placer,
tal, que nunca creo que tendré mayor
como el que sentí en esta ocasión,      1815
que nunca quisiera que se terminara.

Mas después de estar así largo rato,
este dios Amor, que seguía hiriendo
a mi corazón, con quien se ensañó,
volvió a repetir otro asalto más.      1820
Para más herirme, ya había sacado
una nueva flecha, tal como antes hizo,
y fue tan certero, que en medio del pecho
volvió a atravesarme y a herirme de nuevo.

La cuarta saeta era Compañía,      1825
la que, como nadie, sabe cómo hacer

para desarmar damas y doncellas.
Un nuevo dolor me vino al costado
por estas heridas que Amor me produjo,
las cuales me hicieron desmayar tres veces.                    1830
Al volver en mí, me puse a llorar,
puesto que el dolor me iba en aumento,
y era tan agudo, que perdí esperanza
de poder sanar o encontrar alivio.
Mucho más quería morir que estar vivo,               1835
puesto que al final, según me temía,
haría de mí un mártir Amor.
Pero no podía de allí separarme.

   Empuñó otra vez, durante este tiempo,
una nueva flecha, que apuntó muy bien,               1840
a la cual temía por ser muy aguda:
es Bello Semblante, que nunca consiente
a ningún amante el arrepentirse
de haber bien amado por mal que le fuera.
Es saeta aguda, propia para herir,                           1845
y tan cortadora como una cuchilla.
Pero el propio Amor en la misma punta
la había impregnado con precioso ungüento
para que la herida no fuera muy grave.
No quería, pues, que yo me muriera,                    1850
sino que sintiera incluso un alivio
gracias al ungüento que puso en la flecha,
el cual era fuente de todo consuelo.
Lo había hecho Amor con sus propias manos
para confortar a los amadores                               1855
y para aliviarlos de todos los males.
Así pues, Amor me lanzó esta flecha
y en el corazón hízome una brecha,
pero aquel ungüento se extendió muy bien
por aquella herida, el cual me dejó                         1860
sano el corazón, que estaba transido:
yo estaría muerto sin ningún remedio
si ese dulce ungüento no hubiera existido.
Y otra vez saqué la vara del pecho,
mas no conseguí extraer la punta                           1865
como ya ocurriera con las otras flechas.

Así pues, quedaron las puntas clavadas,
las cuales jamás me serán sacadas.
Pero aquel ungüento mucho me valió,
aunque ya por siempre mucho me dolió          1870
tan mortal herida; tanto, que el dolor
hizo que mi cara de color cambiara.
Esa flecha, pues, la virtud tenía
de ser a la vez dulce y dolorosa:
desde aquel instante pude comprobar           1875
que fue para mí martirio y consuelo,
y que el gran dolor de tan grave herida
quedaba sanado con aquel ungüento:
primero me hiere y después me alivia,
antes me destruye y luego me sana.            1880


EL VASALLAJE A AMOR

Así me encontraba cuando se acercó
Amor hacia mí con paso ligero,
y, estando a mi lado, me habló de esta forma:
«Ya eres mi vasallo, y sin remisión;
no tienes opción ni defensa alguna.           1885
Así pues, más vale que ante mí te rindas,
porque, cuanto más a gusto lo hicieras,
podrás mucho antes obtener mi gracia.
Loco es todo aquel que atentar quisiera
contra su señor, al que está obligado         1890
a prestar servicio y a tener contento
y ya que no puedes oponerte a mí,
más vale que sigas este buen consejo,
porque no podrás recibir favores
si para conmigo te muestras altivo.           1895
Date por vencido, éste es mi deseo,
sin oposición y gustosamente.»
Yo le respondí con toda humildad:
«Señor, con agrado me rindo ante vos
y ya desde ahora siempre os serviré.          1900
Dios no me permita siquiera la idea

de nunca enfrentarme a vuestro mandato:
ni sería justo ni útil sería.
Así pues, haced lo que vos queráis
disponer de mí, colgadme o matadme:        1905
sé muy bien que yo me encuentro indefenso,
pues mi vida está toda en vuestras manos,
y que moriría antes de mañana
si lo dispusiera vuestra voluntad.
Además, espero que me remediéis,           1910
ya que sólo vos me podéis sanar.
Si de vuestra mano, que tanto me ha herido,
venirle no puede salud a mi cuerpo
o si prisionero me queréis hacer,
o aunque no quisierais prestarme atención,  1915
no podría yo sentirme humillado:
sabed que de vos no me siento airado,
ya que tanto oí hablar bien de vos,
que quiero poner absolutamente
mi alma y mi cuerpo a vuestro servicio,     1920
ya que, si conozco bien vuestra conducta,
en ningún momento lo he de lamentar,
dado que confío que en algún momento
tendré la merced que espero de vos;
y en tal esperanza ante vos me inclino.»    1925
    Quise, dicho esto, besarle los pies,
pero me tomó con sus propias manos
y díjome así: «Te amo y aprecio
por todas las cosas que me has declarado.
Pues tales razones no pueden salir          1930
de un hombre villano ni mal enseñado.
Debido a lo cual, bien has merecido
que te beneficie con un gran honor:
este honor será rendirme homenaje.
Te permito, pues, besarme en la boca,       1935
honor al que nunca accedió villano,
puesto que jamás me dejé besar

_____
    1934-35  Se está empleando aquí toda una terminología feudal. Cuando
alguien se hacía vasallo de otro, se entrecruzaban besos en señal de mutuo
afecto y fidelidad. Los derechos y deberes de ambas partes quedan expuestos en este capítulo.

por villano alguno ni ningún pastor.
Sólo el que es cortés, sólo quien es franco
puede formar parte de los de mi bando.          1940
Muy probablemente resulte penoso
seguir mi mandato, pero yo te haré
honores muy grandes; debes, pues, estar
feliz por tener un señor tan bueno
como yo lo soy, y tan afamado.                   1945
Pues has de saber que es de Cortesía
Amor adalid, y el portaestandarte,
y también que tiene tan finos modales,
es tan delicioso, tan franco y gentil,
que toda persona que encuentre dispuesta        1950
a hacerle homenaje y ser de los suyos
no puede guardar dentro de su pecho
villanía alguna ni mal sentimiento,
ni ningunas otras malas intenciones.»

Híceme, pues, suyo juntando las manos,           1955
y os hago saber que me plugo mucho
cuando con su boca la mía besó:
este beso fue mi gozo más grande.

Después me exigió darle garantías,
diciéndome: «Amigo, muchos homenajes            1960
de muchas personas yo ya he recibido,
pero algunos de ellos me han decepcionado.
De algunos traidores de muy mala fe
me han hablado ya con suma frecuencia,
y he escuchado de ellos muchísimas quejas.       1965
Mas sabrán un día lo que esto me pesa:
si acaso consigo hacerme con ellos
les haré pagar la deuda muy cara.
Pero ahora quierò, puesto que te amo,
quedarme de ti del todo seguro,                  1970
y es que pienso atarte tan fuerte conmigo,
que no puedas nunca renegar de mí,
ni olvidar promesas ni pacto ninguno,
ni hacerme jamás ninguna traición.
Duro me sería el que me engañaras,               1975
pues das la impresión de ser muy leal.»
   —«Señor, dije yo, por favor, oídme:

no comprendo bien por qué me exigís
que os tenga que dar garantía alguna,
pues debéis saber con total certeza                    1980
que mi corazón me tenéis robado;
de forma tan firme, que, aunque lo quisiera,
él nunca podría actuar por sí,
a no ser que fuera con vuestro permiso.
Vuestro, que no mío, es mi corazón:                    1985
le conviene, pues, por bien o por mal,
no hacer otra cosa que lo que gustéis,
puesto que de vos soltarse no puede;
y ya lo tenéis con tan firme guarda,
que está bien seguro y no corre riesgo.                1990
Mas si aún dudáis de lo que os declaro,
ponedle una llave y con vos llevadla:
la llave será quien me garantice.»
   —«Vive Dios, la prenda bien me satisface,
respondióme Amor, y yo aquí la acepto.                 1995
Pues sólo aquel es dueño de sus actos
que su corazón tiene bien seguro.
Sería excesivo si pidiera más.»
   Entonces sacó de su limosnera
una llavecita muy bien trabajada,                      2000
que estaba forjada de un oro muy fino.
—«Con ésta, me dijo, quiero yo cerrar
a tu corazón, que es mi garantía.
Pues con ella guardo mis mejores joyas,
y aunque no es más grande que el dedo meñique,        2005
puede abrir las puertas de mi rico cofre
y tiene un poder inconmensurable.»
   Díjolo, y después de tocarme el pecho
cerró el corazón de forma tan suave,
que apenas si pude la llave notar.                     2010
   Así satisfice todo su deseo,
y, cuando quedó seguro de mí,
le dije: «Señor, mi firme propósito
es siempre acatar vuestra voluntad;
aceptadme, pues, a vuestro servicio                    2015
sin reserva alguna y con lealtad.
Y esto no os lo digo porque tenga miedo,

[95]*

porque no confíe en que os sirva bien;
mas un servidor en vano se esfuerza
en hacer las cosas lo mejor que puede          2020
si este su servicio no logra agradar
a aquel por quien hace todos sus esfuerzos.»
    Amor respondió: «No temas por eso,
y puesto que tú ya te has hecho mío,
tendré tu servicio en buena opinión,          2025
y podré ascenderte al más alto grado
si tu lealtad sigue siendo firme.
Pero has de esperar aún algún tiempo:
los grandes favores no se dan deprisa.
Tendrás que aguardar y seguir luchando,          2030
nunca impacientarte y aguantar la pena
que por el momento te está atormentando.
Pues yo sé muy bien cuál es la poción
que tú has de tomar para que te cures.
Y si te mantienes en tu lealtad,          2035
yo te entregaré un medicamento
que te sanará de cualquier herida.
Pero, por mi vida, ya veré después
si me servirás de buen corazón
y si cumplirás de forma leal          2040
en cada momento estos mandamientos
que suelo mandar a los que aman bien.»


### Los mandamientos de Amor

—«Señor, dije yo, por amor de Dios,
antes de que vos os marchéis de aquí
vuestros mandamientos quiero conocer,          2045
porque ya deseo saber cuáles son.
Podría ocurrir, si no los supiera,
que por ignorarlos yo me desviara.
Y sólo por esto deseo aprenderlos.
Decídmelos, pues, que quiero escucharlos.»          2050
    Amor respondió: «Es muy razonable.
Escúchalos, pues, y retenlos bien:
en vano se esfuerza el pobre maestro
cuando su discípulo, que debe escucharlo,

no presta atención ni muestra interés                    2055
para retener lo que le ha explicado.»

Entonces Amor empezó a decirme,
tal como enseguida voy a repetir
con todo detalle, dichos mandamientos.

Este mi relato los expone todos:                         2060
el que quiera amar, que preste atención,
pues desde ahora mismo los voy a decir.
Debe estar atento y escucharme bien
(yo lo contaré lo mejor que pueda),
pues esta materia es del todo nueva                      2065
y el final del sueño resulta muy bello.
A aquel que hasta el fin permanezca atento
puedo asegurarle que al final sabrá
muchísimas cosas del arte de amar,
con tal de que sea capaz de entender                     2070
cuanto diga aquí, para que interprete
el significado de este sueño mío.
Ya que la verdad que se encubre en él,
llegado el momento, podrá descubrir,
y esto ocurrirá cuando lo haya expuesto,                 2075
pues aquí no habrá nada de engañoso.

«En primer lugar, y de Villanía,
Amor comenzó, yo quiero y te ordeno
que en todo momento vivas alejado;
pero a Cortesía conviene que sigas.                       2080
Desde aquí excomulgo de los de mi bando
al que a Villanía sigue adonde va.
Ya que Villanía vive con villanos,
lo que ya es motivo para detestarla:
los villanos son traidores e impíos,                     2085
ni conocen ley ni tienen amigos.
Deberás por ello esforzarte siempre
en callar las cosas que deben callarse:
murmurar de alguno no es de caballeros.

---

2065   No había tratadista medieval que no anunciara la originalidad de
su exposición, tal como exigía la retórica de entonces, y la utilidad y
verdad de su enseñanza: basta leer los primeros capítulos para comprobarlo. El hecho de que Lorris haya esperado tantos versos para hacerlo se
debe a que es en los presentes cuando entra verdaderamente en materia, es
decir, en el arte de amar.

Piensa un poco en Keu, aquel senescal, 2090
el cual por las burlas que gustaba hacer
fue muy criticado y también odiado.
Y piensa en Gauvain, el bien educado,
al que amaban todos por su cortesía
como por sus burlas odiaban a Keu, 2095
que fue muy cruel y muy desleal,
desconsiderado y murmurador
para con las honras de otros caballeros.
Debes siempre ser discreto y amable
y decir palabras dulces y leales 2100
para con los grandes y con los pequeños.
Y cuando pasees a pie por las calles,
deberás tener siempre la costumbre
de ser el primero que salude a todos;
pero si ocurriera que alguien lo hace antes, 2105
no debes dejarlo sin corresponderle:
nunca olvidarás de hacer el saludo
inmediatamente, sin demora alguna.

Guárdate asimismo siempre de decir
palabras soeces ni desagradables: 2110
si vas a decir cosas nada dignas,
mejor te valdría coserte la boca
pues no considero que sea cortés
quien vaya diciendo cosas nada honestas.

Serás servicial con toda mujer 2115
y en honrar a todas debes esforzarte;
y si acaso oyeras a algún maldiciente
que vaya atentando contra alguna dama,
repróchale y dile que cese de hacerlo.
Haz, si te es posible, cosas agradables 2120
tanto a las señoras como a las doncellas,
de forma que escuchen siempre buenas cosas
que digan y cuenten sobre tu conducta,

---

2090   Tanto Keu como Gauvain son personakes de las novelas sobre
los caballeros del rey Arturo, de gran éxito y difusión en la literatura
medieval. Todos los consejos sobre el porte y la conducta del enamorado
que se van a citar a continuación fueron ya dados por Ovidio en su *Ars
Amandi*. Pero, en este caso, Lorris hace algo más que repetir un tópico:
probablemente, sus contemporáneos necesitaban que alguien se los recor-
dase.

y así alcanzarás gran reputación.

Debes evitar el ser orgulloso,                    2125
pues, a fin de cuentas, si se mira bien,
el que es orgulloso debe estar muy loco,
pues el que de orgullo infectado está
jamás en su vida se hallará dispuesto
a ningún servicio ni a ningún favor.              2130
El que es orgulloso hace lo contrario
de lo que ha de hacer un buen amador.

Aquel que de Amor quiera ser amigo
tendrá que mirar por su bello porte,
pues el que persigue amor de mujer               2135
no podrá hacer nada si no es elegante.
Mas ser elegante no es ser orgulloso:
el hombre elegante vale mucho más,
muy en especial si no es altanero,
ni loco imprudente y sí bien mirado.              2140
Habrás de vestirte y habrás de calzarte
lo mejor que puedas según tu dinero:
los buenos ropajes y bellos adornos
dan a quien los lleva muchos beneficios.
Cuando necesites hacerte la ropa,                 2145
buscarás un sastre que sepa coser,
que sepa dejar bien caer las puntas
y deje las mangas muy bien ajustadas.
En cuanto a los pies, y para el verano,
calza botas nuevas, ligeras y frescas,            2150
guardándote bien que no te compriman,
para que ninguno se pueda burlar
acerca del cómo pudiste ponértelas
y acerca del cómo las podrás quitar.
Debes procurarte bella limosnera,                 2155
rico cinturón y guantes de seda;
mas si no tuvieras dinero bastante,
de estos accesorios puedes prescindir.
Pero de lo bueno deberás hacerte,
hasta donde puedas, sin perjudicarte.             2160
Guirnalda de rosas, que no cuesta mucho,
o de bellas flores en Pentecostés,
lo puede llevar casi todo el mundo,

[99]

pues no hay que gastarse una suma grande.
No has de permitir llevar mancha alguna;                    2165
lávate las manos, límpiate los dientes;
si apunta en tus uñas una negra línea,
debes procurar que desaparezca.
Cósete las mangas, peina tus cabellos,
pero no te empolves y no te depiles,                         2170
pues estas son cosas propias de mujeres
o de quienes tienen condición dudosa,
que encuentran placer, desgraciadamente,
en unos amores contranaturales.
Después de estas cosas, no habrás de olvidar                 2175
que debes estar siempre muy alegre
y bien predispuesto para la sonrisa:
Amor no se cuida del que es taciturno:
es algo muy propio de quien es cortés
reír, bromear y estar muy alegre.                            2180
Aunque bien es cierto que todo amador
está a veces triste y a veces contento:
sienten quienes aman los males de amor,
que a veces son dulces y otras son amargos,
y suelen mostrarse tan poco constantes,                      2185
que a veces provocan grandes alegrías,
otras gran tristeza, y otras la locura:
tan pronto se canta, tan pronto se llora.
Si acaso supieras hacer cualquier cosa
por la cual pudieras placer a la gente,                      2190
yo te recomiendo que no te la guardes.
Debe cada cual hacer donde sea
aquello en que sabe que puede triunfar,
pues de aquella acción obtendrá ganancias:
si te consideras rápido y ligero,                            2195
no debes temer saltar y saltar;
y si sabes bien montar a caballo,
debes cabalgar y más cabalgar;
si fueras experto en tirar tablados,

---

2199   *Tirar tablados* era un ejercicio muy propio de caballeros, que
ganaban con él hasta muy buena opinión entre las damas (recuérdese el
inicio del *Cantar de los Infantes de Salas*). Consistía en derribar de una
lanzada un andamiaje de madera hecho *ad hoc*.

te podrás ganar una buena fama,                           2200
y si sobresales en usar las armas,
por ello serás mucho más amado;
si tienes la voz clara y bien templada
no debes jamás hacerte rogar
para que te escuchen, recuérdalo bien,                    2205
pues la bella voz embellece mucho:
es muy conveniente para un aspirante
que sepa también manejar la viola
y tocar la flauta y saber bailar,
puesto que estas cosas hacen más ameno.                   2210

Debes evitar pasar por avaro,
ya que es opinión que te ha de dañar:
al buen amador le es muy conveniente
que dé de lo suyo generosamente,
no como un villano, tacaño y estúpido:                    2215
no sabrá jamás gozar del amor
aquel que se muestre reacio en el dar:
todo el que pretenda conocer sus goces
tendrá que evitar ser avaricioso.
Además, el hombre que por unos ojos,                      2220
por una sonrisa suave y serena
da su corazón absolutamente,
tiene que actuar, por tan rico don,
generosamente para con la amada.

Llegados aquí, quiero resumir                             2225
lo que ya te he dicho, para que recuerdes,
ya que la doctrina es menos difícil
de ser retenida cuanto menos larga:
todo aquel que quiera siervo ser de Amor
debe ser cortés, pero no orgulloso,                       2230
vestirse elegante, estar siempre alegre
y de su dinero ser muy generoso.
Después de lo dicho, como penitencia
de día y de noche, sin desfallecer,
pensando en su amor tiene que vivir.                      2235
En todo momento lo tendrás presente,
suspirando siempre por la dulce hora
del placer que tanto, tanto, se demora.

Y para que seas un buen amador,

te pido y exijo que tu corazón 2240
sólo en un lugar tendrás que fijar;
nunca de él darás sólo la mitad,
sino todo entero, y sin falsedad,
ya que no me gustan las cosas a medias.
Pues los corazones que están repartidos 2245
por doquier, están en pequeñas partes,
y sólo me fío del que en un lugar
deja el corazón en total entrega.
Por ello, te exijo que lo entregues todo.
Guárdate, así pues, de darlo prestado, 2250
ya que, si me entero que obras de este modo,
te castigaré a prisión muy dura.
Entrégalo, pues, con toda franqueza
que, de esta manera, más merecerás,
ya que las ganancias de lo que es prestado 2255
pronto se terminan y no dejan nada;
mas de lo que es dado generosamente
se deriva siempre rica recompensa.
Lo que hayas de dar, dalo enteramente
y debes hacerlo sin reserva alguna, 2260
pues el que recibe más lo apreciará
cuando se lo den con ánimo franco:
muy poco valor le doy al regalo
cuando me lo entregan ya muy sopesado.

### Las desventuras del amador

Después de entregarte en cuerpo y en alma, 2265
tal como hasta ahora te vengo diciendo,
vas a conocer muchas desventuras,

---

2240 La sociedad mobiliaria a la que se dirige en particular Lorris exigía fidelidad a una sola mujer por la misma razón que se pedía para con un solo señor. Meun, por boca de la *Vieja,* recomendará justamente lo contrario (vv. 13037 y ss.).

2265 Los versos que van a seguir, en los que se cuentan las desventuras de enamorado, pueden ser considerados como un gran almacén de tópicos sobre esta materia: sus huellas son infinitas en cualquier literatura. Un breve resumen de los tormentos que produce el amor puede ser el *Diálogo del Amor y un Viejo,* de Rodrigo Cota.

que en cosas de amor son graves y duras.
Con mucha frecuencia te vendrá al recuerdo
tu persona amada, y estarás forzado                      2270
a dejar a todos y quedarte a solas,
a fin de evitar que estén al corriente
de la gran angustia que está aquejando,
por lo cual te irás donde no te vean.
Entonces vendrán suspiros y lágrimas,                    2275
mil escalofríos y otros sinsabores,
y vas a sufrir de muchas maneras:
a veces ardiente y a veces muy frío,
y bien todo rojo, o bien todo pálido,
nunca como entonces habrás padecido                      2280
fiebres tan profundas, más que las cuartanas,
por lo que sabrás, antes de aliviarte,
cuál es el rigor del mal amoroso.
Y te ocurrirá muchísimas veces
que en tus pensamientos llegues a abstraerte,            2285
por lo que estarás de ti como ausente,
tal como si fueras una muda estatua
que está siempre inmóvil y sin reacciones,
sin mover un dedo de pie ni de mano,
sin signos de vida, sin decir palabra.                   2290
Al cabo del tiempo, recuperarás
todo tu sentido, y, cuando eso llegue,
te estremecerás con escalofríos;
como ocurre al hombre que vive angustiado,
saldrán de tu cuerpo profundos suspiros,                 2295
y debes saber que esto les ocurre
a quienes padecen los mismos rigores
que a ti en adelante te van a agitar.
Pues a cada instante presente tendrás
que tu amiga está de ti muy lejana.                      2300
Entonces dirás: "¡Dios, cuánta desgracia
el no poder ver dónde está mi vida!
¿Podrás aguantarlo, pobre corazón?
¡Pienso y pienso en ella, pero no la veo!
Y pues es mi gusto emplear mis ojos                      2305
en su seguimiento para ser feliz,
si no satisfacen a mi corazón,

¿para qué me sirven mirando otras cosas?;
¿debo contentarme con cosas superfluas?
¡De ninguna forma! Habrán de buscar                    2310
lo que el corazón les dicte que busquen.
De mí pensaría ser como la piedra
si vivir pudiera lejos de mi vida.
¡Por Dios! ¡Debería tenerme por loco!
No, sino que iré; no he de sufrir más,                 2315
pues nunca jamás podré estar a gusto
mientras que no vea algún signo suyo."

Entonces tendrás que ponerte en marcha
sin saber adónde, tan desorientado,
que más de una vez te verás perdido                    2320
después de gastar en vano tus pasos,
pues lo que buscabas no pudiste ver.
Y tendrás que hacer de vuelta el camino
sin más solución, pensativo y triste.
Sentirás entonces una gran angustia,                   2325
y vendrán a ti, como en aluvión,
suspiros y ayes con escalofríos,
que son más agudos que púas de herizos.
Quien esto no sabe, que se lo pregunte
a aquellos que son buenos amadores.                     2330

Y, no hallando calma en tu corazón,
harás otra vez un intento nuevo
por si puedes ver, por casualidad,
a quien es la causa de tu gran deseo;
si por fin consigues, tras muchos esfuerzos,            2335
el poderla ver y apagar tu angustia,
todo tu interés, toda tu atención,
estará en saciar tus ojos mirándola.

Sentirás entonces profunda alegría
por esa belleza que ya estarás viendo,                  2340
y comprobarás que con sólo verla
te arde el corazón como en vivas ascuas,
y que cuanto más la sigas mirando,
más activamente sentirás el fuego:
cuanto más se mira lo que se desea                      2345
más el corazón encendido queda,
ya que es como hoguera, en donde se atiza

el fuego que aviva a los amadores,
pues todo amador sigue, sin fallar,
al fuego en que arde y en que se consume,      2350
y cuanto más cerca presiente ese fuego,
mucho más quisiera junto a él estar.
Pues no es otro el fuego que tanto lo atrae
y que lo consume que su propia amiga,
y, así, cuanto más cercano lo tiene,           2355
más su corazón se inflama de amor.
Es cosa sabida por locos y cuerdos
que el que más se acerca es quien más se quema.

    Y cuando te encuentres cerca de tu amiga
quisieras ya siempre vivir a su lado.          2360
Mas cuando se imponga que debas marcharte,
ya nunca jamás podrás olvidarte
de cosa ninguna que en ella observaras.

    Pero sentirás una decepción
muy dentro de ti que te hará sufrir:           2365
el no haber tenido valor sufiente
para dirigirle algunas palabras,
ya que te quedaste sin abrir el pico
tal como si fueras un tímido niño.
Pensarás entonces que perdiste el tiempo       2370
por no haber hablado con tu bella amiga
cuando aún estaba tan cerca de ti.
Volverás por ello muy contrariado,
pues de haber podido conseguir al menos
aunque sólo fuera un leve saludo,              2375
hubieras pensado que ganaste mucho.

    Así pues, vendrán después tus lamentos
y estarás buscando de nuevo ocasión
para encaminarte a la misma calle
donde la otra vez conseguiste ver              2380
a aquella a quien antes no lograste hablar.
Y, así, pasarás cerca de su casa
con gran ilusión cada vez que puedas,
por lo que tus pasos te habrán de llevar,
tanto cuando vayas como cuando vengas          2385
para tus asuntos, por ese lugar.
Pero ante la gente has de simular,

y habrás de buscarte alguna otra excusa
para regresar hacia allí de nuevo,
pues es oportuno no ser indiscreto.           2390
    Si se diera el caso de que te encontraras
con tu bella amiga y posible fuera
el poder hablarle para saludarla,
verás cómo cambia de color tu cara,
que todo tu cuerpo se pone a temblar,         2395
y te faltarán ánimo y palabras
justo cuando intentes dirigirte a ella.
Pues si consiguieras ir adonde está
creyendo poder decir lo que quieres,
si acaso pensabas decirle tres cosas,         2400
no conseguirás decir más que dos,
pues te sentirás bastante inseguro,
ya que no hay ninguno tan ejercitado,
que en tal ocasión no se olvide de algo,
a menos que sea un embaucador:                2405
el falso amador dice muchas cosas,
tantas como quiere, sin miedo ninguno,
y suele actuar lisonjeramente
diciendo unas cosas y haciendo lo opuesto,
dado su carácter falso y traicionero.         2410
Y una vez expuestas todas tus razones
(evitando en ellas toda villanía),
te habrás de sentir muy desazonado
dado que olvidaste, la ocasión llegada,
algo que pensabas que ibas a decir,           2415
y conocerás un mayor martirio:
será una batalla, una quemazón
y una viva queja que no se termina.
Nunca el amador tendrá lo que ansía
ni en paz vivirá: siempre quiere más,         2420
y habrá de sufrir esta dura guerra,
mientras yo no quiera que encuentre sosiego.
    Pero en especial al caer la noche
vas a conocer lo que son congojas:
una vez que estés echado en el lecho          2425
no habrás de sentir el menor placer,
puesto que al momento de iniciar el sueño

van a comenzar los escalofríos,
vas a tiritar y a desazonarte,
a darte la vuelta primero hacia un lado,    2430
después hacia el otro, y vuelta a empezar,
como quien padece de dolor de muelas.
Entonces vendrán de golpe al recuerdo
tanto las facciones como el bello porte
de aquella a quien nadie puede compararse.    2435
Y voy a decirte algo portentoso:
te puede ocurrir incluso que creas
tener abrazada a tu bella amiga
y que entre tus brazos la tengas desnuda,
como si se hubiera convertido ya    2440
en tu compañera generosa y dócil.
Lo cual no será sino una ilusión:
estarás gozando con la pura nada,
puesto que en tu gozo no estás más que tú,
que estarás pensando cosas deleitables    2445
en donde se mezclan mentiras y fábulas.
    Mas esta ilusión durará muy poco,
después de la cual te hallarás muy triste
y dirás: "¡Dios mío! ¿Acaso he soñado?
¿Qué me ha sucedido? ¿Dónde me encontraba?    2450
Y este pensamiento, ¿de dónde me vino?
Diez veces al día esta aparición
en verdad quisiera que se repitiera,
puesto que me exalta y deja colmado
de felicidad y buena ventura.    2455
Mas también me mata, pues tan poco dura.
¿Me veré algún día, tal como deseo,
en la situación que soñando estaba?
Bien que lo quisiera, aunque me costara
incluso la vida si fuera preciso,    2460

---

2441   El soñar con la amada ha sido el asunto de miles de versos en
todos los tiempos. Recordaré solamente un ejemplo, de Jorgue Manrique,
en donde el enamorado, después de un sabroso sueño y tras el amargo
despertar, exclama:

> Quien tanto gana durmiendo
> nunca debe despertar.

ya que gozaría con la misma muerte
si acaso en sus brazos llegara a morir.
¡Cuánto me atormenta y me hiere Amor,
y se ceba en mí y me vuelve loco!
¡Ay, Amor, Amor! ¿Cómo no te duele                    2465
que tenga tan poco gozo de mi amiga?
Por mi propio mal me estoy esforzando.
Pero estoy mintiendo, pues que lo deseo;
todo me ocurrió por desmesurado
al haber pedido más de lo debido,                     2470
pues a aquel que pide tales fantasías
mejor le sería quedarse callado.
Yo no sé siquiera cómo me he atrevido:
muchos con más títulos y con más honores
que yo se tendrían por muy satisfechos                2475
con un galardón bastante menor.
Mas si por ventura con un leve beso
se hubiera dignado mi amiga aplacarme,
podría sentirme del todo colmado
y olvidar así cuánto estoy sufriendo.                 2480
Pero cosa es ésta fuera de razón
y me he comportado como hombre sin seso:
puse el corazón en lugar tan alto,
que nunca tendré placer ni alegría.
Mas sigo diciendo sin parar locuras,                  2485
pues me da más vida su sola mirada
que cualquier placer, por grande que sea.
¡Muy gustosamente la contemplaría
en este momento, si Dios lo quisiera!
Yo me curaría si tal sucediera.                       2490
¡Dios mío! ¿Por qué no viene ya el día?
Ya he sufrido mucho tendido en mi lecho,
y no encontraré reposo ninguno
mientras no posea lo que tanto ansío.
Estar acostado es muy enojoso                         2495
cuando no se duerme ni se halla reposo.
Y cada vez más me estoy angustiando,
y además el alba no quiere quebrar
y mucho la noche se me está alargando.
Si fuese de día, me levantaría.                       2500

Dime, sol cruel, ¿por qué no apareces?
¡Levántate ya, no te tardes más!
¡Haz que se retire esta noche oscura
y lleve mi pena, que tanto me dura!"

Pasarás las noches en tales zozobras,                    2505
sin haber logrado descansar apenas,
si vengo a acuciarte con penas de amor.
Y cuando no puedas este gran tormento
soportar ya más, te levantarás
y decidirás salir de tu casa,                            2510
vestirte, calzarte y arreglarte bien
sin más esperar que amanezca el día.
Te encaminarás con paso furtivo,
sin pensar que esté lloviendo o helando,
derecho a la casa do vive tu amiga,                      2515
la cual estará durmiendo tranquila
y muy descuidada, sin pensar en ti.
Irás a la puerta de atrás de la casa
para ver si acaso se quedara abierta,
y allí fuera, solo, permanecerás                         2520
sufriendo el rigor del frío o la lluvia.
Después a la puerta principal vendrás
buscando muy bien si hay algún resquicio,
alguna ventana o alguna abertura,
a cuyo través puedas escuchar                            2525
si los de la casa siguen aún durmiendo.
Si acaso tu amiga se encuentra despierta
(esto es un consejo que te voy a dar),
procura que te oiga quejarte y gemir,
de modo que sepa que ningún descanso                     2530
sientes en tu lecho y es por su amistad:
no puede encontrarse mujer que no sienta
pena por aquel que está padeciendo
por ella dolor, si no es una fiera.
Te diré también qué tendrás que hacer                    2535
para conquistar a la bella dama
que te hace sufrir tan duro tormento:
cuando ya te vayas, besarás la puerta
y, para que nadie pueda descubrirte
en aquella casa ni en aquella calle,                     2540

debes procurar no seguir allí
cuando el nuevo día lo ilumine todo.

Todas estas idas, todas estas vueltas,
todos estos ayes y tantas vigilias,
a los amadores, e incluso en sus lechos,                    2545
los suelen dejar muy debilitados,
como ya verás por propia experiencia.
Pues te ocurrirá que adelgazarás,
ya que has de saber que el amor no deja
a los amadores ni color ni grasa.                           2550
Por esta señal se sabe muy bien
quiénes a las damas nunca les son fieles:
por más que aseguran, para engatusarlas,
que olvidan por ellas comer y beber,
yo los veo estar a estos mentirosos                         2555
mucho más obesos que abad o prior.

También te aconsejo y te recomiendo
que te portes siempre generosamente
con la servidora que hubiera en la casa:
debes regalarle tales fruslerías,                           2560
que pueda decir que eres excelente;
a los allegados de tu bella amiga
debes contentarlos y alabar sus dotes:
por ellos te pueden venir grandes bienes,
ya que los que están siempre junto a ella                   2565
le van a contar sobre tu persona
que eres muy amable, noble y generoso,
y podrá tenerte mucha más estima.

Debes evitar salir de viaje,
pero si ocurriera que es muy necesario                      2570
y que la partida fuera inevitable,
que tu corazón permanezca firme
y que tu cabeza piense ya en la vuelta,
pues no es nada práctico alargar la ausencia.
Has de demostrar que te es muy difícil                      2575
privarte de aquella que te da la vida.

Y con esto acabo con las instrucciones

---

2574 En esto abunda Juan Ruiz en el humorístico episodio de Pitas
Payas.

que habrás de observar si quieres servirme.
Tenlas muy en cuenta, si es que acaso quieres
tener los favores de tu bella amiga.»              2580


## Consuelos del amador

Una vez que Amor hubo terminado,
intervine yo para preguntarle:
«Señor, ¿de qué forma nos será posible
a los amadores poder resistir
todos esos males que me habéis contado?          2585
Pues he de deciros que estoy espantado.
¿Cómo vive el hombre, cómo ha de aguantar,
si en la pena vive y en el sufrimiento,
en duelos, suspiros, lágrimas y llantos,
si en todo momento y en cada ocasión             2590
tiene el alma en vilo, sin poder dormir?
Que Dios me perdone, pero me pregunto
cómo se podrá, si uno no es de hierro,
vivir sólo un mes parecido infierno.»
Entonces Amor tomó la palabra                     2595
y me respondió diciéndome así:
«¡Por quien yo más quiero, mi querido amigo!
No hay felicidad donde no hay esfuerzo:
con mucha más fuerza se quiere una cosa
cuanto te ha costado más su adquisición,          2600
y con más agrado serán recibidos
los bienes ganados con grandes obstáculos.
En efecto, es cierto que son numerosos
y duros los males que habéis de sufrir:
igual de imposible que agotar el mar              2605
resulta difícil los males de amor
contar en novelas ni en otros mil libros.
No obstante lo cual, los soportaréis,
dado que apreciáis en mucho la vida.
Todo el mundo evita gustoso la muerte:            2610
el que está metido en oscura celda,
o el que ha de sufrir muy negra miseria
sólo manteniéndose de pan de cebada,

vive, que no muere por esta desgracia,
puesto que Esperanza viene a consolarlos          2615
con el pensamiento de verse mejor
en algún momento, por cualquier motivo.
De la misma forma pueden consolarse
aquellos que Amor tiene en su prisión:
cada cual confía en sanar un día,                 2620
cosa que le da un cierto sosiego,
y en tal pensamiento se conforta tanto,
que podrá aguantar el mayor martirio.
Esperanza, pues, ayuda a sufrir
todas las degracias, aun siendo infinitas,        2625
con una alegría que es mucho mayor.
Esperanza vence cualquier sufrimiento
y hace al amador que viva contento.
¡Que todos bendigan a santa Esperanza,
que a los amadores permite vivir!                 2630
Esperanza siempre obró cortésmente,
no dejando nunca, ni poco ni mucho,
a los hombres buenos en plena estacada,
en ningún peligro ni en ninguna trampa:
incluso al ladrón que va a ser colgado            2635
le deja que guarde alguna ilusión.
Así que Esperanza te vendrá a aliviar,
pues en modo alguno te abandonará
si viera que estás en un grave apuro.
Y junto con ella, te voy a añadir                 2640
otros tres consuelos, que sirven de alivio
a todos aquellos que tengo en mis lazos.
El primer consuelo que actúa de bálsamo
para el que padece los males de amor
es Dulce Pensar, que es el que recuerda           2645
todas las promesas que Esperanza hiciera.
Cuando el amador se queja y suspira,
presa del dolor y en pleno martirio,
suele presentarse inmediatamente
quitando dolores y melancolías,                   2650
y hace al amador volver a la paz
con sólo acordarse de aquella alegría
que Esperanza un día le había predicho.

Pues Dulce Pensar le trae a la mente
los ojos rientes, la nariz graciosa,                           2655
nariz que jamás se viera más bella,
y aquella boquita dulce y sonrosada
que exhala un aliento por demás sabroso;
y en tal pensamiento sigue recordando
con gusto las formas de su bella amiga.                        2660
Amor, por su parte, tal placer redobla
cuando una sonrisa o un bello semblante
vienen al recuerdo, o aquella caricia
que un día le hiciera a su bella amiga...
Este es el consuelo de Dulce Pensar                           2665
para los dolores y males de amor,
y el que yo te ofrezco para que te alivies.

Y si de este otro quisieras privarte,
el cual no se queda atrás en dulzura,
te pudieras ver en grave peligro.                             2670
Este tal consuelo es Dulce Palabra:
son muchos los jóvenes y muchas las damas
los que, cuando está, se ven socorridos,
ya que la persona a quien de su amor
le vienen a hablar mucho se solaza.                           2675
Por esto que digo, me viene al recuerdo
una bella dama, muy enamorada,
que en una canción exclamaba así:
"Soy, decía ella, muy afortunada
cuando de mi amigo me vienen a hablar.                        2680
Lo juro por Dios que mucho me alivia
quien me hablare de él, aunque fuera mal":
(a Dulce Palabra muy bien conocía
desde tiempo atrás, puesto que la había
sentido mil veces de muchas maneras).                         2685
Te aconsejo, pues, que te proporciones
un buen compañero, prudente y discreto,
alguien al que puedas contar lo que sientes
y al que tus deseos descubras sin miedo.

---

2686   La ayuda que puede proporcionar en estos asuntos un confidente
es asumida en la lírica popular peninsular por la madre o la amiga de la
enamorada, como es sabido. También lo recomienda Ibn Hazm en *El collar
de la Paloma*.

Un buen compañero siempre es necesario          2690
cuando tu dolor te tenga angustiado:
irás a buscarlo para hallar alivio
escuchando de él y con él hablando
de la bella amiga que te tiene preso,
de su gran belleza, de su bello aspecto,        2695
de la sencillez de su compostura.
De todo su ser deberás hablarle
y habrás de pedirle que te dé consejos
sobre aquellas cosas que tendrás que hacer
que a tu bella amiga le puedan placer.          2700
Y si aquel que eliges para compañero
tiene el corazón también en amores,
entonces valdrá más su compañía.
Pues ocurrirá que él también te hable
de su bella amiga, y de si es doncella,         2705
y de su familia y cuál es su nombre;
y no has de temer que venga a quitarte
a tu enamorada, ni quiera engañarte,
sino que los dos os seréis leales,
tú para con él y él para contigo.               2710
Pues debes saber que es muy agradable
tener un amigo al que se le puedan
decir los secretos y pedir consejos.
Un amigo así deberás buscarte,
pues te servirá de preciosa ayuda              2715
una vez que sepas su comportamiento.
   Ahora te hablaré del tercer consuelo:
es Dulce Mirar, que muy bien conforta
a los obligados a amar a distancia.
Te puedo decir que podrás estar               2720
cerca de tu amada por Dulce Mirar,
ya que su eficacia es casi instantánea,
y suele servir al enamorado
agradablemente, deliciosamente.
Bello encuentro tienen y feliz mañana          2725
los ojos, si Dios permite mostrarles
el sabroso cuerpo de la bella dama
que es la cosa que ellos ansiosos buscaban.
El dichoso día que consiguen verla

se piensan a salvo de toda desgracia,                    2730
por lo cual no temen venenos ni vientos,
ni ninguna cosa que venirles pueda.
Y cuando los ojos miran a la amada,
son tan generosos y tan aplicados,
que gozar no quieren solos de este bien,                 2735
sino que también goce todo el cuerpo,
y así lo consuelan de todos sus males.
Puesto que los ojos, buenos mensajeros,
sin tardar envían hacia el corazón
toda novedad que se les presente.                        2740
Y con la alegría que ello representa,
suele todo el cuerpo olvidar las penas
y la incertidumbre por la que vagaba.
Tal como la luz inmediatamente
borra todo rastro de la obscuridad,                      2745
así desvanecen las dulces miradas
todas las tinieblas de los corazones
que están padeciendo los males de amor,
pues el corazón sólo se ilumina
cuando ven sus ojos lo que tanto ansían.                 2750
    Y acabo, pues creo que te he iluminado
sobre todo aquello que no conocías,
ya que te he contado, sin mentirte en nada,
todos los remedios que pueden sanar
y evitar la muerte a los amadores.                       2755
Ahora ya conoces lo que bien te hará:
podrás recurrir a Esperanza siempre,
y a Dulce Pensar, que no falla nunca,
y a Dulce Palabra y a Dulce Mirar.
Cada uno de ellos quiero que te alivie                   2760
hasta que consigas ese galardón.
Cuatro bienes son, pero habrá mejores,
que podrás gozar pasado algún tiempo.
Pero por ahora ya tienes bastante.»

Una vea que Amor hubo terminado          2765
de darme consejos, de él no supe más,
puesto que de allí desapareció,
dejándome a mí del todo aturdido
al ver que a mi lado ya no había nadie.

Seguía sufriendo de aquellas heridas,    2770
y supe que nada podría sanarme
salvo aquella rosa, en la que tenía
puesto el corazón y todo mi ser.
Y ya no tenía confianza en nadie,
excepto en Amor, para conseguirla.       2775
Incluso sabía con toda evidencia
que el poder tenerla sería imposible
si no intervenía en la empresa Amor.

El rosal se hallaba muy bien protegido
por el seto aquel que lo rodeaba.        2780
Hubiera cruzado a través del cerco
de muy buena gana para apoderarme
de la bella rosa, dulce como el bálsamo,
de no haber temido que me reprendieran:
se hubiese pensado sin mucho tardar      2785
que era mi intención robar el rosal.

Y mientras me hallaba así debatiéndome
en si pasaría a través del seto,
vi que se acercaba derecho hacia mí
un mozo muy bello y de buen aspecto,     2790
en el cual no había nada reprochable.
Este se llamaba Buen Recibimiento,
que de Cortesía la noble era hijo,
el cual me animó con mucha dulzura
a que el seto aquel pudiera pasar,       2795
con unas palabras llenas de ternura:
«Bello y caro amigo, hacedme el favor
de pasar el seto sin temor alguno
para que sintáis el olor de rosas.
Puedo aseguraros que no existe riesgo    2800

de que recibáis ni daño ni injurias
si sabéis guardaros de cualquier locura.
Y si acaso en algo pudiera ayudaros,
estaré dispuesto sin más dilación;
aquí me tenéis a vuestro servicio,                          2805
y esto os lo declaro sin reserva alguna.»
—«Señor, respondí a aquel bello mozo,
lo que vos queráis será lo que quiero,
y, así, me declaro del todo pagado
por ese servicio que queréis hacerme,                      2810
el cual es el fruto de vuestra franqueza.
Y puesto que os place, este gran favor
estoy muy dispuesto a aceptar de vos.»
Por medio de zarzas y a través de espinos,
que en el seto aquel eran abundantes,                      2815
conseguí pasar hasta la otra parte.
Me vine derecho hacia aquella rosa,
que daba un aroma mejor que las otras,
a do me condujo Buen Recibimiento.
Debéis suponer mi gran alegría,                            2820
pues me fue posible acercarme tanto,
que no era difícil alcanzar la rosa.
Buen Recibimiento muy bien me servía
al acompañarme hasta ese lugar.
Pero un gran malvado, al que Dios confunda,               2825
cerca del lugar estaba escondido.
Era el vigilante, llamado Peligro,
el cual custodiaba todos los rosales.
En un sitio oculto se hallaba escondido,
muy bien recubierto de hierbas y hojas,                    2830
para así espiar y poder coger
a los que querían alcanzar las rosas.
Pero no se hallaba solo aquel malvado,
sino que tenía otros compañeros:
uno, Malaboca, un gran charlatán,                          2835
y junto con él Pavor y Vergüenza.
De ellos es Vergüenza la más poderosa.
Pues debéis saber, para comprenderlo,
cuál es su linaje y cuál su familia:
Vergüenza era hija de Razón, la sabia,                     2840

y de Malos Hechos, nombre de su padre,
el cual es tan feo y desagradable,
que nunca con él se acostó Razón,
que engendró a Vergüenza sólo con mirarlo.
Hasta que Vergüenza viniera a este mundo,          2845
era Castidad la que se ocupaba
de la vigilancia de todas las rosas.
Pero la asediaban tanto los moscones,
que se vio obligada a pedir ayuda:
insistentemente la asediaba Venus,                2850
la cual noche y día venía a robarle
rosales y rosas, y lo que podía.
Se vio, pues, forzada a pedir ayuda
la fiel Castidad, por culpa de Venus,
y, por no saber cómo defenderse,                  2855
tuvo que pedirle a Razón su hija,
quien le concedió, tal como pedía,
a Vergüenza, que era prudente y honesta.
Y para mejor guardar los rosales
Celos permitióle que también viniera              2860
Pavor, que no tiene otra aspiración
que el obedecer a cuanto le manden.
    Todos éstos, pues, guardaban las rosas,
con celo tan grande, que me matarían
antes de quitarles el menor capullo.              2865
    Yo hubiera podido lograr mi objetivo
si no hubiese sido de ellos observado,
puesto que el valiente y muy bien dispuesto
Buen Recibimiento mucho se esforzaba
en lo que podía a fin de agradarme                2870
Él, pues, me animaba a que me acercara
hasta aquel rosal y que acariciara
la rosa que en él estaba prendida:
en nada se opuso a mi voluntad.
Y como pensaba que a mí me placía,                2875
sin más miramiento arrancó una hoja
del bello rosal, y me la entregó,
hoja que se hallaba cerca de mi rosa.
    Ya con esta hoja me puse contento,
pues dándome cuenta de cuánto me amaba           2880

Buen Recibimiento, y de sus favores,
quedé convencido de obtener buen fruto.
Así pues, tomé la resolución
de contarle entonces el procedimiento
que Amor empleó para hacerme suyo:            2885
«Señor, dije yo, inmensa alegría
podría sentir si bien me encontrara:
y es que estoy sufriendo en mi corazón
una enfermedad muy dura y penosa.
Mas no sé si debo ni puedo contárosla,        2890
ya que temo mucho el que os enojéis,
y preferiría con agudo acero
y en pequeños trozos ser despedazado
antes que conmigo podáis irritaros.»
   —«Hablad, respondió, sin temor alguno,     2895
pues no me veréis por nada enfadado
de lo que aquí vos me podáis decir.»
   Entonces le dije: «Sabed, buen señor,
que Amor me atormenta de forma muy dura.
No penséis, os ruego, que quiero mentiros:    2900
en mi corazón hizo cinco heridas
de cuyos dolores no me aliviaré
hasta que la rosa queráis concederme,
la rosa más bella de todo el rosal.
Para mí supone la muerte y la vida            2905
y sólo por ella suspiro y ansío.»
   Buen Recibimiento se quedó espantado
y me dijo: «Hermano, ¿acaso aspiráis
a lo que jamás habréis de alcanzar?
¡Qué decís! ¿Acaso queréis mi desgracia?      2910
Hubierais logrado burlaros de mí
de haber intentado arrancar la rosa
del rosal: no es bueno, ni tampoco justo,
el querer quitarla de donde nació.
Loco habéis de estar si esto me pedís:        2915
dejadla crecer y seguir su vida.
Nunca imaginé que fuera cortada
del rosal que siempre la tuvo consigo
por nada del mundo, ya que la amo tanto.»
   Entonces salió Peligro el malvado           2920

del lugar en donde se halla escondido.
Este era muy negro, de pelos hirsutos,
con ojos muy rojos, cual si fueran llamas,
la nariz fruncida, la cara espantosa,
y venía aullando con gritos de loco:                         2925
«Buen Recibimiento! ¿Por qué habéis traído
junto a este rosal a tal jovenzuelo?
¡Mal habéis obrado, por vida de Dios,
puesto que pretende traernos la ruina!
¡Que sea maldito, aunque fuerais vos,                        2930
el que a este jardín lo haya conducido!
Quien sirve a un malvado, también es malvado.
Vos habéis querido hacerle un favor
y él os va a buscar deshonra y desgracia.
¡Marchaos, villano! ¡Marchaos de aquí,                       2935
si es que no queréis que os mate ahora mismo!
Buen Recibimiento mal os conocía
cuando se esforzaba por serviros bien.
Por ello, le habéis buscado la ruina.
Con respecto a vos, ya no he de fiarme,                      2940
pues se ha demostrado de forma evidente
la traición que aquí estabais tramando.»
    Ya no me atrevía a seguir allí
por miedo al malvado, erizado y negro,
que me amenazaba de forma tan ruda.                          2945
Así pues, el seto tuve que cruzar
con miedo muy grande y con mucha prisa.
El malvado entonces, con ojos de loco,
empezó a decirme que, si allí volvía,
me haría pasar por muy malos tragos.                         2950
    Buen Recibimiento ya se había ido,
por lo cual quedé muy acobardado,
trémulo y confuso, ¡Cuán arrepentido
estaba de todo lo que había hecho!
De mi gran locura conocí el efecto:                          2955
por aquella acción condenado estaba
a duelos, pesares, penas y martirios.
Pero, más que nada, lo que me dolía
fue no haber osado traspasar el seto.
No existe desgracia que Amor no te envíe,                    2960

ni hubiese creído que nadie supiera,
excepto el que ama, lo que es una angustia.
¡Amor se mostró exacto conmigo
cuando me anunciaba aquellos tormentos!
Ningún corazón podría pensar,                          2965
ni boca ninguna podría decir
ni la cuarta parte de mi sufrimiento.
Poco me faltaba para fenecer
cuando reparaba en que de mi rosa
estaba forzado a vivir ya lejos.                        2970

## DISCURSO DE RAZÓN

Con esta zozobra estuve gran tiempo,
tanto, que me vio cómo me angustiaba
la dama a quien nada se puede escapar
desde la alta torre de donde vigila,
dama que es llamada por todos Razón.                    2975
Inmediatamente bajó de su torre
y vino hacia mí con paso seguro:
muy joven no era, ni tampoco vieja,
ni tampoco alta, ni baja tampoco,
ni era muy delgada, ni tampoco gruesa.                  2980
Tenía en la cara dos hermosos ojos
que le relucían como dos estrellas;
venía tocada con una corona
y bien parecía ser alta persona:
tanto por su cara como por su aspecto                   2985
parecía ser obra de los cielos:
la propia Natura no hubiera sabido
hacer una cosa de tal perfección.
Sabed que la Biblia en esto no miente
al decir que Dios la hizo expresamente                  2990

2978 La descripción de *Razón* representa el centro de los opuestos, su
equilibrio, como es lógico. No obstante, los consejos que se van a dar
corren a cargo de personas de edad en la generalidad de los textos
medievales, pues sólo estas personas poseen experiencia y sabiduría.
2989 *Libro de la Sabiduría*, VII, 25-7. Más que cita textual es una
paráfrasis.

a su misma imagen y a su semejanza,
a la que le dio tan grande virtud,
que tiene el poder y la facultad
de guardar al hombre de toda locura,
con tal que éste sea medio razonable.                    2995

Así pues, estando en tales lamentos,
Razón acercóse y se puso a hablarme:
—«Mi querido amigo, locura e inconsciencia
son las que te dieron estos sufrimientos.
¡En muy mal momento gozaste de mayo,                     3000
que a tu corazón dejó alborotado!
¡En muy mal momento te fuiste festivo
hasta ese jardín, del que Ociosa tiene
la llave, la cual la puerta te abrió!
¡Muy loco ha de ser quien se acerca a ella,              3005
puesto que su trato es muy peligroso!
Ella te ha engañado de mala manera,
pues jamás Amor te hubiese atrapado
si Ociosa no hubiera querido llevarte
al bello jardín donde está Recreo.                       3010
Mas, puesto que obraste con gran ligereza,
debes intentar reparar el daño,
guardándote mucho de creer de nuevo
todas las locuras que te aconsejaron,
ya que las locuras se pagan muy caras.                   3015
Y el que todo joven cometa locuras
no es ninguna cosa que deba extrañar.
Permíteme, pues, que te dé un consejo:
mejor te sería que a Amor olvidaras,
el cual te ha llevado a esa situación                    3020
tan atormentada en la que te encuentro.
No veo que puedas encontrar alivio
para tu salud si así no actuases;
pues, de lo contrario, con gran crueldad
te hará cruda guerra el traidor Peligro:                 3025
y tú mismo viste de qué forma actúa.
Y la vigilancia que monta Peligro
aún es menos firme que la de Vergüenza,
la cual los rosales defiende y custodia
tan celosamente, que es muy de temer.                    3030

Según yo sospecho, debieras ser más precavido,
pues, a mi entender, corres gran peligro.
Y, además, con ellos está Malaboca,
que a nadie permite que toque las rosas,
que antes que esta acción pueda realizarse        3035
ya la ha propagado por todo lugar:
con gente muy dura tendrías que vértelas.
Pero, en especial, contra el más amable
debes protegerte, para no escucharlo,
que es quien con dolor te obliga a vivir:          3040
no es ni más ni menos que el malvado Amor,
del que sólo habrás de esperar locuras.
¡Sí, locuras, sí, por vida de Dios!
El hombre que ama nunca alcanza el bien
ni puede esperar ningún beneficio:                 3045
si es un hombre culto, pierde su saber,
y si acaso tiene algún otro oficio,
deberá olvidarse de sacar provecho:
antes, al contrario, habrá de sufrir
más que monje blanco y más que ermitaño.           3050
Sus penas serán muy desmesuradas,
mientras que el placer durará muy poco.
Pues, aunque lo tenga, será muy pequeño,
dado que sentirlo es aventurado,
que yo veo a muchos que mucho se esfuerzan,        3055
pero nunca logran tener lo que quieren.
   En ningún momento quisiste escucharme
cuando te rendiste ante el dios Amor,
y ese corazón versátil que tienes
condujo tus pasos hacia la locura.                 3060
Te metiste en ella inconscientemente:
la cordura está en abandonarla.
Olvídate, pues, de esos amoríos
que te hacen llevar vida tan sufrida,
pues esa locura se hace más profunda               3065
si no es extirpada desde su principio.
Muerde con firmeza el rígido freno,
doma el corazón, que no se desboque.

---

3050 Los *monjes blancos* son los cistercienses.

Debes emplear fuerza y resistencia
contra los caprichos de tu corazón:      3070
quien a todas horas sigue sus antojos
nunca podrá ser persona de mérito.»

Después de escuchar tan duras palabras,
yo le respondí muy airadamente:
«Señora, os suplico muy humildemente      3075
que ceséis de darme tan duros consejos.
Venís a decirme que mi corazón
he de refrenar, y que deje a Amor.
¿Acaso pensáis que consentiría
que yo me pusiera a ponerle riendas      3080
a mi corazón, que ya es todo suyo?
Ya me es imposible lo que me decís,
debido a que Amor lo tiene en sus manos;
tanto, que no puedo ya decir que es mío,
y me lo domina tan férreamente           3085
como si estuviera en dura prisión.
Así pues, dejad de sermonearme,
pues podría ser que os estéis gastando
sin fruto ninguno todas las palabras.
Ya que en cuanto a mí, prefiero morir     3090
antes que de falso me acusara Amor
y antes de que piense que soy desleal,
dado que es mi afán, en definitiva,
el tener la fama de haber bien amado.
Y el que me reprende me está molestando.»  3095

Entonces Razón se alejó de mí,
cuando comprendió que con sus sermones
no conseguiría que le hiciera caso.
Con respecto a mí, me quedé muy triste,
llorando unas veces, y otras lamentándome,  3100
ya que no veía solución ninguna.


## DISCURSO DE AMIGO

En aquel momento, vínome al recuerdo
lo que Amor me dijo: que me procurara
un buen compañero a quien le contara
sin reserva alguna todos mis pesares,     3105

[124]

que él me quitaría todas las zozobras.
Y caí en la cuenta de que ya tenía
un buen compañero, del que yo sabía
que era muy leal: se llamaba Amigo:
nunca como aquél lo tuve mejor.                    3110

A buscarlo fui sin perder más tiempo,
por si me podía aliviar la angustia
que en aquel momento ahogándome estaba,
tal y como Amor me dijo que hiciera.
Lo puse al corriente de cuando Peligro          3115
muy a punto estuvo de acabar conmigo,
haciendo que huyera Buen Recibimiento
por habernos visto a los dos tratar
sobre aquella rosa que yo codiciaba,
y del grave riesgo en que incurriría              3120
si en algún momento, según afirmó,
llegara a ocurrírseme cruzar aquel seto.

Una vez que Amigo supo la verdad,
y sin demostrar la menor sorpresa,
empezó a decirme: «Compañero, estad              3125
del todo tranquilo y no os espantéis.
Conozco a Peligro hace ya algún tiempo
y sé que es experto en amenazar,
en causar espanto y en intimidar
a aquellos que aman con total entrega.           3130
Hace mucho tiempo ya que lo conozco:
aunque os pareciera muy mala persona,
al final veréis que es muy diferente.
Lo conozco bien, como a mi bolsillo:
y por eso sé que sabe ablandarse                  3135
si le suplicáis o si lo aduláis.
Así que os diré lo que habéis de hacer:
en vuestro lugar, yo le pediría
que fuera indulgente con lo que habéis hecho
por su gran bondad y benevolencia;               3140
habéis de esforzaros para convencerlo
de que nunca más en lo sucesivo
obraréis de modo que le desagrade:
si hay alguna cosa con que se enternezca,
es con los halagos y tiernas palabras.»          3145

Este fue el consejo dado por Amigo,
con cuyas palabras me quedé tranquilo,
ya que me infundió además el ánimo
para dirigirme do estaba Peligro
por si conseguía aplacar sus ímpetus.            3150

## NEGOCIACIÓN CON PELIGRO

Fuime adonde estaba muy humildemente,
todo deseoso de lograr las paces;
mas me fue imposible franquear el seto,
ya que me prohibió que avanzara un paso.
Allí se encontraba en postura erguida,          3155
con gesto fruncido, de pocos amigos,
y con una vara de espino en la mano.
Yo me mantenía en postura humilde
y dije: «Señor, aquí me tenéis;
he venido a vos a pedir perdón.                  3160
Grande es mi pesar si con mi conducta
pude provocar vuestro justo enojo,
pero estoy dispusto a satisfaceros
rigurosamente, tal como queráis.
Cuanto pude hacer fue debido a Amor,            3165
en cuyo poder tengo el corazón;
pero nunca más me vendrá la idea
de nada emprender que pudiera airaros:
antes sufriría el mayor suplicio
que volver a obrar contra vuestro agrado.        3170
Por lo cual os pido que queráis mostraros
piadoso conmigo, y que retiréis
vuestro justo enojo, que tanto me espanta.
Porque, por mi parte, yo os prometo y juro
que para con vos sabré comportarme               3175
y que nunca en nada os ofenderé.
Os suplico a cambio que me permitáis
lo que en modo alguno me podéis prohibir,
y es que no os moleste el que siga amando.
Es la única gracia que os pienso pedir,          3180
pero en lo demás que queráis mandarme

seré diligente, si aceptáis mi trato.
El que siga amando no podéis prohibírmelo,
y esto os lo repito para no engañaros,
puesto que amaré, ya que es mi deseo,          3185
que os parezca bien u os parezca mal;
aunque no quisiera por nada en el mundo
que esta mi intención os desagradara.»
Inflexible y frío encontré a Peligro,
muy poco dispuesto para perdonarme,            3190
y si su perdón quiso darme al fin
fue por implorárselo insistentemente.
Él me respondió con breves palabras:
«Lo que aquí me pides no me desagrada,
por lo cual no pienso forzar tu deseo,         3195
ya que contra ti yo no tengo nada:
si quieres amar, es asunto tuyo,
que a mí no me da ni calor ni frío.
Ama cuanto quieras, pero has de saber
que debes estar lejos de mis rosas:            3200
yo no pienso hacerte ningún otro daño
si ya nunca más te acercas a ellas.»
Fue así como al fin accedió al perdón.
Me vine después a contarle todo
a Amigo, que mucho se alegró al oírlo,         3205
por nuestra amistad, cuando me escuchó.
Dijo: «Vuestro asunto va de maravilla;
no obstante, Peligro se puede mostrar
mucho más amable: a los amadores
al final ayuda después de asustarlos.          3210
Si lográis cogerlo en el buen momento,
no será insensible a vuestros lamentos.
Pero, mientras tanto, convendrá esperar
a que la ocasión favorable os sea.
Tengo la experiencia de que se consigue        3215
vencer todo obstáculo con sólo esperar.»
Con estas palabras me reconfortó
muchísimo Amigo, el cual se sentía
tan interesado como yo en mi asunto.
Después de esta charla, de él me despedí,       3220
y al dichoso seto que Peligro guarda

otra vez volví, ya que no podía
vivir sin al menos contemplar la rosa,
que era para mí el único alivio.
Peligro a menudo venía a saber                      3225
si yo mantenía lo que prometí,
y yo, que temía tanto el contrariarlo,
en ningún momento falté a mi palabra.
Así pues, estuve durante algún tiempo
cumpliendo muy bien lo que me ordenó                3230
para confiarlo y para atraérmelo;
aunque hacer tal cosa me costaba mucho,
pues su confianza tardaba en llegar.
Me veía, pues, llorar con frecuencia
y que me quejaba, y que suspiraba                   3235
para enternecerlo, porque me dejara
franquear el seto, ya que yo no osaba
hacerlo por mí, y coger la rosa.
    Y tanto lloraba, que quizá creyó
al verme sumido en tan gran tormento                3240
que Amor me afligía con todo rigor,
que lo que sentía era verdadero
y que en mí no había falsedad ninguna.
Pero estaba hecho de tan dura pasta,
que en ningún momento descuidó la guardia          3245
por más que me oía quejarme y llorar.
Y como sentía un dolor tan grande,
hete aquí que Dios quiso que vinieran
Franqueza y Piedad para consolarme,
las cuales me fueron de un alivio grande.           3250
    Inmediatamente fueron a Peligro,
puesto que las dos estaban dispuestas
a prestarme ayuda, si estaba en sus manos,
cosa que, a su juicio, me era muy precisa.
En primer lugar fue dama Franqueza                  3255
quien parlamentó, ¡alabada sea!,
y dijo: «Peligro, ¡por vida de Dios!,
os equivocáis con este amador,
al que estáis tratando con mucho rigor.
Actuando así, os envilecéis,                        3260
pues hasta el momento, si estoy en lo cierto,

él nunca ha movido nada contra vos.
Y pues es Amor quien lo obliga a amar,
¿con qué fundamento lo estáis afligiendo?
Nada en ello os va: él es el que pierde, 3265
ya que está sufriendo muchísimas penas;
y, además, Amor no ha de consentir
que en algún momento pueda desistir:
aunque lo quemaran en cruel tortura,
no conseguirían que a Amor no siguiese. 3270
Así pues, señor, ¿qué es lo que ganáis
haciendo que sufra y que se atormente?
¿Tendréis que luchar con él dura guerra
después que os ha dicho lo mucho que os ama
y que está dispuesto a seguir amándoos? 3275
El que Amor lo tenga bajo su poder
y lo esté obligando a tan duras pruebas,
¿acaso es motivo para que lo odiéis?
Al contrario, vos debierais tratarlo
con todo respeto, no como a un villano. 3280
Es de cortesía venir en ayuda
de aquel que se encuentra muy necesitado,
y ha de ser muy duro en que no se ablande
cuando encuentra a alguien que le pide auxilio.»
    Prosiguió Piedad: «Es cosa sabida 3285
que la sumisión al rigor socava,
y cuando el rigor dura mucho tiempo,
suele convertirse en maldad impía.
Por eso, Peligro, por favor os pido
que no prolonguéis el duro tormento 3290
con que estáis matando a este desgraciado
que, en definitiva, sufre por Amor.
Soy de la opinión de que exageráis
en vuestra conducta más de lo debido;
le estáis infligiendo cruel penitencia 3295
desde el mismo día que lo separasteis
de su buen amigo Buen Recibimiento,
pues estar con él es todo su empeño.
Antes ya lloraba por una desgracia
y ahora por vos sufre doblemente: 3300
él se considera aún más desgraciado

desde que le falta Buen Recibimiento;
¿por qué le queréis causar tanta pena,
si ya antes Amor le hacía sufrir?
Tanto es su martirio, que no es necesario            3305
aumentarlo más, a mi parecer.
Así que cesad con este tormento,
puesto que en su mal nada ganaréis.
Permitid que venga Buen Recibimiento
y pueda con él recibir consuelo.                     3310
Hay que ser clemente con el pecador.
Y ya que Franqueza piensa como yo
al solicitaros ser benevolente,
no debéis negaros a su petición.
Loco debe estar, loco y sin sentido,                 3315
el que nos negara lo que le pedimos.»
    Peligro no pudo seguir obstinándose
y le fue preciso venirse a razones.
Respondió: «Señoras, no puedo atreverme
a seguir negándoos lo que me pedís,                  3320
puesto que sería una gran infamia.
Así pues, que venga para acompañarlo
Buen Recibimiento, si es lo que queréis.
Con respecto a mí, no hay ningún obstáculo.»


## EL BESO

Hacia donde estaba Buen Recibimiento               3325
fue dama Franqueza, la bien razonada,
que se puso a hablarle muy amablemente:
«Buen Recibimiento, demasiado tiempo
estuvisteis lejos de este vuestro amigo,
que vive privado de vuestra presencia.               3330
Pensativo y triste ha permanecido
desde el mismo instante en que os separasteis.
Es vuestro deber consolarlo ahora,
si queréis que yo continúe amándoos,
y prestarle ayuda en lo que él os pida.              3335
Habéis de saber que ya está Peligro
convencido a ello gracias a nosotras,

el cual pretendía manteneros lejos.»
—«Os prometo hacer lo que me pidáis,
pues me place, dijo Buen Recibimiento,
con tal que Peligro no ponga reparos.»
Entonces Franqueza lo envió hacia mí.

Una vez conmigo, Buen Recibimiento
me cumplimentó con mucho cariño,
y si acaso estaba conmigo enfadado,                         3345
no pude notarle síntoma ninguno.
Antes al contrario, me mostró un semblante
mucho más risueño que la vez pasada.
Después de lo cual me asió de la mano
para conducirme hasta el mismo seto                         3350
en el que Peligro verme no quería,
por el cual ahora me dejaba andar.
Así que pensaba que había pasado
del más duro infierno a un cielo dulcísimo:
Buen Recibimiento conmigo venía                             3355
por todas las partes cumpliendo mis gustos.

Un poco más gruesa observé que estaba
mi querida rosa cuando me acerqué.
Pude comprobar que había engordado
algo desde el día que la conocí,                            3360
y también noté que había crecido
un poquito más. Mucho me agradó
al ver que no estaba demasiado abierta
como para verse los maduros granos,
y que mantenía muy firmes aún                               3365
y de igual tersura sus pétalos todos,
los cuales se alzaban con gran elegancia
manteniendo prieto todo el interior,
por lo cual el grano se hallaba encerrado
y no se mostraba por ningún lugar.                          3370
¡Que Dios la bendiga! ¡Estaba muy bella,
mucho más hermosa en su crecimiento
que lo estaba entonces, y mucho más roja!
Me quedé arrobado ante esta mudanza
y ante la belleza que había alcanzado,                      3375
mientras me sentía más sujeto a Amor,
el cual estrechaba tanto más sus lazos

cuanto más placer en mí yo sentía.
Pude allí quedarme un espacio largo.
Buen Recibimiento no me lo impedía,          3380
sino que, al contrario, me invitaba a ello;
y estando seguro de que me daría
lo que precisara para mi placer,
encontré el valor de solicitarle
el mismo favor que ya le pidiera:            3385
«Señor, le indiqué, habréis de saber
que me es imposible refrenar mis ansias
de lograr un beso, dulce y agradable,
de aquella mi rosa tan bien florecida;
y si resultara que no os desagrada,          3390
yo os suplico aquí que me lo otorguéis.
Si, por vuestra parte, queréis concederme
el don tan precioso de poder besarla,
dadme la licencia, por amor de Dios.»
—«Amigo, me dijo, ¡por vida de Dios!         3395
Si de Castidad no temiera nada,
lo que me pedís no os fuera negado.
Pero no me atrevo, por su gran rigor,
a hacer cosa alguna que pudiera airarla:
me tiene prohibido que en ningún momento     3400
conceda licencia para hacer tal cosa
a amador ninguno que me la pidiera,
ya que con un beso nadie se contenta
y quiere pasar mucho más allá;
y, por otra parte, a quien se permite         3405
el beso que pide, debe ya alegrarse,
pues se le concede lo más agradable:
el resto vendrá por añadidura.»
Después de escuchar lo que allí me dijo,
creí conveniente el no insistir más,          3410
puesto que temía poder contrariarlo.
Además, no es bueno seguir insistiendo
ni empujar a nadie más de lo debido,
pues es bien sabido que de un solo golpe
nunca se derriba al robusto roble,            3415
ni puede tampoco envasarse el vino
hasta que las uvas no son exprimidas.

A pesar de todo, mucho se tardaba
el poder besarla como deseaba.

Pero entonces Venus, en lucha perpetua          3420
contra Castidad, vino a socorrerme:
esta Venus es la madre de Amor,
la cual siempre ayuda a los amadores.
Traía en su mano una gran antorcha
de la que surgía una viva llama,               3425
la cual ha encendido a múltiples damas.
Estaba muy bella, y bien ataviada,
tal como una diosa, o tal como un hada,
y, por los ropajes con que se vestía,
bien daba a entender a quien la veía           3430
que no era mujer dada a la oración.

Pero aquí no pienso hacer la mención
ni de su vestido, ni de su abanico,
de su larga trenza con su cinta de oro,
de su cerrador, de sus cinturones,             3435
porque mucho tiempo tal me llevaría.
Mas debéis saber sin engaño alguno
que estaba vestida con gran elegancia,
pero no por ello mostraba arrogancia.

Así pues, se vino Venus a mi amigo             3440
Buen Recibimiento y empezó a decirle:
«¿Cuál es el motivo, mi bello señor,
por el que queréis que este mi amador
tenga que esperar para dar un beso?
Pienso que debéis, sin más, concedérselo,      3445
puesto que sabéis, ya que lo habéis visto,
que sufre su amor con gran lealtad;
por si fuera poco, tiene tal donaire,
que es acreedor de ser bien amado.
Ved con cuánto esmero viste lo que lleva,      3450
y cuán bello es, y lo muy gentil,
y lo dulce y franco para todo el mundo;

---

3422 En el *Libro de Buen Amor* es la esposa. La antorcha de Venus
simboliza el deseo carnal entre las mujeres.
3528 *Celos* representa el aprecio por uno mismo. Sería el repliegue
sobre sí mismo, opuesto a la buena disposición para con los demás
simbolizada por *Buen Recibimiento*.

y, por otra parte, no es un vejestorio,
sino muy mancebo, que es más de apreciar.
No podría haber mujer en el mundo                           3455
a quien no tuviera yo por muy esquiva
si con este joven no condescendiera,
pues posee un cuerpo que yo no cambiara.
Si para este beso le dais la licencia,
nunca como ahora será mejor dada,                           3460
ya que, a mi entender, su aliento es muy dulce;
y, en cuanto a su boca, resulta tan bella,
que parece estar hecha a la medida
para dar placer y ser deseada,
con esos dos labios de un color tan rojo                    3465
y con esos dientes tan blancos y limpios,
sin mancha ninguna, sin ningún defecto.
Por todo lo cual, me parece justo
que le concedáis el beso que pide.
Yo misma os suplico que accedáis a ello,                    3470
ya que, cuanto más sigáis obstinado,
más tiempo, sabedlo, se está malgastando.»
    Buen Recibimiento, que iba ya sintiendo
el calor de Venus, sin más esperar
concedióme al fin el don de aquel beso:                     3475
tanto fue el calor del fuego de Venus,
que no tardó mucho en causar su efecto.
    Con todos mis ímpetus a la bella rosa
un beso le dí muy dulce y sabroso.
Si sentí placer, que nadie lo dude,                         3480
pues tan fuerte aroma penetró en mi cuerpo,
que expulsó de allí todo mi dolor;
el beso alivióme los males de amor
que me habían sido duros de sufrir.
    Nunca como entonces me sentí tan bien:                  3485
no hay mejor alivio que besar tal flor,
pues es como un bálsamo su oloroso aroma.
Y creo que nunca tendré tal dolor
que, cuando la evoque, no vuelva a sentirme
del todo aliviado y muy satisfecho.                         3490
    No obstante lo dicho, más de mil desgracias
y muchos pesares hube de sufrir

a partir del día que besé la rosa;
por más que esté el mar en total reposo,
con algo de viento termina agitándose:                    3495
eso mismo ocurre en cosas de amor,
que a veces alivia y otras veces hiere,
ya que nunca suele durar mucho tiempo.


## DESGRACIAS DEL AMADOR

A partir de aquí he de relatar
cómo con Vergüenza tuve que enfrentarme,                   3500
la cual me causó muchísimo daño;
y de qué manera fue alzada la cerca
hasta convertirse en fuerte castillo,
que Amor abatió tras arduos combates.
Todo este relato voy a proseguir                          3505
sin nada omitir de cuanto pasó;
espero con ello ser más agradable
a mi bella amiga, a quien guarde Dios,
la cual me dará mejor galardón
que nadie en el mundo, si lo tiene a bien.                3510
Malaboca, pues, que lo sabe todo
de los amadores, de los que adivina
cualquier pensamiento y los va diciendo,
vino a darse cuenta del muy gran afecto
que por mí sentía Buen Recibimiento,                      3515
e inmediatamente desveló el secreto,
puesto que era hijo de una mala madre,
vieja de una lengua llena de veneno
de la cual salía hedor y amargura:
de una madre así vienen tales hijos.                      3520
Malaboca, pues, desde aquel momento
comenzó su táctica de maledicencia:
se apostaba un ojo, según declaraba,
a que entre mi amigo Buen Recibimiento
y yo un mal comercio había nacido.                        3525
Y tanto insistió esa mala lengua
de mí y de mi trato con mi buen amigo,
que al final logró despertar a Celos,

[135]

la cual levantóse presa del espanto
cuando oyó las voces de aquel deslenguado.      3530
Y una vez despierta y ya levantada,
vino a toda prisa, presa del furor,
adonde mi amigo, que hubiese querido
hallarse muy lejos de donde se hallaba,
al cual increpó con estas palabras:      3535
«Dime, descuidado, ¿cómo te atreviste
a tener tal trato con un jovenzuelo
que a mí me merece tan mala opinión?
Se ve claramente que las alabanzas
de cualquier mozuelo crees con poco esfuerzo.      3540
Así, ya no puedo confiar en ti,
por lo cual haré que apresado seas
y muy bien guardado en segura torre,
ya que, a mi entender, no hay más solución.
Mucho se alejó Vergüenza de ti,      3545
olvidando así que era su deber
el seguir tus pasos y el atarte corto.
A mi parecer, no ha seguido bien
lo que le mandó dama Castidad,
pues deja a cualquiera de pocos escrúpulos      3550
venir cuando quiera a nuestro dominio
y poder burlarse de nosotras dos.»
    Buen Recibimiento se quedó callado:
hubiera intentado quizás esconderse
de haber conseguido no ser sorprendido      3555
tan patentemente cuando me ayudaba.
Por mi parte, al ver venir esa arpía
que contra nosotros tan furiosa estaba,
sin perder más tiempo me alejé de allí,
ya que no podía soportar sus iras.      3560
    En aquel momento se acercó Vergüenza,
la cual se temía una reprimenda.
Compungida estaba, con un aire humilde,
cubierta de un velo a modo de toca,
cual si se tratase de alguna novicia.      3565
Y dado que estaba atemorizada,
a hablar comenzó en tono muy bajo:
«Señora, por Dios, no debéis creer

a este Malaboca, que es muy mentiroso,
el cual acostumbra, con gran ligereza,                    3570
a decir mentiras de la buena gente.
Si ahora es acusado Buen Recibimiento,
no será el primero, ni tampoco el último,
ya que Malaboca tiene la costumbre
de andar propagando cosas infundadas                      3575
tanto de muchachos como de doncellas.
    Todos lo sabemos y es cosa probada:
Buen Recibimiento muy pronto hace amigos,
pues le confiaron que fuera agradable
para con la gente, y eso es lo que ha hecho.              3580
Pero, por mi parte, me cuesta pensar
que él haya actuado con la voluntad
de hacer mal a nadie ni obrar locamente.
Es muy natural que en él Cortesía,
puesto que es su madre, quisiera esforzado               3585
para que supiera tratar a la gente,
ya que no soporta a quien no es cortés.
Buen Recibimiento obró en este caso,
habéis de saberlo, sin malicia alguna;
antes, actuó, como en él es norma,                       3590
complacientemente en dichos y en hechos.
    Muy cierto es que yo he sido indulgente
en su vigilancia y en no prevenirlo,
de todo lo cual os pido perdón,
y si me he mostrado muy condescendiente                  3595
en mi obligación, mucho lo lamento:
de este mi descuido aquí me arrepiento.
Pero desde ahora pondré más cuidado
en la vigilancia que me encomendasteis:
nunca más por ello seré reprendida.                      3600
    —«Vergüenza, Vergüenza, contestóle Celos,
me temo muchísimo que seré burlada,
pues crece el influjo de Libertinaje
y pronto podría hacerse con todos.
No me extrañaría que así sucediera,                      3605
puesto que Lujuria reina por doquier
y su poderío sin cesar aumenta:
ni en los monasterios ni en las abadías

puedo en Castidad seguir confiando.
Por lo cual haré que de un nuevo muro               3610
queden bien guardados rosas y rosales:
permitir no puedo que vivan expuestas,
pues de vuestra guarda no estoy muy segura;
porque sé muy bien, me lo habéis mostrado,
que de no hacer esto podría perderlas:              3615
no transcurriría ni siquiera un año
sin que se burlaran de mi gran torpeza
si desde ahora mismo no tomo medidas.
Me es, pues, menester tomar precauciones.
Y, para empezar, cerraré el camino                  3620
a todos aquellos que quieran burlarme
cuando se aproximen a espiar mis rosas.
Después de lo cual, para asegurarme,
haré construir una fortaleza
en cuyo interior quedarán las rosas.                3625
Justo en la mitad se alzará una torre
do será apresado Buen Recibimiento,
que, de esta manera, no ha de traicionarme.
Y tengo el propósito de tan bien guardarlo,
que no habrá peligro de que pueda huir,             3630
ni podrá tampoco recibir visitas
de los jovenzuelos que, para burlarme,
con bellas palabras vengan a engañarlo,
pues ya muchos de ellos comprobar pudieron
que no era difícil de ser convencido.               3635
Pero mientras viva, enteraos bien,
pagará muy cara su condescendencia.»
    Entonces llegó Pavor temblorosa,
y era su temor tan desmesurado
cuando oyó que Celos así se expresaba,              3640
que no se atrevió a decir palabra,
viendo cómo estaba tan fuera de sí.
Por esta razón, no quiso acercarse
a Celos, que entonces ya se retiraba.
    Allí se quedaron Pavor y Vergüenza,             3645
a quienes temblaban las carnes del culo.
Pavor, que no osaba la cabeza alzar,
háblole a Vergüenza, de la cual es prima:

«Vergüenza, le dijo, grande es mi inquietud,
puesto que me temo que hemos de pagar                    3650
por lo que ha pasado sin ser las culpables.
Muchísimos meses de abril y de mayo
hemos conocido sin ser reprendidas,
pero hete ahora que ya no nos ama
Celos, que en nosotras no sigue creyendo.                3655
Vayamos ahora a ver a Peligro
para reprocharle sin ningún tapujo
el que permitiera esta mala acción,
y el que no pusiera toda la atención
en guardar la cerca como era debido:                     3660
muy libre actuó Buen Recibimiento,
ya que pudo hacer todo lo que quiso;
será, pues, preciso que guarde mejor
o, de lo contrario, tendrá que saber
que de estos lugares deberá alejarse:                    3665
mal lo pasaría si le hace la guerra
Celos, pues jamás viviría en paz,
lo que ocurrirá si le coge inquina.»

Tal resolución ambas acordaron
mientras que buscaban do estaba Peligro,                 3670
al cual encontraron apaciblemente
echado a la sombra de un espino blanco:
había dispuesto bajo su cabeza,
a modo de almohada, de hierba un manojo,
y en aquel momento iniciaba el sueño.                    3675

Mas hizo Vergüenza que se despertara
con duras palabras e hirientes reproches:
«¿Cómo os atrevéis a dormir ahora,

---

3672 *Peligro,* que simboliza la precaución que deben tener los jóvenes,
echada a la sombra de un árbol, representa la predisposición al juego
amoroso. Tal es el tópico empleado en nuestra lírica medieval, por la que
se pasean numerosas mozas yendo y viniendo a los «álamos», los «avella-
nos», en definitiva, al «huerto». Véase este ejemplo:

A la media noche
recordé, mezquina;
hálleme en los brazos
del que más quería:
so el encina.

le recriminó, malaventurado?
Muy loco ha de estar quien de vos se fía          3680
para que guardéis rosa ni capullo,
pues hasta un cordero podría robároslo.
Muy cómodo estáis y muy descuidado,
vos que deberíais tratar con rigor
a cuantos osaran llegar hasta aquí.          3685
Vuestra estupidez fue la responsable
de que introdujera Buen Recibimiento
a cierta persona, lo cual pagaréis.
Y mientras dormís, a nosotras dos
nos echan la bronca, sin tener la culpa.          3690
¿Pero aún seguís tumbado en el suelo?
¡Vamos, levantaos e id a guardar
todas las entradas que os encomendaron!
¡Y sin permitiros el menor descuido!
Pues cuando se tiene nombre como el vuestro,          3695
es de suponer que causéis espanto.
Si mostróse dulce Buen Recibimiento,
vos debisteis ser brutal e insolente
haciendo al intruso temer por su vida:
jamás el villano puede ser cortés,          3700
según nos enseña el viejo refrán,
ya que no es posible que de un gavilán
se pueda sacar un azor mudado,
y de vos ya piensan que muy débil sois
aquellos que os vieron tan condescendiente.          3705
¿O es que preferís agradar a todos
y hacerles honores y mil cumplimientos?
Os habéis mostrado con mucha blandura.
De ahora en adelante podrán murmurar
que vuestro carácter es muy poco firme          3710
y que claudicáis con adulaciones.»
    Después de Vergüenza, Pavor prosiguió
y dijo: «Peligro, mucho me sorprende
el veros así, tan despreocupado

---

3703 Los *azores mudados* (es decir, que han hecho ya el cambio de
pluma) eran muy apreciados para la caza: según el *Poema de Fernán
González,* el conde castellano logra la independencia de su condado con la
venta, al rey de León, de un caballo y un azor.

de guardar aquello que os encomendaron. 3715
Podéis prepararos a toda desgracia
si acaso os ganarais la ira de Celos,
ya que es muy cruel y muy iracunda
y para el castigo siempre preparada.
Hoy mismo Vergüenza ha sido reñida 3720
y ha sido expulsado Buen Recibimiento
perentoriamente fuera del lugar,
al cual le juraba que no tardaría
en ser encerrado en dura prisión.
Y todo por culpa de vuestro abandono, 3725
que os ha hecho perder la agresividad.
Vuestro corazón se ha debilitado,
pero pagaréis mal las consecuencias;
sabréis lo que son penas y castigos
si de vuestros actos Celos se enterara.» 3730
    Entonces Peligro se alzó la muceta,
frunció la nariz, se frotó los ojos,
rechinó los dientes y enturbió su vista,
dando así a entender cuán furioso estaba
por tantas injurias como le caían: 3735
«Bien debo pensar que no soy el mismo,
puesto que creéis que ya estoy vencido.
Y, efectivamente, merezco la muerte
si este territorio no puedo guardar.
¡Pero que me metan vivo en una hoguera 3740
si a alguien otra vez le permito entrar!
¡Ya mi cuerpo entero de furor revienta
por haber dejado que uno solo entrase!
¡Mucho más ganara si entre dos estacas
hubiesen quebrado mi cuerpo en dos partes! 3745
Obré como un loco, efectivamente,
mas lo arreglaré y obtendré el perdón:
ya siempre estaré atento y activo
para defender este territorio,
y si consiguiera sorprender a alguno 3750
que hasta aquí se llegue, se arrepentirá.

---

3745 El descuartizamiento era un castigo reservado a los que no
cumplían con su deber y, en especial, a los traidores. Así, en la *Chanson de
Roland* el felón Ganelon es atado a cuatro caballos, que lo destrozarán.

En toda mi vida, por larga que sea,
no se me hallará nunca descansando:
¡os lo juro aquí y os doy mi palabra!
Dichas estas cosas, se puso de pie,                              3755
mostrando en sus gestos estar muy airado.
Cogió decidido un bastón enorme
y se fue a buscar por aquel lugar
para ver si hallaba el menor resquicio
abertura o senda para taponar.                                   3760
Desde aquel momento la canción cambió,
puesto que Peligro fue muy diferente
y más peligroso de lo que solía.
Yo estaba perdido con esta su furia,
puesto que jamás me permitiría                                   3765
poder contemplar lo que tanto amaba.
Y, además, sentía gran remordimiento
por lo que esperaba a mi buen amigo.
Creedme si os digo que todos mis miembros
estaban temblando cuando recordaba                              3770
a mi bella rosa, a la que solía
tener junto a mí cuando yo quería.
Y cuando a mi mente me venía el beso
cuyo dulce aliento penetró en mi cuerpo,
aliento suave más que el mismo bálsamo,                         3775
poco me faltaba para desmayarme:
en mi corazón tengo aún guardada
aquella dulzura que a mí me invadió.
Así pues, creedme que cuando pensé
que me era forzoso separarme de ella,                           3780
preferí morir a seguir viviendo.
¡Mal haya la rosa que tocó mi cara,
que tocó mis ojos, que tocó mi boca,
si Amor no permite que yo la acaricie
aunque sólo sea por última vez!                                  3785
Desde que he probado su sabroso aroma,
tanto se ha encendido el deseo en mí,
que mi corazón vive en puro fuego.
Me vendrán ahora lloros y suspiros,
largos soliloquios en noches en vela,                           3790
estremecimientos, ayes y dolores:

todas estas penas habré de sufrir
puesto que he caído en el mismo infierno.
¡Sea Malaboca maldito por todos,
puesto que es su lengua, falsa y traicionera,                    3795
quien me ha preparado manjar tan amargo!

## EL CASTILLO DE CELOS

Pero pasaré a contar ahora
lo que maquinaba la maldita Celos,
que se pasa el día sospechando mal.

No hay en el país ni un sólo albañil,                            3800
ni ningún peón que no esté a su mando.
Así que ordenó sin perder más tiempo
que en torno a las rosas se cavase un foso
sin mirar si en él se gastaba mucho,
foso que cavaron muy ancho y muy hondo.                          3805
Después levantaron a su alrededor
un muro macizo de piedra tallada,
el cual no se asienta sobre blanda tierra,
sino que se basa sobre dura roca.
Los cimientos llegan, tenéis que creerme,                        3810
hasta lo más hondo, donde el agua corre,
y van estrechándose conforme se elevan,
pues de esta manera son mucho más sólidos.
Todo el muro está muy bien proyectado
que forma un cuadrado de lados perfectos,                        3815
y una longitud de veinte toesas
tanto por lo largo como por lo ancho.
Torres flanqueantes hay a cada lado,
las cuales están hechas ricamente
todas construidas de piedra tallada,                             3820

---

3803 El castillo representa el honor del señor: es, pues, obligado que
en él se custodie a la señora, depositaria también de su reputación. Así,
muchas mujeres de nuestro *Romancero* nos son presentadas como prisione-
ras en tales lugares, y en especial en la torre del homenaje. Siempre que se
abren las puertas, es para dar entrada a un «traidor», a un «enemigo», en
definitiva, a la posibilidad de un adulterio. (Véase mi artículo «Los castillos
en el Romancero», *Castillos de España,* 24, 1986, págs. 25-29.) La mujer
honesta puede, por ello, ser comparada fácilmente a una fortaleza, y así la
ve Jorge Manrique en el poema que titula *Castillo de amor.*

las cuales se alzan en las cuatro esquinas
para rechazar todos los embates.
Se hicieron también cuatro grandes puertas,
cuyos muros eran altos y macizos:
una, situada en la delantera,                           3825
otra, por detrás, y otra a cada flanco,
las cuales disponen de tales defensas,
que no han de temer ataque ninguno:
en todas había pesados rastrillos
que desanimaban a los sitiadores,                       3830
ya que de las puertas nunca pasarían
si acaso lograran llegar hasta ellas.
Ya en el interior, con gran maestría
habían alzado una fuerte torre
los mismos que hicieron el resto del muro.              3835
Ninguna mejor podría encontrarse,
tanto por su anchura como por su altura,
dado que sus muros aguantar podrían
todos los disparos que se le lanzasen,
puesto que mezclaron para su argamasa                   3840
la cal y el vinagre convenientemente.
La roca en la cual estaba el castillo
es de la que llaman piedra berroqueña,
la cual es muy dura, tal como el diamante.
La torre presenta forma circular,                       3845
y no puede haberla mejor en el mundo
ni cuyo interior sea más perfecto.
En su parte externa, y como refuerzo,
hay otro recinto que le da la vuelta,
y entre tal recinto y do está la torre                  3850
es donde guardaron todos los rosales,
en los que florecen multitud de rosas.
Dentro del castillo se podían ver
balistas y máquinas de todos los tipos;
así, por ejemplo, los almajaneques,                     3855
que sobresalían sobre las almenas;
y del mismo modo, en cada tronera
estaban dispuestas ballestas tan sólidas,
que atravesarían cualquier armadura:
el que junto al muro quisiera acercarse                 3860

hubiera actuado con gran imprudencia.
Por fuera del foso, una ·barbacana
muy sólida había y de almenas bajas:
el mejor corcel no conseguiría
llegar hasta allí, por más que corriera,                3865
sin que recibiera múltiples heridas.
  Celos además dejó preparada
una guarnición ante cada puerta,
y, según recuerdo, a Peligro fue
a quien dio las llaves de la delantera,                  3870
la cual al Levante estaba orientada.
Si no me equivoco, tenía a su mando
un cuerpo de guardia de treinta soldados.
Vergüenza guardaba la segunda puerta,
que estaba mirando hacia el Mediodía.                    3875
Tan prudente estaba, que, podéis creerme,
se había provisto de muchos guardianes,
todos bien dispuestos a cumplir sus órdenes.
Pavor, por su parte, también los tenía:
se le encomendó tener bien guardada                      3880
la tercera puerta, la cual se encontraba
a mano derecha, según sopla el cierzo.
Pavor no estará nunca muy segura
a menos que cierre bien la cerradura,
por lo cual no suele las puertas abrir;                  3885
basta con que oiga un poco de viento,
o vea saltar un pequeño grillo,
para que se ponga a temblar de miedo.
En fin, Malaboca, al que Dios maldiga,
el cual sólo piensa en decir mentiras,                   3890
era quien guardaba la puerta de atrás.
Mas hay que decir que en las otras tres
también puede vérsele llegado el momento,
ya que por la noche él es quien vigila:
al caer la tarde, se va a las almenas,                   3895
lugar en el cual se pone a tocar
caramillos, gaitas, zampoñas y cuernos,
cantando unas veces dislayos, discores

---

3898 *Dislayos* y *discores* es la traducción que el poeta cancioneril fray

y composiciones propias de Cornualles
bien acompañado de esos instrumentos,                    3900
y otras con la flauta canta la canción
en la que se cuenta que no hay mujer buena:
«No existe mujer que no se sonría
cuando oye que se habla de cosas picantes.
Esta es una puta, esa es una máscara,                    3905
y aquélla sonríe estúpidamente;
ésta es casquivana, ésa es una loca
y aquélla una lengua que nunca se para.»
Porque Malaboca, que a nadie perdona,
a cada persona le encuentra una falta.                    3910
Por su parte, Celos, a quien Dios confunda,
dispuso una guardia en torno a la torre,
de la que pensó que formaran parte
sólo los secuaces de más confianza,
con los que formó guarnición segura.                      3915
   Buen Recibimiento allí se encontraba,
al cual encerraron en todo lo alto
detrás de una puerta de gruesos barrotes,
de donde no hay miedo que pueda escaparse.
Para vigilarlo más estrechamente                          3920
había una vieja, a quien Dios confunda,
la cual no tenía más obligaciones
que estar al acecho de sus reacciones
e impedirle así que hiciera locuras.
Vieja a la que nadie podría embaucar                      3925
por muchas promesas que le fueran hechas,
pues no había truco que desconociera,
ya que ella empleó las mil artimañas
que suele enseñar Amor a los suyos
en su juventud, ya muy alejada.                           3930

---

Diego de Valencia (uno de los que pudieron conocer el *Roman de la Rose,*
según F. B. Luquiens) da a las palabras *lais* y *descorts,* respectivamente. Los
*lais* eran narraciones y los *descorts* composiciones en las que se expresaban
sentimientos. Unos y otros se cantaban.

  3899  Dada la letra de la canción que va a venir, me atrevo a aventurar
que la cita de la región de Cornualles no tiene otra explicación que la del
juego de palabras (y conceptos: *Cornu-cuerno*). En el verso 4809, efectivamente, se dice que los ricos avaros son más cornudos que ciervos, pues
suelen ser engañados por sus amigas.

Buen Recibimiento muy atento estaba
mirando a la vieja, a la que temía:
no es tan atrevido que intente moverse;
piensa que la vieja le pueda notar
el más leve intento que haga por captársela,          3935
pues en estas danzas ella es muy experta.

En fin, una vez que Celos logró
que fuera apresado Buen Recibimiento
y que ya estuviera a tan buen recaudo,
empezó a sentirse mucho más segura:          3940
ese su castillo de muros tan sólidos
le proporcionó una gran confianza;
ya no temerá que ningún malvado
le intente robar rosas ni capullos:
todos los rosales están bien a salvo,          3945
y esté como esté, dormida o despierta,
ya no sentirá inquietud ninguna.


DESESPERACIÓN DEL AMADOR

Mas yo, que me hallaba fuera de los muros,
condenado estaba a seguir sufriendo:
todo el que me viera qué vida llevaba          3950
sentir debería compasión de mí:
Amor me empezó a cobrar muy caros
los bienes que un día me quiso prestar.
Yo pensaba haberlos muy bien adquirido,
mas me está exigiendo que vuelva a pagarlos.          3955
Y ahora me encuentro en peor estado,
después que me ha hecho gozar de esos bienes
que antes, cuando aún no los conocía.
¿Pero qué podré deciros de mí?
Mi caso es el mismo que el del labrador,          3960
el cual, en su día, hecha ya la siembra,
de ilusión se llena en cuanto comienza
a salir la hierba, bella y abundante,
y justo al momento de coger su fruto
viene a estropearlo y a acabar con él          3965
una mala helada, que se llevará

todas las espigas, que ya han florecido,
haciendo que el grano muera en su interior;
como la esperanza de este desgraciado,
que había crecido demasiado pronto, 3970
de la misma forma, pienso que he perdido
también yo la mía, y toda ilusión:
promesas tan firmes me había hecho Amor,
que yo, por mi parte, había empezado
a hacer confidencias a mi buen amigo 3975
Buen Recibimiento, que estaba dispuesto
a favorecer todos mis deseos.
Mas, ¡ay!, es Amor tan inconsistente,
que en un solo instante me ha quitado todo,
provocando así total confusión. 3980
Pues Amor actúa igual que Fortuna,
que empieza elevando de estado a la gente
para terminar con ella en el barro.
En sólo un momento, muda su semblante:
primero sonríe y después se enfada, 3985
pues tiene una rueda que gira y que gira,
y, al dar esas vueltas, lo trastoca todo:
lo de arriba, abajo, lo de abajo, arriba,
y el que se encontraba en un buen estado,
al giro siguiente se ve en la miseria. 3990
¡Y yo, por desgracia, me encuentro debajo!
¡En muy mal momento vi fosos y muros
que no oso pasar, ni tampoco puedo!
Ya no me es posible sentir alegría
desde que apresaron a mi buen amigo, 3995
puesto que mi vida y mi salvación
estaban en él, igual que en la rosa,
que también se encuentra entre muros presa.
De donde será preciso que salgan
si es que Amor pretende que siga viviendo, 4000
pues hace ya tiempo que me está negando
honor y salud, placer y alegría.
¡Ay, querido amigo, Buen Recibimiento!
¡Ya que vuestro cuerpo apresado está,
reservadme al menos vuestro corazón! 4005
Y no permitáis ni por un instante

que aquella tirana que se llama Celos
pueda someterlo a la esclavitud,
tal como lo hiciera con vuestra persona;
y aunque os infligiera las mayores penas,                    4010
mantened muy firme siempre vuestro espíritu
para que podáis resistir las pruebas.
¡Si vuestra persona queda entre los muros,
enviadme al menos vuestros sentimientos!
Un buen corazón no deja de amar                              4015
por muchos rigores que deba sufrir.
Por eso, aunque Celos se os muestre muy dura
haciéndoos beber tragos muy amargos,
debéis resistir todos sus tormentos,
y así, de ese daño con el que os tortura                     4020
os podréis vengar con el pensamiento,
única manera que tenéis de hacerlo,
puesto que si así quisierais obrar,
yo ya me tendría por muy satisfecho.

   Pero tengo miedo de que a lo que os digo                  4025
ninguna atención le queráis prestar,
pues podría ser que me imaginarais
con mala conciencia, porque os encontréis,
siendo yo el culpable, metido en prisión.
No os halláis en ella porque cometiera                       4030
contra vos acciones que pagáis por mí,
porque, por mi parte, no actué jamás
traicioneramente: nada os oculté.
Os puedo jurar por Dios que me pesa
tanto como a vos este vuestro mal,                           4035
pues estoy sufriendo dura penitencia,
tanto como nadie puede imaginar,
y poco me falta para reventar
cuando a mi memoria viene vuestra pérdida,
para mí tan grave y tan manifiesta.                          4040
Tanto es mi dolor y mi desconsuelo,
que puedo afirmar que me mataría.

      ¡Ay, cuánta inquietud me está acongojando!
Pues mucho me temo que unos mentirosos,
que unos delatores y unos envidiosos                         4045
no habrán de faltar que hablen mal de mí.

Mi querido amigo, tengo mucho miedo
de que acaso lleguen hasta convenceros
y que insistan tanto con sus malas lenguas,
que incluso consigan que penséis como ellos     4050
y que acaso ya lo habrán conseguido.
No puedo saber cómo están las cosas,
pero duramente sentiría el golpe
si por un momento de mí os olvidarais.
Grande es mi dolor y mi desconsuelo.           4055
Pues nadie jamás podría aliviarme
si un día perdiera vuestro antiguo amor:
solamente en vos puse mi esperanza...


## FIN DE LA PRIMERA PARTE

# PARTE II

De una edición del *Roman de la Rose,* Lyon, 1485 (?)

## DESESPERACIÓN DEL AMADOR

... Pero si he perdido ya toda esperanza,
yo me desespero por poquita cosa.
¿Yo, desesperarme? ¡Cómo! ¡No lo haré,          4060
y nunca jamás desesperaré!
Ya que si a Esperanza la alejo de mí,
jamás en mi vida valdría gran cosa.
Así que tendré que aliviarme en ella.           4065
Amor, por mejor soportar mis males,
dijo en su momento que me ayudaría
y que junto a mí siempre la hallaría.
Pero de estas cosas no sé qué pensar.
Si ella es muy cortés y muy bonachona,          4070
es al mismo tiempo muy poco segura.
A los amadores los hace sufrir
cuando se apodera de sus corazones.
A muchos engaña mediante promesas,
y promete cosas sin interrupción,               4075
las cuales después se le olvidarán.
Aquí está el peligro, que Dios me perdone,
puesto que el que sufre los males de amor,
en ella confía y confiará
y nunca jamás dejará de amar.                    4080
Uno nunca sabe a qué ha de atenerse,
pues suele ignorarse lo que va a pasar.
Por eso es muy loco quien confía en ella:
por más que se hiciera un buen silogismo,
se debe temer en cada ocasión                   4085
que su conclusión sea la peor,
pues en muchos casos quedó comprobado

que muchas personas fueron engañadas,
y eso aunque Esperanza tuviera el deseo
de hacer por sacar de cualquier apuro 4090
a toda persona que confía en ella.
Muy loco ha de estar quien confíe en ella
¿Pues, de qué me vale su buena intención
si el dolor que tengo no puede quitarme?
Es fácil de ver que no puede nada, 4095
sino solamente hacernos promesas.
Promesas a secas no sirven de nada.
Me deja sufrir tantos contratiempos,
que nadie podría llevarme la cuenta.
Vergüenza, Peligro y Pavor me hostigan, 4100
al igual que Celos, como Malaboca,
el cual envenena y deja infectados
a todos aquéllos de quienes se ocupa:
sólo con hablar mártires los hace.
Y está aprisionado Buen Recibimiento, 4105
que se ha apoderado de mis pensamientos,
y, si tardo mucho en volver a verlo,
en muy breve plazo podría morirme.
Pero, sobre todo, quien me hiere más
es la sucia vieja que huele a basura, 4110
la cual lo vigila tan estrechamente,
que él apenas puede levantar los ojos.
Y por eso estoy más triste que nunca.
Pues aunque es muy cierto que en su día Amor,
y como consuelo, me diera tres dones 4115
generosamente, ya los he perdido:
a Dulce Pensar, que en nada me ayuda,
a Dulce Palabra, que también me falta,
y a Dulce Mirar, que tampoco viene.
¡Por Dios! Me parece que los he perdido. 4120
Indudablemente, son muy buenos dones,
mas ninguno de ellos me puede ayudar
si sigue en prisión Buen Recibimiento,
al cual encerraron sin él merecerlo.
Por él moriré con toda certeza, 4125
ya que, según creo, de allí no saldrá.
¿Pudiera salir? Mas ¿con qué proeza

se podrá escapar de esa fortaleza?
De todas maneras, no será por mí.

En aquel momento no fui nada cuerdo,               4130
sino que actué alocadamente,
cuando al dios Amor le rendí homenaje:
Dama Ociosa fue de todo culpable
¡Ahora maldigo su dulce bondad,
que me permitió que en aquel jardín                4135
yo pudiera entrar sin mucho rogarle!
Pues si hubiera sido más dura conmigo,
no hubiera accedido a mi petición:
a aquel que está loco no debieran dar
el mínimo crédito ni el menor valor,              4140
sino que le deben reprochar sus actos
de forma que pierda toda su locura.
Y yo estaba loco, y ella me hizo caso,
y para curarme no movió ni un dedo.
Ella siempre hacía lo que le pedía,               4145
de lo cual ahora tengo que quejarme.

Ya me lo previno Razón en su día,
por lo cual me debo tener por estúpido
al haber seguido por Amor sufriendo
en vez de escuchar lo que ella decía.             4150
¡Qué acertada estaba Razón al reñirme
cuando en el amor vio que persistía!
Ahora, pues, me toca sufrir y sufrir,
y sería bueno que me arrepintiera.

¿Que yo me arrepienta? ¡Cómo! ¿Y qué haría?       4155
Traidor y cobarde y ruin sería,
y fuera el Diablo quien me inspiraría.
Tal cosa sería traicionar a Amor
y a mi buen amigo Buen Recibimiento.
¿Y debe ser él por mí traicionado,                4160
cuando por hacerme aquel gran favor
sigue padeciendo la prisión de Celos?

¿Me hizo un favor? Sí, sin duda alguna,
mayor del que nadie podría creerlo,
cuando permitió que yo traspasase                 4165
el seto y le diera un beso a la rosa.
Así pues, no puedo ahora dejarlo,

ni nunca jamás lo podría hacer.
Ni permita Dios que yo vaya a Amor
para censurarlo ni para quejarme; 4170
tampoco a Esperanza, ni tampoco a Ociosa,
la cual se mostró conmigo graciosa.
No lo haré jamás, sería un error
el que de sus dones yo me querellase.

No hay más solución que seguir sufriendo 4175
y exponiendo el cuerpo a cruel martirio,
en continua espera de que llegue el día
en que quiera Amor venir a aliviarme.
Me conviene pues, esperar su gracia,
pues me prometió, lo recuerdo bien: 4180
«Tus buenos servicios serán de mi agrado,
y yo te pondré en alto lugar
si tú perseveras en la cortesía;
pero has de esperar que llegue el momento.»

Fue lo que me dijo, palabra a palabra, 4185
y estaba muy claro que me amaba mucho.
Así pues, tendré que servirlo bien
si quiero obtener aquel galardón.
Yo sólo seré culpable si fallo.

Así pues, a Amor nunca he de faltar, 4190
pues jamás un dios faltó a su promesa.
Muy probablemente yo he fallado en algo,
aunque ahora ignoro en qué pudo ser,
y nunca quizás lo pueda saber.
Que vayan las cosas como quieran ir 4195
y que actúe Amor como le apetezca:
que escape al peligro o que viva en él
o, si es su deseo, que pierda la vida.
Nunca lograré cumplir mis deseos
y habré de morir si no lo consigo, 4200
o si otro por mí no pudiera hacerlo.
Pero si es Amor, que tanto me agrava,
el que en esta empresa me quiere ayudar,
no habré de temer de ningún perjuicio
que pueda venirme estando a sus órdenes. 4205
Así pues, más vale seguir su bandera.
Si mi mal alivia, si ése es su deseo,

yo sería un loco si me opongo a él.
Pero yo quisiera, pase lo que pase,
suplicarle a Amor que no eche en olvido        4210
después de que muera a mi buen amigo,
que me dio la muerte sin haberme herido.
   A pesar de todo, y para agradaros,
a vos, dios Amor, antes de que muera,
y ya que no puedo hacer otra cosa,             4215
quiero confesarme sin arrepentirme,
como debe hacer el buen amador.
Y también deseo hacer testamento:
cuando yo me muera, llevadle mi amor.
Y sólo con esto queda concluido.               4220


## NUEVO DISCURSO DE RAZÓN

### *Amor es nocivo*

   Mientras de esta forma yo me lamentaba
de ese gran dolor que me atenazaba,
sin saber manera de encontrar consuelo
para mi tristeza ni para mis penas,
vi que se acercaba hacia donde estaba          4225
la bella Razón, la bien parecida,
que desde su torre quiso descender
cuando me escuchó proferir mis quejas:
   «Mi querido amigo, me dijo Razón,
¡en qué situación te encuentras metido!        4230
¿Acaso ya estás cansado de amar?
¿O piensas quizás que te fue muy bien?
¿Es que no recuerdas ya lo que has sufrido?
Los males de amor, ¿son duros o dulces?
¿Serías capaz de bien elegir                   4235
entre quien te ayuda o te hace sufrir?
¿Aún sigues pensando servir a un señor
que te ha sometido y te ha esclavizado
y que te atormenta sin interrupción?
¡Bien te equivocaste en aquel momento          4240
en que le juraste que lo servirías!

[157]

¡Muy loco estuviste al comprometerte!
Pero es muy seguro que tú no sabías
quién era el señor al que te darías,
puesto que en el caso de haberlo sabido,          4245
nunca te entregaras ni te hicieras suyo;
o una vez sabido cómo es su sevicio,
no continuarías haciendo lo mismo,
ni durante un día, ni una sola hora.
Así pues, opino que ya sin demora                 4250
de aquel homenaje debes renegar,
olvidando todos esos amoríos.
¿Tú lo conocías? —Creo que sí, señora.
—No es cierto. —Lo es. —¿Y cómo lo sabes?
—Por lo que me dijo: deberás estar               4255
harto satisfecho por tener señor
de tal calidad y reputación.
—¿Lo conoces más? —Eso solamente,
salvo que, después de darme sus reglas,
desapareció raudo como un águila                  4260
y yo me quedé en la incertidumbre.
—Sin duda ninguna, eso es saber poco.
Pero quiero yo que sepas más de él,
del cual te han venido angustias tantísimas
que, por su rigor, no hay quien te conozca.       4265
Pues lazo ninguno, pobre desgraciado,
debe ser tan fuerte que sea un suplicio.
Es muy conveniente saber a quién sirves,
y si a tal señor conocieras bien,
sin grandes problemas podrías salir               4270
de esa fuerte cárcel en que tanto sufres.
    —Señora, no puedo; él es mi señor
y yo su vasallo y fiel servidor.
Pero por mi parte muy gustosamente
quisiera escuchar a quien me informase            4275
sobre todo aquello que debo saber.
    —¡Por mi vida!, a ello me presto gustosa,
puesto que tu espíritu está tan dispuesto.
Te demostraré con gran claridad
algo que, por sí, es indemostrable.               4280
Y aunque carecieras de conocimientos

podrás aprender, sin más experiencia,
lo que no podría ser nunca sabido,
nunca demostrado, nunca conocido;
y podrás saber sobre la materia                    4285
cuanto sabe el hombre que, experimentado,
no quiere seguir sufriendo esos males,
a menos que esté loco de remate.
Te habré desatado para siempre el nudo
en el que estarías de continuo atado.              4290
De modo que escucha y pon atención
que te voy a dar esa explicación.

El amor es siempre una odiosa paz
y es al mismo tiempo un odio amoroso;
es la lealtad hecha desleal,                       4295
pero es asimismo deslealtad leal;
es también el miedo plácido y tranquilo,
y es una esperanza muy desesperada
es una razón que es irracional
y lo irracional hecho razonable;                   4300
es dulce placer de perder la vida;
es pesado fardo fácil de llevar;
es también Caribdis la muy peligrosa,
que rechaza a todos y a todos atrae;
es enfermedad llena de salud                       4305
y salud que lleva a la enfermedad;
es hambre que nada en plena abundancia
y satisfacción nunca satisfecha;
es sed que no cesa de exigir más agua,
embriaguez que en sed se encuentra sumida;         4310
es falsa delicia, tristeza agradable;
es puro lamento hecho de alegría;
es un dulce mal y dulzura amarga;
es dulce perfume de muy mal olor;
es también pecado en el que hay perdón             4315
y perdón que está sucio de pecado;
es una condena muy apetecible,

---

4293 La descripción que presenta Meun sobre la situación amorosa
estaba muy extendida en la literatura medieval. Jorge Manrique dice
prácticamente lo mismo en su poema *Diziendo qué cosa es amor*.

una crueldad enternecedora;
es un juego incierto que parece estable,
un estado firme y siempre mudable;                            4320
una fuerza débil y endeblez muy firme
que en ningún momento permanece quieta;
es loca cordura y es locura cuerda;
es un bienestar triste y optimista;
es risa formada de llantos y lágrimas,                        4325
reposo cansado en toda ocasión;
es también infierno lleno de dulzores
y es el paraíso lleno de dolores;
es celda agradable para el prisionero,
primavera llena de frío invernal;                            4330
es como la tiña, que no evita a nadie,
ni a los de la Iglesia ni a los de la Corte,
porque no distingue, en cosas de amor,
a los de sombrero de a los de bonete,
pues no existe nadie de tan alta estirpe,                    4335
ni puede encontrarse persona tan sabia,
ni que esté dotado de fuerza tan grande,
ni se puede hallar nadie tan temido
ni que esté adornado de tantas virtudes,
que domar no pueda este dios Amor.                           4340
Todas las personas van por esta vía,
y es el dios Amor el que los empuja
a menos que sean de vida torcida,
a los cuales Genio ha de excomulgar
por contra Natura haber actuado.                             4345
Pero de estos tales no voy a ocuparme.
(Sí que me preocupa que se siga amando
con esta pasión, de la que al final
la gente se siente hastiada y doliente,
porque estos amores les quitan las fuerzas.)                 4350
    Por lo que si quieres evitar tú mismo
que pueda seguir Amor dominándote

---

4340    Amor nos es mostrado con el mismo poder y de la misma forma
que se presentaba a la Muerte en sus famosas *danzas*.
    4344-45    Genio y Natura son personajes que tendrán una importantísi-
ma participación más adelante. Dejaremos, pues, las notas a su propósito
para el momento oportuno.

y quieres curarte de esta enfermedad,
el mejor brebaje que puedes tomar
es la decisión de apartarte de él.          4355
Porque de otra forma, no has de conseguirlo,
ya que si lo sigues, él te seguirá;
mas, si lo rechazas, te rechazará.

Después de escuchar el razonamiento
de Razón, que en vano se había esforzado,      4360
le dije: «Señora, puedo aseguraros
que ahora sé menos de lo que sabía.
En definitiva, en lo que he escuchado
de vuestra lección, hay tantos contrarios,
que apenas logré comprender gran cosa.      4365
Y aun siendo capaz de bien aprenderla
o, llegado el caso, de enseñarla a otros,
ya que mi memoria no me fallaría,
aunque los demás sacaran provecho,
no puedo decir que es también mi caso.      4370
Pero ya que a Amor me lo habéis descrito
mezclando alabanzas con graves injurias,
por favor os pido que lo defináis
de forma más clara, para sí entenderlo,
puesto que hasta ahora nada he comprendido     4375
—Muy gustosamente; escúchame bien:
si estoy en lo cierto sobre qué es amor,
es inclinación en el pensamiento
que se ha establecido entre dos personas
de distinto sexo, consintiendo ambas,      4380
que está provocada por el gran ardor,
por el gran deseo nada controlado
de estar con el otro, de poder besarse
y poder tener contacto carnal.
Nunca el amador se esfuerza por cosas      4385
salvo en las que puede encontrar placer.
Nunca se preocupa por la descendencia,
sino solamente por el puro goce.

Existen algunos que en esta cuestión
parecen obrar de forma distinta,      4390
y para ocultar su fingido amor
dicen que el placer no les interesa.

Son los burladores de tantas mujeres,
a las que prometen darse en cuerpo y alma;
jurando mentiras, inventando fábulas                    4395
suelen engañar a quienes los creen
para conseguir lo que pretendían.
Para el burlador nunca hay desengaño,
pues es preferible, mi querido amigo,
engañar a otros que ser engañado,                       4400
muy especialmente en estos debates,
en los que no existe el término medio.

    Pero yo te digo basada en mi ciencia
que aquel que se acopla con una mujer
en su fuero interno debiera querer                      4405
el continuar la naturaleza
y perpetuarse en su semejante,
puesto que los hombres, ya que son mortales,
deben prolongarse sucesivamente
para que no acabe su generación,                        4410
pues, ya que los padres se mueren un día,
la sabia Natura quiso que los hijos
pudieran seguir en esta labor,
supliéndose así en continuidad.
Por esta razón, Natura dispuso                          4415
que en tales uniones hubiera placer,
para que a ese acto nadie se negase
y esta obligación nadie aborreciese:
muchísima gente es así atraída
por ese placer que tanto codicia.                       4420
En esto Natura se mostró certera.
Debes, pues, saber que está en un error
y que está actuando de forma ilegítima
quien, sin otras miras, sólo va al placer.

    Ya que quien no busca más que su deleite,           4425
¿sabes qué es lo que hace? Pues se está rindiendo
como un ignorante, como un miserable,
al dueño y señor de todos los vicios,
el cual es raíz de todos los males,
tal como el gran Tulio lo dijo bien claro               4430

---

4430   Se refiere a Marco Tulio Cicerón y a su obra *De Senectute.*

en ese su libro *Sobre la Vejez*,
edad que respeta y que glorifica.
Mas no a Juventud, que a hombre y mujer
expone a peligros del cuerpo y del alma,
porque ésta es edad en que con frecuencia          4435
se rozan la muerte y otras mil desgracias,
y en que se cometen actos infamantes
que habrán de dañarlo, a él o a su familia.
Pues por Juventud se desvía el hombre
y vive su tiempo disolutamente                     4440
con malos consejos, malas compañías,
y llevando siempre vida turbulenta,
ya que nunca sabe cómo ha de actuar.

   Incluso si ingresa en algún convento,
por no ser capaz de hacer un buen uso              4445
de la libertad que le es natural,
pensando evitar todo contratiempo
al entrar en él y quedarse allí,
gastando su vida de monje profeso.
Y si siente un día la carga pesada,                4450
o, ya arrepentido, se querrá salir,
o quizás acabe su vida en el claustro,
por ser incapaz de rectificar
el error tan grave que allí lo llevó,
y allí vivirá muy a su pesar,                      4455
en donde sin duda llorará la pérdida
de la libertad que un día gozara
y que nunca más podrá recobrar,
a menos que Dios le hiciera el favor
de que su tormento quede atemperado                4460
y que lo mantenga en esa obediencia
que ha de soportar, dándole paciencia.

   Juventud al hombre lleva a mil locuras,
a mil desenfrenos, a mil travesuras,
a actos lujuriosos y envilecedores,                4465
a un cambio continuo de su voluntad,
pues suele exponerlo a muchos peligros,
de donde después quizás no saldrá.
A tales excesos Juventud lo expone,
pues los corazones presenta a Deleite,             4470

el cual aprisiona y después domina
el cuerpo y el alma de cada persona;
y es por Juventud, que es su camarera,
que en hacer el mal siempre está dispuesta
y en poner a todos bajo su dominio:                    4475
ésa es su misión, su solo objetivo.

Vejez, al contrario, de allí los aleja:
el que no lo sabe, deberá enterarse
yendo a preguntarles a quienes, mayores,
tuvo Juventud un día en sus lazos,                     4480
los cuales recuerdan con todo detalle
los grandes peligros por los que pasaron
y los disparates que entonces hicieron.
Su antiguo vigor ya les retiró
y junto con él los locos deseos                        4485
en los que vivieron los años pasados,
Vejez, a quien tienen como consejera,
que ahora les hace buena compañía,
pues los ha traído al recto camino
y ya hasta el final se estará con ellos.               4490

Pero se le paga muy mal su servicio,
pues nadie la acepta ni nadie la aprecia,
o al menos ninguno la quiere tener
como compañera, siempre junto a sí;
no suele quererse llegar a ser viejo,                  4495
ni, por otra parte, morir siendo joven.

Los que ya son viejos suelen asombrarse
cuando a la memoria llegan los recuerdos
de tantas locuras como cometieron
(ya que los recuerdos no los abandonan);               4500
de cómo pudieron hacer tales cosas
sin sufrir por ellas daño y deshonor;
y si recibieron deshonor y daño,
cómo pudo ser que escapar pudieran
de tales peligros sin más menoscabo                    4505
del cuerpo o del alma, o de sus haberes.

Mas ¿conoces dónde vive Juventud,
que es tan apreciada por toda la gente?
Deleite la tiene junto a sí en su casa;
pero no la trata favorablemente,                       4510

puesto que pretende que esté de criada
y lo sirva bien a cambio de nada.
Mas ella lo hace tan gustosamente,
que va detrás de él por todos los sitios,
pues se le ha entregado de forma total,                    4515
tanto, que no quiere ya vivr sin él.
  En cuanto a Vejez, ¿sabes dónde vive?
Pues voy a decírtelo inmediatamente
ya que, en su momento, vivirás con ella,
a menos que Muerte te lleve consigo                        4520
siendo aún un mozo a su negra cueva,
que es lugar muy lóbrego y muy tenebroso.
Trabajo y Dolor le dan hospedaje,
pero la mantienen de forma tan dura,
le dan tantos golpes y tantos tormentos,                   4525
que le hacen querer que llegue su fin
y que se arrepienta de sus malas obras:
tan duro es el trato al que la someten.
Entonces le vienen los remordimientos,
los cuales le llegan con mucho retraso,                    4530
cuando ya se ve débil y canosa:
con malos consejos la tuvo engañada
antes Juventud, la cual malgastó
sus días pasados en mil vanidades.
Piensa que su vida toda está perdida                       4535
si en lo que le queda no encuentra ocasión
de poder hacer firme penitencia
de todo lo malo que hiciera en su día,
y poder hacer aún buenas obras
que puedan llevarla hacia el Sumo Bien                     4540
de do Juventud pretendió apartarla
con las vanidades en que la tenía.
Y este su presente le dura tan poco,
que suele ponerla muy fuera de sí.

*La procreación y el deleite.*
*El buen y el loco amor*

Mas puesto que existe tal inclinación,                    4545
aquellos que quieran gozar de ese amor
que busquen su fruto: hombres y mujeres
de cualquier linaje, de cualquier estado,
sin que, por supuesto, deban renunciar
a lo placentero de ninguna forma.                         4550
Porque sé muy bien que hay muchas mujeres
a las que no gusta el quedarse encinta;
grande es su pesar si llegan a estarlo,
por cuya razón no lo comunican,
cual si fuera un acto que hay que reprochar,              4555
cuando no ha lugar aquí a la vergüenza.
En resumen, suelen buscar a Deleite
quienes en tal acto gastan su energía,
salvo las mujeres que no valen nada
y que por dinero entregan su cuerpo,                      4560
las cuales están fuera de las normas
debido a sus vidas tan desordenadas.
En verdad, honesta no puede llamarse
mujer que se entrega por lo que le dan,
ni debiera el hombre frecuentar ninguna                  4565
que vende su cuerpo por unas monedas.
¿Pues acaso piensa que lo habrá de amar
la que lo soporta sólo por oficio?
Muy tonto ha de ser y muy alocado
quien ingenuamente resulte engañado                      4570
creyendo que alguna está enamorada
porque le dijera que lo quiere mucho,
riera sus gracias, los acariciara.
Verdaderamente, a tal alimaña
jamás se tendría que llamar amiga,                        4575
puesto que no es digna de ningún amor,
ni nunca se debe apreciar mujer
que sólo proyecta despojar al hombre.
    Con esto no digo que ella nunca acepte

por lo que haya dado de paz o placer    4580
cualquier recompensa de un amigo suyo
o bien por regalo, o bien por herencia;
pero ella jamás deberá pedirla,
ya que en ese caso no sería honesta;
y que dé, además, también a su amigo    4585
si lo puede hacer, sin vergüenza alguna,
ya que esto es señal de buena amistad
y de mutuo aprecio y de gran amor.

No debes creer que voy contra tales,
pues está muy bien el que vivan juntos    4590
haciendo las cosas que deben hacer,
ordenadamente y con cortesía;
pero han de guardarse de ese loco amor
que enciende los cuerpos en vivo deseo,
y han de procurar que no haya lujuria,    4595
que atiza a la gente sin ningún pudor.
De las almas nobles nace el buen amor,
el cual no se debe hacer depender
sólo del placer de la unión carnal.

Pero ese tu amor que te tiene preso    4600
te lleva a ver sólo el goce carnal
y en este deseo consumes tus fuerzas.
Y por eso quieres conseguir la rosa
y de lo demás nunca te interesas.
Pero de ella estás ahora muy lejos,    4605
lo cual te produce enflaquecimiento
y te está quitando todo tu vigor.
Un huésped muy malo en ti recibiste
cuando permitiste que te entrara Amor:
en verdad, mal huésped tienes en tu hostal.    4610
Te aconsejo, pues, que de ti lo expulses,
ya que te quitó y llevó tus fuerzas,
que te deberían ser de más provecho.
¡No dejes que siga viviendo en tu pecho!
A grandes desgracias se ven abocados    4615
esos corazones de amor embriagados,
como ya verás al fin de tus días,
cuando hayas perdido ya toda tu vida
y hayas recorrido todo tu camino

en este deleite lleno de dolor.                    4620
Si puedes aún vivir lo bastante
y te puedas ver libre ya de Amor,
el tiempo perdido habrás de llorar,
pero no podrás ya recuperarlo.
   Así pues, libérate ahora que puedes,        4625
porque en ese amor que te tiene preso
muchos han perdido, bien lo dice el dicho,
dinero y salud, fama y cuerpo y alma.»


### Otras clases de amor

   Razón de esta forma quiso aleccionarme,
mas también Amor puso sus obstáculos       4630
a fin de impedirme que le hiciera caso,
por más que yo viera sin ninguna duda
que aquellas razones eran verdaderas.
   Amor me apartaba con todas sus fuerzas
de esos pensamientos, sin dejar ninguno,    4635
como quien podía obligarme a ello
por ser el señor de mi corazón,
y de mi cabeza los echaba todos.
Me había espiado durante el discurso
y por una oreja me estaba sacando           4640
lo que iba metiendo Razón por la otra,
de manera que ella en vano me hablase
y llegara incluso a serme molesta.
   Así que irritado, me puse a decirle:
«¿Acaso, señora, me queréis tan mal          4645
para que yo deba odiar a la gente?
¿He de detestar a quienes frecuento?
Ya que mis amores son tan despreciables,
y nunca podré sentir buen amor,
¿tendré que vivir odiando a la gente?        4650
Tal acto sería pecado mortal,
incluso peor que ser un ladrón.
Lo que me pedís no puedo cumplir,
y una de estas cosas tendré que elegir:
o vivir amando o vivir odiando.              4655

Y acaso suceda que haya de pagar
a precio más alto el odio al final,
porque los amores menos caros sean.
¡Bonito consejo es el que me dais,
cuando me decís con tanta insistencia                    4660
que más me valdría que dejara a Amor!
¡Loco debe estar el que os hace caso!
Mas en el discurso habéis mencionado
algo de un amor que yo no conozco
(del cual no os oí que lo condenarais),                   4665
con el que la gente se debiera amar.
Si os parece bien, podéis explicármelo,
pues, en mi opinión, sería muy tonto
si no os escuchara con gran atención,
y así yo podría saber algo más                            4670
sobre las diversas especies de amor;
si hacéis el favor, os escucharé.
    —En verdad, amigo, eres un gran loco
si aprecias tan poco y echas en olvido
lo que en tu provecho yo te aconsejé.                     4675
Mas repetiré de nuevo el sermón,
puesto que me encuentras aquí bien dispuesta,
para complacerte en lo que me pides.
Mas no estoy segura de que me hagas caso.
    Existen amores de muchas maneras,                     4680
además de aquella de la que te hablé,
y que es la que a ti te quitó el sentido.
¡Desgraciado día en que en él caíste!
¡Guárdate, por Dios, de seguir en él!
    La primera de ellas se llama Amistad,                 4685
que es la voluntad que hay entre la gente
para hacerse el bien en cualquier momento
y que se origina de su buen carácter.
Pero debe darse la comunidad

---

4685   Las diferentes clases de amor que se van a citar podrían llevar la
etiqueta común de *social*. Nuestro infante don Juan Manuel, algunos años
más tarde, trata sobre ellas y distingue quince maneras, la primera de las
cuales es la amistad, que, a su juicio, se ve muy poco. Las otras catorce
están en función del interés que se puede obtener de unas relaciones *(De
las maneras del amor)*. En ningún caso se habla de la relación hombre-mujer.

de todos los bienes y el aprecio mutuo,                      4690
tanto, que jamás ni por causa alguna
pueda producirse ninguna excepción
ni que el uno tarde en su ayuda al otro,
sino que como hombre seguro y leal
hacia el otro venga, o nada valdría                          4695
la fidelidad que aquí es tan precisa.
Que lo que un amigo pudiera pensar
se lo diga al otro sin guardar secretos,
como si lo hiciera cuando se habla a sí,
sin ningún temor de ser descubierto.                        4700
    Con tales amores se suelen honrar
los que amar pretenden con buena intención,
pues no puede darse la buena amistad
si ésta no es segura, si ésta no es estable;
la cual no se rompe por ningún motivo,                       4705
de forma que siempre se pueda encontrar,
sea rico o pobre, a ese buen amigo
en el que se ha puesto todo el corazón.
Y si acaso ve que va a la pobreza,
no debe esperar a que llegue al punto                        4710
de que el otro tenga que pedirle ayuda,
puesto que favor que es solicitado
es como servicio que se vende caro
a los corazones de gran calidad,
ya que a quien es bueno le es muy vergonzoso                 4715
tener que pedir por necesidad,
y mucho lo piensa, mucho lo medita,
y mucho vacila antes de pedirlo,
pues le da vergüenza exponer su caso,
pero mucho más si no es atendido.                            4720
Mas si logra hallar un amigo auténtico
con respecto al cual puede estar seguro
de que contará siempre con su amor,
a éste hará partícipe de todas sus cosas
y le contará cuál es su desgracia                            4725
sin sentir vergüenza por pedirle ayuda.
¿Cómo ha de tenerla con tan buen amigo
de una calidad como la que digo?
Aunque le haya dicho todo su secreto,

jamás un tercero estará al corriente                    4730
ni habrá de temer que le haga reproches,
pues el hombre bueno su lengua retiene;
lo cual no sucede con el hombre loco,
que nunca es capaz de callar la lengua.
El bueno sin duda lo vendrá a ayudar                   4735
en todas las cosas en que pueda hacerlo,
y más predispuesto, a decir verdad,
que lo está el amigo que debe pedir;
y si no pudiera darle lo que pide,
se habrá de sentir mucho más molesto                   4740
que pudiera estarlo quien se lo pidió,
dado que este amor es muy poderoso,
porque se comparte el dolor del otro,
al que sin tardanza lo remediará,
y también se siente la misma alegría:                  4745
éste es un amor de gran calidad.
     Para que este amor merezca tal nombre,
según dice Tulio en un libro suyo,
se tiene que oír toda petición
de nuestros amigos, cuando sea honesta,                4750
y con más motivo se habrá de acoger
si en ella se diera derecho y razón.
Si no fuera así, no debe atenderse,
salvo si se diera uno de estos casos:
si corren peligro de perder la vida,                   4755
hemos de movernos para liberarlos;
y si se atacase la reputación,
se ha de procurar que no se difame.
En estos dos casos se debe actuar
aunque no se invoquen derecho y razón                  4760
y, pues tal amor nos obliga a ello,
ningún hombre debe negar su concurso.
     La forma de amor que acabas de oír
muy acorde está con mi exposición:
éste es el amor que quiero que sigas,                  4765
no el que estás siguiendo afanosamente,
ya que en él se dan todas las virtudes

_____
4748   Tal libro es *De Amicitia.*

mientras que el que sigues te lleva a la muerte.
  Ahora voy a hablarte de otro sentimiento
que del buen amor también es contrario                    4770
y, del mismo modo, no recomendable:
hablo de un amor que en verdad no existe,
y se da en personas que están angustiadas
porque sólo piensan en la recompensa.
Este es un amor que se balancea:                          4775
cuando se ha perdido toda la esperanza
de ese beneficio que se está esperando,
empieza a fallar y apagar su fuego.
  Pues es imposible que se sienta amor
cuando no se quiere por lo que se vale,                    4780
sino que se alaba y se adula al otro
por el beneficio que se está esperando.
Este es un amor nada consistente,
que se va eclipsando tal como la luna,
a la que la tierra apaga y oculta                         4785
cada vez que aquélla cae bajo su sombra,
desapareciendo todo su fulgor
justo cuando pierde la vista del sol;
mas, en cuanto pasa dicha oscuridad,
vuelve a aparecer toda iluminada                          4790
al volver el sol a enviar sus rayos;
sólo se ilumina si lo tiene enfrente.
  Este es un amor muy particular,
que tan pronto brilla como está apagado,
pues en cuanto ve que viene Pobreza,                      4795
que lo cubre todo con su oscuro manto,
impidiendo así que brille Riqueza,
inmediatamente va desvaneciéndose.
Pero en cuanto viene Riqueza de nuevo,
tal amor renace con todo esplendor,                       4800
no se le verá si ella está apagada,
mas resurgirá en cuanto que brille.
  Pues con el amor del que estoy hablando
suelen ser amadas las personas ricas;
y más claramente quienes son avaros,                      4805
los cuales no quieren sus almas limpiar
de ese gran ardor, de ese feo vicio

de su codiciosa y sucia avaricia.
Mucho más cornudo que ciervo florido
es el hombre rico que cree ser amado.                    4810
¿Cómo, de otro modo, no ha de ser cornudo?
Puesto que es sabido que no quiere a nadie,
¿cómo ha de creer que a él sí lo quieren,
a menos que esté loco de remate?
En casos así, no hay más que pensar                      4815
sino que se trata de un ciervo enramado,
ya que necesita ser muy generoso
quien quiera tener muy buenos amigos.
Que no ama el avaro es muy comprobable:
por muchas riquezas que pueda tener,                     4820
y por más que vea a un amigo pobre,
no las gastará por su gran codicia;
y preferirá seguirlas guardando
hasta que su boca la venga a cerrar
la maldita muerte que ha de reventarlo.                  4825
Pues estas personas suelen preferir
dejarse cortar el cuerpo en pedazos
antes que tener que dar su dinero
o que desprenderse siquiera de parte.
Así pues, en éstos no existe el amor,                    4830
ya que ¿cómo pueden sentir amistad
esos corazones que no sienten nada?
Los que así proceden no ignoran la cosa,
ya que cada cual sabe lo que hace.
Es, pues, de justicia que sea mal visto                  4835
quien no puede amar y que no es amado.


*Fortuna*

Y ya que a Fortuna me estoy refiriendo
en este capítulo de mi exposición,
te voy a contar cosas sorprendentes

---

4825 Los avaros son particularmente fustigados en la literaura medieval. El *Libro de los exemplos por a.b.c.* presenta varios casos de estos
hombres que, a la hora de la muerte, son acompañados por una cohorte de
diablos.

que, a mi parecer, nunca has escuchado.          4840
No sé si podrás creer lo que diga,
pero te aseguro que son verdaderas
y, por lo demás, se encuentran escritas:
que es más provechosa y más preferible
la Fortuna adversa y que nos oprime          4845
que la placentera y que nos sonríe.
Y aunque te parezca duro de creer,
no es nada difícil el que se comprenda
que esta favorable y benigna dama
engaña y maltrata a quienes la gozan,          4850
aun si se comporta como dulce madre
cuando da a sus hijos lo que necesitan:
los está engañando miserablemente
cuando les entrega todos sus regalos,
como son honores, como son riquezas,          4855
o bien dignidades y otras distinciones,
haciendo creer que serán perpetuas
cuando sólo son cosas inestables.
Y así los mantiene con falso alimento,
que no es otra cosa que la vanagloria,          4860
mientras que en su rueda los tiene más altos.
Se piensan entonces que lo tienen todo
y ven que su estado es tan firme y fuerte,
que en ningún momento de él descenderán.
Y mientras se está tan bien situado,          4865
se suele creer que se tienen amigos,
tantos, que imposible sería contarlos;
y que no es posible dar un solo paso

---

4845    Derivada de la escuela estoica, además de la Biblia, la resigna-
ción ante las adversidades de la vida es la postura más aconsejada en la
literatura medieval. No se encuentra prácticamente a ningún autor moralista que no toque este tema. Anejo al cual se suele prevenir también que no
se desee tener fortuna, ya que la rueda puede girar y entonces la situación
será peor, doctrina que intentaba poner freno a las aspiraciones sociales o a
las ambiciones de poder. Esta otra cara de la moneda es presentada muy
insistentemente en nuestro siglo XV, de gran agitación entre las clases
sociales. Su principal exponente es el marqués de Santillana y el ejemplo
que mejor ilustrará la desgracia estará representado por el «advenedizo»
don Álvaro de Luna, enemigo encarnizado del anterior y, en general, de
toda la «nobleza vieja».

sin que lo acompañen allá adonde vaya,
pues lo consideran como su señor                        4870
al que han de ofrecer todos sus servicios
aun corriendo el riesgo de dejarlo todo,
incluso su sangre, de ser necesario,
para defenderlo y garantizarlo,
prestos a ponerse bajo su obediencia                    4875
en cada momento de sus existencias.
Y cuando les oye todas estas cosas
se llena de orgullo, creyéndolas tanto
como si escuchara el mismo evangelio.

Mas estas palabras sólo son lisonjas,                    4880
tal como después ha de comprobarlo
el que, por desgracia, perdiera sus bienes
y ya no pudiera nunca recobrarlos:
podrá ver entonces lo que es la amistad,
pues de cien amigos de que disponía,                     4885
fueran compañeros o fueran parientes,
si hubiese uno sólo que guardar pudiese,
tendría que dar mil gracias a Dios.
Pues esta Fortuna de la que te hablo,
mientras a los hombres los tiene muy altos              4890
les está turbando todo su sentido
al alimentarlos con la falsedad.

Pero la contraria, la Fortuna adversa,
la que de su estado viene a derribarlos
con un solo giro de su móvil rueda                       4895
desde lo más alto hasta dar en tierra;
la que los maltrata como una madrastra
y los alimenta con duros manjares
que no están regados con sabrosos vinos,
sino con un pobre y amargo vinagre,                      4900
ésta muestra bien ser la verdadera,
y también que nadie debiera fiarse
de aquella agradable y feliz Fortuna,
que nunca es segura ni jamás estable.
Demuestra también con plena certeza                      4905
a quienes perdieron su anterior estado
con qué sentimiento fueron apreciados
por quienes creyeron que eran sus amigos,

ya que los amigos que da la opulencia
se los quitará la triste miseria,                          4910
que va a convertirlos hasta en enemigos,
y no va a dejarle ni uno ni medio:
así se le van y así se le mudan
en cuanto los ven que ya no son ricos.

Pero, no contentos, llegarán a más,                        4915
pues por dondequiera que vayan o estén
lo irán injuriando, lo irán calumniando
y lo llamarán loco desgraciado.
Pero incluso aquellos que más ayudó
cuando se encontraba en su plenitud                        4920
no se privarán de manifestar
su gran alegría por esta desgracia,
y no encontrará nadie que le ayude.

Sólo el buen amigo quedará a su lado,
pues su corazón es de tal nobleza,                         4925
que nunca su amor vende por riquezas
ni por beneficios que del otro espera.
Este será el único que vendrá a ayudarlo,
pues de la Fortuna nunca dependió:
quien fue buen amigo siempre lo amará.                     4930

Quien contra un amigo sacara la espada
cortaría el lazo que antes los unió,
como en estos casos que voy a decirte:
se pierde amistad por orgullo o ira,
o por injuriar, o por revelar                              4935
el menor secreto que deba guardarse;
o por esa herida que es tan dolorosa
de la detracción, llena de ponzoña.
En los casos dichos la amistad se va,
pero fuera de ellos se mantiene firme.                     4940
Mas de estos amigos, es cosa sabida,
de entre más de mil sólo uno hallarás.
Y ya que jamás ninguna riqueza
puede compararse a un amigo bueno,
por grande que sea el valor que tenga,                     4945
nunca alcanzará al de la amistad:
un amigo bueno vale mucho más
que tener la bolsa llena de dinero.

Por esta razón la Fortuna adversa,
cuando sobre el hombre se viene a abatir,       4950
no olvida mostrarle, para su desgracia,
todas estas cosas de forma muy clara.
Se podrá saber cuál es buen amigo
y experimentar por propia experiencia
que un amigo bueno vale mucho más               4955
que cualquier riqueza que pueda tenerse.
Por eso es mejor esa adversidad
y es más provechosa que un próspero estado,
pues estando en él se vive ignorante
y gracias a aquélla se aprenden mil cosas.      4960
Así pues, el pobre, que por esta prueba
consigue saber quiénes lo han amado,
gracias a lo cual logra distinguirlos,
cuando disfrutaba de un mejor estado
y todos venían a hacerle lisonjas               4965
y a ofrecer sus vidas y cuanto tenían,
¿qué no hubiera dado por poder saber
lo que sabe ahora que no tiene nada?
Se hubiera quedado muy desengañado
si en aquel momento lo hubiera sabido.          4970
De ello se deduce que la adversidad,
más que a hacer un loco, vino a hacer un sabio,
por cuyo motivo es más provechosa
que el estado próspero, que es muy engañoso.
La riqueza, pues, no hace al hombre rico,       4975
pues nunca es más rico el que tiene más:
basta con que tenga cuanto necesite
para que se pueda vivir ricamente.
Aquel que posea grandes cantidades
no vive mejor ni con más holgura                4980
que quien se contente con tener lo justo.
    Te voy a mostrar estos dos ejemplos:
el primero de ellos será mercader,
cuyo corazón sea tan mezquino
que su pensamiento sólo tenga puesto            4985
en amontonar y en acumular,
y se pase el día con esa obsesión
de hacer más ganancias y multiplicar;

puesto que quiere tener más y más,
no será capaz de dejar de hacerlo.                          4990
En cambio, el segundo, el cual se preocupa
sólo de tener para cada día,
queda satisfecho con poca ganancia,
y, cuando comprueba que con esto basta,
deja de tener más preocupaciones,                           4995
pues aunque carezca de un haber más grande,
sabrá con certeza que podrá ganar
para alimentarse en cada ocasión,
y para no andar con los pies descalzos,
y para vestirse convenientemente.                           5000
Y si le ocurriera que se pone enfermo
y que lo que come no es de calidad,
podrá consolarse con el pensamiento
(y para guardarse de cualquier locura
que pueda exponerlo a cualquier peligro)                    5005
de que no es preciso tener que comer;
o que con comer, aunque fuera un poco,
ya podrá pasar sin mayor problema;
o que al Hôtel-Dieu puede ser llevado,
en donde será aliviado en todo;                             5010
o bien, finalmente, nunca pensará
que puede llegar a tal situación;
o si alguna vez teme que esto ocurra,
ya tendrá previsto como solución
el haber ahorrado con antelación                            5015
para subsistir cuando se produzca,
y que si no fuera posible el ahorrar
(si es que fue tan pobre como lo es ahora),
y corre el peligro de morir de hambre,
quizás pensará y hallará consuelo                            5020
en que cuanto antes acabe su vida,
antes entrará en el Paraíso,
en donde confía que Dios le dé asilo
el día que deje el presente exilio.
    El mismo Pitágoras lo dice también:                     5025
lo puedes leer en un libro suyo

---

5009  Famoso hospicio parisino, fundado en el año 660, cerca de Nôtre-
Dame.

que tiene por nombre *Los versos dorados,*
debido a las cosas tan bellas que dice:
«Cuando de tu cuerpo por fin te liberes,
sin ningún obstáculo llegarás al cielo,                    5030
y, ya abandonada esta humanidad,
podrás disfrutar la divinidad.»
Mucho se equivoca y engañado está
todo aquel que crea que su reino es éste,
ya que nuestra vida no está en este mundo:                 5035
puede atestiguar esto todo clérigo
que hubiera leído la *Consolación,*
conjunto de máximas que escribió Boecio,
obra que sería para todos útil
si de ella se hiciera buena traducción.                    5040
    Si existiera un hombre que vivir pudiera
con aquellos bienes que le dan sus rentas
y no codiciara los bienes ajenos,
éste tal jamás sabrá qué es pobreza,
ya que, como dicen todos los maestros,                     5045
nadie será pobre si tal no se ve,
se trate del rey o de un miserable.
(Muchos de éstos tienen tan gran corazón,
que, aunque estén llevando sacos de carbón,
apenas si sienten carga tan pesada,                        5050
puesto que trabajan hasta con placer,
y son muy felices bailando y jugando
y yendo a comer donde los mercados,
y jamás proyectan hacer un tesoro,
sino que se gastan, yendo a las tabernas,                  5055
todas sus ganancias, todos sus ahorros;
y vuelven después a llevar sus sacos,
pero alegremente, que no con dolor;
y ganan su pan muy honestamente,
sin pensar jamás en robar o hurtar,                        5060
y vuelven de nuevo a beber su vino,
y a vivir su vida tal como la entienden.»
    Todos los que digo viven ricamente,
ya que sólo piensan en lo necesario,

5037-38 Boecio, autor de *De Consolatione,* fue un hombre de estado
(siglos V-VI) en la corte de Teodorico, en cuya desgracia cayó.

y son más felices, si Dios no me engaña,                    5065
que lo que pudieran ser los usureros.
Pues el usurero, como bien te he dicho,
jamás en su vida podría ser rico;
antes, son muy pobres y muy desgraciados
por ser tan avaros y tan codiciosos.                        5070
Y es también muy cierto que, aunque duela a alguno,
ningún mercader suele ser feliz,
pues su corazón está tan sediento
de querer ganar siempre más y más,
que nunca creerá que ganó bastante                          5075
y vive temiendo perder lo ganado;
siempre está corriendo tras cualquier ganancia
con la cual jamás se ha de contentar,
ya que de otra cosa no siente deseo
que en seguir ganando hasta lo imposible.                   5080
    Empresa terrible y grandiosa pena:
es como si aspira a beberse el Sena,
pues, aunque bebiera grandes cantidades,
seguirá quedando muchísima agua.
Es una amargura, una quemazón,                              5085
es un sinsabor que perdura siempre;
es una gran dolor, es una batalla
que su corazón le ha de destrozar,
y con esa angustia pasará su vida:
cuanto más se adquiere, más falta se siente.                5090
    Y en cuanto a los médicos y los abogados,
unos y otros van en la misma cuerda:
todos por dinero practican su ciencia,
pues ambos son fruto de la misma rama.
Les son tan sabrosas esas sus ganancias,                    5095
que el uno querría, en vez de un enfermo
que tiene, tener al menos cuarenta;
y el otro no un pleito, sino más de treinta,
o incluso doscientos, o acaso dos mil:

---

5091 Siglos más tarde, Quevedo seguirá insistiendo en sus ataques a
estos profesionales. Pero antes, el canciller López de Ayala (siglos XIV-XV)
los hacía ya blanco de sus quejas en el *Rimado de Palacio,* que extendía,
como otros muchos más, a los clérigos. Pero Meun se reserva los peores
ataques a los eclesiásticos para más tarde, cuando aparezca *Falso Semblante.*

así los abrasa su sed de dinero.                                      5100
    E igual son las órdenes de los mendicantes,
que sólo predican para conseguir
honores, riquezas, gracias y favores,
pues también padecen esa enfermedad.
Ninguno de tales vive como debe,                                      5105
pero de entre todos muy especialmente
aquellos que van tras la vanagloria,
que están consiguiendo la muerte en sus almas.
En un gran error están estos clérigos,
pues debéis saber que, aunque lo que dicen                            5110
es muy provechoso para los que escuchan,
a ellos no les es de ningún provecho,
y es bien conocido que el mejor sermón
puede proceder de mala intención,
y, así, el que predica no se beneficia                                5115
por útil que fuese a quienes le escuchan,
ya que todos éstos sacan cosas buenas,
en tanto que aquél se llena de viento.
    No insistamos más en los que predican.
Pasemos ahora a los que acumulan,                                     5120
los cuales no aman ni temen a Dios
cuando sólo piensan en guardar dinero
en más cantidad de lo que precisan,
aunque viendo estén a los pobres fuera
temblando de frío, muriendo de hambre:                                5125
pero Dios sabrá pagárselo bien.
    Tres grandes desgracias suelen suceder
a aquellos que llevan tal tipo de vida:
con mil sacrificios logran las ganancias;
después, porque temen caer en pobreza,                                5130
por lo que acumulan sin parar riquezas;
y, en fin, que a su muerte tendrán que dejarlas:
con esta tortura viven y se mueren
quienes sólo piensan en acumular.
Y esto no se debe más que a la escasez                                5135
que, según lo vemos, existe de amor,
porque si los hombres que amasan riquezas
fuesen bien amados y ellos bien amaran;
si este buen amor por doquier reinara

y no lo frenase la perversidad;                             5140
si mucho más diera el que más tuviera
a aquellos que sabe que viven muy mal,
o bien que prestara, pero sin usura
y con caridad desprendida y pura,
y si tales préstamos se empleasen bien,        5145
no para gastarlos en buscar placeres,
ya no existirían pobres en el mundo,
ni se sufriría por tener honores.

Pero el mundo está en tan grave estado,
que hace que el amor se compre y se venda:    5150
nadie quiere amar sino por provecho,
para conseguir dones y favores;
y hasta las mujeres se quieren vender.
¡Que esta mala venta tenga mal final!
Pero el interés todo lo ha manchado,          5155
pues por él los bienes, antes comunales,
pasaron a ser individuales.
Ahora la gente es avariciosa
y la libertad de que antes gozaba
se ve convertida en vil servidumbre,          5160
pues se es prisionero de su propia hacienda,
a la cual se tiene guardada en graneros.

¿Se tiene? ¡Ni hablar! Más bien son tenidos
los que a tal estado se ven reducidos,
ya que de su hacienda se hicieron esclavos    5165
estos miserables y viles humanos.
El dinero es bueno sólo si se gasta,
y esto, que es tan simple, no lo han entendido,
sino que responden con estas palabras:
«El dinero es útil sólo si se guarda.»         5170
Y con tanto empeño lo siguen guardando,
que no gastan nada ni nada regalan.
Mas será gastado, para lo que pase,
muy a su pesar, para su desgracia,
puesto que al final, cuando ya estén muertos,  5175
aquel a quien leguen todos estos bienes
se los gastará muy alegremente,
y todo el provecho del otro será.
Pero ni siquiera han de estar seguros

[182]

de guardar sus bienes hasta aquel momento,                    5180
ya que alguien podría echarles el guante
y hacerse con ellos y llevarlos todos.
    Para con los bienes se está en un error
si no se comprende cuál es su función:
la función que tienen es el circular,                         5185
pues de esta manera se ayuda a la gente,
pero sin prestarlos usureramente.
Esta es la función que Dios les ha dado,
pero tales hombres los han encerrado.
No obstante, Pecunia de estos poseedores,                     5190
cuya utilidad sería más grande
si se la pusiera en circulación,
se venga después implacablemente,
puesto que tras ella, vergonzosamente,
los hace correr, haciéndolos víctimas                         5195
de tres graves golpes en el corazón:
primero, el trabajo de poder ganarlo;
segundo, y que angustia a quienes lo guardan,
es el gran pavor de que se lo quiten
cuando han conseguido reunir grandes sumas,                   5200
por lo cual están muy sobresaltados;
tercero, el dolor de un día dejarlo.
    Pues tal como antes acabas de oír,
todos estos hombres viven engañados,
dado que Pecunia se suele vengar,                             5205
cual si de ellos fuera reina soberana,
de quienes la guardan tan celosamente:
ella vive en paz, sin mayor problema,
y hace que vigilen esos desgraciados,
y que se preocupen y que estén penando:                       5210
a sus pies postrados los tiene y domina,
de ella es el honor, de ellos la deshonra,
y es tan duro el yugo al que los somete,
que al final perecen en tal servidumbre.
Ningún pro le viene con esta custodia                         5215
a aquel que la guarda tan celosamente,
porque, por su parte, ella se ha de ir
con otro cualquiera cuando aquél se muera,
el cual nunca quiso abrirle la puerta

y hacerla correr sin freno ninguno.                    5220
   Los hombres de bien sí la dejan libre,
ya que la cabalgan y corren con ella
a todo galope, sin darle descanso;
en definitiva, de ella se aprovechan
porque su carácter es muy liberal.                      5225
Del famoso Dédalo toman buen ejemplo,
el cual fabricó a Ícaro unas alas
porque decidieron que, para evadirse,
la mejor manera sería volar.
Y por ello actúan de la misma forma,                    5230
puesto que a Pecunia también le dan alas,
y preferirán correr graves riesgos
a no sacar de ella el menor provecho.
Quieren evitar el ser prisioneros
y sufrir las penas y la gran tortura                    5235
a que los condena la vil Avaricia.
Gracias a Pecunia, se muestran corteses,
y por tal motivo sus buenas acciones
son muy apreciadas por toda la gente.
Su virtud, por ello, crece cada día                     5240
y es muy grata a Dios, el cual se complace
con los corazones que son desprendidos.
Ya que, cuanto más repele Avaricia
a Nuestro Señor, que colmó de bienes
a este nuestro mundo cuando lo creó                     5245
(y esta afirmación de mí viene al hombre),
más le es agradable y más le complace
la enorme bondad de la cortesía.
Porque Dios desprecia a los usureros,
y también condena por su idolatría                      5250
a estos miserables, a estos desgraciados
que suelen ser presa de un temor continuo,
los cuales afirman, y además lo creen,
que de las riquezas no son prisioneros,
sino que las guardan para estar seguros                 5255
y para vivir con comodidad.

---

5246   Desde que *Razón* ha empezado a hablar de la riqueza, se está
basando continuamente en el *Libro de la Sabiduría*.

¡Oh, dulces riquezas, objetos mundanos!
Decid ¿sois acaso de tal calidad
que podáis llevar la felicidad
a quienes os tiene siempre en buena guarda?               5260
Ya que, cuanto más numerosas sois,
más tiemblan de miedo quienes os poseen,
¿es posible acaso que viva feliz
el que no conoce la tranquilidad?
¡La felicidad no han de conocer,                           5265
puesto que les falta ánimo sereno!
    Algunos habrá que al oírme hablar,
para criticarme y contradecirme
me pondrán ejemplos acerca de reyes,
que para ensalzar su nobleza al máximo                     5270
(tal como se piensa entre el bajo pueblo),
suelen dedicar grandes cantidades
en hacer armar, para su defensa,
quinientos soldados, o mil o dos mil;
y suele creerse por toda la gente                          5275
que este gran cortejo le da gran valor.
¡Pero es lo contrario, Dios lo sabe bien!
Es debido al miedo por lo que hacen esto,
el cual los hostiga en todo momento.
Cualquier ganapán con más libertad                         5280
se puede mover por cualquier lugar,
e incluso bailar entre los ladrones
sin ningún temor de ser atacado,
que cualquier monarca vestido de armiño
llevando consigo grandes cantidades                        5285
de ese gran tesoro que habrá almacenado
de piedras preciosas y de objetos de oro:
será buena presa para los ladrones,
pues le quitarán todo lo que lleve
y, si llega el caso, hasta han de matarlo.                 5290
Sin duda ninguna, esto es lo que harían,
en vez de dejarlo que escape con vida,
pues los malhechores podrían pensar
que si lo dejaran salir de allí vivo,
en cuanto pudiera los apresaría                            5295
y los mandaría sin demora ahorcar.

¿Por su propia mano? ¡Por la de sus hombres!
Puesto que su fuerza no es muy vigorosa
contra la energía de uno de esos hombres,
que lo vencería sin ningún problema.                    5300
   ¿Gracias a sus hombres? Tampoco es verdad;
no es en estos términos como puede hablarse.
Porque en realidad ellos no son suyos,
por más que sobre ellos un dominio ejerza.
   ¿Dominio? Tampoco: sólo es un servicio               5305
que a ellos no les priva de su libertad,
por cuya razón, cuando les parezca,
esa ayuda al rey pueden retirar.
   Así pues, el rey solo quedará
en cuanto que el pueblo quiera decidir                  5310
que sus voluntades y que sus personas,
que sus energías y sus intenciones
no le pertenecen, ni nada de nada,
ya que no son bienes que les dio Natura.
   Fortuna no puede, por mucho que sea                  5315
para con los hombres favarecedora,
hacer que las cosas de ellos solos sean,
aunque las lograran por su propio esfuerzo,
puesto que Natura dispone otra cosa.
   —Entonces, señora, ¡por todos los ángeles!          5320
¿me queréis decir de una u otra forma
cuáles son las cosas que pueden ser mías
y si de lo mío puedo tener algo?
Pues me gustaría saberlo muy bien.
   —Las tienes, es cierto, me dijo Razón,              5325
pero éstas no son ni campos ni casas,
ni ropas, calzados, ni otros ornamentos,
ni la posesión de otros muchos bienes,
o muebles o inmuebles o de cualquier tipo.
Tienes otra cosa que es mucho mejor:                    5330
son todos los bienes que hay dentro de ti,
y si acaso fueras de ello bien consciente,
contigo estarán en cada momento;
y tanto es así, que no han de dejarte
para irse con otro a hacerle servicio.                  5335
Todos estos bienes te son muy legítimos.

Pero de los otros, que son exteriores,
no habrás de esperar mayor beneficio;
ni tú ni cualquier persona en el mundo
debéis calcular el menor provecho.                    5340
Antes bien, sabed que lo que os es propio
es lo que tenéis en vosotros mismos.
Todo lo demás viene de Fortuna,
que es quien lo reparte o lo entrega a uno,
quien lo da y lo quita caprichosamente,               5345
de lo cual se queja quien es inconsciente.
Y, muy al contrario, lo que hace Fortuna
no quita el sentido al hombre sensato,
ni le hará reír ni le hará llorar
cualquier movimiento de su loca rueda,                5350
pues todos sus actos son más que dudosos,
ya que por su esencia no son nada estables.
Y así su favor nunca es ventajoso
ni para los buenos ni para los malos,
ni su compañía es tan agradable,                      5355
cuando, por tan poco, se puede eclipsar.
Y por eso quiero que tengas presente
que tu corazón no habrás de entregarle.
En este momento aún estás libre,
mas cometerías un error muy grande                    5360
si, pasado un tiempo, te entregas a ella
y si con la gente tan mal te portases
que les declarases fingida amistad
porque pretendieras sólo sus riquezas
y por el provecho que puedas sacar.                   5365
Los hombres de pro te reprobarían.
Así que este amor del que ahora te hablo
debes rechazarlo por ser despreciable;
has de ser mejor, tienes que creerme,
y dejar también los locos amores.                     5370

## El amor a Razón

Pero de algo más me quejo de ti,
y es que me acusaste maliciosamente
de que te ordenaba vivir sólo odiando.
Dime, ¿cuándo, dónde o de qué manera?
—Vos no habéis dejado nunca de decirme          5375
que de mi señor tengo que alejarme
por no sé qué amor que es poco seguido.
Ni aun si hubiese alguno que hubiese viajado
por el Occidente y por el Oriente
y hubiese vivido tanto, que sus dientes          5380
se hubieran caído por su gran vejez,
si hubiese corrido sin nunca parar,
cuanto más pudiese, con paso muy vivo,
recorriendo el mundo y viéndolo todo,
tanto por el Norte como por el Sur,             5385
no habría encontrado, a mi parecer,
la clase de amor de la que me habláis.
Puesto que en el mundo se perdió su huella
desde que los dioses dejaron la tierra
cuando los gigantes de ella los echaron,        5390
ya que Caridad, Buena Fe y Derecho
tuvieron que irse junto con los dioses.
Y este amor también, que, al quedarse solo
debió acompañarles sin otro remedio;
igual que Justicia, que era la más sólida,      5395
que al final se fue como los demás.
Efectivamente, dejaron la tierra,
porque no podían soportar las guerras,
y al cielo se fueron, donde se instalaron,
y de donde nunca, salvo por milagro,            5400
osarán volver a este nuestro mundo.
Engaño les hizo a todos huir,
Engaño, que al mundo tiene en su poder
debido a sus fuerzas y a sus malas artes.
Y ni el mismo Tulio, que puso gran celo         5405
para descifrar los textos antiguos

pudo conseguir, tras grandes esfuerzos,
algunos ejemplos (sólo tres o cuatro,
y buscó en los libros de todos los tiempos
desde que este mundo fue configurado),                    5410
en los que se hablara de ese raro amor.
A mi parecer, antes lo hallaría
entre las personas de su mismo tiempo,
y probablemente entre sus amigos.
Pero en texto alguno conseguí leer                         5415
que ni un solo ejemplo consiguiera hallar.
¿Podría ser yo más sabio que Tulio?
Sería muy loco y bastante necio
si fuese buscando amores así,
pues en este mundo hallarse no pueden.                     5420
¿Dónde buscaría amor de este tipo
si en toda la tierra no lo encontraría?
¿Puedo yo volar, tal como las grullas,
o incluso más alto, por entre las nubes,
tal como voló el cisne de Sócrates?                        5425
   ¿Para qué seguir? Mejor es callar.
Tan loco no estoy en mis pretensiones,
y además los dioses podrían creer
que su paraíso quisiera asaltar
de la misma forma que aquellos gigantes                    5430
y me fulminaran en el mismo instante:
¿es esto quizás lo que pretendéis?
   —Mi querido amigo, escucha —me dijo—,
no es mi pretensión que te ocurra tal.
Si alcanzar no logras un amor así,                          5435
puede suceder que sea debido
o bien a ti mismo o bien a los otros.
Por ello, otro amor te voy a enseñar.
   ¿Otro amor te digo? No, pues es el mismo,
al que todo el mundo puede pretender                       5440
con tal que se quiera dar a tal amor
un significado menos restrictivo:
el hombre ha de amar a toda persona
y debe olvidarse de amar sólo a una,

---

5425   El cisne de Sócrates.

[189]

pues en este caso ya no hay comunión,                    5445
ya que no se da participación.
Tú puedes amar a todos lo seres
que hay en este mundo generosamente.
Ámalos a todos como si uno fuesen,
dándole el sentido de un amor común.                     5450
Para con los otros debes comportarte
así como quieres ser tratado tú.
No debes hacer para con ninguno
el daño que tú quieres evitarte,
y si de esta forma quisieras amar,                       5455
todos te amarán y te apreciarán.
Y este es el amor que debes seguir,
sin el cual el hombre no puede vivir.
Y porque este amor es abandonado
por quienes no piensan más que en hacer daño,            5460
por eso pusieron en la tierra jueces,
para defender y aportar ayuda
a aquel que ha sufrido de los otros daño;
para reparar cualquier atropello,
para castigar convenientemente                           5465
a quien, olvidando ese amor que digo,
a los otros causa muy grave perjuicio
robando, asaltando, hiriendo y matando,
dañando a la gente con sus detracciones
o bien profiriendo falsa acusación,                      5470
o, en fin, actuando de otras malas formas,
sean manifiestas o queden ocultas.
Por estas razones, deben ser juzgados.
    —Habladme, señora, por Dios, de Justicia,
la cual hace mucho tuvo gran renombre,                   5475
ahora que estamos tratando este asunto;
por favor, os ruego que tengáis a bien
explicarme ahora un significado.
—Dime cuál. —Con gusto. Lo que yo pretendo
es que vos me deis una explicación                       5480
para distinguir Amor y Justicia:
¿cuál es el mejor en vuestra opinión?
—¿De qué amor me habláis? —Hablo de ese amor
que me aconsejáis que debo seguir,

puesto que aquel otro que en mí se ha asentado            5485
no quiero que sea de nuevo tratado.
—De acuerdo, insensato, ya que en él persistes.
Mas, puesto que quieres saber mi opinión
vale más Amor para mí. —Probadlo.
—De acuerdo, lo haré. Cuando os encontráis      5490
dos cosas que son ambas convenientes,
ambas necesarias y ambas provechosas,
de la que se tenga más necesidad
es la más valiosa. —Eso está muy claro.
—Debes, pues, prestar toda tu atención           5495
y saber cuál es su naturaleza.
Amor y Justicia, doquiera que estén,
son muy necesarias y muy provechosas.
—De nuevo de acuerdo. —Y como ya he dicho,
la que vale más es la más urgente.                5500
—En esto, señora, pienso como vos.
—Pues en ese caso, puedo proseguir.
Mucho más precioso y más necesario
es Amor, que viene de la caridad,
sin la cual Justicia no sirve de nada.            5505
—Probadlo, señora, antes de seguir.
—Lo haré muy gustosa. No hay ninguna duda
que es más necesario y de más valor,
y por eso mismo se debe elegir,
el bien que en sí mismo tiene consistencia,      5510
en vez de aquel otro que precisa ayuda:
en esto que digo has de estar conmigo.
—¿Y por qué he de estarlo? Explicadme más,
y podré saber a qué he de atenerme.
Quisiera escuchar ahora un ejemplo               5515
para así poder mejor discernir.
—¡Por Dios, al pedirme que te dé un ejemplo
y que te dé pruebas me estás molestando!
Mas ya que lo pides, tu ejemplo tendrás,
por el cual espero que comprenderás.             5520
Si un hombre pudiera tirar de un navío
sin necesidad de ninguna ayuda,
al cual por ti mismo no lo moverías,
¿cuál es de vosotros quien tira mejor?

—De acuerdo, señora. Seguid adelante.                     5525
—Pues bien, ten presente la comparación
y comprenderás sin mayor esfuerzo:
aunque esté dormida Justicia en su cama,
bastaría Amor, sin otras ayudas,
para que en el mundo no hubiese condenas;      5530
pero, sin Amor, no habría Justicia,
y por eso Amor es más necesario.
   —Dadme más razones. —De acuerdo, lo haré,
pero has de callarte de aquí en adelante.
Justicia, que antaño era soberana                        5535
cuando en este mundo vivía Saturno
(a quien su hijo Júpiter cortó los cojones
tal como si fueran simples salchichones,
y lanzó después al medio del mar,
—éste fue sin duda un hijo cruel—                        5540
de donde nació la divina Venus,
tal como lo cuenta el libro famoso),
si acaso volviese de nuevo a la tierra
y volviese a ser bien considerada
hoy, como lo fue en aquellos tiempos,                    5545
otra vez sería de un provecho grande
para que la gente entre sí se amase
(aunque así lo hicieran por temor a ella,
ya que si de Amor quisiesen huir,
Justicia actuaría con severidad).                        5550
Pero si la gente se amase muy bien,
tanto, que entre sí no se maltratase,
y ya que el delito sería ignorado,
dime, ¿qué función tendría Justicia?
   —Señora, decídmelo, que yo no lo sé.                  5555
   —Te creo muy bien. Tranquilas y en paz
podrían vivir todas las personas.
Y no habría reyes, ni tampoco príncipes,
ni habría alguaciles ni habría prebostes,
y el mundo estaría tan concorde en todo,                 5560
que ni un solo juez sería preciso.
Por eso te digo como deducción
que es mucho mejor Amor que Justicia,
por más que ésta sea contraria a Malicia,

la cual fue la madre de los señoríos    5565
que fueron la ruina de la libertad.
Y si no existieran el mal y el pecado,
que tienen al mundo tan envilecido,
no se hubiese visto jamás ningun rey,
ni se conocieran tampoco los jueces.    5570
Pero, por desgracia, los jueces existen,
quienes deberían, para comenzar
y antes que otra cosa, ser mucho más justos,
puesto que en su oficio debemos fiar;
y ser más leales y más diligentes,    5575
no tan descuidados ni tan negligentes,
ni tan codiciosos, falsos, mentirosos,
y atender mejor a quien los precisa.
Pues ahora venden todas las sentencias
después de alterar el procedimiento,    5580
y cortan y cogen y quitan y borran,
y la pobre gente es quien más lo sufre.
Esforzarse suelen en sacar provecho,
y harán que en la horca se cuelgue al ladrón
cuando tal condena merecieran ellos    5585
si se les juzgara convenientemente
por tantas rapiñas y tantos delitos
como cometieron en su beneficio.
¿No debió colgarse acaso a aquel Apius
que hizo que un sirviente por él emprendiera    5590
con falsos testigos una acusación
contra aquella joven y virgen doncella,
la cual era hija de aquel gran Virginio
(tal como lo cuenta muy bien Tito Livio,
el cual refirió el caso completo),    5595
porque no podía convencer con nada
a aquella muchacha, la cual rechazaba
a aquel hombre impío y su vil lujuria?
Su sirviente dijo, llegada la audiencia:
«Señor juez, os pido que dictéis sentencia    5600

---

5588   Una sátira muy detallada a estos letrados nos es presentada por
Pedro López de Ayala en su *Rimado de Palacio* (siglo XIV).
5594   En los *Annales,* III, 44-58.
5660   En *Farsalia,* VIII, 494-495.

que deje sentado que me pertenece,
pues puedo probar que fue siempre mía
contra todo aquel que preciso sea.
Ya que, dondequiera que fuése criada,
me fue arrebatada de mi propia casa          5605
a los pocos días de su nacimiento
y le fue entregada después a Virginio.
Por ello, señor, a vos os requiero
para que os dignéis darme esta mi esclava,
pues tengo el derecho de que sea mía,        5610
no del que hasta ahora la tuvo en su casa.
Pero si Virginio aquí lo negara,
estoy preparado a aportar mis pruebas,
pues tengo conmigo buenos testimonios.»
Así se expresaba aquel vil traidor,          5615
que del juez malvado era intermediario.
Y viendo que el pleito iba de tal forma,
y antes que Virginio comenzase a hablar,
el cual se aprestaba para responder
y para impugnar a sus adversarios,           5620
Apius dio allí mismo su propia sentencia,
muy precipitada; y, sin más demora,
la joven doncella fue dada al criado.
Cuando la sentencia por él fue escuchada,
aquel caballero que antes he citado,         5625
un hombre de pro y de buena fama
(es decir, Virginio, que ya conocemos),
cuando comprendió que contra aquel Apius
sería imposible guardar a su hija
y que se vería obligado a darla              5630
y entregar su cuerpo a la desvergüenza,
porque prefería dolor a deshonra,
según decisión muy digna de asombro
(si es que Tito Livio cuenta la verdad),
por amor movido, que no fue por odio,        5635
a su bella hija y amada Virginia
sin pensarlo más cortó la cabeza,
la cual fue después al juez presentada
delante de todos, en el consistorio.
Entonces el juez, según esta historia,       5640

ordenó que fuera apresado el padre
y se ejecutase la pena de muerte.
Mas no consiguió que ésta se cumpliese
debido a que el pueblo no lo permitió,
el cual se quedó muy emocionado                    5645
cuando se enteró de lo sucedido.
Inmediatamente, por tan mala acción
a Apius condenaron a dura prisión,
donde prefirió darse él mismo muerte
antes de llegar el día del juicio.                 5650
Con respecto a Claudio, que era el demandante,
fue, como ladrón, condenado a muerte;
pero se libró gracias a Virginio,
que estaba movido de gran compasión,
y tanto rogó, que logró del pueblo                 5655
que fuera enviado a exilio perpetuo.
Pero los demás fueron condenados,
aquellos que fueron sus falsos testigos.
      Como ves, los jueces hacen mucho daño.
Ya dijo Lucano, el cual fue muy sabio,            5660
que era muy difícil poder encontrar
virtud y poder en una persona.
      Mas han de saber que si no se enmiendan
y no restituyen cuanto hayan robado,
estos poderosos señores del mundo                  5665
irán al infierno junto a los diablos,
quienes les pondrán una soga al cuello.
      Y así acabarán obispos y reyes,
y de igual manera todos los que juzgan,
sean seculares o sean de iglesia,                  5670
de cuyas acciones deben responder:
atender debieran sin más honorarios
todas las demandas que se les presenten
y a los querellantes abrirles la puerta;
y además oír en propia persona                     5675
todas las querellas, falsas o verídicas:
cobran sus salarios para obrar así,
que no para darse mayor importancia;
tienen que servir al pueblo menudo,
que hace que el país produzca y se agrande,        5680

al cual le juraron en nombre de Dios
cumplir la justicia en sus justos términos,
consiguiendo así que se viva en paz;
deben perseguir a los malhechores
y que los ladrones sean apresados,                          5685
y no como algunos que, como se ve
con suma frecuencia, son también ladrones;
y hacer que se cumpla la justicia siempre,
en lo cual habrán de esforzarse al máximo,
pues debido a esto reciben sus rentas,                      5690
y lo prometieron delante del pueblo
al comprometerse a cumplir su cargo.

Si bien comprendiste todo lo que he dicho,
a mi parecer, bien te he respondido
y has podido oír los razonamientos                          5695
que me parecían ser más pertinentes.

—En verdad, señora, bien me habéis hablado;
de vuestras palabras quedo satisfecho
y por eso os doy aquí muchas gracias.
No obstante, escuché que habéis empleado                    5700
si no me equivoco, cierta palabreja
tan incongruente y desvergonzada,
que, a mi parecer, aquel que estuviera
con ánimo presto para perdonárosla
tendría que hacer un enorme esfuerzo.                       5705

—Respondió: Ya veo en qué estás pensando.
En otra ocasión, cuando estés dispuesto,
podrás escuchar mi argumentación
si tienes a bien y me la recuerdas.
—De que la recuerde no hay duda ninguna,                    5710
le dije, pues tengo muy buena memoria,
y, así, no hay obstáculo para repetírosla.
Ya que Amor me dijo de forma muy clara,
pues yo lo escuché con mucha atención,
que nunca debían salir de mi boca                           5715
palabras groseras, propias de rufianes;
y puesto que de ella no soy el autor,
nada hay que me impida el que os la recuerde
y, además, decirla sin cambiarla en nada.
Y porque obra bien quien muestra las faltas                 5720

[196]

a quien claramente se le ve faltar,
ahora quiero yo mostrárosla a vos
para que veáis en qué habéis faltado
vos, que parecéis ser tan enseñada.
—Estoy muy de acuerdo, y quiero escucharte.          5725
Mas, por el momento, he de replicarte
a lo que decías acerca del odio.
Asombrada estoy de esta tu osadía.
Pero has de saber que no ha de entenderse,
si es que acaso he dicho alguna locura,          5730
que tengo que hacer otra aún más grande.
Si es mi pretensión apagar el fuego
de ese loco amor al que sólo aspiras,
¿te ordeno por eso que tengas que odiar?
¿Te olvidas acaso de aquel gran Horacio,          5735
el de tanto ingenio, el de tanta gracia?
Pues decía Horacio, el cual no era un bobo,
que, al querer los necios evitar un vicio,
suelen actuar según su contrario,
y así no saldrán de su necedad.          5740
No es mi pretensión el prohibirte amar,
no es ese el sentido de mis advertencias,
sino que no sigas el amor nocivo.
Por eso, si digo que no te emborraches,
no te estoy tampoco prohibiendo que bebas,          5745
pues este consejo no valdría nada.
O si aconsejara generosidad
muy desmesurada, me equivocaría,
como si ordenara seguir la avaricia,
pues ambos extremos son igual de malos.          5750
Yo nunca te he dicho tales argumentos.
—Sí que los dijisteis. —Te digo que no.
Y te añado algo que no va a gustarte:
si acaso pretendes vencerme en razones,
tendrás que leerte los libros antiguos,          5755
dado que no sabes razonar con lógica.
Yo nunca he tratado del amor así,

---

5740 *Sátiras*, I, II, 24.

ni jamás salió nunca de mi boca
que tenga que odiarse a persona alguna.
Antes bien, sostengo que hay un justo medio:          5760
te hablo del amor que amo y que aprecio,
el que te he mostrado para que lo sigas.
Además hay otro amor natural,
que es el que Natura en las bestias puso,
por el cual se ocupan todas de sus crías          5765
y las alimentan y dan protección.
En cuanto al amor del que estoy hablando,
si es que es tu deseo que te explique bien
cómo se define y cuál es su esencia,
es inclinación por naturaleza          5770
de querer guardar a sus semejantes
usando los medios que son convenientes,
y que no son otros que el engendramiento
y después cuidarse de la nutrición.
Para tal amor están bien dispuestos          5775
todos los humanos y todas las bestias,
y esta inclinación, aunque provechosa,
no comporta encomio ni reproche alguno.
Y no es reprochable ni digna de elogio
puesto que Natura a todos lo impuso          5780
y a tal los obliga, eso es evidente,
por lo cual en él no hay virtud ni vicio.
Pero la persona que a tal se negara
sí sería culpable por esta omisión de ello.
Por eso, si vemos a un hombre comer          5785
¿acaso debemos loar su conducta?
Mas si a alimentarse alguien se negara,
entonces tendría que ser reprendido.
    Pero sé muy bien que no te refieres
a este tal amor, por lo cual no insisto.          5790
Tú piensas tan sólo en la loca empresa
de ese loco amor al que te has lanzado:
pues más te valdría que a tal renunciaras
si es que en tu provecho quieres actuar,
lo que no equivale a que yo te diga          5795
el que permanezcas solo, sin amiga.
    Lo que sí te pido es que en mí repares:

¿acaso no soy dueña noble y bella,
digna de agradar a un hombre de pro,
al emperador de la misma Roma?                    5800
Te estoy proponiendo que me hagas tu amiga,
pues si tú quisieras unirte conmigo,
¿sabes qué provecho de mí te vendría?
Tanto, que en tu vida no te faltaría
aquello que más precisar pudieras                 5805
aunque te encontrases en un mal momento.
Conmigo serías un señor de pro
como nunca oíste que mejor lo hubiera.
Todo aquello haría que tú me mandaras,
y de mí estarías siempre satisfecho,              5810
con tal que siguieras todas mis empresas
y de que actuaras siempre bien conmigo.
Tendrías también estando conmigo
la mejor amiga del mejor linaje,
con la que ninguna puede compararse:              5815
hija soy de Dios, Soberano Padre,
el cual me creó y me conformó.
Mira, pues, mi forma, mira cómo soy,
mírate también en mi claro rostro.
Ninguna doncella de buena familia                 5820
tuvo como yo tan mejores prendas,
ni más libertad para la elección
de quien ha de amarme y al que yo amaré.
Por nadie podría ser yo censurada
ni podrías tú recibir reproches,                  5825
puesto que mi padre te protegerá,
y nos cuidará y alimentará.
   ¿Me he explicado bien? Di, ¿qué te parece?
El dios que te hacía hacer mil locuras
¿sabía tan bien pagar a sus gentes?;              5830
¿los aparejaba con mejores medios
a todos los locos que tenía esclavos?
Piénsalo muy bien y no me rechaces.
Porque sufren mucho y están muy confusas
todas las doncellas que son rechazadas            5835
cuando de rogar no tienen costumbre,
tal como tú mismo lo sabes muy bien

por la historia de Eco, sin ir a otra parte.
—Muy bien. Mas decidme de forma muy clara,
pero no en latín, sino en nuestra lengua,            5840
¿cómo pretendéis que debo serviros?
—Debes aceptar que sea tu amada
y ser para mí un leal amigo.
Dejarás al dios que te puso así
y no has de pensar ni poco ni mucho                  5845
en lo que Fortuna pueda depararte.

## Fortuna y el poder

En todo serás semejante a Sócrates,
que era de un carácter tan firme y estable,
que en los días prósperos no se alborozaba
ni se entristecía en la adversidad.                  5850
Todo lo ponía en una balanza,
la felicidad y la desventura,
y a las dos hacía por igual pesar.
En ningún momento mostró alteración,
pues ante una cosa, fuera la que fuere,              5855
ni estaba contento ni se entristecía.
Este mismo fue, lo cuenta Solino,
quien, según Apolo dijo por su oráculo,
fue juzgado el hombre más sabio del mundo.
Este fue asimismo aquel cuyo rostro                  5860
ante los sucesos que ocurrir pudieran
jamás demostraba variación alguna.
De la misma forma se mostró ante aquellos
que con la cicuta le dieron la muerte
porque arremetía contra tantos dioses,              5865
dado que creía solamente en uno
y andaba diciendo que de los demás
debían guardarse y no obedecerlos.
Y lo mismo hicieron Diógenes y Heráclito,
los cuales tuvieron tan buen corazón,               5870
que ni en la pobreza ni ante la riqueza

---

5838   La enamorada de Narciso, según se vio anteriormente.
5857   Solino es un escritor latino (siglo II d.C.), autor de una compilación de tipo histórico titulada *De memorabilibus mundi*.

jamás se mostraron ni tristes ni alegres,
sino que actuaron con total firmeza
frente a todo trance que les sucedió.
    Así has de actuar en todos los casos                5875
y no has de servirme más que de esta forma.
Guarda que Fortuna no llegue a abatirte
aunque te atormente y te sea adversa:
no puede preciarse de ser luchador
quien, cuando Fortuna presenta combate               5880
y quiere vencerlo o ponerlo en fuga,
no se le resiste con todas sus fuerzas.
Porque nadie debe rendirse sin más,
y sí defenderse vigorosamente,
pues ella conoce tan poco la lucha,                  5885
que si alguno hubiera que la combatiera,
bien en un palacio, bien en una cuadra,
sin mayor problema la derrotaría.
No es muy atrevido quien teme esa lucha,
pues, de conocerse más profundamente                 5890
y contar supiera con sus propias fuerzas
no habría ninguno que, si resistiera,
ante esta enemiga cayera rendido.
Es muy deshonroso e infame de ver
a un hombre que puede defenderse bien                 5895
que sin resistencia se dé por vencido:
quien de él se apiadara se equivocaría,
pues no hay cobardía más grande que aquélla.
Debes evitar el menor aprecio
por esos honores, por esas riquezas;                 5900
deja que su rueda gire y gire y gire,
que siga girando sin nunca cesar
y que se detenga al menor capricho.
Pues por más que a algunos ciegue con haberes,
con grandes honores y con dignidades,                5905
y en otros se ensañe dándoles miserias,
cuando le apetezca, les dará la vuelta.
Loco debe estar quien de ello se queja,
y también muy loco si está en buen lugar,
puesto que podrían de ella defenderse.               5910
Y pueden hacerlo sin duda ninguna:

basta con que quieran, y con eso pueden.

Pues, por otra parte, y esto es conocido,
cuando de Fortuna una diosa hacéis
y la vais alzando hasta el mismo cielo,                    5915
estáis cometiendo gravísimo error.
Es irracional y fuera de juicio
que en el Paraíso queráis colocarla:
no debéis creerla tan afortunada,
pues su casa está llena de peligros.                       5920

Está en una roca en medio del mar,
muy bien asentada en sus hondos suelos
y sobre las aguas su perfil eleva
como un desafío al airado mar.
Las olas la baten dándole mil golpes                       5925
en un incesante y furioso ataque,
y, en ciertos momentos, tanto es su vigor,
que bajo las aguas queda sepultada.
A continuación, cuando se retiran
todas esas aguas que la sepultaban,                        5930
cuando el oleaje se aleja por fin,
vuelve a aparecer y a dar un respiro.
Pero nunca está con la misma forma,
sino que es cambiante por naturaleza
y continuamente se está disfrazando                        5935
y adoptando siempre vestidos extraños.
Pues cuando aparece por sobre las olas,
nos permite ver muchas florecillas
que, cual las estrellas, lanzan mil fulgores
en medio de un prado de un intenso verde                   5940
cuando sobre el mar Céfiro cabalga.
Mas, si sopla Cierzo, comienza a arrancar
tanto aquellas flores como aquellas hierbas
con la aguda espada de su frialdad,
de modo que todo pierde su fragancia                       5945
y, apenas nacido, encuentra el final.

5921-6118   Todo este pasaje se inspira en el *Anticlaudianus* (l. VII, cap.
VIII, y l. VIII, cap. I), de Alain de Lille (siglos XII-XIII), llamado el Doctor
Universal. Tal obra es un poema alegórico sobre los vicios y las virtudes.
Escribió también *De Planctu Naturae,* de donde Meun saca a *Genio* y a
*Natura.*

En la roca crece un extraño bosque,
pues todos sus árboles son de aspecto raro:
unos son estériles y no aportan nada,
y otros son muy fértiles y dan muchos frutos;          5950
unos son tupidos, de hojas bien cubiertos,
y desnudos otros, desprovistos de ellas.
Y mientras los unos aún están floridos,
los otros comienzan a perder las hojas,
y así, cuando alguno echa a florecer,                  5955
en otro la flor comienza a morir.
Unos son esbeltos, pero sus vecinos
están inclinados casi a ras de tierra,
y cuando las yemas les brotan a algunos,
los otros comienzan a estar ya podridos.               5960
Hay en ese bosque retamas gigantes
y pinos y cedros de corta estatura,
ya que allí los árboles están deformados
y suelen tomar sus formas opuestas.
Así, se le pudren al laurel sus hojas                  5965
cuando deberían estar siempre verdes;
y el olivo está muy enjuto y seco
en lugar de estar vigoroso y fuerte;
el sauce, que es árbol del todo infecundo,
está floreciente y lleno de frutos,                    5970
y, en cuanto a la vid, llora porque el olmo
vino a despojarla y a llevar su fruto.
Muy de tarde en tarde canta el ruiseñor,
pero sin parar y desgañitándose
canta el cormorán de cabeza grande,                    5975
el cual es profeta de malos augurios,
feo mensajero que anuncia el dolor.
Iguales en forma, sabor y color,
lo mismo en invierno que en pleno verano,
corren por allí dos ríos diversos,                     5980
que toman sus aguas de distintas fuentes,
siendo diferentes también en sus cauces.
El uno acarrea dulcísimas aguas,
que son de un sabor tan maravilloso,
que no existe nadie que, cuando ha bebido,             5985
deje de beber más de lo debido,

puesto que pretende aplacar su sed
bebiendo y bebiendo sin interrupción.
Pero los que beben en más cantidad
arden más en sed que antes de empezar,               5990
y así no hay ninguno que se dé por harto
ni logre saciar su ardorosa sed,
ya que la dulzura los invade tanto,
que no es nada fácil encontrar alguno
que, aun estando ahíto, no siga tragando.            5995
Pues tanta es el ansia de beber tal agua,
tanto los acucia su glotonería,
que al cabo terminan con hidropesía.
Este río corre muy alegremente
haciendo a su paso tan alegres sones,                6000
que cantar parece, pues va resonando
mejor que tambor y que campanilla,
y no existe nadie que cuando lo escucha
no sienta alegría en el corazón.
Muchos se apresuran por entrar en él,                6005
mas la mayoría se queda en la orilla
sin poder siquiera avanzar un paso
o, todo lo más, se mojan un pie:
a muy duras penas podrán penetrar
por cerca que estén de dicha corriente.              6010
Tan sólo unos pocos consiguen beber
y, en cuanto que sienten el dulzor del agua,
quisieran llegar a lo más profundo
con todo su cuerpo sumergido en ella.
Algunos, por fin, se pueden bañar                    6015
y a plena garganta a tragar se ponen
llenos de alegría de encontrarse allí,
donde chapotean sin miedo ninguno.
Mas, con que se mueva la más débil ola,
los vendrá a expulsar hacia la ribera,               6020
volviendo otra vez a la seca tierra
en donde de nuevo comienzan a arder.
  Ahora te hablaré acerca del otro
para que conozcas su naturaleza.
Las aguas que lleva son muy sulfurosas,              6025
de un color oscuro y de mal sabor,

y despiden humo como chimeneas
escupiendo espuma de apestoso olor.
Esas aguas corren alocadamente
y van descendiendo con furia tan grande,          6030
que por donde pasan se oye tal estrépito
como si estallara una tempestad.
Sobre dicho río, tienes que creerme,
Céfiro no sopla en ningún momento
y jamás provoca la más leve ola,                   6035
por más que las hay grandes y espantosas.
Y es que las provoca el terrible Cierzo,
el cual arremete, cual si combatiera
contra aquellas aguas, con suma violencia,
provocando así olas abundantes                     6040
y haciendo que el fondo y la superficie
se eleven a guisa de enormes montañas
que entre sí combaten sin darse reposo,
causa de que el río sea turbulento.
   A su orilla están muchísimos hombres           6045
dando mil suspiros y llorando a mares;
tanto, que parece que no han de acabar
y que van a ahogarse en sus propias lágrimas:
se pasan el tiempo en puros lamentos
al pensar que deben bañarse en tal río.            6050
Muchos ya se encuentran metidos en él,
pero no de pie con el agua al vientre,
sino sepultados en lo más profundo
por las muchas olas que encima les caen,
las cuales los llevan de una parte a otra          6055
entre tales aguas feas y espantosas.
A muchos absorbe y mete en el fondo;
otros por las olas son de allí expulsados;
pero la corriente arrastra a los más,
los cuales se pierden en lo más profundo           6060
sin haber dejado la menor señal
gracias a la cual pudieran volver,
quedándose así presos para siempre,
pues nunca jamás podrán retornar.
   Este turbio río se desvía mucho                 6065
y, después de dar muchísimas vueltas

con ese veneno que arrastra consigo,
va a dar en el otro, el de dulces aguas,
al que alterará la naturaleza
con su mal olor y sus inmundicias,                    6070
porque vierte en él una pestilencia
que es todo inmundicia y putrefacción.
Le pone sus aguas amargas y sucias,
y también le cambia, de su antigua esencia,
la temperatura, que era muy suave,                    6075
por un sofocante y horrible calor,
pasando lo mismo con su buen aroma,
que desaparece ante el mal olor.
    En la parte alta de aquella montaña,
pero en la pendiente, que no en un rellano,           6080
se encuentra la casa do habita Fortuna,
que da la impresión de que va a caerse,
pues está colgada y amenaza ruina.
No hay ninguna ráfaga, ni furia de viento
o cualquier tormenta que pueda venir                  6085
que pase de largo por aquel lugar,
y no hay tempestad que formarse pueda
que allí no descargue toda su violencia.
Pero el dulce Céfiro, que no tiene igual,
a veces acude para atemperar                          6090
esos duros vientos y fuerzas horribles
gracias a sus soplos blandos y apacibles.
    En dos direcciones se orienta su casa:
una hacia la cima, otra monte abajo,
dando la impresión de que va a rodar                  6095
por la inclinación que se observa en ella.
Jamás en mi vida vi mansión igual
de tan variopinta y destartalada.
Por un lado brilla con vivo fulgor,
puesto que sus muros son de plata y oro.              6100
De la misma forma brilla su tejado,
también fabricado de esos materiales,
en el cual relucen mil piedras preciosas
de tal claridad y tan gran valor,
que dejan absorto a aquel que las ve.                 6105
Mas los otros muros se hicieron de barro

y con un grosor de no más de un palmo,
con una cubierta más propia de choza.
Por aquel costado se eleva orgullosa
con una belleza que deja asombrado;           6110
pero por el otro amenaza ruina
y muestra a las claras su debilidad,
ya que está surcada por mil hendiduras
y muy agrietada por todas las partes,
así que no hay cosa que allí sea estable,     6115
sino que se mueve y que va a caerse.

Hay en esa casa una habitación
de la cual Fortuna hizo su mansión;
y, así, cuando cree que vendrán a verla,
se suele cambiar, para darse lustre,          6120
a esa habitación, donde los recibe.
También ella misma entonces se arregla:
se perfuma bien con muchos aromas,
se pone un vestido propio de una reina,
con una gran cola que lleva arrastrando,      6125
muy bien adornada con esos colores
que tanto se admiran en sedas y en lanas
(según son las hierbas y según los granos
y las otras cosas que suelen usarse
para hacer vistosas todas esas telas,         6130
con las que se visten las personas ricas
que quieren mostrar cierta dignidad).
Con tales ropajes se viste Fortuna,
y puedo afirmarte que entonces no aprecia
siquiera un ochavo a cualquier persona        6135
cuando se contempla tan bella de porte,
puesto que se muestra con tal altivez,
que al más orgulloso lo acaba humillando.
En efecto, al ver sus grandes riquezas,
su rico boato, sus grandes noblezas,          6140
le entra tal orgullo y tal vanidad,
que piensa y se cree que nadie en el mundo,
ni mujer ni hombre, vale como ella,
cualquiera que sea su haber o su estado.

A fuerza de dar vueltas por la sala,          6145
termina metiéndose en la parte pobre,

la tambaleante y nada segura,
donde su vestido se muda en harapos.
Allí marcha a tientas, dando mil tropiezos,
como quien camina en la oscuridad,                    6150
y cuando se ve caída en el suelo,
su porte y vestido ya no son iguales:
produce impresión de gran abandono
una vez perdido su bello vestido,
creyéndose incluso que no vale nada                    6155
cuando se contempla sin aquellas prendas.
Y al considerar cuán bajo ha caído
y cuán miserable su estado es ahora,
puesta en un rincón empieza a quejarse,
sumida en suspiros, anegada en lágrimas.               6160
Llora con dolor, llora a pleno llanto
por esa riqueza que la ha abandonado,
por esos placeres con que se placía,
por aquellas ropas con que se vestía.

Fortuna es así de mala y perversa,                     6165
puesto que a los buenos los arroja al barro,
donde los deshonra y cubre de oprobio,
mientras que a los malos los sube de estado
a base de darles fecunda abundancia,
honores, noblezas, dignidad, poder.                    6170
Mas, cuando le place, se los arrebata:
parece que ignora lo que quiere hacer.
Por eso le fueron los ojos vendados
en tiempos antiguos, en que fue notoria.
Y de la manera que suele emplear                       6175
para envilecer a los hombres buenos
y para ensalzar a los más malvados
(quiero firmemente que no se te olvide
lo que hace un momento yo te referí
acerca de Sócrates, al que tanto amé,                  6180
ese hombre valioso que a mí me apreciaba
y me reclamaba en cada ocasión),
te puedo traer múltiples ejemplos.
Este que te digo te lo probará,
que cuenta la historia de Nerón y Séneca,              6185
cuya narración tengo que acortar

por la longitud que tiene el relato,
pues me pasaría mucho tiempo hablando
sobre la actuación del cruel Nerón,
que ordenó quemar la ciudad de Roma                    6190
y ordenó matar a los senadores.

Fue su corazón duro como piedra
al abrir el vientre a su propia madre,
pues se le ocurrió la cruel idea
de ver con sus ojos el lugar exacto                    6195
del vientre materno de donde nació:
viéndola ante sí toda desmembrada,
según conocemos por aquella historia,
acabó opinando que era muy hermoso.
¡Dios, qué pensamiento, qué cruel idea!                6200
Pero de sus ojos no salió una lágrima
(no lo digo yo, que lo dice el libro);
antes, cuando estaba mirando los miembros,
tuvo la ocurrencia y ordenó allí mismo
que de su bodega le trajeran vino,                     6205
que bebió allí mismo para recrearse.
También se conocen otras fechorías:
que a su propia hermana llegó a poseer
y que, por su parte, se entregó a los hombres.
El hombre malvado que te estoy citando               6210
mandó que mataran hasta al mismo Séneca,
que fue su maestro, al que dio a elegir
el tipo de muerte que más le gustase.
Este, al comprender que no escaparía
dada la maldad del cruel tirano,                       6215
respondió: «Quisiera morir en el baño;
y ya que la muerte no puedo evitar,
quiero que las venas me sean abiertas
de forma que muera placenteramente,
para que mi alma, tranquila y gozosa,                 6220
se vuelva hacia Dios, pues El me la dio.
Así es como quiero que me deis la muerte.»

Después de que hablara, y sin más demora,

---

6202   La tradicional crueldad de Nerón es conocida gracias a Suetonio,
del cual la toma el ya aludido Boecio, traducido, como quedó dicho en la
introducción, por Meun.

ordenó Nerón meterlo en el baño,
tal y como Séneca le había pedido,
y después sangrarlo, según está escrito.

Hechas estas cosas, Séneca murió
ya que le dejaron que se desangrara.

La única razón para darle muerte
fue sencillamente que estuvo obligado
este hombre cruel en su mocedad
a tener por Séneca un respeto grande,
propio del discípulo para su maestro.
«Pero, se decía, esto no está bien:
en ningún lugar se ha visto jamás
que persona alguna deba ser honrada
por aquel que ahora es su emperador,
por mucho que sea su padre o maestro.»
Y como le fuera duro de sufrir
ponerse de pie en cada ocasión
en que a su maestro veía venir,
y ya que tampoco podía evitar
el reverenciarlo como era debido
por la fuerza misma de aquella costumbre,
mandó que mataran a aquel noble hombre.
Y así mantenía el mando de Roma
ese miserable que te estoy citando,
quien desde el Oriente hasta el Mediodía,
desde el Occidente hasta el Septentrión,
tenía poder y jurisdicción.

Si fueras capaz de bien comprenderme,
con estos ejemplos debieras saber
que ni las riquezas, ni las reverencias,
ni las dignidades, poderes y honores,
ni ningún favor que te dé Fortuna,
y aquí no exceptúo ni siquiera uno,
ninguno contiene virtud suficiente
para hacer más nobles a quienes los tienen,
ni tampoco dignos de tener por ello
riquezas, honores u otras excelencias.
Antes bien, si son de por sí crueles,
o desmesurados, o de mal carácter,
en la situación donde se encumbraran

6225

6230

6235

6240

6245

6250

6255

6260

van a demostrarlo con más evidencia
que si permanecen en humilde estado,                    6265
donde no podrían tan duros mostrarse.
Pues las voluntades suelen alterarse
entre los que gozan de un poder mayor,
lo cual es señal y preciso indicio
de que tales hombres resultan indignos                  6270
de ocupar tal puesto ni tal dignidad,
ni ser celebrados por ningún poeta.
    Suelen repetir el refrán siguiente
aquellos que tienen el seso alterado,
y suelen tenerlo como verdadero,                        6275
con lo cual demuestran su imbecilidad:
«toda dignidad altera los hábitos».
Al decir tal cosa cometen error,
ya que los honores nunca cambian nada,
y en cambio nos hablan con toda certeza                 6280
sobre las costumbres que ya poseían
cuando se encontraban en pequeño estado
y sobre el camino por donde anduvieron
hasta conseguir esas dignidades.
Puesto que si son duros, orgullosos,                    6285
déspotas, crueles y encizañadores
en cuanto que logran buena posición,
tienes que saber que antes también eran,
cuando no tenían un poder tan grande,
como puede verse que después se muestran.               6290
Por lo cual no creo que pueda llamarse
poder, si es usado para hacer el mal,
ya que la escritura lo dice, y muy bien,
que el poder existe para ser benéfico,
y que nadie tiende a evitar el bien                     6295
salvo por defecto o debilidad.
Y que todo aquel que es clarividente
no ignora que el mal no es más que impotencia,
tal como también se afirma en el libro.
Mas si no haces caso a esta autoridad                   6300
porque por tu parte acaso no creas

6293  De nuevo se alude a la *De Consolatione*, de Boecio.

[211]

que no todo texto dice la verdad,
presta estoy a darte otra explicación:
no hay nada que a Dios le sea imposible,
mas, dicho lo cual, tengo que aclarar          6305
que poder no tiene para hacer el mal.
Luego si tu mente te funciona bien,
al ver que Dios es todopoderoso
pero para el mal no tiene poder,
puedes comprender sin mayor problema          6310
que quien dio su luz a todas las cosas
dejar no podría en la sombra nada;
y como la sombra, en definitiva,
en su oscuridad sólo significa
que no es otra cosa que ausencia de luz,      6315
de la misma forma en la criatura
en la que se muestra ausencia de bien
el mal no se da: es sencillamente
que el bien está ausente, siempre y llanamente.
El citado libro dice más aún,                 6320
dado que este asunto en él es tratado:
«quienes son malvados no puden ser hombres»,
para lo que aporta buenos argumentos.
    Pero no es preciso que siga esforzándome
en ir demostrándote todo lo que digo,        6325
puesto que en los libros puedes consultarlo.
No obstante lo cual, si me lo permites,
te puedo citar con pocas palabras
entre mil razones una solamente.
Y es que no se piensa en el bien común,       6330
al cual debería tender de continuo
toda criatura que recibe un ser:
de todos los bienes es el soberano,
pues de todos ellos es el principal.
    Y hay otra razón, querido discípulo,      6335
por la cual los malos carecen de ser,
si comprendes bien esta consecuencia:
es porque no están en esa armonía
en la cual ha puesto de acuerdo su esencia
toda criatura que existe en el mundo:         6340
se deduce, pues, si bien se razona,

que el hombre malvado carece de ser.

Ten presente, pues, cómo obra Fortuna
aquí, en este mundo, que es como un desierto,
y cómo le place sembrar el desorden,                        6345
ya que de los malos escoge al peor,
porque lo coloca sobre los demás
para ser el dueño y señor de todo
y hace que perezcan gentes como Séneca.
Es, pues, más prudente rehusar sus favores,               6350
debido a que nadie, por bien que se vea,
se puede sentir muy seguro de ella.
Y por eso quiero que no la persigas
y que no te esfuerces para que te ayude.

El propio Claudiano con mucha frecuencia                   6355
solía asombrarse, y se preguntaba
cómo era posible que los mismos dioses
quisieran que el malo pudiese ascender
en grandes honores y en grandes estados,
en grandes poderes y en grandes riquezas.                  6360
El mismo se dio a sí la respuesta,
la cual respondía al modo de ver
del acostumbrado a usar la razón.
Queriendo absolver a los dioses de eso,
concluye afirmando que, si lo consienten,                  6365
es para después torturarlos más
al precipitarlos desde las alturas:
por eso permiten que suban y suban,
para que podamos después contemplar
cómo desde arriba se vienen abajo.                         6370

Si tú, por tu parte, quisieras seguirme
(lo que, en mi opinión, debieras hacer),
jamás en tu vida encontrar podrías
quien se te igualara en prosperidad;
ni nunca estarías con ánimo triste                         6375
por más que te vieras por ventura falto
de salud, de amigos o de capital,
puesto que podrías sufrir con paciencia
y encontrar en ella tu satisfacción:

---

6355   Claudiano, nacido en Alejandría a finales del siglo IV, es autor de
unas famosas *Invectivas contra Rufino*.

estando conmigo, comprender podrías 6380
cuál es la razón de tus sufrimientos.
Pues veo que lloras con mucha frecuencia,
que destilas lágrimas como un alambique:
ganas me están dando de ponerte un cubo
y escurrirte bien, como a una bayeta. 6385
Porque lloras tanto, que sería broma
si alguno dijera que tú eres un hombre;
pues hombre ninguno en ningún momento,
con tal de que tenga la cabeza bien,
debe soportar lo que estás sufriendo. 6390
Los mismos diablos, esos enemigos,
son los que calientan tanto tu alambique
que hacen que tus ojos lágrimas destilen;
cuando no debieras comportarte así,
aun si te ocurriera la mayor desgracia, 6395
si es que tu cabeza no está trastocada.
A tal te ha llevado ese dios que sigues,
tu señor perfecto y tu buen amigo,
ese Amor que sopla y aviva y atiza
el ascua que puso en tu corazón 6400
y te hace llorar tantísimas lágrimas.
Caro te está haciendo pagar su servicio:
en tal situación no debe estar nadie
que quiera preciarse de ser honorable.
Y tú, desde luego, te estás difamando. 6405
Llorar sólo deben mujeres y niños,
que son criaturas inseguras, débiles;
tú debes mostrar una gran firmeza
en cuanto que veas venir a Fortuna.
¿O piensas acaso detener su rueda, 6410
a la que ninguno puede poner freno
sean cuales fueren su honor y su estado?
Pues ni tan siquiera ese emperador
Nerón, de quien antes te traje el ejemplo
(el cual fue señor y dueño del mundo, 6415
tanto se extendía su grandioso imperio),
pudo conseguir que se detuviese
aunque disponía de un poder enorme.
Antes, si la historia en esto no miente,

[214]

encontró una muerte cruel y espantosa.

Dado que por todos era detestado,
vivía con miedo de que lo mataran,
por lo que mandó venir a sus íntimos.
Mas los mensajeros que les envió
a ninguno hallaron, so ningún pretexto, 6425
que venir quisiese a prestarle ayuda.

A pedirla vino, en propia persona,
el emperador, temblando de miedo,
llamando a sus puertas con sus propias manos.
Pero a su llamada nadie respondía, 6430
y así, cuanto más Nerón los llamaba,
más se retraían sus antiguos deudos,
que no le quisieron responder palabra,
por lo que debió buscar do esconderse.

Así que se fue para protegerse 6435
a un jardín boscoso con dos de sus siervos,
pues la multitud por todas las partes
lo estaba buscando para darle muerte,
dando grandes voces, gritando: «¡Nerón!
¿Alguno lo ha visto? ¿Dónde lo hallaremos?» 6440

Tan alto gritaban que él podía oírlos,
mas era incapaz de reaccionar.
Y tan grande fue el miedo que tuvo,
que sintió por sí profundo desprecio;
y cuando se vio en la situación 6445
de que no podía esperar ayuda,
les rogó a sus siervos que allí lo matasen
o que le ayudasen a darse la muerte.
Y antes de matarse, les hizo jurar
que nadie hallaría jamás su cabeza 6450
para que ninguno lo reconociese
si acaso su cuerpo encontrar pudieran;
por lo que también les solicitó
que, sin más tardar, su cuerpo quemasen.

Esto nos lo cuenta un antiguo libro, 6455
el cual es llamado *De los doce Césares*,
en donde su muerte hallamos escrita

---

6456   Se trata del libro *De Vita Caesarum*, y el episodio está tomado
del libro VI.

según el relato que nos da Suetonio,
autor que define a la fe cristiana
como «una novísima religión errónea                       6460
y perjudicial», según sus palabras.

Considera, pues, qué triste final,
porque con la muerte de este emperador
murieron los Césares, de donde venía:
por sus malas obras desapareció,                          6465
junto con Nerón, todo su linaje.

No obstante lo dicho, se mostró con todos
muy benevolente los primeros años;
tanto, que sería difícil hallar
ningún gobernante que mejor lo hiciera,                   6470
pues fue muy leal y muy bondadoso
ese hombre cruel e inmisericorde,
quien llegó a decir en audiencia en Roma,
cuando, en la condena aplicada a un hombre,
se vio requerido a firmar la pena                         6475
(y cuando lo dijo era muy sincero),
que preferiría no saber de letras
antes que tener que firmar aquello.
Según nos refiere el citado libro,
gobernó el imperio dieciocho años                         6480
de los treinta y dos que duró su vida.
Pero su locura y su gran orgullo
se hicieron con él con tal frenesí,
que cayó muy bajo desde aquella altura,
como ya has podido saber por mi boca.                     6485
Demasiado pronto lo ascendió Fortuna,
y también muy rápido lo hizo caer,
tal como has podido oír y entender.

Ni tampoco Creso pudo detenerla,
puesto que también provocó su pérdida                     6490
después de subirlo al trono de Lidia.
También acabó de mala manera,
puesto que a la hoguera se vio condenado.
Pero se libró gracias a la lluvia,
pues tanto llovía que el fuego apagóse:                   6495
dado que ninguno allí se quedara
por la cantidad de agua que caía,

al verse que estaba solo en el lugar,
inmediatamente emprendió la huida
sin ningún problema, sin que lo siguieran.      6500
Y al recuperar otra vez su trono,
volvió a provocar de nuevo la guerra.
De nuevo apresado, acabó en un árbol
después de que un sueño le fuera explicado,
en el cual dos dioses se le aparecían         6505
encima de un árbol para allí servirlo.
Júpiter, decía, lo estaba lavando,
en tanto que Febo, con una toalla,
se hallaba a su lado dispuesto a secarlo.
De manera errónea entendió este sueño,        6510
puesto que creía que era favorable,
por lo cual su orgullo más se acrecentó.
Mas Fania, su hija, bien lo interpretó,
pues era una moza muy sabia y sutil.
Y como sabía descifrar los sueños,            6515
se lo desveló descarnadamente.
«Mi querido padre, le dijo la joven,
lo que en él se encierra es muy doloroso.
Sabed que Fortuna os está engañando:
vuestro gran orgullo nada cuenta aquí.        6520
Pues en este sueño debéis entender
que ella sólo quiere que seáis ahorcado:
así, cuando estéis expuesto a los vientos,
sin más cobertura ni más protección,
seréis empapado, señor, por la lluvia,        6525
y el ardiente sol con sus rayos cálidos
os vendrá a secar el cuerpo y la cara.
Este es el final que os guarda Fortuna,
la cual quita y da todos los honores,
con lo que convierte al grande en menor      6530
y hace que el menor se convierta en grande,
oponiendo así unos a los otros.
Este es el final, me debéis creer.
Fortuna en la horca os está esperando,
y en cuanto que en ella os pueda tener       6535
con la soga al cuello, recuperará
la bella corona, preciosa y dorada,

que en vuestra cabeza os soléis poner.
Y vendrá después otro coronado,
cosa en la que nunca habíais pensado.          6540
   Para que podáis comprender mejor,
os voy a explicar ese vuestro sueño:
Júpiter, el dios que os traía el agua,
no es sino la lluvia que os empapará;
por su parte Febo, el de la toalla,          6545
es el sol terrible que habrá de abrasaros;
en cuanto a aquel árbol, no es sino la horca.
En esto no veo otra explicación.
Por este mal trago habréis de pasar,
y así a vuestro pueblo vengará Fortuna          6550
de todos los fastos que habéis ostentado
orgullosamente, sin mesura alguna.
Así es como ella derriba a los grandes,
pues para Fortuna no vale un pimiento
ni la lealtad, ni la falsedad,          6555
ni la realeza, ni ningún estado,
con todo lo cual juega a la pelota
cual si fuese niño que no piensa en nada,
mezclando a su paso, en un gran desorden,
riquezas, honores, consideraciones.          6560
Fortuna regala poder, dignidad,
pero sin mirar a quién los regala,
porque sus favores, cuando los dispensa,
simultáneamente los va malgastando,
ya que los derrama por cualquier lugar,          6565
por los bajos fondos o por los palacios,
pues nadie le importa ni poco ni mucho
excepto Nobleza, la cual es su hija
de la que a su vez es prima Caída,
por Fortuna usada para amenazar.          6570
No obstante, a Nobleza, y eso es evidente,
no la suele dar a ciertas personas
(para no tener después que quitársela)
si se ve incapaz de perfeccionarlas
y hacerlas corteses, honradas, valiosas;          6575
pues no existe nadie, aun muy poderoso,
a quien si sus actos fueran de villano,

permita Nobleza tener a su lado:
Nobleza es muy digna, y de ella apreciamos
que no quiera trato con ningún villano.           6580
   Por eso os suplico, padre bien amado,
que no se apodere de vos Villanía.
No tenéis que ser tacaño ni altivo;
antes, sed ejemplo para que los ricos
sean generosos y nobles y afables                 6585
y benevolentes con toda la gente.
Así debería obrar todo rey:
que muy generoso y muy bien dispuesto
tenga el corazón, y benevolente,
si es que de su pueblo busca la amistad,           6590
sin todo lo cual, y en cada momento,
el rey no sería mejor que otros hombres.»
   Así aconsejaba a su padre Fania,
pero el insensato en su insensatez
no ve más que juicio y muy buen sentido,           6595
lo cual es muy propio de quien no es muy cuerdo.
Mas Creso, ignorando qué era la humildad
por estar tan lleno de orgullo y locura,
en todos sus actos creyó ser muy sabio
por mucho que hiciera grandes injusticias.         6600
«Hija, respondió, en cuanto a nobleza
y en cuanto a razón nada me enseñáis,
puesto que yo sé mucho más que vos
de todas las cosas que me estáis diciendo.
Y en lo que respecta a aquellas palabras           6605
con las que quisisteis desvelar mi sueño,
tengo que deciros que en todo son falsas;
pues debéis saber que este noble sueño,
que habéis falseado con vuestros propósitos,
se ha de comprender al pie de la letra:            6610
es de esta manera como yo lo entiendo,
tal como veréis llegado el momento.
Ya que una visión tan noble cual ésta
no puede tener mala explicación.
Sabed que los dioses vendrán hacia mí              6615
y me ensalzarán con esos honores
que me revelaron mediante ese sueño,

puesto que a los dos tengo por amigos
por el gran servicio que les hice siempre.»

Mira de qué forma lo trató Fortuna,           6620
pues Creso no pudo después defenderse
y acabó al final colgado del árbol.
¿Acaso no es cosa que está bien probada
que su rueda gira en todo momento,
tanto, que ninguno podrá detenerla           6625
por grandes que sean su poder y mando?
Y si tú conoces algo de la lógica
(la cual me parece una ciencia exacta),
puesto que los grandes pararla no pueden,
los que no lo son se esfuerzan en vano.       6630

Y si los ejemplos no te prueban nada
porque pertenezcan a la historia antigua,
puedes reparar en estos tus días
de tantas batallas recientes y bellas
(si es que la belleza, muy justo es decirlo,  6635
merece ese nombre al hablar de guerras).
Repara en Manfredo, el rey de Sicilia,
el cual empleó la fuerza y la astucia
para mantenerse gran tiempo en su tierra,
al cual el buen Carlos le dio mucha guerra    6640
cuando aún era conde de Anjou y de Provenza,
y que por designio de la providencia
fue después tomado por rey en Sicilia,
tal como dispuso el Rey Soberano,
dado que a su lado siempre se mantuvo.        6645

---

6631 y ss.   Es un tópico en la literatura medieval la ilustración histórica, que empieza por ejemplos de la Antigüedad clásica y termina con la historia reciente, tal como hace, entre nuestros poetas medievales, el tantas veces aludido Jorge Manrique.

Los acontecimientos que se van a citar ocurrieron en el siglo XIII. A la muerte de Federico II (Barbarroja) hubo sangrientas luchas para ocupar el reino de Sicilia entre Manfredo, su hijo bastardo, y Carlos de Anjou, hermano de Luis IX, que derrota y mata a su rival en Benevento (1266). Su sobrino Conradino intenta vengarlo, para lo cual se alía con su primo Fernando de Austria y con el infante don Enrique de Castilla. Pero son también derrotados, y decapitados los dos primeros, en 1268. Tales episodios son, pues, muy recientes. Obviamente, Meun se pone de lado del pretendiente francés, y describe estas luchas como si de una partida de ajedrez se tratara.

Este buen rey Carlos no se contentó
con arrebatarle el trono y echarlo,
sino que también le quitó la vida,
cuando, con su espada fina y cortadora,
y ya en los comienzos de un fiero combate,          6650
se lanzó hacia él para derribarlo:
muy fácil le fue darle el jaque mate
una vez lo tuvo bajo su caballo
gracias al ataque de un simple peón,
que le derribó en pleno tablero.                    6655

En cuanto a Conrado, que era su sobrino,
no me detendré, pues es bien sabido
que el rey lo venció y decapitó
aun siendo ayudado de nobles germanos.
Y a Enrique, el hermano de ese rey de España,      6660
hombre muy soberbio y nada leal,
lo mandó encerrar en prisión muy dura.

Estos dos, obrando con gran inconsciencia
en esa partida, reyes y peones
y alfiles y torres al final perdieron.              6665
Por lo cual debieron dejar el tablero
por el gran pavor que les asaltó
en aquella acción que ellos comenzaron.

Para ser exactos, tengo que decir
que nunca pensaron que les dieran mate:             6670
puesto que luchaban no teniendo rey,
ni jaque ni mate debían temer,
ni sufrir por ello lamentables pérdidas
si alguno con ellos quisiera jugar,
bien fuera a caballo o bien fuera a pie,            6675
pues no se da mate a ningún peón,
ni a torre o caballo, sino sólo a rey.
Puesto que si debo la verdad decir,
y que nadie crea que quiero engañarlo,
en tal circunstancia no puede haber mate,           6680

_____

6660  Enrique era hijo de Fernando III y hermano de Alfonso X de
Castilla, el cual escapó de esa dura prisión en 1293. Dado que este dato no
es consignado por Meun, es de suponer que estos versos fueron redactados
antes de dicha fecha. Otro dato curioso es que, para el poeta, Castilla y
España son sinónimos.

ya que, si me acuerdo bien del ajedrez,
y si tú lo ignoras, es norma esencial
que el rey sea el último en ser apresado
cuando ya sus hombres han sido tomados,
es decir, estando ya solo en el campo                    6685
sin que haya ninguno que pueda ayudarlo:
es cercado entonces por sus enemigos,
los cuales lo ponen en muy grave aprieto:
de otro cualquier modo no pueden tomarlo,
como saben todos, buenos y rufianes,                     6690
pues en estos términos Átalo lo expresa,
el cual inventó las reglas del juego
cuando investigaba sobre la aritmética.
Tal como se lee en el *Policrático,*
estaba pensando sobre la materia                         6695
y sobre la forma de clasificarla.
Así el ajedrez fue por él creado,
al que dio unas reglas y un funcionamiento.

  Aquellos dos, pues, huyeron del campo
dado que temieron caer en prisión.                       6700
¿Qué digo prisión? Temieron tortura,
y también la muerte, la más deshonrosa
y la más infame que venir podría,
puesto que su juego mal se presentaba.
Fue porque iniciaron muy mal la partida                  6705
al haber perdido el temor de Dios,
como fue emprender aquella batalla
contra la doctrina de la Santa Iglesia.
Por eso ocurrió que al darles el jaque
no hallaron a nadie que los socorriera,                  6710
puesto que la reina había caído
justo en el transcurso del primer envite,
momento en el cual Manfredo perdió

---

6691 y ss.   Como es sabido, el juego del ajedrez es de origen oriental y
fue introducido en España por los árabes. Nuestro Alfonso X fue uno de
sus grandes impulsores al mandar redactar un *Libro del ajedrez* (en donde
también se habla de otros juegos). Su inventor sería un tal Átalo, según el
*Polycraticus, sive de Nugis Curialium et Vestiglis Philosophorum,* del sabio
obispo de Chartres Jean de Salisbury (1120-80), obra que fue una auténtica
enciclopedia del saber de la época y también un flagelo de sus costumbres.

torres y caballos, peones y alfiles.
Así pues, la reina no pudo ayudarlo,                        6715
puesto que la pobre y muy desgraciada
no podía huir, ni aun defenderse,
después de saber que le dieron mate
y muerto yacía Manfredo en el campo
con todos sus miembros helados de frío.                    6720
Inmediatamente que supo el rey Carlos
que sus aliados estaban huyendo,
tras ellos salió, dándoles alcance,
a los que después mandó ejecutar,
así como a otros muchos prisioneros                        6725
que participaron en tan loca empresa.
    Este tan buen rey del que estoy hablando,
al que es necesario tomar como ejemplo
(al cual noche y día, mañanas y tardes
quiera Dios guardar en cuerpo y en alma,                   6730
como iluminarlo en todos sus actos),
sometió el orgullo de los de Marsella,
a cuyos más grandes e importantes hombres
cortó la cabeza, lo cual ocurrió
antes de ocupar el trono en Sicilia,                       6735
donde fue después proclamado rey
y hecho defensor de todo el imperio.
    Mas no seguiré hablándote de él,
pues quien pretendiera referirlo todo
debería escribir un libro muy grueso.                      6740
Mira, pues, la gente que fue poderosa
a qué bajo estado se ve reducida.
No hay que estar seguro nunca de Fortuna,
y sólo los locos confían en ella,
pues los que comienzan por ser halagados                   6745
conocen después cuán dura se muestra.
    Con respecto a ti, al besar la rosa,
de lo cual te vino ese gran dolor
que en estos momentos aplacar no puedes,
¿pensabas que siempre podrías besarla,                     6750
que no cesaría ese gran placer?
Reconocerás que eres muy ingenuo.
Para que este afán ya no te domine

debes recordar a ese rey Manfredo
y a sus aliados Enrique y Conrado,                    6755
que obraron peor que los sarracenos
al tomar las armas en amarga guerra
contra esa su madre que es la Santa Iglesia;
recuerda también a los de Marsella,
como a tantos hombres de la antigüedad;               6760
lo que les pasó a Nerón y a Creso,
de cuyas acciones te acabo de hablar,
que contra Fortuna fueron impotentes
por más que tuvieron enorme poder.
    Por eso los hombres que son honorables            6765
con su libertad ya tienen bastante,
los cuales jamás se han de preocupar
de correr los riesgos que Creso corrió.
Tampoco conocen el destino de Hécuba,
la que fuera esposa del famoso Príamo;                6770
ni tienen presente en su pensamiento
la terrible historia de esa Sisigambis,
madre de Darío, el rey de los persas,
a quienes Fortuna les fue muy adversa,
pues tuvieron de ella riqueza y poder                 6775
y acabaron todos en la esclavitud.
Y por otra parte, he de reprocharte,
puesto que conoces cuánto es el valor
y las enseñanzas que nos dan los libros,
el que no repares en Homero nunca,                    6780
y eso que a este autor lo conoces bien.
    Pero, al parecer, ya lo has olvidado,
por lo cual hiciste un esfuerzo vano.
Antes lo leías con gran interés,
mas por dejadez echaste en olvido                     6785
el valor enorme de cuanto estudiaste,
de lo que podrías sacar gran provecho.

---

6769-70  Hécuba es la esposa del rey de Troya Príamo. Después de la
destrucción de la ciudad, esta majestuosa dama entra a formar parte del
botín de Ulises, y es lapidada por los hombres de éste al informarse de un
horroroso crimen que aquélla ha cometido.

6772-73  Sisigambis, madre del rey persa Darío, fue hecha prisionera
por Alejandro el Grande en la batalla del Isos.

¿Quieres actuar contra tu interés?
Verdaderamente, siempre en tu memoria
debieras guardar esas enseñanzas,                    6790
y tal como suelen los hombres cabales
tenerlas presentes en tu pensamiento,
para que jamás puedas olvidarlas
hasta el mismo día que hayas de morir.
Ya que todo aquel que las tenga frescas          6795
y así las conserve durante su vida,
si les sabe dar todo su valor,
no conocerá jamás el dolor
en cualquier desgracia que pueda venirle,
y podrá sufrir con serenidad                           6800
ante todo tipo de eventualidad,
sea buena o mala, agradable o dura:
tales enseñanzas pueden aplicarse
a cualquier acción propia de Fortuna,
a la que cualquiera puede conocer             6805
si en su pensamiento las tiene presentes.
Parece increíble que esto no lo entiendas
y que tu cabeza no repare en ello,
que esté desviada de tales principios
debido a este amor tan desordenado               6810
   Así pues, despierta sin perder más tiempo
y aviva tu mente para ver más claro.
Sabes bien que Júpiter en todo momento
tiene en su mansión puestos en la puerta,
según cuenta Homero, dos toneles llenos,       6815
y no existe viejo ni joven alguno
ni ninguna dama, ninguna doncella,
ni joven ni vieja, ni bella ni fea
que pueda existir en cualquier lugar,
que de esos toneles no venga a beber,          6820
tal como es costumbre en toda taberna.
De ellos es Fortuna la dispensadora,
quien saca el licor y lo sirve en copas
de forma que todos lo puedan probar.
Allí beben todos, servidos por ella;            6825

6815   En la *Ilíada*, XXIV.

y a los unos más, a los otros menos,
no hay persona alguna a quien no le sirva
de aquellos toneles o un cuarto o una pinta,
o un medio, o un sexto, o una simple caña;
siempre en la medida que a ella le agrada,                6830
o a tragos enormes o sólo unas gotas,
dicha tabernera les sirve en la copa.
Y así les va dando o bienes o males,
según el capricho de cada momento.

Pero no hay ninguno tan afortunado               6835
que, al reflexionar detenidamente
sobre el bienestar que le favorece,
deje de sentir cierta desazón.
Ni tampoco existe tan gran desgraciado,
que, cuando asimismo, repare en su estado,       6840
deje de advertir que en su desventura
hay alguna cosa que lo reconforta,
o bien en lo hecho o en lo por hacer,
con tal de que piense detenidamente
y de no caer en el desaliento,                   6845
lo cual es la muerte de los pecadores:
en tal caso, nadie sabría qué hacer
aun siendo persona de muchas lecturas.

¿De qué sirve, pues, ponerse tan triste,
o el estar llorando, o bien enojado?             6850
Debes esforzarte, pues con ello ganas,
para recibir con firme paciencia
cualquier avatar que te dé Fortuna,
sea bueno o malo, sea bello o feo.

Pero de Fortuna la encizañadora,                 6855
como de su rueda, que es tan peligrosa,
contar no podría todas las trastadas.
Pues el suyo es juego muy lleno de azar,
en el cual Fortuna actúa tan bien,
que nadie podría sospechar su suerte             6860
cuando se comienza, ni puede saber
si saldrá ganando o saldrá perdiendo.

Podría seguir, pero callaré.
Sólo añadiré muy breves palabras
para recordarte, por última vez,                 6865

los sanos consejos que te vengo dando,
ya que con placer recuerda la boca
lo que al corazón de tan cerca toca.
Pero si pensaras hacer caso omiso,
en lo sucesivo ya no encontrarás                    6870
excusa ninguna en la que escudarte.
En primer lugar, que quieras amarme;
después, que abandones a ese dios Amor;
y, en fin, que a Fortuna no tengas aprecio.
Y si te sintieras tan falto de fuerzas               6875
para sostener este triple fardo,
aquí me declaro dispuesta a ayudarte
para que lo lleves con más ligereza.
Considera sólo el primero de ellos,
que te mantendrá con toda firmeza,                   6880
y podrás librarte de los otros dos.
Pues si no te tienes por loco o estúpido,
deberás saber y tener presente
que toda persona que está con Razón
nunca suele amar como estás amando,                  6885
ni jamás valora a Fortuna en nada.
Que por eso Sócrates fue tal como fue:
un perfecto amigo que vivió a mi lado,
que no le hizo caso nunca al dios Amor
ni jamás Fortuna lo logró alterar.                   6890
Yo te estoy pidiendo que hagas otro tanto,
que tu corazón quieras entregarme,
pues si unir quisieras tu alma a la mía,
yo me sentiría del todo feliz.
Así que ya ves que la cosa es fácil,                 6895
pues sólo te hago una petición:
basta con que sigas el primer consejo;
en los otros dos no voy a insistir.
Pero no te quedes sin abrir la boca.
Respóndeme, ¿harás lo que aquí te pido?»             6900
—«Señora, le dije, no puedo cambiar,
ya que es necesario que sirva a mi amo,
el cual ha de hacerme mucho más feliz
que vos, cuando crea llegado el momento,
puesto que algún día me dará la rosa                 6905

con tal de que sepa comportarme bien.
Y, si con su ayuda la puedo obtener,
no será precisa mayor recompensa,
por cuya razón no habré de envidiar
ni siquiera a Sócrates, por sabio que fuera,      6910
del que no quisiera que me hablarais más.
Mi intención es, pues, seguir a mi amo
y guardar con él todo lo pactado,
ya que me conviene y a ello estoy forzado.
Y aunque al mismo infierno me haya de llevar,      6915
no podré frenar a mi corazón.

    ¿A mi corazón? ¿Es que acaso es mío?
Ya nunca jamás podría cambiar,
ni tampoco quiero ni voy a alterar
mi anterior amor por otro querer.      6920
De él está al corriente Buen Recibimiento,
que conoce bien mis inclinaciones
por haber oído, como en confesión,
cuánta es la firmeza de mi decisión.
Por todo lo cual no querré a mi rosa      6925
reemplazar por vos, por más que me deis:
ella es el destino de mi corazón.


### El nombre de las cosas

    Y además os digo que es harto grosero
el que me citarais antes los cojones,
que es una palabra nada delicada,      6930
y más pronunciada por boca de joven.
Vos, que os presentáis como noble y bella,
¿cómo os atrevisteis a decir tal cosa?
Al menos pudierais haberla suplido
por cualquier palabra mucho más correcta,      6935
como se debiera esperar de vos.
Las propias nodrizas, como es conocido,
muchas de las cuales suelen ser groseras,
cuando están lavando y cuidando a un niño,
cambiando su ropa o lo están vistiendo,      6940
llaman a esa cosa de distinta forma.

Y sabéis muy bien que no estoy mintiendo.»
    Entonces Razón lanzó una sonrisa
y mientras lo hacía, se puso a decirme:
«Mi querido amigo, yo suelo expresarme,                    6945
sin que por mis términos nadie me censure,
convenientemente, llamando a las cosas
por su propio nombre, sea bello o no.
Incluso empleando semejantes términos
yo siempre me expreso de forma correcta,                   6950
puesto que no debo tener más reparos
ni limitaciones que las del pecado.
Mas cosa ninguna que venga de mí
se puede tachar de pecaminosa,
puesto que jamás cometí pecado.                            6955
Ni tampoco ahora puedo cometerlo
si expreso los nombres que tienen las cosas
con todas las letras, sin ningún rodeo,
cosas que mi Padre en el Paraíso
con sus propias manos hizo en el principio;                6960
cosas que dotó con sus instrumentos,
que son a la vez cimiento y pilares
en los que se suele Natura basar,
sin cuya existencia no sería sólida.
Por necesidad, que no por capricho.                        6965
quiso Dios que hubiera cojones y picha
que hicieran posible la procreación,
idea nacida de su voluntad
para que viviera el género humano,
el cual durará instintivamente                             6970
(es decir, naciendo y después muriendo
alternadamente, sin interrupción),
gracias a que Dios quiso procurarle
una duración que no tiene fin.
Igualmente obró con los animales,                          6975
los cuales subsisten por las mismas causas,
ya que, cuando llegan al fin de sus vidas,
sus formas perviven en sus descendencias.»
—«Sois mucho más cruda, le dije, que antes,
y ahora puedo ver con más claridad,                        6980
con ese lenguaje desconsiderado,

que sois una loca y una deslenguada,
puesto que aunque Dios hiciera esas cosas
que me habéis citado en vuestra respuesta,
no les dio esos nombres tan improcedentes,      6985
los cuales resultan muy desagradables.»
—«Bello amigo, dijo la sabia Razón,
bondad no es lo mismo que gazmoñería,
y no voy ahora a insistir en eso.
Me puedes decir todo cuanto gustes,             6990
ya que tienes tiempo y ocasión también,
pues en cuanto a mí, que tu amor y gracia
quisiera tener, no debes temer,
ya que estoy del todo dispuesta a escucharte,
como a soportarte sin contradecirte.            6995
Pero guárdate de llegar más lejos
y líbrate bien de hacerme una ofensa.
Pues da la impresión de que lo que quieres
es que te responda destempladamente.
Mas, aunque lo quisieras, no lo pienso hacer.   7000
Yo, que te aconsejo para tu provecho,
no debo portarme tan severamente
que llegar pudiera al grado extremado
de tomar medidas contra ti muy graves.
Porque es evidente, y estarás de acuerdo,       7005
que todo reproche siempre sienta mal,
pero que te insulten por alguna cosa
es humillación menos soportable.
No sería así como yo actuaría
si acaso quisiera vengarme de ti,               7010
pues si tu deseo es el reprenderme
o por lo que he dicho o por lo que he hecho,
en lo que me toca podría emplearme
muy dura contigo al darte consejos
sin necesidad de ningún insulto.                7015
O también podría tomarme revancha,
si es que no aceptaras que lo que te digo
es todo muy cierto y muy instructivo,
llevando la cosa, llegado el momento,
ante un juez, el cual te condenaría.            7020
O de otra manera menos extremada

podría también vengarme de ti.
Pero, como digo, no quiero dañarte,
pues no es mi intención el lanzar ofensas
ni difamaciones a persona alguna,
quienquiera que fuere, sea mala o buena.                    7025
Cada cual consigo lleva sus pecados:
si ésa es su intención, se confesará,
y si no lo hiciera, seguirá pecando.
No seré yo, pues, la que lo atormente.                      7030
Ni quiero tampoco emprender locuras
de las que después deba arrepentirme.
Y no sólo hacer, tampoco decir:
si el callar no fuera una gran virtud,
el ir proclamando lo que ha de callarse                     7035
es algo que raya en el disparate.

Pues siempre la lengua debe sujetarse,
tal como aconseja muy bien Ptolomeo
en frase muy justa, que puede leerse
justo en el comienzo del libro *Almagesto*,                 7040
do afirma que el sabio se debe esforzar
en tener su lengua muy bien refrenada,
salvo si se trata de alabar a Dios;
caso en que jamás se dice bastante,
pues nadie podría alabarlo tanto                             7045
ni adornarlo tanto con se merece,
ni temerlo tanto, ni tanto acatarlo,
ni santificarlo como es necesario,
ni darle las gracias o pedir perdón.
En actos como éstos no se excede nadie,                     7050
y en todo momento deben practicarlos
aquellos que de Él reciben mercedes.

Catón aconseja también la mesura,
como saben bien quienes lo leyeron,
en cuyos escritos puedes encontrar                          7055

---

7038-40   Ptolomeo es el célebre astrónomo griego del siglo II d.C. Su
obra *Almagesto* tuvo un gran predicamento durante toda la Edad Media, y
penetró en Occidente gracias a los árabes. Su gran sabiduría le hizo pasar
como un hombre digno de ser escuchado por los moralistas de la época.
7053   Con el nombre de Catón se hacía referencia al famoso conjunto
de dísticos morales *Liber Catonis philosophi*, traducido múltiples veces
durante la Edad Media.

que, entre las virtudes, la más primordial
es que hay que poner a la lengua freno.
Doma, pues, tu lengua y procura siempre
no decir locuras ni injuriar a nadie,
y obrarás así como hombre prudente,          7060
pues a los paganos conviene creer
cuando dicen cosas que resultan útiles.
    Pero aún quisiera decirte otra cosa
sin odio ninguno y sin resquemor,
ni sin acritud ni cólera alguna              7065
(pues sólo a los locos gusta hablar así):
debes comportarte convenientemente
con respeto a mí, que te aprecio tanto,
y no denigrarme ni de mí burlarte
llamándome loca desconsiderada.              7070
Sin motivo alguno antes me ofendiste,
cuando a mí mi Padre, el rey de los ángeles,
Dios, que es perfección en grado supino,
del cual se originan todas las bondades,
fue quien me crió y quien me educó:          7075
no permitiría que me equivocara
Él, que me enseñó a ser como soy.
Por su voluntad a mí me es posible
nombrar cada cosa como corresponde
y como me place, sin hacer más glosas.       7080
Por ello, al hablarme como me has hablado
y al aconsejarme que usara otros términos,
¿me estás enseñando? Porque si me objetas
diciendo que Dios, al hacer las cosas
no les dio también sus apelativos,           7085
voy a responderte: quizás es así,
al menos los nombres que tienen ahora;
aunque pudo hacerlo en aquel momento
primero de todos, cuando de la nada
creó todo el mundo y lo que hay en él.       7090
No obstante dispuso que yo las nombrara
como me pluguiese, y que esto lo hiciera

---

7078 y ss. Meun alude aquí al *nominalismo,* doctrina filosófica que se
debatió a todo lo largo de la Edad Media. Dos de sus más conocidos
exponentes fueron Pedro Abelardo y Occam.

con términos propios, y tan conocidos,
que toda la gente pudiera entenderse.
Así pues, me dio el don de expresarme,                    7095
que es el más precioso que se puede dar.
    Esta afirmación que acabo de hacerte
puedes comprobarla en textos antiguos,
puesto que Platón leía en su escuela
que el poder hablar nos fue concedido                     7100
para así expresar nuestras voluntades,
y para enseñar y para aprender.
(De la afirmación que acabas de oír
hallarás la cita escrita en Timeo,
obra de este hombre, el cual fue un gran sabio.)          7105
De la misma forma, cuando me objetabas
que existen palabras innobles y feas,
te digo ante Dios, que me está escuchando,
que cuando les di su nombre a las cosas
(que es lo que te atreves a reconvenirme),                7110
si yo hubiese dado el nombre reliquia
para los cojones y así los llamase,
tú, que en este asunto me estás incordiando,
a decir vendrías también de reliquias
que es una palabra fea y descortés.                       7115
Cojones me gusta y la encuentro bella,
cojones y picha, y en esto no miento,
ni nadie podría más bellas hallarlas.
Yo di todo nombre, y estoy muy segura
de no equivocarme en ningún momento.                      7120
Y si con reliquias me hubieses oído                       01
nombrar los cojones, tú los tomarías                      02
por bella palabra, y tan estimable,                       03
que en todo lugar la venerarías                           04
y en cualquier iglesia hasta los besaras                  05
y los guardarías en oro y en plata.                       06
Y puesto que Dios, que es tan poderoso,
considera bueno todo cuanto hice,
di, ¿por qué razón, por todos los santos,

_____

    7104   Platón fue uno de los filósofos clásicos más conocidos de la
Edad Media, de algunas de cuyas obras (precisamente del Timeo) se inspiró
el nominalismo.

no me atrevería a decir el nombre
propio de las cosas que creó mi Padre?                    7125
¿Acaso tendré que ser castigada?
Era necesario que tuviesen nombre
con el cual la gente supiese expresarse,
y por tal razón se los puse tales
que todas quedaran bien determinadas.                     7130
Y si las mujeres nunca dicen eso,
es porque jamás las acostumbraron,
pues esa palabra les agradaría
si desde pequeñas la hubiesen usado;
y por emplearla como era debido                           7135
de ninguna forma hubiesen pecado.
    La fuerza del hábito es muy poderosa,
y si en este asunto yo no me equivoco,
lo nuevo al principio quizás suene feo,
pero, con la práctica, resulta más bello.                 7140
Y así las mujeres suelen designarlos
con nombres variados, y no sé por qué,
llamándolos bolsas, bolas, cosas, piñas,
como si «cojones» tuvieran espinas.
Mas cuando los sienten muy cerca de sí,                   7145
no suelen pensar que les hacen daño,
y es cuando los nombran de aquellas maneras
en vez de llamarlos por su propio nombre.
En lo que me atañe, no voy a forzarlas,
pero a mí tampoco se me ha de obligar                     7150
a decir las cosas sin su nombre propio,
ya que pienso hablar siempre claramente.
Se suelen decir en nuestras escuelas
muchísimas cosas mediante parábolas,
las cuales resultan muy bellas de oír.                    7155
Pero en modo alguno se debe entender
al pie de la letra todo lo allí dicho.
En lo que decía había un sentido
(puesto que quería hablar brevemente
cuando comentaba lo de los cojones)                       7160
que era muy distinto del que tú le dabas.
Al que bien entienda lo que yo decía
le será muy fácil dar con el sentido

[234]

y comprenderá lo que estaba oculto:
la verdad oculta bajo las palabras                     7165
sería evidente si se la explicase.
Bien lo entenderías si bien conocieras
los procedimientos del arte poética,
gracias a la cual entender podrías
sobre los secretos de filosofía,                       7170
lo que, al mismo tiempo que te agradaría,
también te sería de mucho provecho:
así, deleitándote aprender podrías
y en tal enseñanza mucho gozarías,
pues en esos juegos y en esas parábolas                7175
se encuentra un provecho que es muy agradable,
bajo cuyo manto se encubren verdades
que se nos presentan vestidas de fábulas.
Te conviene, pues, tener esto en cuenta
si quieres saber qué dicen los textos.                 7180
    Por eso empleé aquellas palabras
que tú me entendiste de forma muy clara,
porque las tomaste al pie de la letra,
sin ningún rodeo, de forma directa.»
    —«Señora, le dije, muy bien las entiendo,          7185
pues son tan ligeras de ser comprendidas,
que toda persona que sepa expresarse
las puede captar sin ningún esfuerzo:
no serán precisas más explicaciones.
Y de las sentencias que hacen los poetas,              7190
y de sus metáforas, como de sus fábulas,
ahora no aspiro a que se me glosen.
Pero si algún día consigo sanar
y si mi servicio llega a merecer
la gran recompensa que estoy esperando,                7195
bien las glosaré en todos sus términos,
o al menos aquellas a mí más me afecten,
tanto, que no habrá quien no las entienda.
Así pues, ahora estáis excusada
de explicar los términos de vuestra parábola           7200
y de los vocablos que habéis empleado,

---

7173-74  Principio básico de la pedagogía medieval.

ya que los dijisteis con tal claridad,
que no es necesario que se insista más
ni se emplee más tiempo en hacer más glosas.
Lo que sí os suplico, por vida de Dios,          7205
es que me dejéis amar como quiera.
Si es que estoy muy loco, ya lo pagaré.
Pero, en mi opinión, nada loco estaba
(al menos en esto estoy convencido)
cuando a mi señor le rendí homenaje.              7210
Si me veis muy loco, no sufráis por eso,
pues habré de amar, pase lo que pase,
a aquella mi rosa a quien me rendí.
Sólo ella es la dueña de mi corazón,
y, así, si mi amor aquí os prometiera,            7215
sería promesa que no cumpliría.
De hacerlo, obraría engañosamente
con vos, o sería traidor con Amor
si para con vos yo fuera leal.
Pero ya os he dicho repetidas veces              7220
que no es mi propósito en otra pensar
que en esa mi rosa, que me tiene preso.
Y pues pretendéis que no piense en ella
con tantas razones que me estáis diciendo
(razones que ya me tienen muy harto),            7225
quiero preveniros que de vos me iré
como prosigáis hablándome así,
pues mi corazón está en otra parte.»

## DISCURSO DE AMIGO

### El fingimiento

Al oírme así, Razón se marchó
y yo me quedé pensativo y triste.                 7230
En tal situación me acordé de Amigo,
en tales momentos tuve que avivarme
por lo que pensé que me convenía
ir a todo precio a do se encontraba.
Y cuando me vio en tan mal estado,               7235
pues mi corazón dolorido estaba,

[236]

me dijo: «¿Qué es esto, bello y dulce amigo?
¿Quién os atormenta de tan dura forma?
A mi parecer, no os quieren muy bien,
pues vuestra aflicción es muy evidente.          7240
Pero hablad, decidme ¿traéis novedades?
—Sí, pero no son ni buenas ni bellas.
—¡Contádmelas, vamos!» Y yo le conté
todo lo que aquí os he referido,
por lo que me evito el volver a hacerlo.         7245
Él me respondió: «¡Por vida de Dios!
¡Así que pudisteis calmar a Peligro
y también lograsteis besar vuestra rosa!
De ninguna forma debéis preocuparos
si quedó en prisión Buen Recibimiento;           7250
y pues actuó consecuentemente
para que ese beso consiguierais vos,
ninguna prisión le será muy dura.
Pero convendrá por todos los medios
que seáis prudente en lo sucesivo                7255
si queréis lograr lo que pretendéis.
Y ahora calmaos, pues no os quepa duda
de que de esa cárcel habrá de salir,
en donde por vos está prisionero
y vive a merced de sus enemigos.                 7260
—¡Basta con que esté el vil Malaboca!
Él es quien me causa mayor inquietud,
pues él excitó a sus compañeros.
Porque yo no hubiera podido ser visto
si él no hubiera abierto su enorme bocaza.       7265
Pavor y Vergüenza se hubiesen callado
sin problema alguno. Y al mismo Peligro
había logrado ganar a mi causa.
Estos tres ya estaban por mí convencidos
cuando los diablos allí intervinieron,           7270
a los que el bocazas les hizo venir.
Quien hubiera visto temblar a mi amigo
al interpelarlo la furiosa Celos
(puesto que la vieja mucho lo increpó),
hubiera sentido compasión por él.                7275
Yo me fui corriendo sin más esperar.

Luego construyeron una fortaleza
donde al desgraciado tienen encerrado.
Por lo cual, Amigo, a vos me encomiendo,
y soy hombre muerto si no me ayudáis.»          7280
    Entonces Amigo me habló como experto,
como quien conoce las cosas de Amor:
«Dulce compañero, no os desconsoléis
y seguid amando sin desanimaros.
No dejéis jamás a ese dios Amor;               7285
antes bien, servidlo de forma leal.
Con él deberéis estar bien dispuesto,
puesto que sería grave decepción
si él os encontrara con esos temores
y considerara ser muy mal servido              7290
después de que vos os hicisteis suyo.
¡Un fiel servidor jamás cederá!
Haced todo aquello que os mandó que hicierais
y cumplid sus órdenes, puesto que al final,
cuando tenga a bien, y aunque mucho tarde,     7295
siempre ayuda al hombre que fiel permanece
y que no lo deja por otro señor
en cuanto Fortuna se le muestra adversa.
Debéis esforzaros en seguir sirviéndolo
y que en él se quede vuestro pensamiento,       7300
lo cual es pensar de forma muy dulce.
Por eso sería una gran locura
el que lo dejarais, puesto que él no os deja.
Y pues os ató con tan dulce lazo,
os es necesario seguir sometido,               7305
ya que no podréis liberaros de él.
Así que os diré lo que habréis de hacer.
Tenéis que esperar que pase algún tiempo
antes de volver a esa fortaleza.
No vayáis allí a perder el tiempo              7310
(pues hay que evitar ser visto ni oído)
hasta que se pase aquella tormenta.
No vayáis, al menos, como acostumbrabais;
no deis ocasión a ser descubierto
cerca de los muros ni junto a la puerta.       7315
Y si por ventura os vieran allí,

obrad de manera que puedan creer
que nada os importa Buen Recibimiento.
Pero si de lejos lo alcanzáis a ver,
bien en una almena o en una ventana,          7320
miradlo mostrando compasión por él,
pero de una forma que sea discreta.
Si él os logra ver, se pondrá contento
y no dejará, por más guardas que haya,
de haceros señales de gran alegría,           7325
aunque esto lo hará de forma furtiva.
Quizá su ventana tenga que cerrar
si observara que alguien a hablarlos viniera:
seguirá observándoos por una ranura
el tiempo que estéis en aquel lugar           7330
hasta que de allí os hayáis marchado,
con tal de que nadie viniera a impedírselo.
     Sea como fuere, debéis evitar
el que Malaboca pueda descubriros.
Pero si os descubre, debéis saludarlo;        7335
eso sí, intentando no hacer ningún gesto
ni que en vuestro rostro pueda reflejarse
la menor señal de odio o desprecio.
Y aunque lo encontréis en otro lugar,
no habéis de mostrarle el menor desdén:       7340
el hombre prudente oculta sus gestos,
ya que es bien sabido que es buen estratega
el que al enemigo consigue engañar.
De la misma forma deberá actuar
todo buen amante, si en verdad es bueno.      7345
     Así, a Malaboca y a los de su especie,
por si acaso un día deben ayudaros,
les debéis mostrar siempre buena cara.
Sedles agradable de modo ostensible,
sin escatimar el menor cumplido.              7350
Se suele decir, y es cosa muy cierta,
que ante todo pillo se ha de ser más pillo,
y, además, burlarlos no es ningún pecado,
puesto que su oficio nace del engaño.
Y este Malaboca es un gran macaco,           7355
que al quitarle el *ma* se queda con *caco*.

Pues no es más que un caco, efectivamente,
lo cual es patente para todo el mundo,
y no se merece ningún otro nombre,
ya que a todos quita su reputación                    7360
y no piensa nunca en restituírsela.
Más merecimiento para ser colgado
tiene Malaboca que cualquier ladrón,
aunque éste robara en gran cantidad.
Pues cualquier ladrón que roba dinero,                7365
quita ropa en percha o grano en granero,
habrá de pagar más de lo robado
(tal es el rigor que marcan las leyes)
la primera vez que sea apresado.
Pero Malaboca quita mucho más                         7370
al usar su lengua tan empozoñada
pues es imposible, una vez que ha hablado
con esa su boca tan envenenada,
restaurar la fama que hubiera ensuciado,
ya que daña mucho con cualquier palabra               7375
que pueda salir de su sucia boca.
Será necesario, pues, que te lo ganes:
a veces se tiene que besar la mano
a quien se quisiera que estuviese muerto.
¡Ojalá estuviera el maldito en Tarso,                 7380
y que hablara allí cuanto desease,
que así no pudiera meterse con vos!
¡Habrá que taparle muy bien esa boca
e impedir que pueda seguir injuriando!
    Así, a Malaboca y a su compañía,                  7385
con los cuales Dios no tenga piedad,
os es conveniente tener engañados,
servirlos, mimarlos y satisfacerlos
con mil artimañas, mil adulaciones,
o con otras falsas manera de obrar,                   7390
con mil reverencias o con mil saludos:
resulta muy útil contentar al perro
hasta que la puerta se haya franqueado.

---

7380   La elección de esta ciudad del Asia Menor se debe, sin duda, a
que sería sinónima a lugar remoto.

Porque cesaría de mover la lengua
si a creer llegara sin ningún recelo                    7395
que ya no tenéis el menor deseo
de coger la rosa que os tiene vedada.
Y así lograréis actuar seguro.

En cuanto a la Vieja que está de guardiana,
servidla también, ¡mal fuego la queme!,                 7400
y haced otro tanto con respecto a Celos,
¡que Nuestro Señor quiera maldecirla!,
ese ser tan duro y tan desgraciado
que se pasa el tiempo urdiendo desgracias,
y que es tan tacaña y tan insaciable,                   7405
que se quedaría con todas las cosas,
y hasta tal extremo que, si algo olvidara,
consideraría que fue grave pérdida:
muy loco ha de estar quien obre como ella.
Es como la vela que hay en los faroles:                 7410
por más que ilumine a muchas personas
no se gastará por eso más fuego,
y el símil lo puede comprender cualquiera
con tal que no tenga dura la cabeza.

A estas dos que digo, si fuera preciso,                 7415
deberéis servirlas adecuadamente.
Les habréis de hacer muchas reverencias,
que siempre resultan de mucho valor.
Pero que jamás puedan sospechar
que vuestra intención es la de engañarlas.              7420

Esta es una táctica que no hay que olvidar:
sin usar las manos se debe actuar
cuando al enemigo se quiere llevar
o bien a la horca, o bien para ahogarlo,
si de otra manera no puede lograrse.                    7425
Y puedo jurar y garantizar
que con estas dos no hay mejor manera,
pues cualquiera de ellas tiene tal poder,
que el que abiertamente pretenda atacarlas
nunca logrará lo que se propone.                        7430

De la misma forma habréis de emplearos
cuando os acerquéis a las otras guardas,
si es que conseguís llegar hasta ellas:

les habréis de dar, éste es mi consejo,
hermosas guirnaldas de flores diversas, 7435
o cualquier adorno que pueda gustarles;
o, si es necesario, otras bagatelas
que parezcan buenas y que estén bien hechas,
con tal de que el gasto no sea excesivo
y no se resienta de ello vuestra bolsa. 7440
Con estos regalos las conquistaréis.

Después, lamentaos de vuestros pesares,
de vuestros esfuerzos y de vuestras penas,
y culpad a Amor de tal situación.

Pero si sucede que dar no podáis 7445
será necesario que hagáis mil promesas.
Prometed mil cosas sin reparo alguno,
como el que está cierto de poder pagar.
Dad vuestra palabra, incluso jurando,
todo antes que iros sin sacar provecho. 7450

Dadles mucha pena para que os ayuden,
que, si vuestros ojos sueltan ciertas lágrimas,
éstas os serán de mucho provecho:
llorad, que será cosa muy valiosa.

Y ante su presencia caed de rodillas 7455
juntando las manos, mientras de los ojos
caigan esas lágrimas sin interrupción,
tantas, que chorreen por la cara abajo,
de modo que puedan verlas cómo caen:
es un espectáculo muy digno de ver, 7460
puesto que las lágrimas son bien aceptadas,
en particular por quien es muy tierno.
Y si os sucediera no poder llorar
de forma afectada, simuladamente,
mojaos los ojos con vuestra saliva, 7465
o bien restregaos con una cebolla,
o si no con ajos, o con un licor,
a fin de que queden muy rojos los ojos.
Haciendo estas cosas, lograréis llorar
en cada momento que os sea preciso. 7470

---

7445   En los consejos que van a seguir, Meun se inspira en el *Ars
amandi*, de Ovidio, en especial en el libro I.

Esto ya lo han hecho muchos burladores
para simular sinceros amores,
los cuales pudieron coger a las damas
en las trampas que ellos supieron tenderles,
pues tanto lloraron, que a muchas movieron          7475
incluso a quitarles la cuerda del cuello.
Muchos han llorado usando este truco
sin estar movidos por ningún amor
y sí por lograr a muchas doncellas,
que engañadas fueron con tal fingimiento.          7480
  Las lágrimas, pues, rompen corazones
con tal que sepáis derramarlas bien,
pues si sospechasen que son engañosas,
con vos actuarían implacablemente:
por más que gritarais pidiendo piedad,             7485
nunca os dejarían que entrarais allí.
  Si os fuera imposible llegar a la puerta,
enviad al menos algún mensajero
(alguien que os inspire total confianza),
ya sea por carta o de portavoz.                    7490
Pero no escribáis vuestro propio nombre,
que debe ocultarse siempre bajo el *ella*,
y, del mismo modo, que ella sea *él*,
que así quedará la cosa encubierta:
que *él* sea la dama y el amante *ella*.           7495
Debéis escribir el mensaje así,
pues muchos rufianes pudieron burlarse
de muchos maridos procediendo así.
Porque si el secreto fuera descubierto,
debéis despediros de lo que queréis.               7500
  Este mensajero no debe ser niño,
puesto que el asunto mal acabará.
Los niños no son buenos mensajeros,
ya que están pensando siempre en divertirse,
y acaban diciendo la mensajería                    7505
a quien con promesas los sabe engañar;
o porque el mensaje no lo saben dar,

---

7501    Al Arcipreste de Hita tampoco le gusta otro mensajero que las
viejas.

ya que suelen ser muy atolondrados,
y al final la cosa sería sabida
si no se actuase con sagacidad.                           7510

Volviendo a las guardas, es bien conocido
que son de un carácter tan poco seguro,
que, si los regalos llegan a tomar,
se puede contar con su beneplácito.
Así que sabed que os serán amables                        7515
una vez que tengan de vos un regalo:
una vez tomado, la cosa está hecha:
como el cazador, usando el señuelo,
hace que se pose en cualquier momento
su ave de presa en su propia mano,                        7520
así por los dones se muestran propicios
a hacer mil favores y a ser generosos
todos los guardianes a los amadores,
ya que los regalos vencen todo obstáculo.
Pero si sucede que sean tan fieros                         7525
y tan intratables, que fuera imposible
doblegar sus ánimos de ninguna forma,
ni mediante lágrimas ni mediante dones,
sino que os rechazan con modos hostiles,
o bien de palabra o con empujones,                        7530
y veis que se portan con duros modales,
debéis comportaros educadamente
dejando que expulsen todo su furor:
jamás ningún queso en fermentación
cocerá mejor que ellos con su rabia:                       7535
en cuanto os vayáis se moderarán
y serán más dulces la próxima vez,
de donde obtendréis mayores ventajas.
Los de mal carácter actúan así:
a quienes les muestran cierta estimación,                 7540
cuanto más les ruegan, hacen menos caso,
cuanto más les dan, más son rechazados.
Pero si les dejan que se desahoguen,
inmediatamente se les va la furia
y al que antes odiaban ahora les gusta,                   7545
le son más humildes y más apacibles,
por más que les trate de mala manera

[244]

y a pesar de hacerles el mayor desprecio.
    Todo marinero que surca los mares
tiene la ilusión de hallar nuevas tierras,　　7550
y aunque siempre tiene la estrella a la vista,
no siempre navega con velas al viento,
ya que las recoge en muchos momentos
para así esquivar toda tempestad.
Así el corazón que busca su amor　　7555
no siempre lo alcanza al primer intento,
sino que tantea, incluso se aleja,
hasta que consigue gozarse con él.
Y, por otra parte, es muy conocido
(no es, pues, necesario dar explicaciones,　　7560
dado que este asunto es por sí muy claro),
que a todo guardián se debe rogar,
pues todas las cosas se acaban logrando
por quien no desiste en su petición,
con tal de que sepan usar buenos métodos;　　7565
así que el que tenga tal necesidad
tendrá que rogarles sin miedo ninguno,
sin pensar jamás con antelación
si será aceptado o no lo será;
porque en estos casos no se pierde apenas,　　7570
pues aun no logrando la cosa pedida,
sólo se malgasta el tiempo empleado.
Ya que estos guardianes no han de maltratar
a aquellas personas que les han rogado,
sino que, al contrario, les serán amables　　7575
cuando sus halagos les hayan oído,
pues nadie es tan duro que, cuando los oye,
no sienta alegría en su corazón,
y todos se creen, aunque no lo digan,
que son excelentes, bellos y agradables,　　7580
y que sus acciones son de calidad,
puesto que por otros son tan apreciados
aunque les negaran lo que les pedían,
sin tener en cuenta el dar o el negar.

---

7562　La constancia y la insistencia en estos asuntos son también
citados por Juan Ruiz entre los consejos que le da Amor (en donde
también se alude a Ovidio).

De ser recibido, mejor que mejor, 7585
pues se habrá logrado lo que se quería.
Mas si no es el caso, por algo que falla,
es mejor marcharse sin dramatizar,
pues si tal fracaso se ve como un juego,
también hay en él algo de placer. 7590
    Pero el amador deberá evitar
el que los guardianes puedan sospechar
que lo que pretende estando con ellos
es poder cortar del rosal la rosa,
y no que por ellos un afecto sienta 7595
sincero, leal, desinteresado.
Pues debéis saber que son muy domables
(salvo si sospechan que son engañados)
por toda persona que sepa tratarlos,
la cual no será nunca rechazada 7600
ni habrán de negarle las cosas que pida.
    Si es que proyectáis seguir mi consejo,
no habréis de esforzaros en pedirles nada
si veis que no es fácil lograr vuestro intento,
pues es muy seguro que, de no engañarlos, 7605
habrán de jactarse de vuestra derrota.
Pero tal jactancia no se podrá dar
si habéis conseguido el hacerlos cómplices:
éstos tales son tan particulares,
por mucho que muestren su severidad, 7610
que, incluso en los casos en que no les piden,
serán los primeros en mostrarse amables,
llegando a ser ellos quienes más se ofrecen
con tal que los traten con buenos modales.
Mas con quien implora insistentemente 7615
y con quien regala sin escatimar
se suelen portar con tanta soberbia,
que le hacen pagar muy cara su rosa;
y así los que piensan que es mejor dar más
terminan sufriendo un grave perjuicio, 7620
puesto que por menos más les sacarían
si con sus regalos no los provocasen.
Por dicha razón, no debiera hacerse,
y, de esta manera, nadie pagaría.

Si los amadores todos se aliasen,                      7625
si entre ellos hubiese buen entendimiento
para mantener la misma postura,
si todos obrasen de la misma forma,
de modo que nadie viniera a ofrecérseles
para conseguir lo que se proponen,                     7630
evitar podrían tal humillación,
por más que tuvieran que olvidar las rosas.
Con esto que digo, quiero reprobar
a todo el que pone un precio a sus actos,
porque reconozco que nada me gustan               7635
quienes de su cuerpo hacen mercancía.
    En cuanto a la rosa, sed muy diligente:
debéis requerirla y debéis tenderle
sin tardar la red para asegurárosla,
pues puede ocurrir, si mucho esperáis,              7640
que en muy poco tiempo podrían lanzarse
sobre vuestra presa otros cazadores,
primero unos pocos, después muchos más
y al cabo del año una multitud.
Aquellos guardianes os olvidarían                      7645
si en este negocio fuerais negligente,
y puede ocurriros que no lo logréis
por haber tardado demasiado tiempo.
Ningún amador se debe esperar
a que las mujeres su amor le declaren,             7650
pues el que se crea que vendrán a él
confía en sí mismo peligrosamente.
    En lo que respecta al que tiene prisa
para conquistar la dama que quiere,
que no tema nunca que ella lo rechace            7655
por muy orgullosa y altiva que sea,
ni tema tampoco que ha de fracasar
con tal de que actúe convenientemente.
    Así, compañero, deberéis obrar
cuando os encontréis ante los guardianes.      7660
Pero si los veis que están enfadados,
debéis esperar mejor ocasión:
habréis de abordarlos si los veis contentos
y alejaros de ellos si los veis airados,

estado en el cual pueden encontrarse,                7665
debido a que Celos, siempre vigilante,
los hubiera visto en muy buenos términos
con vos, y por eso muy mal los tratara.
Pero si lográis de alguna manera
con ellos tratar más privadamente,                    7670
cuando la ocasión se muestre propicia
que ningún guardián venga a sorprenderos
y libre se vea Buen Recibimiento,
el cual está ahora por vos apresado,
y en cuanto que os ponga este buen amigo              7675
ese dulce gesto que suele poner
para demostraros que todo está listo,
deberéis entonces arrancar la rosa,
por más que veáis que viene Peligro
hacia donde estáis lleno de furor,                    7680
o que estén rabiosas Pavor y Vergüenza,
ya que todos ellos lo estarán fingiendo
y os atacarán sin gran convicción,
porque ya vencidos estarán luchando,
tal como podréis constatar vos mismo.                 7685
Así que, si veis a Pavor rugir,
bramar a Vergüenza, tronar a Peligro,
o bien a los tres dando grandes voces,
no tengáis por ello el menor cuidado.
Coged, pues, la rosa sin vacilaciones                 7690
y mostrad a todos que vos sois un hombre,
llegado el momento, lugar y ocasión,
pues a cierta gente nada place más
que un acto de fuerza, si se sabe hacer.
A muchos guardianes a menudo ocurre                   7695
que actúan de forma bastante curiosa,
porque por la fuerza suelen entregar
lo que no se atreven a dar por sí mismos,
y así fingirán que les han quitado
lo que vigilaban con poco cuidado.                    7700
Y debéis saber que se dolerían
si de tal ataque fueran vencedores;
por más que mostraran que están muy contentos,
en su fuero interno se lamentarán

de haber conseguido lo que no querían,                          7705
aunque, por sus rostros, muestren lo contrario.

Pero, si al hablarles para tantearlos
veis que su furor no es nada fingido
y que con vigor pueden atacaros,
no debéis osar coger vuestra rosa:                              7710
mejor os será no insistir en ello
y pedir perdón, y estar a la espera
hasta que se alejen de donde os estorban,
que cuando no puedan impediros nada
y se quede solo Buen Recibimiento,                              7715
él podrá entregaros lo que deseáis.
Así deberéis actuar con ellos,
siendo al mismo tiempo astuto y resuelto.

También deberéis estar muy atento
a cómo reacciona Buen Recibimiento:                             7720
a todos sus actos, a cualquier mirada,
debéis responder adecuadamente:
si se comportara de manera adusta,
tendréis que esforzaros para comportaros
rigurosamente de la misma forma;                                7725
y si da señales de estar más tranquilo,
que vuestro semblante refleje esa calma.
Esforzaos, pues, en seguir sus gestos:
si se muestra alegre, alegre mostraos,
y si está enfadado, debéis enfadaros;                           7730
si ríe, reíd; si llora, llorad,
y haced lo que hiciera en cada momento:
cuanto a él le guste os ha de gustar,
lo que rechazara, eso rechazad,
y cuanto él alabe, habéis de alabar,                            7735
que así más en vos se confiaría.

¿Creéis que una dama como debe ser
puede amar a un joven loco e insensato
que al anochecer se fuera a rondarla
como si esto fuera lo que debe hacer,                           7740
y que se pasara la noche cantando,
aunque cante bien, para así obtenerla?
Temerá más bien que ha de difamarla
y que la tendrán en pobre opinión.

Pues estos amores se conocen pronto          7745
y serán objeto de mil comentarios,
y, como es preciso que nadie lo sepa,
quien actúa así obra locamente.
Y si sucediera que fuera sensato
quien habla de amores a una dama necia          7750
y con discreción quisiera tratarla,
jamás logrará de ella cosa alguna:
que no piense nunca que ha de conquistarla
porque se comporte de forma sensata:
se tiene que obrar según obra el otro,          7755
pues, si no es así, no se obtiene nada.
Ella pensará que él es insensato,
que la está engañando, que es un charlatán.
Y al final ocurre que la desgraciada
acaba con alguien que no la merece,          7760
ya que, al rechazar al hombre valioso,
necesariamente tomará al más necio,
con lo que su amor desperdiciará,
actuando así tal como la loba,
cuya insensatez llega a tales términos,          7765
que de la manada elige al peor.
   Si hasta donde está pudierais llegar
y ocasión tenéis de echar una mano
de cartas, de dados o bien de ajedrez,
o bien de otro juego que esté a vuestro alcance,          7770
Buen Recibimiento deberá ganar
todas las partidas que juguéis con él:
cualquiera que sea a lo que juguéis,
deberéis perder todas las apuestas.
Que de todo juego salga ganador,          7775
que de esta manera lo tendréis contento.
   Alabad cualquiera de sus reacciones,
todas sus maneras, las cosas que hiciera,
sirviéndolo siempre con solicitud.
Así, cuando vaya a tomar asiento          7780
ponedle solícito su silla o sillón,

7766   La actitud de la loba era proverbial. Juan Ruiz recuerda también
esta forma de obrar: «fazes... como faze la loba: al más astroso lobo, al
enatío ajoba» («carga con el más vil y feo de los lobos») (estrofa 402).

[250]

pues así hará suyas vuestras pretensiones.
Si mota de polvo llegáis a observar
que viene a posarse sobre su persona,
inmediatamente habréis de quitársela;                    7785
y, aunque no haya mota, lo debéis hacer.
Y si su vestido lleno está de polvo,
debéis sacudírselo solícitamente.
    Obrad, en resumen, en todo lugar
haciendo de forma que se sienta a gusto.                 7790
Y si así lo hacéis, no debéis dudar
de que no seréis jamás rechazado,
sino que obtendréis lo que os propongáis,
tal como yo ahora os estoy contando.
    —Pero, dulce amigo, ¿qué es lo que decís?            7795
Nadie que no fuera un perfecto hipócrita
podrá ser capaz de tal diablura:
nunca he conocido conducta peor.
¿Acaso creéis que servir podría
a tales personas tan desagradables.                      7800
    Todos son mezquinos, bajos y ruines,
salvo, solamente, Buen Recibimiento.
¿Verdaderamente me lo aconsejáis?
Sería tratado de persona indigna
si me porto bien usando el engaño.                       7805
Ya que, por mi parte, puedo asegurar
que cuando me veo ante un enemigo,
lo primero que hago es desafiarlo.
Permitidme al menos que yo desafíe
a ese Malaboca, que me es tan dañino,                    7810
en vez de vencerlo mediante el engaño;
que pueda pedirle que los chismorreos
que me levantó venga a retirarlos,
si quiere evitar batirse conmigo;
o que se retracte, si lo tiene a bien,                   7815
pues, de lo contrario, lo haré a su pesar;
o que, si prefiere, ante el juez iremos
y que sea éste quien haga justicia.
    —Mi querido amigo, esto no es posible
salvo entre soldados en combate abierto.                 7820
Pero Malaboca nunca actúa así,

que es un enemigo que nunca se expone,
porque cuando ataca a cualquier persona
lo hace por detrás, con difamaciones.
Es un gran traidor, ¡que Dios lo maldiga!          7825
Así pues, es justo que se le traicione.
Con ningún traidor tengo miramientos,
ya que son personas sin ninguna fe.
Odian a las gentes en su fuero interno,
pero les sonríen muy visiblemente.                 7830
Nunca de estos tipos me siento seguro,
por lo que es mejor precaverse de ellos.
Es lícito, pues, que muera a traición
quien es traicionero por naturaleza,
si es que no es posible de ninguna forma          7835
acabar con él con más dignidad.
    Si a los tribunales lo queréis llevar,
¿acaso creéis que habrá de callarse?
A mi parecer, nada probaréis
ni podréis hallar ningún testimonio;               7840
y aunque quede clara su mala conducta,
no habrá de quedarse sin contraatacar:
cuanto más probéis, más cosas dirá,
y terminaréis perdiendo más que él:
quedará la cosa de todos sabida                    7845
y vuestra vergüenza será aún mayor,
pues cuando se quiere ocultar la afrenta
o bien repararla, más suele agrandarse.
Así que ¿rogarle que no siga haciendo
sus difamaciones, o será batido?                   7850
A mi parecer, de nada valdría,
puesto que por eso no se borrarían;
y sería inútil si de él esperarais
que se retractara, de eso estoy seguro:
es más, considero que es más ventajoso             7855
olvidarlo todo que el que se retracte.
Y si lo vencéis en el desafío,
os puedo jurar por todos los santos
que lo pagará Buen Recibimiento,
puesto que en revancha le darán vil muerte;        7860
o será encerrado con tanta dureza,

De una edición del *Roman de la Rose*, Lyon, 1485 (?)

que nunca jamás saldrá de prisión:
vuestro corazón quedará tan triste
como el del rey Carlos quedó por Roldán
cuando en Roncesvalles encontró la muerte 7865
por la felonía que hizo Ganelón.
   —De ninguna forma podría aceptarlo.
¡Que a este Malaboca lleven los diablos!
¡Qué daría yo por poder ahorcar
a quien me ha causado tantísimo daño! 7870
   —No os compete a vos colgar a la gente,
por lo que es mejor tramar otra cosa.
Dejad de pensar en esa tarea,
que es cosa que atañe sólo a la justicia.
Debéis actuar traicioneramente, 7875
si queréis seguir lo que os aconsejo.
   —Pues hablad, amigo, que me atengo a vos
y no me saldré de lo que digáis.
Así que, si acaso podéis sugerirme
alguna artimaña, gracias a la cual 7880
se pudiera hallar un procedimiento
para que el castillo se pueda tomar,
estoy muy dispuesto a saber cuál es,
si tenéis a bien el comunicármela.


### El camino de Mucho Dar

   —Existe un camino que es muy agradable, 7885
camino que está prohibido a los pobres.
Pero, compañero, para conseguir
lo que pretendéis, es el más seguro,
puesto que hace inútiles todos los consejos.
Si por él andáis, os será muy fácil 7890
derribar sus muros hasta los cimientos:
todas sus entradas se abrirán a vos,
todas sus defensas a vuestra merced
estarán rendidas en cuerpos y en armas,
y nadie hallaréis que toque la alarma. 7895
   Tal camino es el de Mucho Dar,
que fue construido por Loca Largueza,

por donde anduvieron muchos amadores.
Yo me lo conozco demasiado bien,
ya que de él salí hace poco tiempo, 7900
pues lo he transitado como peregrino
algunos veranos y más de un invierno.

A mano derecha dejaréis Largueza,
siguiendo después siempre hacia la izquierda,
y apenas hayáis avanzado un poco 7905
en la dirección que os estoy marcando,
apenas, repito, andéis un instante,
podréis ver los muros por tierra caer
y precipitarse torres y atalayas
(que ya no serán tan fuertes ni bellas), 7910
y cómo las puertas se abren por sí solas
como si sus guardias estuviesen muertos.
Pues por esta parte resulta el castillo
de tal forma endeble, que un duro bizcocho
será menos fácil de partir en cuatro 7915
que aquellas defensas en venirse abajo.
Por ese lugar caería el castillo
sin necesidad de huestes tan grandes
como precisó rey Carlomagno
cuando pretendió tomar Alemania. 7920

En este camino, si no me equivoco,
no dejan entrar a la gente pobre,
porque corre el riesgo de perderse en él
y a nadie le dejan servirle de guía.
(Pero si dejaran a algún guía entrar, 7925
tendría que ser alguien tan experto
que lo conociera tanto como yo,
que me lo aprendí a la perfección.)
Si, por vuestra parte, queréis conocerlo,
este es un camino fácil de aprender 7930
si es que disponéis de mucho dinero,
ya que es necesario gastar grandes sumas.
Porque acompañaros ya no me es posible:
Pobreza me tiene prohibida la entrada
desde que salí la última vez, 7935
ya que me gasté cuanto poseía
y todo el dinero que me fue prestado;

tantas son las deudas que contraje entonces,
que jamás podré pagarle a ninguno,
ni aun bajo amenazas de que me ahorcarían.        7940
"Que no se os ocurra, me dijo, volver,
ya que no tenéis nada que ofrecer."
    Por ese camino no es fácil andar
a menos que quiera ir con vos Riqueza.
Pero a todo aquel a quien acompaña              7945
lo deja a la vuelta en muy mal estado:
al ir estará siempre a vuestro lado,
mas para volver solo os quedaréis.
Y de esto que os digo no debéis dudar,
pues si entráis en él sin llevar dinero,          7950
no habréis de salir ya nunca jamás,
salvo si Pobreza viene a acompañaros
(situación que muchos suelen conocer).
Allí está la casa de Loca Largueza,
que se pasa el día pensando en jugar              7955
y en gastar dinero en gran cantidad,
dinero que gasta tan alegremente
como si creciera dentro de su casa:
sin tiento lo gasta, ni sin miramientos,
creyendo que siempre le habrá de durar.           7960


#### Pobreza


    En la parte opuesta reside Pobreza,
llena de dolores y de sinsabores,
quien sufre muchísimo en su dignidad,
ya que pasa el día pidiendo limosna,
soportando siempre duras negativas.               7965
Tanto en lo que dice como en lo que hace
suele resultar muy poco agradable,
y se ha de tener un gran corazón
para soportar vivir a su lado.
Por eso la gente muy mal habla de ella.           7970
    Así, de Pobreza nunca os ocupéis,
salvo solamente en hallar el medio
de cómo evitarla de cualquier manera.

Nada puede tanto al hombre abatir
como que Pobreza se apodere de él,                        7975
cosa que conocen los que tienen deudas
y que ya han gastado todos sus haberes:
por este motivo han muerto muchísimos.
Y también lo saben por propia experiencia
quienes mendigaron muy a su pesar,                        7980
los cuales tuvieron que sufrir mil penas
para que la gente se dignara darles.
Y esto han de saber bien los amadores
que de sus amores pretenden gozar,
puesto que los pobres nunca lo gozaron,                   7985
tal como nos dice claramente Ovidio.

Pobreza del hombre hace un ser ruin,
siempre despreciado y martirizado,
llegando a quitarle incluso el sentido.
Por Dios, compañero, no caigáis en ella,                  7990
esforzaos siempre en tener presente
este mi consejo, que es muy verdadero;
pues debéis saber que he experimentado
y que he comprobado rigurosamente,
ya que lo he sentido en mis propias carnes,               7995
todo lo que ahora os estoy diciendo.
Y por eso sé cuál es su rigor
y cuál la vergüenza de quien vive en ella,
mi querido amigo, mucho más que vos,
que hasta este momento no la habéis sufrido.             8000
Así pues, debéis confiar en mí,
puesto que os lo digo para preveniros,
que muchos pesares evitar podrá
quien sepa aprender en cabeza ajena.

Antes me tenía por hombre de pro                          8005
y muy apreciado por todo mi entorno;
entonces gastaba muy alegremente
en cada ocasión, sin mirar los gastos,

---

7986 La Pobreza es uno de los temas más tratados en la literatura
medieval, asociada a su oponente, la Riqueza, y a la Fortuna. En la
literatura medieval castellana, entre otros ejemplos, merece destacar el
*Dezir,* de Ruy Páez de Ribera, el cual considera que es mayor desgracia que
la enfermedad y la vejez.

tanto, que por rico me consideraban.
Ahora me veo muy necesitado                    8010
por tantos excesos de Loca Largueza,
que me ha reducido a tan triste estado,
que no me mantengo sino a duras penas;
apenas consigo beber ni comer,
y me visto y calzo con dificultad:            8015
tan dura conmigo se portó Pobreza,
que me arrebató hasta los amigos.

Pues debéis saber que en el mismo instante
en que así me puso la cruel Fortuna,
todos mis amigos desaparecieron;              8020
todos menos uno, según pude ver,
de cuantos tenía de mí se apartaron.
Todos consiguó Fortuna quitármelos
gracias a Pobreza, que la acompañaba.

¿Quitármelos? No. Verdaderamente,             8025
tomólos consigo como cosa propia,
pues de haber podido decir que eran míos,
ellos nunca hubieran podido dejarme.
Así que, en verdad, nada me quitó,
ya que se llevó a los que eran suyos.         8030

¿Suyos? Ciertamente; mas no lo sabía,
dado que creía haberlos comprado,
pues tantos favores tuvieron de mí,
que llegué a creerme que míos ya fueran.
Hasta que, al final ocurrió que un día        8035
ya no me quedaba ni siquiera un céntimo.
Y cuando me vieron en tal situación,
aquellos amigos de mí se alejaron.
Todos se marcharon, y hasta se reían
en cuanto que vieron que bajo la rueda        8040
de la vil Fortuna había caído
y que me encontraba preso de Pobreza.

Mas no debería quejarme a Fortuna,
ya que ella me hizo un favor muy grande,
que hasta este momento no pude pagarle:       8045
desde entonces veo con gran claridad,
pues puso en mis ojos un fino colirio
que me preparó y fueme aplicado

cuando se abatió sobre mí Pobreza
y se me llevó más de veinte amigos.                    8050
¿Digo veinte amigos? Fueron muchos más,
más de cuatrocientos, y más de quinientos.
Jamás lince alguno pudo nunca ver
con tanta agudeza como yo veía.
Mostróme Fortuna con gran evidencia                   8055
en qué consistía la buena amistad,
gracias al amigo que no me dejó
cuando a tal pobreza me vi condenado,
pues el conocerlo no fuera posible
de no haberme visto en tal situación.                 8060
Puesto que al saberlo vino junto a mí
y me socorrió con gran voluntad,
y todo lo suyo me vino a ofrecer
para remediar mis necesidades.
«Amigo, me dijo, podéis disponer                      8065
tanto de mí mismo como de mi haber,
del que gastaréis como gasto yo.
Y debéis tomarlo sin pedir permiso.
—¿Qué me estáis diciendo? —Para que sepáis,
disponed de todo, si fuera preciso,                   8070
pues el buen amigo no escatima nunca
para con su amigo lo que es de Fortuna,
y menos aún su propia persona.
Y ya que nos fue dado el que nos viéramos
y que el uno al otro nos reconociéramos               8075
e identificar nuestros corazones,
sabremos de ahora en lo sucesivo
que los dos podemos llamarnos amigos,
pues nadie sabrá sin tener la prueba
si puede contar con quien fiel le sea.                8080
Así pues, a vos quedaré obligado,
pues nuestra amistad es muy poderosa.
Y en lo que me atañe, y para ayudaros,
me podéis meter incluso en prisión
como garantía o como caución,                         8085
y vender lo mío o darlo en depósito.»
    Y no se quedó sólo en las palabras,
que pueden pasar como pura fórmula,

[259]

sino que forzóme a que lo tomara.
Pues yo no quería extender la mano            8090
de tanta vergüenza como en mí sentía
al verme obligado a obrar como pobre,
al cual la deshonra lo deja tan mudo,
que no osa decir lo que está sufriendo,
sino que lo sufre silenciosamente            8095
para que ninguno sepa su pobreza,
y muestra en la cara su falsa alegría:
en tal situación me encontraba entonces.
    Pero tal conducta, si no me equivoco,
no tienen en cuenta algunos mendigos         8100
que, aunque están muy sanos, van de puerta en puerta
a todos pidiendo con todo descaro,
mostrando de sí todas las vergüenzas
a cualquier persona que van encontrando,
diciendo palabras de gran sentimiento        8105
para conmover a quienes les dan;
pregonan así lo pobres que son,
aunque no carecen de alimento alguno
y en sus casas tienen muchísimos bienes.
Pero de estos tales no añadiré más,          8110
pues puedo decir tantísimas cosas,
que mi situación empeoraría:
es cosa frecuente entre los hipócritas
odiar la verdad que no les es útil.
Así me ocurrió con esos amigos,              8115
a quienes me di insensatamente.

### Los regalos

Y por eso ahora me veo engañado,
odiado, vencido, mi honor difamado,
sin poder contar con otras ayudas
en la situación en la que me veis            8120
de absolutamente ninguna persona,
salvo únicamente con vuestro socorro
y con la amistad que me estáis mostrando.
En mi corazón os tengo presente

[260]

en cada momento, y si, como espero,                   8125
en vuestra amistad no decaigo nunca,
si Dios lo permite, siempre os amaré.
Mas puesto que vos me habéis de perder,
por cuanto que todos debemos morir
y hemos de dejar la vida terrena,                      8130
cuando a cada cual nos llegue el momento
en el que nos quite Muerte nuestros cuerpos
(pues en ese día, si no me equivoco,
no podrá quitarnos sino sólo el cuerpo
y todas las cosas que son sustanciales                 8135
a las criaturas que son perdurables;
por lo cual los dos hemos de morir
y desde ese instante quedar separados,
debido a que Muerte se suele llevar
a los que se quieren, pero no a la vez)                8140
puedo estar seguro, sin lugar a dudas,
que, si nuestro amor tan firme siguiera,
si soy yo quien muere y vos el que queda,
en vuestro interior siempre viviré,
De la misma forma, si sois vos quien muere,            8145
aquí os aseguro que no he de olvidaros,
ya que viviréis en mi corazón
tal como vivió, nos dice la historia,
después de su muerte aquel buen Pirítoo
en el corazón de su buen Teseo,                        8150
quien tanto lo amó y tanto lo honró,
que en su corazón seguía viviendo
después de partir para los Infiernos
por el gran amor que ambos se tenían.
   Mas peor que Muerte se muestra Pobreza,             8155
que suele dañar al cuerpo y al alma
simultáneamente durante la vida
y no unos momentos, sino de continuo,
pues suele infligir muy grandes tormentos,
muy grandes deshonras, muy grandes perjuicios          8160
y otros muchos más rigores sin cuento
a quienes la sufren con mayor rigor.

8149-50   Estos dos amigos bajaron juntos a los Infiernos, de donde no
pudo salir más que Teseo, ayudado por Hércules.

En todo lo cual Muerte es más clemente
ya que, cuando llega, se lleva consigo,
no dejando de ellos más que su recuerdo,                   8165
todos los tormentos que se han padecido,
a los que, sin más, y aún siendo tan duros,
hará que se borren inmediatamente.

Por eso os advierto, mi querido amigo,
que no os olvidéis del gran Salomón,                        8170
aquel que fue rey de Jerusalén,
de cuya enseñanza se saca provecho,
el cual escribió, tomad buena cuenta:
«Hijo, de pobreza te debes guardar
durante los días que dure tu vida.»                         8175

Después de lo cual explica la causa:
«Pues en esta vida que hemos de vivir,
más vale morir que ser un mendigo,
ya que, a aquel que caiga en tal situación,
sus propios hermanos lo despreciarán.»

Y entiende por pobre al que experimenta                     8180
las necesidades del que nada tiene,
las cuales lo obligan a vivir tal vida.»
que no puede hallarse mayor desgraciado
que aquel que padezca tal necesidad.
Pues hasta les niegan servir de testigos                    8185
aquellos que siguen el derecho escrito,
dado que en la ley son considerados
como sin honor ni crédito alguno.

Es, pues, dura cosa vivir con Pobreza.
Por todo lo cual, me atrevo a decir                         8190
que, si disponéis de gran cantidad
de joyas y haberes que hayáis amasado,
y si a regalar estáis decidido
los muchos regalos que hayáis prometido,
podréis obtener capullos y rosas,                           8195
por mucho que estén muy bien vigilados.

Pero vos no sois persona muy rica,
y como tampoco sois ningún tacaño,
habéis de ofrecer moderadamente

---

8173   En el *Eclesiástico*, XL, 29.

pequeños regalos, sin sobrepasarse,                    8200
para así evitar caer en Pobreza,
de donde os vendría un perjuicio grande;
pues toda la gente de vos se reiría
(y en manera alguna os ayudaría)
si hubieseis pagado por la mercancía                   8205
muchísimo más de lo que costara.
Da buen resultado siempre el ofrecer
un bello presente de frutas del tiempo,
bien en unos paños, bien en una cesta.
Con estos regalos no hay que escatimar.               8210
Manzanas y peras, nueces y cerezas,
serbas y ciruelas y fresas silvestres,
castañas y guindas, higos y membrillos,
peras mosquerolas y melocotones,
níspolas pasadas y también frambuesas,                8215
y de esas ciruelas que vienen de Oriente,
y uvas agraces y moras maduras
enviaréis diciendo que las cultiváis.
Pero si os sucede haberlas comprado,
tenéis que decir que os las regaló                     8220
un amigo vuestro venido de lejos,
aunque las comprarais en su misma calle.
Regalad también rosas encendidas,
o bien primaveras, o acaso violetas,
o bellos gladiolos, según el momento.                 8225
Con tales regalos el gasto no es grande.
     Recibir regalos emboba a la gente
y a los maldicientes les hace callar:
aunque de quien dé sepan algo malo,
de él irán diciendo muchas cosas buenas.              8230
Los buenos regalos tapan mil honores
que fueron logrados de mala manera.
Los buenos regalos de vinos y carnes
siempre han conseguido cuantiosas prebendas.
Los buenos regalos, no debéis dudarlo,                8235
logran que se den famas reputadas.
Los buenos regalos son siempre apreciados:
al que los dispensa lo tienen por noble.
El regalo da renombre al donante

[263]

y no beneficia a quien lo recibe,                    8240
ya que perderá libertad de acción
al estar sujeto del que regaló.
¿Para qué seguir? En definitiva,
los regalos compran a dioses y a hombres.
Mi querido amigo, recordad bien esto                 8245
que os estoy diciendo y que os aconsejo;
habéis de saber que, si me seguís
en todas las cosas que aquí he referido,
vuestro dios Amor no habrá de faltar
cuando aquel castillo decida tomar,                  8250
ya que en cada caso cumple sus promesas.
Y junto con Venus, la diosa graciosa,
darán tal asalto a los de las puertas,
que la fortaleza se les rendirá;
entonces podréis coger vuestra rosa,                 8255
que ya no estará tan bien protegida.

### Ganar y conservar

Mas cuando una cosa se tiene adquirida,
es muy necesario saber actuar
para conservarla convenientemente
si quiere gozarse de ella mucho tiempo,              8260
puesto que la empresa no es mucho menor
si se guarda bien y bien se defiende
lo que se ha ganado y ya está adquirido,
que cuando se gana de cualquier manera.
No en vano el que ama se cree desgraciado            8265
si llega a perder a su bien amada
por algún error que haya cometido;
pues es muy notable y muy de alabar
el saber guardar con tino a la amiga
si lo que se quiere es guardarla siempre;            8270
muy en especial cuando Dios la da
prudente y cortés, hermosa y honesta,
que ofrece su amor y que no lo vende.
Pues a la mujer que vende su amor
nunca consideran mujer decorosa,                     8275
sino que es llamada rufiana probada.

Es cosa sabida que ignora el amor
mujer que se entrega sólo por dinero:
¡que amores así los lleve el diablo,
en los cuales nunca debiera pensarse!            8280
   Mas también se sabe que son casi todas
grandes codiciosas, y que sólo piensan
en cómo quitar y en cómo engullir;
tanto, que al final han de destrozar
a todos aquellos que más las obsequian            8285
y a quienes las aman con más lealtad.
Juvenal relata un ejemplo ilustre,
en el cual se dice que cierta Hiberina
antes prefería quedarse sin ojos
que entregar su cuerpo a un hombre tan sólo:      8290
érale imposible darse a un solo hombre
por ser muy ardiente su naturaleza.
Ya que no hay mujer tan honesta o buena,
ni tan guardadora de fidelidades
en cuya cabeza nunca entre la idea                8295
de sacar provecho de su compañero.
¡Pensad lo que harían las otras mujeres,
esas que comercian con su propio cuerpo!
   Y no puede hallarse ninguna mujer
que de tales actos se quiera privar,              8300
por mucho que el hombre la vigile bien,
ya que todas tienen esta inclinación.
Tal dice la regla que da Juvenal;
pero toda regla tiene su excepción,
ya que esto escribió después de escuchar          8305
algunos ejemplos de malas mujeres.
Mas si la mujer es como la pinto,
de buen corazón y no traicionero,
os voy a decir qué es lo que hay que hacer.
   Todo enamorado de bellos modales               8310
que quiera ganarse a la que él ansía,
se equivocaría si a pensar llegara
que con su belleza tiene suficiente;
mejor le sería que se enriqueciera

---

8287   En la *Sátira*, VI.

en artes, o en ciencias y en buenas costumbres, 8315
pues esos encantos y esas dulces cosas
que da la belleza, si se miran bien,
no van a durar infinitamente,
sino que muy pronto cumplen su jornada,
tal como la flor que crece en el prado, 8320
ya que la belleza tiene tal carácter
que, cuanto más dura, más se deteriora.
Mas no así el saber, que puede adquirirse
y acompañará siempre a quien lo tenga
por muy dilatada que sea su vida; 8325
más aún, el sabio sabrá conducirse
con más dignidad aun siendo muy viejo,
ya que cada día su saber aumenta,
y el tiempo no puede sino acrecentarlo.
Se habrá, pues, de amar y estimar en mucho 8330
al joven que tenga buen entendimiento
con tal que lo use de forma debida.
Y toda mujer debe estar contenta
si le fuera dado conceder su amor
a joven que sea cortés y educado, 8335
ya que son señales de que no es un loco.
Dichas estas cosas, si se me pidiera
consejo, a propósito de la utilidad
de escribir poemas o de componer
canciones, o burlas o escribir relatos 8340
que el enamorado a su amiga envíe
para conquistarla y tener segura,
diría que en esto no habrá de esforzarse,
pues los buenos dichos no sirven de mucho.
Estos, desde luego, serán alabados, 8345
pero le serán de poco provecho.
Mejor es que muestre una bolsa llena,
que esté rebosante de buenas monedas:
en cuanto la enseñe en cualquier lugar,
ella vendrá pronto de brazos abierta, 8350
ya que las mujeres sólo se apresuran
para perseguir las bolsas repletas.

## La Edad de Oro

Antes ocurría diferentemente,
pero hoy va todo de mal en peor.
Antes, en los tiempos de nuestros mayores,          8355
en aquellos días que ya transcurrieron
(según el relato expuesto en el libro,
por el cual sabemos lo que sucedía)
los amores eran bellos y leales,
sin codicia alguna y sin interés,          8360
y la vida así era placentera.
Cierto que no había tanta exquisitez
ni en cuanto al vestir ni en cuanto al comer:
solían comer algunas bellotas
en lugar de pan, de carne o pescado,          8365
y también cogían por aquellos bosques,
por aquellos valles, montes y llanuras,
manzanas y peras, nueces y castañas,
moras y membrillos, y también ciruelas,
frambuesas y fresas y bayas de espino,          8370
habas y guisantes y otras muchas clases
de frutas y tallos, raíces y hierbas.
Molían el trigo para hacer harina
y hacían también cosecha de uva,
pero sin pasarla por lagar ni cuba.          8375
La miel discurría por el roble abajo,
que tomar podían en gran abundancia;
saciaban su sed con agua tan sólo,
sin echar en falta más exquisiteces,
ya que ni siquiera sabían del vino.          8380
Entonces la tierra no estaba labrada,
sino que se hallaba cual Dios la creó,
la cual ofrecía sin labor alguna
comida bastante para todo el mundo.

---

8357   Puede referirse tanto a las *Metamorfosis*, de Ovidio, como a *De
Consolatione*, de Boecio. El tema de la Edad del Oro fue repetido por
muchos autores, fuera incluso de la literatura medieval. Una de las
descripciones más hermosos en nuestras letras es la contenida en el *Quijote*.

Tampoco pescaban salmones ni lucios.                            8385
Cubrían sus cuerpos con cueros velludos,
y también hacían vestidos de lana,
la cual no teñían con hierbas ni granos,
tal como venía de los animales.
Con gran cantidad de diversas plantas,                          8390
con hojas y palos y con muchas ramas
solían cubrir chozas y cabañas,
en cuyo interior cavaban el suelo,
y en cuevas y en troncos sólidos y fuertes
y en huecos de robles buscaban refugio                          8395
al ver que venía algún vendaval
que les presagiaba una tempestad,
lugares en donde se hallaban seguros.
Llegada la noche, para descansar,
en lugar de camas solían poner                                  8400
dentro de las chozas algunas gavillas
de hojas y yerbas y musgos suaves.

   Y cuando llegaba un mejor oraje,
cuando ya era el tiempo bueno y apacible
y el aire venía suave y tranquilo,                              8405
tal como sucede cada primavera,
en cuyas mañanas esos pajarillos
saludan al alba del día que nace
y que les alegra mucho el corazón,                              8410
acudían Céfiro y Flora, su esposa,
que es diosa y señora de todas las flores.
Pues las flores nacen gracias a estos dos
y no reconocen otro señorío,
dado que uno y otro, y conjuntamente,                           8415
son quienes se ocupan de echar la simiente
y darles las formas y colorearlas
con esos colores que en ellas se muestran
y que aprecian tanto los enamorados,
con las cuales hacen muy lindas coronas                         8420
para regalar a la enamorada
y de esta manera demostrar su amor.
Entonces la tierra se cubre de flores,
las cuales componen un manto muy bello,
que puede observarse por entre las hierbas,                     8425

por entre los prados, por entre los árboles.
Pudiera creerse que entonces la tierra
quisiera emprender un bello combate
contra el mismo cielo por más estrellada,
dada la abundancia de flores que muestra.                    8430

Y sobre este manto que estoy describiendo,
sin otro interés que el puro placer,
venían a unirse y a entrelazarse
aquellos a quienes urgía el amor,
mientras que los árboles, copudos y espesos,               8435
a modo de velo y de pabellón
sobre ellos echaban sus tupidas ramas
y los protegían del rigor del sol.
Y allí se ponía a hacer la carola,
a jugar y a hacer otras diversiones                        8440
toda aquella gente tan afortunada,
que entonces vivía sin otro cuidado
que el de divertirse en todo momento
y el tratarse todos muy amablemente.

Por aquellos días, ningún gobernante                       8445
había iniciado sus robos aún.
Entonces la gente era toda igual
y no pretendían tener nada propio.
Muy bien conocían el refrán aquel
(el cual se revela en todo verídico,                       8450
puesto que el amor con el señorío
no puede jamás hacer compañía,
ni nunca se pueden dar al mismo tiempo)
que dice: «el poder viene a separar».

### El marido celoso

Esto bien se ve en ciertas parejas,                        8455
en las que el marido, que se cree ejemplar,
castiga a su esposa y la muele a palos
y la hace vivir un duro calvario,
pues la acusará de loca y de mala
porque pasa el tiempo pensando en los bailes               8460
y por no querer más conversación

ni más compañía que la de los jóvenes,
por lo que su amor no podrá durar.
Sus días transcurren haciéndose daño
porque el hombre quiere tener para sí
el cuerpo y el alma, todo, de su esposa.                    8465

Y suele decirle: «Sois una ramera,
que os pasáis el día de mala manera.
Tan pronto me voy fuera a trabajar,
ya os pueden oír bailar y cantar,                          8470
y soléis armar tan enorme escándalo,
que puede pensarse que buscáis la juerga:
vuestros cantos son cantos de sirena.
¡Quiera Dios mataros con un mal dolor!
Y cuando me encuentro en Roma o en Frigia                  8475
para comerciar nuestra mercancía,
os soléis mostrar tan coqueta y vana
(cosa que me ha dicho quien a mí me informa)
que ya estáis en boca de toda la gente.
Y si alguno viene para preguntaros                         8480
cuál es la razón de vuestros adornos,
que siempre lleváis a doquiera vais,
le dais tal respuesta: «Arre, arre, arre,
si me veis tan bella, es por mi marido.»
¡Decir que por mí! ¡Pobre desgraciado!                     8485
¿Quién puede saber lo que estoy pasando,
si sigo viviendo o si ya me he muerto?
¡Se me debería restregar la cara
con una vejiga de manso cordero!
¡Sin duda ninguna que no valgo nada                        8490
cuando no os castigo como os merecéis!
¡Y me vais echando una buena fama
cuando vais diciendo eso que decís:
todo el mundo sabe cuál es la razón!
¡Decir que por mí! ¡Triste desgraciado!                    8495

---

8488-89   Tal acción suponía una dura afrenta; en la literatura castellana
hay un ejemplo parecido: un criado de doña Lambra lanza un cohombro
lleno de sangre al menor de los Siete Infantes de Salas, lo que desencadena
un drama.

La vejiga del cordero sería doblemente vejatoria, ya que podría aludir a
una insatisfacción sexual forzada.

¡En qué mal asunto me pude meter
y cuán cruelmente quedé escarmentado
cuando prometisteis que seríais fiel
aquel triste día en que nos casamos!
¡Decir que esas cosas las hacéis por mí!                    8500
¡Decir que por mí os mostráis contenta!
¿Pero a quién creéis que vais a engañar?
Pues hasta el presente estoy esperando
a poder gozar con vuestros adornos,
esos que esos tipos que buscan placeres,              8505
y que siempre están detrás de las putas,
pueden admirar en vuestra persona
cuando por la calle os vienen siguiendo.
¿Pero quién creéis que va a tragar eso?
¿Quién me puede hacer que yo me lo crea?          8510
¡Me estáis empleando sólo de pantalla!,
ya que cuando estáis en mi compañía,
observo que vais con más sencillez
con otros vestidos desnudos de adornos
que una tortolica o que una paloma.                    8515
Nunca reparáis si es corto o si es largo
cuando estoy con vos y que estamos solos.
Nadie, ni siquiera dándome dinero
(que me obligaría a condescender)
podría impedirme, salvo mi vergüenza,              8520
para apalearos como os merecéis
a ver si acababa con vuestra insolencia.
Pues debéis saber cuánto me disgusta
observar en vos la coquetería
que soléis mostrar cuando estáis en público,       8525

---

8515   La tortolica (y las aves de esa familia) son el símbolo de la pureza
y de la fidelidad. Así nos es presentada, entre otros textos, por el famoso
*Romance de Fontefrida,* en el que otra tortolica rechaza las pretensiones
amorosas de un «traidor de ruiseñor».

Por otra parte, obsérvese que el presuntamente engañado marido es
presentado como si fuera un mercader, que antepone sus negocios y su
dinero a cualquier otra consideración. Estos tipos eran frecuentemente
ridiculizados en la literatura medieval, pues solían ser engañados por sus
mujeres (recuérdese el ejemplo de Pitas Payas), que se dejaban cortejar y
embaucar por «traidores ruiseñores», es decir, por mozos sutiles y de fácil
palabra, como el *escolar* del verso 8529.

y que me negáis cuando estáis conmigo.
   Y por otra parte, ¿me queréis decir
qué asuntos tenéis vos y el bachiller,
ese tan rubito de la capa verde
que se pasa el día pendiente de vos?
¿Acaso tenéis tierras que partir?                          8530
¿No podéis quizás decir que se vaya?
Siempre os estoy viendo a los dos muy juntos,
sin poder saber lo que pretendéis
ni lograr oír lo que os susurráis.                         8535
Y yo, mientras tanto, reviento de rabia
al veros obrar tan ligeramente.
¡Por vida de Dios, aquí os certifico
que, si os vuelvo a ver hablando con él,
os pondré la cara de muchos colores,                       8540
o, mejor, más negra que la misma mora,
a base de golpes, si Dios no lo evita,
hasta que se borren aquellos mohínes.
Tantos os daré en esa boquita
que siempre tenéis con una sonrisa,                        8545
que he de conseguir que quede borrada.
En lo sucesivo no saldréis sin mí:
permaneceréis sirviéndome en casa
bien asegurada con aros de hierro.
Os hizo el diablo de carácter tal,                         8550
que sólo gustáis de los más malvados,
para con los cuales debierais ser fría.
¿No os tomé yo acaso para mi servicio?
¿Pensabais acaso merecer mi amor
con la compañía de esa gente innoble,                      8555
cuyos corazones están tan vacíos
y que consideran que vos sois igual?
Ciertamente, sois una vil rufiana
y nunca podré confiar en vos.
¡Los mismos diablos urdieron mi boda!                      8560
¡Ay, si a Teofrastes hubiese creído
no habría llegado a tomar esposa!

---

8561   Teofrastes (s. IV a.C.) es autor de una obra titulada *Aureolus sive de Nuptiis,* en la que se inspiran prácticamente todos los autores misóginos.

Este autor no cree que sea muy listo
quien, en matrimonio, se une a mujer,
sea guapa o fea, sea rica o pobre;                            8565
puesto que argumenta con muchos ejemplos,
en su noble libro llamado *Aureolus*
(el cual se debiera leer en la escuela),
que todo casado vivirá una vida
llena de tormentos y de sinsabores,                          8570
llena de disputas y malos momentos
que le habrá de dar su malvada esposa;
se habrá de exponer a muchos peligros
que le causará su lengua imprudente,
y habrá de sufrir las complicaciones                         8575
que toda mujer suele originar,
por muchos esfuerzos que consiga hacer
a fin de evitar sus muchos caprichos.

Pero si además la mujer es pobre,
tendrá que contar que ha de alimentarla                      8580
y darle asimismo vestido y calzado.
Y si de esas cargas se puede librar
porque se casó con mujer de hacienda,
deberá aguantar una gran tortura
debido a su orgullo y a su intransigencia,                   8585
a su estupidez y a su negligencia.

Si ocurre que es bella, vendrán muchos hombres,
todos persiguiéndola, todos cortejándola,
todos afanándose a ver quién más puede,
todos empleando sus estratagemas                             8590
para conseguir hacerse con ella:
irán asediándola, la irán suplicando,
la irán requebrando y solicitándola
con tanta insistencia, que habrá de rendirse,
pues torre sitiada por todas las partes                      8595
no puede evitar el no ser tomada.

---

8586 Según los autores misóginos, no hay mayor peligro para el
hombre que una compañera bella. Véase lo que dice al respecto el Arcipreste de Talavera: «Guárdese el vezino que tenga fermosa mujer; si non,
el que más amigo se mostrare, aquél le andará por burlar...» *(Corbacho,* l. I,
cap. XXVIII). En esta obra se pueden, por otra parte, encontrar todos los
temas misóginos tratados por Meun.

Si es fea, querrá gustarles a todos.
¿Y cómo podría alguien conseguir
guardar una cosa que todos persiguen
y que quiere darse a quien la contempla?          8600
Si a todos quisiera presentar batalla,
en ningún momento descansar podría.
Nadie logrará que al final no ceda
con tal que los otros la requieran bien.

### Ejemplos femeninos

La propia Penélope no hubiese escapado          8605
si alguno la hubiese sabido tratar,
y eso que más fieles no las hubo en Grecia.
Y, a mi parecer, Lucrecia también,
por más que a sí mismo se causó la muerte,
cuando por la fuerza la logró obtener,          8610
el hijo del rey de Roma Tarquinio.
No les fue posible, según Tito Livio,
al padre, al marido ni a ningún pariente,
por más que insistieron para disuadirla,
impedir el acto que quería hacer:          8615
ante todos ellos se quitó la vida.
Mucho le rogaron que olvidara el hecho
y la consolaron con bellas palabras.
En particular, su propio marido
vino a consolarla cariñosamente,          8620
pues la perdonaba de buen corazón
por aquella acción; hablando con ella,
intentaba hallar para convencerla
muy buenos motivos, con los que probar
que en aquel momento no había pecado,          8625
pues su corazón no quiso pecar,
ya que ningún cuerpo puede ser culpado
si su corazón no consiente el hecho.
Pero la mujer, presa del dolor,
habiendo ocultado muy bien en su pecho          8630
una fina daga, para que ninguno
pudiera evitar que se la clavara,

respondió diciendo tan firmes palabras:
«Queridos señores, aun quedando exenta
de la grave mancha que tanto me pesa,                    8635
y aunque consiguiera de todos perdón,
no podré jamás aliviar mi pena.»
Y después clavó, de angustia movida,
en su corazón el cuchillo aquel,
cayendo ante todos mortalmente herida,                  8640
no sin pedir antes que hiciesen lo máximo
para que quedara su muerte vengada,
puesto que quería que se diera ejemplo
para asegurar a toda mujer
que nadie que usara con ellas la fuerza                  8645
pudiera escapar de muerte segura.

Razón por la cual el rey y sus hijos
fueron desterrados a perpetuidad,
y ya nunca más, por aquella acción,
quisieron tener en Roma más reyes.                       8650

Pero se acabaron todas las Lucrecias,
y ya no se ven en Grecia Penélopes
ni en ningún país mujeres honestas
con tal que se sepa cómo hay que tratarlas.
Pues mujer ninguna quiso defenderse                      8655
de quien intentó ganar sus favores:
esto lo aseguran hasta los paganos,
y contra este mal no existe remedio,
puesto que ellas mismas llegan a entregarse
si no existe nadie que venga a pedírselo.                8660

Por eso, a los hombres que siguen casándose
debe de gustarles el peligro mucho
y vivir sus días con gran inquietud
pues, de otra manera, no puede creerse.
¿De dónde podrá venir tal locura,                        8665
sino de un demente o de un desvariado?
Pues incluso aquel que compra un caballo,
no será tan loco que ofrezca un ochavo
si no le permiten que lo pueda ver
y que lo examine detenidamente,                          8670
para, de esta forma, saber lo que compra.
Pero la mujer se encubre tan bien,

[275]

que nadie podrá jamás conocerla
(y así no se sabe si hay ganancia o pérdida),
ni bajo amenazas, ni bajo promesas,                    8675
debido a que teme poder disgustar
y no conseguir la boda que quiere.
Mas cuando la cosa ve que está cumplida,
inmediatamente muestra su malicia
y hace que aparezcan todos sus defectos,               8680
defectos que el loco podrá comprobar
cuando retractarse le sea imposible.
Y por eso sé con seguridad
que, aunque ella se porte convenientemente,
no puede existir casado ninguno                        8685
que, si no está loco, no esté arrepentido.

　　Mujeres honestas, ¡por todos los santos!,
son menos frecuentes que los mismos fénix,
tal como lo afirma aquel gran Valerio;
pues no habrá marido a quien no envenenen             8690
con grandes temores y grandes cuidados,
o con cualquier otro tormento mayor.
¿Menos que los fénix? ¿Qué locuras digo?
Para compararlas con más precisión,
son menos corrientes que los cuervos blancos,          8695
por muchas mujeres que en el mundo existan.
A pesar de todo, para defenderme
y para que aquellos que puedan oírme
no puedan decir que yo me pronuncio
sobre las mujeres muy tajantemente,                    8700
mujeres honestas pueden encontrarse
bien en los conventos, o bien seculares;
mas debo decir a quien busque alguna
que es ave muy rara en nuestra comarca,
y, para que sea fácil conocerla,                       8705
que es muy parecida a los cisnes negros.

　　También Juvenal viene a confirmarlo

_____

8689　Valerio es el pretendido autor de una obra, presentada en forma
epistolar, conocida como *Dissuasio Valerii ad Rufinum philosophum ne uxorem
ducat* (= Advertencia de Valerio al filósofo Rufino para que no se case),
escrita por Gautier Map (siglo XII).

8707　En la *Sátira,* VI, 28-32.

al asegurar en sentencia firme:
«Si acaso encontraras una mujer casta,
ve inmediatamente a rezar al templo,                    8710
póstrate ante Júpiter, di sus oraciones
y sin más demora haz los sacrificios
presentando a Juno, la honorable dama,
una vaca grande de dorada piel,
puesto que suceso tan maravilloso                       8715
no suele ocurrir a muchas personas.»

Y así, el que a las malas se esfuerza en amar,
de las cuales hay tantas en el mundo
(tal como nos dice el propio Valerio,
que no se amilana ante las verdades)                    8720
que son más nutridas que enjambres de abejas
cuando están volando entre sus colmenas,
¿qué es lo que pretende, qué intenta obtener?
Muy mal paso da pretendiendo tal,
pues quien se mantiene en tan frágil rama               8725
perderá al final el cuerpo y el alma.

Un día Valerio, que estaba enojado
puesto que Rufino, su buen compañero,
estaba dispuesto a tomar esposa,
quiso disuadirlo con estas palabras:                    8730
«Que Dios poderoso, querido Rufino,
quiera precaverte para que no caigas
y quedes prendido en red de mujer,
que todas las cosas mueve con engaño.»

También Juvenal dejó consignado                         8735
a su amigo Póstumo, cuando se casó:
«Mi querido Póstumo, ¿pretendes casarte?
¿No es mejor acaso ponerte a vender
manadas de burros, mulas o caballos,
o quizás tirarte por una ventana                        8740
(con lo que podremos verte desde lejos),
o acaso colgarte desde un alto puente?
¿Qué tipo de furia es la que te arrastra
a querer sufrir tan grave tormento?

También nos avisa el rey Foroneo,                       8745
aquel rey por quien, según aprendimos,
se hicieron las leyes para el pueblo griego,

[277]

el cual, moribundo, le quiso avisar
a su propio hermano con tal confidencia:
«Hermano, le dijo, he de confesarte                    8750
que hubiera vivido de forma feliz
de no haber estado casado jamás.»
Por lo cual Leoncio, su hermano, inquirió
la causa de aquellas dolidas palabras:
«Todos los maridos, le dijo, la saben,                 8755
porque la conocen por propia experiencia.
Y cuando, a tu vez, estés ya casado
podrás comprenderlo sin ninguna duda.»

Y Pedro Abelardo nos dice también
que sor Eloísa, la cual fue abadesa                     8760
del Santo Paráclito, y que fue su amiga,
en ningún momento quiso consentir
por nada en el mundo casarse con él.
Aquella mujer lo obligó a escuchar,
como bien letrada y muy entendida,                     8765
como buena amante, como bien amada,
buenos argumentos para que entendiera
que del matrimonio debía guardarse.
Y le demostró con muchos ejemplos
y con mil razones que la situación                     8770
de los matrimonios es rigurosísima,
aun si la mujer es de buen carácter;
puesto que en los libros que había leído
se había informado convenientemente,
y por conocer todas las costumbres                     8775
que, como mujer, también poseía.

Ella le rogó que la amase siempre,
pero sin pedirle nada por derecho,
sino como gracia, voluntariamente,
sin mandato alguno ni sin exigencias;                  8780
él, de esta manera, estudiar podría
sin preocupaciones, con gran libertad,
mientras que ella misma haría otro tanto,

---

8759   En su *Historia calamitatum,* obra autobiográfica en la que se
incluyen las cartas que se escribieron. Eloísa y Abelardo se convirtieron en
prototipo de enamorados desgraciados.

ya que no quería ser una ignorante.
Y le repetía muy frecuentemente                                    8785
que más agradable sería el placer
y siempre creciente su mutua alegría
cuanto más tardasen en volverse a ver.
Mas él, según dice en sus propias páginas,
que tanto la amaba, se casó con ella                               8790
pese a los consejos que le había dado,
lo que les causó no pocos problemas.
Puesto que después, según mis noticias,
y por mutuo acuerdo de los desposados,
ella debió hacerse monja en Argenteuil,                           8795
y a Pedro cortaron sus miembros viriles
en París, de noche, estando en su cama,
de donde les vino la infelicidad.
Después de lo cual, entró en San Denís,
el patrón de Francia, donde profesó;                              8800
fue después abad en otro convento,
y fundó más tarde, según su relato,
otro monasterio de extendida fama,
que está consagrado al Santo Paráclito
del que fue Eloísa nombrada abadesa,                              8805
el mismo en el cual fue monja profesa.

Ella es la que cuenta todas estas cosas,
que las escribió sin ningún rodeo
a su amado amigo que tanto quería
(al cual lo llamaba su padre y señor),                            8810
algo que resulta muy poco frecuente
y que mucha gente creería locura.
Tal cosa está escrita, y pueden leerla
todas las personas que quieran hacerlo,
en una misiva con su puño y letra,                               8815
siendo ya abadesa de aquel monasterio:
«Si el emperador de la misma Roma,
bajo el cual estaba un inmenso imperio,
hubiese querido casarse conmigo
haciéndome así la dueña del mundo,                                8820
yo preferiría, decía en su carta,
y en esto yo pongo a Dios por testigo,
ser considerada como una ramera

a ser coronada como emperatriz.»
Pero, ¡por mi alma!, no puedo creer                    8825
que puedan haber mujeres así!
Tendré que pensar que fueron las letras
las que la cambiaron de naturaleza,
y así, su carácter, propio de mujer
pudo domeñarlo y ponerle freno.                        8830

### La coquetería

De cualquier manera, de haberle hecho caso,
de ninguna forma se hubiesen casado,
pues el matrimonio es lazo muy malo.
¡Quiera San Julián liberarme de él,
el santo que ayuda a los que se pierden;              8835
como San Leonardo, que rompe los hierros
a los prisioneros que se arrepintieron,
cuando con sus preces le piden perdón!
Hubiese ganado de haberme colgado
el día que tuve que tomar esposa,                      8840
ya que me llevé a una gran coqueta.
¡Casarse con éstas es como morir!
Porque, a ver, decidme, por Santa María,
¿para qué me sirven todos los adornos;
y qué ese vestido de tanto valor                       8845
que a quienes os ven deja boquiabiertos
y a mí malparado y desesperado;
qué su longitud y su larga cola,
que os hace que estéis tan llena de orgullo
y que a mí me pone tan fuera de mí?                    8850
¿Cuál es el provecho que hay en tal vestido?
Por más que a los otros les pueda gustar,
a mí no me causa ningún beneficio,
pues cuando pretendo con vos solazarme
lo llego a encontrar tan inconveniente                 8855
y hasta tal extremo gravoso y molesto,
que no me permite nunca poseeros
ni puedo actuar convenientemente.
Porque os encogéis tan continuamente

de brazos, de piernas, cintura y caderas,                    8860
tanto os esforzáis porque no se arrugue,
que me es imposible todo acercamiento,
y la sola cosa que puedo apreciar
es que no os agrada estar a mi lado.
Y al llegar la noche, y al ir a acostarnos,                   8865
antes de aceptaros dentro de la cama,
a la que os invito como buen esposo,
debéis despojaros de tanto ornamento
y os cubrís el cuerpo, piernas y cabeza
con sólo un blusón de una simple tela,                        8870
en el que pondréis como único adorno
quizás unas cintas azules o verdes.
Y así, los vestidos y las ricas pieles
se suelen quedar en alguna percha
colgando en el aire durante la noche.                         8875
¿Qué puedo sacar de este tal vestido
salvo si los vendo o si los alquilo?
Me veréis vivir fuera de mi juicio
y también morir presa de la rabia
si no me deshago de tanto boato.                              8880
Pues si por el día me sirve de estorbo
y al llegar la noche no puedo tocarlo,
decid, ¿qué provecho obtengo yo de él
como no lo empeñe o, mejor, lo venda?
Porque si creéis que con él ganáis,                           8885
tengo que deciros que no os favorece,
dado que no os hace ser más virtuosa
en modo ninguno, ni incluso más bella.
Si alguna persona, por contradecirme,
quisiera oponerse y me respondiera                            8890
que la calidad de las cosas buenas
se muestra también en quienes las llevan
y que el bello traje hace siempre bella
a cualquier mujer, casada o soltera;
si alguna persona esto me dijera,                             8895
le respondería que no está en lo cierto,
ya que la belleza de las cosas bellas,
bien sean las rosas o bien las violetas,
o sean las sedas o flores de lis

(lo saben muy bien quienes leen los libros),　8900
está en esas cosas y no en las mujeres;
pues toda mujer conoce muy bien
que en todos los días que dure su vida
será bella o fea por naturaleza.
Y puedo decir sobre la bondad　8905
lo mismo que digo sobre la belleza:
y así, para dar un ejemplo exacto,
si se le pusiera vestido a un porquero
que fuera de seda y ornado de flores
de vivos colores y muy perfumadas,　8910
seguiría siendo el mismo porquero,
con la acostumbrada apestosidad
que antes de ponérselo ya lo distinguía.
Pero si se quiere responderme a esto
que ese tal porquero es feo por dentro,　8915
mas al exterior tiene buen aspecto,
y que las mujeres, siempre que se adornan,
es por parecer mucho más hermosas
y para ocultar lo que tienen feo,
verdaderamente, decir no sabría　8920
salvo que en tal caso todo es un engaño
que está producido sólo por la vista
de ojos que no ven más que el exterior,
los cuales engañan a los corazones,
que están embaucados por las impresiones　8925
en las que se place la imaginación,
viéndose incapaces ya de distinguir
las cosas reales de las engañosas,
y de descubrir cuál es el sofisma
debido a la ausencia de discernimiento.　8930
Mas si se tuviera los ojos de lince,
ni aunque se pusieran mantos cibelinos,
o sayas preciosas o bellos briales,
coquetos peinados o lindas diademas,
o pellizas amplias o finas camisas,　8935
o piedras preciosas y otros mil adornos
o cubran sus caras con cualquier disfraz,
con lo cual no impiden ser reconocidas,
o pongan ungüentos por todo su cuerpo,

que se ve muy bien que son artificios, 8940
o aunque se pusieran guirnaldas de flores,
no podrán por esto hacerse más bellas.
Pues el mismo cuerpo de aquel Alcibíades,
que se distinguía por la gran belleza
tanto de su rostro como de su cuerpo 8945
(fue una bella obra de naturaleza),
quien fuera capaz de verlo por dentro
podría tenerlo como algo horroroso.
Esto nos lo cuenta Boecio en su libro,
que fue un hombre sabio y también honesto, 8950
y trae de testigo al mismo Aristóteles,
que es el que presenta del lince el ejemplo,
ya que este animal tiene una mirada
tan fija, tan dura y tan penetrante,
que es capaz de ver de cuanto le muestran 8955
tanto el exterior como el interior.
    Y además, añado que en ningún momento
se da Castidad do se da Belleza,
porque entre las dos nace la discordia.
En ningún relato ni en canción ninguna 8960
pude oír jamás, si recuerdo bien,
que fuera posible que ambas se avinieran,
sino que se tienen tal enemistad,
que ninguna de ellas para con la otra
se habrá de mostrar jamás generosa 8965
si llega a ponerla en dificultades.
Pero tal batalla es muy desigual
para Castidad, que siempre es vencida.
Tanto al atacar como al defenderse
es tan poco ducha en estos combates, 8970
que siempre termina por rendir sus armas,
dado que no sabe defenderse bien
contra su enemiga, que es muy orgullosa.
Y hasta Fealdad, que es su servidora,
por cuya razón debiera servirla, 8975
tampoco la quiere, ni tiene reparos
para, cuando pueda, del castillo echarla;

---

8949   Se trata de nuevo de *De Consolatione,* III, prosa, 8, 10.

antes, la persigue blandiendo su maza,
la cual es muy grande y pesa muchísimo,
porque Fealdad sufre enormemente                    8980
de que su señora permanezca en vida
siquiera el espacio de una sola hora.
Y así Castidad siempre está indefensa,
ya que es atacada por esos dos flancos
y no ha de esperar ayuda de nadie.                  8985
Y por eso debe salir siempre huyendo,
porque en tal ataque se suele hallar sola.
Ni aunque la insultaran en su propia cara,
y aun siendo capaz de entablar combate,
cuando alguien se atreve a luchar con ella          8990
nunca Castidad se atreve a enfrentarse,
y así los combates todos perderá.
¡Sea Fealdad por todos maldita!
Pues hasta ella va contra Castidad
cuando debería defenderla bien;                     8995
incluso debiera tenerla guardada
entre su camisa y su propia carne:
ese es el lugar que le corresponde.
Y del mismo modo se debe injuriar
también a Belleza, que debía amarla,               9000
como procurar con todas sus fuerzas
que entre ellas reinase la buena concordia.
O al menos debiera poner de su parte
si fuera mejor, más fiel y cortés,
para merecer de nuevo su gracia,                   9005
ya que debería rendirle homenaje
y no procurarle ninguna deshonra.
Porque expresamente se dice en el texto
por boca de aquella famosa Sibila,
que aquel que llevara una vida casta               9010
no conocerá la condenación.
Pues juro por Dios, el rey celestial,
que toda mujer que quiere estar bella
y para lograrlo pone los remedios                  9015
(siempre ante el espejo, siempre acicalándose

---

9008 El texto es la *Eneida*, VI, 563.

para conseguir mayor atractivo)
es que a Castidad quiere combatir.
¡Y la pobre tiene muchas enemigas!
Hasta en los conventos y en las abadías          9020
están contra ella todas conjuradas,
y, por más que están bien emparedadas,
con tanto furor la combatirán,
que no habrá ninguna que no la rechace.
Pues toda mujer a Venus venera                   9025
sin tener en cuenta ningún miramiento,
por lo cual se adornan y se ponen bellas
para engatusar a quienes las miran;
se pasan así el día en la calle
tanto para ver como por ser vistas,             9030
y para avivar en quienes las siguen
el deseo ardiente de yacer con ellas.
Con el mismo fin suelen adornarse
cada vez que acuden a fiestas y a iglesias,
lo que nunca haría ninguna mujer                9035
de estar convencida de que no la miran,
o si no quisiera agradar a aquellos
a quienes supone que ha de seducir.
    Y no cabe duda de que, bien mirado,
las mujeres hacen gran ofensa a Dios            9040
con sus desvaríos y con sus locuras,
ya que no se tienen nunca por contentas
con los atractivos con que Él las formó.
Cada cual se pone sobre la cabeza
corona de flores, de oro o de seda,             9045
adornos que muestra ostentosamente
cuando se pasea por lugares públicos,
debido a lo cual se está envileciendo
la muy desgraciada, la muy infeliz,
puesto que, con cosas más viles y bajas         9050
que ella misma, quiere mostrarse mejor,
creyendo que así resulta más bella.
Y de esta manera va ofendiendo a Dios
al que considera como mal artífice,
y se va creyendo con su loco seso               9055
que para con ella Dios se descuidó,

pues cuando debió darle la belleza
no puso el cuidado que poner debiera.
Por eso persigue las otras bellezas
que Dios colocó indistintamente,                    9060
bien en los sombreros, o en las florecillas,
o bien en las cosas más extravagantes.

Más también hay hombres, como puede verse,
que, por parecer mucho más hermosos,
aplican adornos y ponen ropajes                     9065
a la perfección que Dios les ha dado;
se desprecia así la divina obra,
por cuanto creemos que no vale nada
aquella belleza que quiso poner
sobre cada una de sus criaturas.                    9070

De tales ropajes nunca me preocupo,
pues suelo bastarme con la simple ropa
que en cada estación me proteja bien.
Y así, no preciso, mil gracias a Dios,
para proteger mi cuerpo y cabeza,                   9075
que llueva, que hiele, haga lo que hiciere,
más que de un capote cubierto de piel,
y no de unos paños forrados de armiño.
Mi dinero, pues, creo que malgasto
comprándoos más ropa para embelleceros,            9080
bien de camelote o bien de bruneta,
bien de seda pura o en vivos colores,
con los más costosos forros que se venden.
Con tales adornos el juicio perdéis,
y con esos gestos que hacéis al llevarlos,          9085
y con vuestro rostro cubierto de polvos,
despreciáis a Dios y me deshonráis.
En cambio al yacer, llegada la noche,
junto a mí, en mi cama y toda desnuda,
en ningún momento me satisfacéis,                   9090
pues cuando en mis brazos pretendo cogeros
para solazarme uniéndome a vos,
justo cuando siento el fuego mayor,
me ponéis un gesto muy desagradable;
hacia donde estoy, y por mucho que haga,            9095
nunca consentís volver vuestro rostro,

[286]

si no que os quejáis con tanta evidencia,
tanto suspiráis y tanto fingís,
con tanto rigor os soléis mostrar
que, para acabar, termino temiéndoos          9100
hasta tal extremo, que ya no me atrevo
a hacer más intentos para no enojaros.

### El desengaño del matrimonio

Y pienso después con no poco asombro,
cuando me despierto pasada la noche,
cómo esos rufianes logran lo que quieren,      9105
incluso de día, y aunque estéis vestida,
si es que os comportáis de la misma forma
cuando os encontráis jugando con ellos,
si es que les hacéis los mismos enojos
como a mí me hacéis de día y de noche.         9110
Pero sé muy bien que no es éste el caso;
al contrario, os vais cantando y bailando
por esos jardines y por esos prados
con esos rufianes poco escrupulosos
que acaban gozando de mi propia esposa         9115
por la verde yerba, por entre las flores,
y que, no contentos, me van insultando
y entre sí diciendo, para más escarnio:
«¡Esto, a tu pesar, maldito celoso!»
¡Sea vuestro cuerpo echado a los lobos          9120
y coman los huesos los perros rabiosos!
¡Por vuestra conducta me veo afrentado!
¡Por vuestra conducta, mujer callejera!
¡Por vuestras costumbres tan indecorosas,
rufiana, basura, grandísima puta!
¡Ojalá y se pudra vuestra carne ahora,
ya que la entregáis a tales mastines!
¡Por vuestra conducta estoy deshonrado!
¡Por vuestra conducta, por vuestro impudor,
me habéis hecho ya de la cofradía               9130
de aquel San Arnoldo, patrón de cornudos,
de la que jamás podrá liberarse

[287]

(y esto lo sé bien) quien tenga mujer,
por más que la guarde, por más que la espíe,
y aunque la vigile con más de mil ojos!                    9135
Todas lograrán al final burlarlo,
pues para con ellas no hay guardián que valga.
Y si sucediera que al hecho no lleguen,
con la voluntad nunca fallarán,
por lo que, si pueden, harán lo que buscan,                9140
ya que con querer se consigue todo.

Pero en estos casos nos viene a aliviar
Juvenal de nuevo, cuando califica
la necesidad de esos escarceos
como el más pequeño de entre los defectos                 9145
que encontrarse pueden en toda mujer,
pues sus corazones, por naturaleza,
siempre les exigen ir hacia lo malo.

¿No se observa acaso en esas madrastras
que cuecen veneno para sus hijastros,                      9150
y que se dedican a sus brujerías,
sus encantamientos y sus diabluras,
tantas, que ninguno podría contar
por mucha que sea su imaginación?
Porque todas sois, fuisteis o seréis                      9155
putas por los hechos o por los deseos,
y aunque se lograra impedir el hecho,
nadie frenará esa inclinación,
porque la mujer es de tal carácter,
que nadie podrá torcer sus deseos:                        9160
son tan indomables, que no han de cambiar
ni mediante golpes ni mediante halagos
(mas quien consiguiera a alguna domar
siempre la tendría sumisa a sus órdenes).

Dejemos las cosas que son imposibles.                     9165
Pero, por el Rey Todopoderoso,
¿qué podría hacer con esos rufianes
que están afrentándome tan abiertamente?

9143   En la *Sátira*, VI, 133-35.
9163   La «bravura» de la mujer, y su sumisión, forman parte de la
materia tradicional de la literatura didáctica. De ambos temas se ocupan,
entre otros, el Arcipreste de Hita y don Juan Manuel.

Si acaso me atrevo a desafiarlos,
se habrían de burlar de mis amenazas,                    9170
y si se me ocurre batirme con ellos,
o me matarán o me apalearán.
¡Son tan arrogantes e irrespetuosos
y están tan dispuestos siempre a hacer el mal
estos jovencitos guapos e inconscientes!                 9175
No darán por mí ni siquiera un céntimo,
pues su juventud tanto los inflama,
tanto los impulsa su fogosidad,
que en todos sus actos suelen comportarse
necesariamente sin control alguno,                       9180
y son tan altivos y tan insensatos,
que todos se creen ser como Roldán,
o bien como Hércules, o como Sansón.
    Estos dos tenían, pues recuerdo bien
haberlo leído en algún lugar,                            9185
una fuerza enorme desde que nacieron.
Hércules medía, tal como asegura
el autor Solino, siete pies de alto,
tanto que ninguno podría alcanzar
altura tan grande, según nos comenta.                    9190
Hércules obtuvo numerosos éxitos:
logró derrotar doce horribles monstruos,
pero al terminar de vencer al último,
acabó vencido por otro mayor.
Tal monstruo no fue sino Deyanira,                       9195
la cual fue su amiga y quien abrasó
su cuerpo por medio de un cruel veneno
que había dispuesto sobre su camisa:
así fue vencido por una mujer
Hércules, que estaba lleno de virtudes,                  9200
quien ya anteriormente había perdido
vigor y sentido a causa de Yole.
    Y también Sansón, el cual a diez hombres
no temiera más que si fuesen peras
de haber conservado todo su cabello,                     9205
la vida perdió gracias a Dalila.
    Pero estoy hablando sin deber hacerlo,
ya que sé muy bien que en tono de burla

estas mis palabras las repetiréis
inmediatamente que de vos me aleje.          9210
E iréis a pedirles a vuestros amigos
que a buscarme vengan para ver si pueden
romperme una pierna, o descalabrarme,
o darme una soba por toda la espalda.
Eso, si os dejara llegar hasta ellos,          9215
porque si me oliera algo de este asunto,
y sin esperar a que esto me ocurra,
como no haya nadie que pueda pararme
y encuentre el rodillo donde debe estar,
os voy a romper todas las costillas.          9220
Ni amigos, ni padres, ni vecino alguno
podrán acudir en vuestro socorro,
y menos que nadie quienes os cortejan.
¡Desgraciado el día que nos conocimos!
¡Maldita la hora en que vine al mundo,          9225
que he de soportar tan gran deshonor!
¡Y que estos rufianes, perros malolientes,
que no están pensando más que en poseeros,
se puedan creer que son vuestros dueños
cuando el solo dueño debiera ser yo,          9230
pues sólo de mí vos sois mantenida,
vestida, calzada, comida y bebida!
¡Y aún pretendéis el que yo os comparta
con tales rufianes, con tales inútiles
que no se preocupan de vuestro renombre!          9235
Pues os van cubriendo de muy mala fama,
(lo que, al parecer, no os preocupa mucho),
cuando entre sus brazos os abandonáis.
Ante vos proclaman que os aman muchísimo,
pero, por detrás, os tienen por puta,          9240
y no se recatan de decir más cosas
cuando se reúnen todos en cuadrilla,
aunque todos ellos pretenden serviros,
pues conozco bien tales comentarios.
No es nada difícil el imaginar          9245
que cuando os halláis en su compañía
ellos saben bien cómo aprovecharse,
porque nunca veis el menor peligro

en las situaciones en las que os metéis,
donde todos ellos os deshonrarán.                          9250
¡A fe que me dan una gran envidia
sus fiestas continuas y sus buenas vidas!
Mas tened presente y no lo olvidéis
que esto lo hacen porque les gustéis
ni porque pretendan causaros placer,                       9255
sino solamente porque están pensando
en apoderarse de lo que lleváis,
de vuestros anillos y aretes de oro,
de vuestros vestidos y de vuestras pieles,
de cuanto yo os dí como un mentecato;                      9260
porque, cuando vais a esas vuestras fiestas,
a esas vuestras danzas y a esas vuestras juergas,
yo me quedo en casa cual perfecto idiota
dejándoos llevar joyas muy valiosas
de oro y de plata sobre la cabeza,                         9265
y además pedís que os compre vestidos
y os regale pieles de las más preciadas;
y de esta manera me voy amargando
con mi mal humor y con mi inquietud,
que nunca me dejan en calma vivir.                         9270
    Así pues ¿qué saco de esas galanuras,
de esas lindas tocas y bandas doradas;
qué de tanto broche de fina labor;
qué de esos espejos hechos de marfil;
qué de esos anillos tallados en oro                        9275
que fueron labrados con tanta finura;
qué de esas coronas hechas de oro fino,
(que me hacen estar siempre en la zozobra),
que son tan hermosas y tan bien talladas;
qué de tantas joyas y piedras preciosas,                   9280
zafiros, rubíes y tanta esmeralda
que hacen vuestro rostro tan resplandeciente;
qué de tanto adorno de piedras preciosas
con el que os cubrís vuestro cuello y pecho;
qué de tanto paño, qué de tantos cintos,                   9285
en cuyas hebillas hay tanto valor
que parecen hechas con oro y con joyas?
¿Para qué me sirve tanta fruslería?

[291]

Porque si os ponéis tan bellos zapatos
y para mostrarlos alzáis el vestido,                    9290
es porque queréis mostrarles los pies.
¡Mas, por San Tibaldo, yo os prometo aquí
que antes de que pasen menos de tres días,
lograré teneros rendida a mis pies!
De mí no obtendréis, ¡por Dios os lo juro!,            9295
salvo pobre saya y sayón de cuerdas,
y una pobre capa de tela de saco;
pero de una trama de lo más grosera,
que no será fina ni de buen tejido,
y tan mal cosida y tan remendada,                      9300
que a todo el que os vea le daréis gran pena.
Y os juro también que os daré un buen cinto,
pero he de deciros de qué estará hecho:
cuero sin curtir y sin forro alguno.
Y tambien prometo de mis botas viejas                  9305
haceros sandalias de las que se atan,
y anchas, que os permitan gruesos calcetines.
Y no os dejaré esas baratijas
gracias a las cuales buscáis ocasión
en cada momento para fornicar,                         9310
y ya no podréis mostraros a nadie,
y vuestros amigos no os disfrutarán.
    Mas decirme ahora sin querer mentirme:
aquel otro rico y nuevo vestido
con el que os vestisteis hace algunos días,            9315
cuando a la carola decidisteis ir,
y puesto que estoy del todo seguro
de que de mi bolsa no pudo salir,
¿de dónde salió, por amor de Dios?
Porque me jurasteis por San Filiberto                  9320
y por San Denís, y hasta por San Pedro,
que fue vuestra madre quien os lo ofreció,
la cual os compró y envió la tela,
puesto que me tiene cariño tan grande,
tal como quisisteis hacerme creer,                     9325
que quiere gastarse su propio dinero
para así evitarme que yo me lo gaste.
¡Ojalá y la quemen viva y coleando

a esta puta vieja, sucia prestamista,
a esta entrometida, a esta buscapleitos,       9330
y a vos juntamente, pues lo merecéis,
si las cosas son tal como decís!
Sin duda me temo que en vano será.
Todos mis esfuerzos me serán baldíos,          9335
ya que de tal madre me viene tal hija.
Lo estoy sospechando: lo urdisteis las dos,
pues las dos tenéis, a mi parecer,
vuestro corazón de la misma pasta.
Bien mostráis el pie del que cojeáis.          9340
La vieja basura puta ensortijada
está muy de acuerdo con vuestros manejos,
pues de otros tiempos ardió en vuestro fuego
y también fue presa de muchos mastines,
dado que ya anduvo por muchos caminos.         9345
Pero tiene el rostro tan lleno de arrugas,
le es tan imposible vender sus encantos,
que ahora os vende a vos, tal como barrunto.
Y viene a mi casa y os lleva consigo
cuantas veces quiere todas las semanas,        9350
y finge otra vez otras romerías
como hacer solía en sus tiempos mozos,
que yo me sé bien todas estas trampas.
Y no cesa nunca de bien pasearos,
como si quisiera vender un caballo,            9355
y toma, si puede, y os hace tomar.
¿Acaso creéis que yo no os conozco?
¿Qué es lo que me impide que no os muela a palos,
como suele hacerse con mula en el prado,
con esta correa o con este palo?»              9360
    E inmediatamente la suele coger,
preso de la rabia en que se consume,
por el pelo, y tira y la va empujando,
y se los arranca con toda la furia
este tal celoso, cebándose en ella,            9365
tal como el león hace sobre el oso,
loco de furor, colmado de rabia,
y la va arrastrando por toda la casa,
hasta que la deja de mala manera.

Y jamás permite, aunque le suplique, 9370
que ella pueda darle ni una explicación:
los celosos son malintencionados.
Antes, seguirá dándole más palos
a quien le suplica y pide piedad,
la cual gritará a los cuatro vientos 9375
por cada ventana, por cada rendija,
pregonando así, sin más miramientos,
cuantas cosas sepa o que se imagine
ante los vecinos que acudan allí,
los cuales creerán que ambos están locos, 9380
y sólo podrán por fin separarlos
cuando él, sin aliento, tenga que parar.
Y cuando la esposa haya ya probado
todo este tormento, todas estas voces,
todo este agradable sonido de viola 9385
con que su juglar la quiso rondar,
¿acaso creéis que va a amarlo más?
No, que ella quisiera que estuviese lejos,
y cuanto más lejos, más le gustaría.
Por mi parte os digo que puedo jurar 9390
que en lo sucesivo nunca lo amará,
aunque fingirá que lo sigue amando.
Pero si a él le fuera posible volar
y desde las nubes otear quisiera
para, desde allí, con comodidad 9395
conocer las vidas y hechos de los hombres
y reflexionase detenidamente,
fácil le sería comprobar entonces
en qué gran peligro había caído,
si es que aún ignoraba todos los engaños 9400
que, para lograr lo que se proponen,
suelen emplear todas las mujeres.
Porque, si después va a dormir con ella,
expone su vida temerariamente.
Pero que se duerma o que esté despierto, 9405
habrá de temer sin duda ninguna
que ella le esté urdiendo, para así vengarse,
el darle un veneno o el cortarle el cuello;
o que se comporte con mayor mesura

sólo por cautela de quien nada puede,                    9410
o que pasa el día pensando en huir
si es que no le queda otra solución.
La mujer no aprecia ni honor ni vergüenza
cuando en su cabeza tiene ya un deseo:
es una verdad por todos sabida                           9415
que toda mujer es una inconsciente,
y que en lo que quiere o en lo que detesta,
(el propio Valerio la describe así),
se muestra atrevida y también artera
y muy predispuesta para hacer el mal.                    9420
    Mi querido amigo, al loco celoso
cuyo cuerpo sea echado a los lobos,
que tan prontamente se llena de celos
como ver pudisteis en este mi ejemplo,
el cual a su esposa dominar quería                       9425
en lugar de verla como su señora,
como su pareja y como su igual,
tal como la ley la obligaba hacer;
a éste que actuó no como debiera,
haciéndose de ella el amo y señor                        9430
cuando a tales tratos llegó a someterla,
y jamás la vio como compañera;
a éste, que le daba vida tan penosa,
¿acaso es posible que no lo deteste,
que el antiguo amor se haya ya borrado                   9435
por más que ella finja? Sin duda ninguna.
    Jamás por su esposa puede ser amado
aquel que pretenda su señor hacerse,
pues suele ocurrir que el amor se apaga
cuando alguno quiere mandar sobre el otro.               9440
El amor no puede durar ni vivir
en un corazón que no es franco y libre.
Por esa razón, hay muchos ejemplos
de muchas parejas que, primeramente
decían amarse verdaderamente,                            9445
y una vez casados, ya no ocurre así.
Muy difícilmente puede suceder
que entre esos esposos perdure el amor,
pues quien al principio su amor expresaba

llamándose siervo de aquella que amaba,                9450
a la cual tomaba como su señora,
ahora se cree el dueño y señor
de aquella a quien antes respetar solía
cuando le mostraba aquel gran amor.
    ¿La amaba? Seguro. ¡Y de qué manera!              9455
Lo hacía hasta el punto que, si su querida
le hubiese pedido: «Amigo, bailad»,
o bien «Esta cosa quiero para mí»,
inmediatamente la hubiese comprado
y hubiese bailado sin perder más tiempo.               9460
Mucho más aún: aunque ella no hablara,
hubiera bailado porque ella lo viera,
debido a que entonces él se dedicaba
a hacer cuantas cosas ella deseaba.
Mas, pasado el tiempo, y una vez casados,              9465
tal como lo muestra mi anterior ejemplo,
la rueda giró hacia el otro lado,
y aquel que solía servir a su dama
ahora le pide que lo sirva a él,
y, como si fuese sólo una criada,                      9470
la tiene sujeta y le exije siempre
que le dé razón de todos sus actos.
¡Y antes la llamó su dueña y señora!
¡El que no lo vea no podrá creerlo!
Ella ha de pensar que ha sido engañada                 9475
cuando considera que es tan mal tratada
por aquel galán, el más agradable
que pudo encontrar en toda la tierra,
y que ahora actúa con tanto rigor.
Ahora ya no sabe en quién confiar,                     9480
viendo cómo vive una tiranía
en la que jamás pensó que estaría.
    Desgraciadamente, su suerte cambió.
Ahora le viene tan adverso el juego,
le son tan contrarios y tan traicioneros               9485
los dados ahora con tal jugador,
que ya no querrá nunca más jugar.
¿Y de qué manera se va a aconsejar?
Si no lo obedece, él se enfadará

y la insultará, y ella hará otro tanto.                    9490
Y aquí los tenéis, los dos irritados,
que, en muy poco tiempo, serán enemigos.


### El primitivo desinterés

Por dicho motivo, los antepasados
sin sometimiento de ninguna clase,
sin maldad ninguna y amistosamente,                        9495
solían hacerse buena compañía,
y no cambiarían su gran libertad
por todo el dinero de Arabia y de Frigia:
y si hubiera habido alguno dispuesto,
hubiera pedido un precio más alto.                         9500
No se hacía entonces viaje ninguno,
pues nadie salía fuera de sus costas
para ir en busca de extraños lugares.
El mar todavía no había surcado
Jasón, el primero que lo atravesó                          9505
cuando preparó todos sus navíos
para ir en busca del Toisón de Oro:
Neptuno temió que un mal le venía
cuando vio las naves surcando los mares
y se estremeció sin saber qué hacer,                       9510
así como Dóride y todas sus hijas.
Por sus movimientos tan extraordinarios
creyeron correr muy graves peligros:
un temor profundo los atenazó
al ver esas naves sobre el mar moviéndose                  9515
a la voluntad de aquellos marinos.
Los primeros hombres que te estoy citando
ignoraban todo sobre el navegar.
Sobre tierra firme podían hallar
lo que imaginaban que necesitaban.                         9520
Era cada cual igualmente rico
y entre ellos tenían muy buena amistad:
aquellas personas sencillas y buenas,

---

9511   Dóride es la madre de las Nereidas, divinidades marinas.

[297]

puesto que se amaban de forma sencilla,
pasaban sus días apaciblemente.                                    9525
El amor entonces era desprendido
y nadie exigía nada a su pareja.
Pero vino Engaño con su lanza en ristre
y con él Pecado y mala Ventura,
quienes no apreciaban nada a Suficiencia.                          9530
Y también Orgullo, que a todos desdeña,
los acompañó con gran aparato;
y vino Avaricia junto con Codicia,
sin faltar Envidia ni los otros vicios,
los cuales hicieron salir a Pobreza                                9535
del profundo infierno en que había estado,
de cuya existencia nada se sabía,
pues nunca en la tierra había vivido.
¡Maldita la hora en que apareció
trayendo consigo todas las desgracias!                             9540
Pobreza, que ignora lo que es un hogar,
llegó con su hijo llamado Furtivo,
el cual en la caza se pasa los días
para procurarle sustento a su madre,
con lo cual se arriesga a morir ahorcado,                          9545
de donde Pobreza no podrá sacarlo.
Tampoco su padre, Débil Corazón,
que a nada se atreve por ser muy cobarde
ni esa loca moza llamada Taberna,
que de los ladrones es la inspiradora                              9550
y a quien todos ellos toman como diosa,
puesto que los fraudes y los latrocinios
los suele encubrir bajo espesa noche,
tanto, que jamás saberse podrán
mientras no consigan descubrir los hechos                          9555
y, una vez probados, sean condenados;
pues, si tal ocurre, de ellos no se apiada
cuando les colocan una cuerda al cuello:
en tal situación no vendrá a salvarlos
aunque se arrepientan verdaderamente.                              9560
   Esta cohorte, pues, de malvados vicios,
que sólo se mueven por causar el mal,
amantes del daño, del odio y la envidia,

al ver que la gente llevaba tal vida,
a invadir vinieron todas las regiones.                9565
sembrando discordias, litigios y guerras,
rencores, querellas y maledicencias,
llenos como estaban de furiosa cólera.
Y como del oro son tan codiciosos,
la tiera excavaron por todos los sitios,               9570
de cuyas entrañas a sacar vinieron
todas las riquezas que estaban guardadas:
metales dorados y piedras preciosas,
haciendo a la gente desear tenerlos;
puesto que Avaricia junto con Codicia,                 9575
lograron meter en los corazones
un ardor muy grande por tener riquezas,
primero ganándolas y después guardándolas.
Algunos quedaron tan envilecidos,
que en toda su vida nada gastarán,                     9580
por lo que tendrán una vez que mueran
muchos herederos y muchos tutores;
eso, si consiguen morir en su cama.
Estos avarientos viven condenados
y a nadie tendrán que llore su suerte:                 9585
si hubiesen gastado, tal no ocurriría.


### Origen de los males de la sociedad

Cuando esta mesnada invadió la tierra,
la gente se puso tan fuera de sí,
que todos dejaron la vida tranquila
y de mal hacer ya nunca cesaron,                       9590
pues se hicieron falsos, viles y tramposos.
Ya sólo pensaron en las propiedades,
e incluso llegaron a partir las tierras,
para cuyo fin pusieron mojones.
Y mientras se hacían estas divisiones,                 9595
no era nada raro que surgieran guerras
y que se quitaran cuanto más podían:
los que eran más fuertes se hicieron más ricos.
Y mientras buscaban más y más riquezas,

los más perezosos, que no se movían,						9600
buscaban la forma de entrar en sus cuevas
para arrebatarles todas sus ganancias.

Se convino entonces en buscar a alguno
para que las casas fuesen protegidas,
para capturar a los malhechores						9605
y, en caso de pleitos, para hacer justicia,
contra el cual ninguno debía oponerse.
Se reunieron, pues, para su elección,
la cual recayó sobre el más villano
y el más retorcido de cuantos había,						9610
y el más corpulento y amenazador,
al que hicieron príncipe y señor de todos.
Este tal juró guardar la justicia
y guardar también haberes y casas,
con la condición de que todos dieran						9615
parte de sus bienes para mantenerlo.
Todos aceptaron de común acuerdo
cuantas condiciones vino a proponerles,
y él, durante años, cumplió con su oficio.
Pero los ladrones, llenos de malicia,						9620
se aliaron todos contra un hombre solo,
al que con frecuencia maltratar solían
cuando se juntaban para sus acciones.
El pueblo, por ello, se reunió de nuevo
y otra vez pagó, para que tuviera						9625
unos servidores que lo protegieran.
De común acuerdo entonces pagaron,
y todos y todas a él le entregaron
y dieron enormes sumas de dinero:
esta fue la causa de la instalación						9630
de reyes y príncipes y sus posesiones,
según atestiguan los libros antiguos.
Pues por estos libros que hoy conservamos
conocer podemos los hechos pasados,
gracias a lo cual debemos estarles						9635
muy agradecidos y muy obligados.

Y así comenzaron a amasar tesoros
de plata, de oro y piedras preciosas.
Con estos metales, y al considerarse

señores y reyes, pensaron hacerse                         9640
vajillas preciosas y acuñar moneda,
y anillos y broches, fíbulas y hebillas;
con el duro hierro forjaron las armas,
espadas, cuchillos, saetas y lanzas,
y otras muchas armas y cotas de malla,                    9645
para así poder hacerse la guerra.
Y también hicieron torres y murallas,
con muros cuadrados cubiertos de almenas.
Alzaron castillos, cerraron ciudades,
e hicieron palacios de bella factura                      9650
quienes poseían enormes tesorros,
dado que tenían miedo de perder
la inmensa fortuna que habían ganado,
o bien porque alguno viniera a robársela,
o que por la fuerza se la arrebataran.                    9655
Desde entonces fue creciendo la angustia
entre estos mezquinos malaventurados;
desde ese momento se les fue la paz,
puesto que lo que era de todos los hombres,
de la misma forma que el sol y que el viento,             9660
para sí guardaron, gracias a Codicia,
que les inspiró esta apropiación;
y así, sólo uno tuvo más que veinte,
y a pesar de todo no fue más feliz.

### Cómo tratar a su pareja

Verdaderamente, por tales personas                        9665
yo no pagaría ni un par de bellotas,
y, si carecían de buen corazón,
eso es un asunto que a mí no me importa;
como si se odiaban o se amaban mucho,
o si entre ellos mismos no se respetaban.                 9670
Pero sí me duele y es de lamentar
el que estas mujeres de rostro tan claro,
de cuerpo tan bello y tan bien dispuestas,
por lo cual debieran ser muy apreciadas
y bien defendidas por quienes las tienen,                 9675

[301]

sean maltratadas con tan malos modos.
Pues es una cosa muy dura de oír
el que nobles cuerpos sufran esos tratos.
Pero así las cosas, en toda ocasión
el enamorado debe preocuparse                    9680
de bien aprender la ciencia y las artes
para conquistar y para guardar,
si preciso fuera, mejor a su amiga,
y de esta manera no perderla nunca.
Esto puede serle de enorme provecho              9685
y en ningún momento le ha de ser dañoso.
También le conviene siempre recordar
y tener presente esto que le digo:
si tiene una amiga, doncella o madura,
y sabe o sospecha que está deseando              9690
tener un amigo, o lo tiene ya,
ni por tal deseo ni por tal amigo
en ningún momento la debe injuriar,
sino amonestarla con todo su afecto,
sin duros reproches y sin amenazas,              9695
incluso en el caso de verla en el acto,
para que la amiga nunca sepa nada.
Dará la impresión de no darse cuenta,
o de ser más simple que los mismos bueyes,       9700
de manera que ella viva convencida
de que nunca supo lo que estaba haciendo.
    Si acaso su amada recibe una carta,
de ninguna forma se debe esforzar
ni para leerla, ni para saber                    9705
secreto ninguno que haya en el mensaje.
Ni debe tener nunca la intención
de hacer cosa alguna que la contraríe,
y sí de acogerla de buenas maneras
cuando vuelva a casa de cualquier lugar;         9710
y que pueda ir adonde le plazca,
tan fecuentemente como le apetezca,
para que no crea que está prisionera.
    Y quiero que sea por todos sabido
lo que añadiré a continuación,                   9715
pues es una cosa de mucho provecho:

quien de las mujeres pretenda las gracias,
deberá dejarla siempre en libertad
y nunca tenerla recluida en casa:
que vaya y que venga según sus deseos.          9720
Ya que todo aquel que la retuviera,
quien no la dejara moverse a su gusto,
sea a su mujer o sea a su amiga,
perderá su amor sin mucho tardar,
No debe creer lo que de ella digan              9725
por mucha certeza que tenga del caso,
y sí reprochar a aquellos o a aquellas
que vengan a darle alguna noticia
que lo que le dicen es una locura,
pues como su amada no hay otra en el mundo,     9730
que ella ha sido siempre mujer virtuosa,
por lo cual ninguno debe criticarla.
Es mejor que nunca le reproche nada
ni le pegue nunca, ni aun amenazarla,
pues todos aquellos que actúan así              9735
para demostrarle su interés por ella,
cuando necesite después consolarla,
le habrá de pasar como al que a su gato
primero le pega y después lo mima,
creyendo que así lo tendrá a su lado,           9740
pues desde el momento en que pueda huir
le será imposible seguir reteniéndolo.
Y aunque fuera ella quien le pega a él,
debe retenerse y no contestar:
por más que le pegue, por más que lo insulte,   9745
y aunque ella estuviera tan fuera de sí
que a arrancar llegara la piel con sus uñas,
él no deberá tomar la revancha,
sino que es mejor mostrarle alegría
y decir que quiere en este martirio             9750
vivir cada día, con tal de estar cierto
de que su presencia le es muy agradable,
y que antes prefiere cualquier sacrificio,
incluso la muerte, que vivir sin ella.
Mas si sucediera que él le contestara           9755
porque se ha mostrado demasiado dura

y ha obrado de forma desconsiderada,
tanto, que se vio obligado a hacerlo,
o si acaso sólo llegó a amenazarla,
inmediatamente, para hacer las paces,                    9760
deberán hacer el juego de amor
sin dar ocasión a que ella se vaya.
Y con más razón quienes sean pobres,
ya que, al carecer de un mayor recurso,
la mujer podría dejarlo sin más                          9765
si en él no encontrara consuelo ninguno.
El pobre tendrá que amar sabiamente
y habrá de sufrir con mayor paciencia,
sin mostrar jamás cólera ni enfado
por más que su amiga le diga o le haga,                  9770
cosa que los ricos no suelen hacer.
El rico, es sabido, no cede ni un ápice
en lo que respecta a su propia estima,
y por eso suele ser mucho más duro.
Si se trata de alguien que tiene el deseo               9775
de llevar a cabo algún adulterio,
y si no pretende perder su pareja
sino solamente liarse con otra,
esto habrá de hacer con su nueva amiga:
si acaso decide hacerle un regalo,                       9780
anillo o sombrero, broche o cinturón,
así como joyas, sean las que sean,
habrá de evitar que aquélla lo sepa,
pues se angustiaría tan profundamente
al ver a la otra con esos regalos,                       9785
que nada en el mundo la consolaría.
Deberá evitar cuidadosamente
acudir con ella a los mismos sitios
adonde solía venir con la otra,
pues podría ser que se presentara.                       9790
Puesto que si viene y allí los encentra,
de ninguna forma se la aplacaría:
no hay un jabalí tan enfurecido
cuando por los perros se siente acosado

---

9767   Meun se inspira de nuevo en Ovidio (*Ars amandi,* II) para tratar
este asunto.

que pueda igualársele, ni existe leona                    9795
que pueda mostrar fiereza mayor
cuando el cazador que viene tras ella
intenta cazarla justo en el momento
en que a sus cachorros está amamantando;
ni existe serpiente tan amenazante                        9800
que aquella a la que alguien, por inadvertencia,
al ir paseando le pisa la cola,
como la mujer si llega a encontrar
en brazos de otra a su compañero:
echarán sus ojos rayos y centellas                        9805
y podría hacer cualquier disparate.
Y si no consigue nunca sorprenderlos
en ninguna cita de las que mantienen,
pero que cayera presa de los celos
puesto que sospecha que vive engañada                     9810
porque le dijeron o porque ella oyó,
él ha de esforzarse en asegurarla
y rotundamente negará las cosas
que ella conociera por casualidad,
sin escatimar de jurar mil veces.                         9815
Es muy oportuno que inmediatamente
el hombre se preste al juego amoroso
para, de esta forma, aplacar su ira.
Pero si ella insiste y le acosa tanto
que él esté forzado a reconocerlo                         9820
por ser incapaz de encontrar salida,
en tal situación deberá esforzarse
para hacerle ver por todos los medios
que hizo aquella cosa muy a su pesar;
que aquella mujer tanto le insistía                       9825
y con tanto ahínco venía siguiéndolo,
que le fue imposible liberarse de ella
y que terminó por hacer la cosa,
pero no ocurrió más que aquella vez.
Por lo que tendrá que comprometerse                       9830
a que nunca más se ha de repetir
y que en adelante le será muy fiel;
y que si con otra tuvo cierto trato,
ahora puede ver que se terminó;

y le gustaría que estuviera muerta                    9835
la muy renegada, la muy cizañera,
que nunca debiera haber provocado
esa situación en que lo metió;
y que si insistiera en volver a hacerlo,
de ninguna forma lo consentiría,              9840
ni permitiría que viniera a verlo
a ningún lugar en que se encontrara.
Después de lo cual, deberá abrazarla,
besarla y hacerle todas las caricias,
y pedir perdón por aquel error                9845
que nunca jamás se ha de repetir;
que está arrepentido verdaderamente,
y también dispuesto a la penitencia
que a ella le parezca que tenga que hacer,
y que está seguro que ha de perdonarlo.       9850
Y entonces, que pasen al juego amoroso
si pretende que ella le dé su perdón.
   No debe jactarse de sus aventuras
ante las mujeres, que eso las deshonra.
Muchos alardean de obtener favores            9855
(pero no es verdad, que todo lo inventan),
de muchas mujeres que nunca han tenido,
y de esta maenra las van difamando.
Estos habladores son poco valiosos,
muy poco corteses y poco correctos.           9860
Ya que la jactancia muy mal vicio es:
quien se va jactando va haciendo gran daño,
y aunque fuera cierto todo lo que dicen,
de cualquier manera debieran callarlo.
El amor exige que se oculte el goce           9865
salvo solamente al amigo fiel,
porque éste jamás lo irá pregonando:
sólo en este caso se puede contar.
   Si acaso sucede que ella caiga enferma,
el hombre tendrá que ser más atento           9870
y en todas las cosas ser más servicial
para que después le esté agradecida.
No debe quejarse en ningún momento
de la duración de la enfermedad,

sino que ha de estar siempre cerca de ella          9875
y frecuentemente besarla llorando.
Si es un hombre experto, debe prometer
que por ella hará largas romerías,
y que insista mucho, que ella se lo crea.
Que no le prohíba el que coma carne               9880
y no le dé nada de sabor amargo,
sino cosas tiernas y otras confituras.
Le debe contar que ha tenido sueños,
todos bien repletos de bellas mentiras,
y que al acostarse, llegada la noche,             9885
muy solo se siente por estar sin ella;
y cuando esto ocurre (aunque raramente,
pues duerme muy poco por mucho velar),
sueña que la tiene cogida en sus brazos
durante la noche y toda desnuda,                  9890
gozando los dos voluptuosamente
(ya que ella está sana y restablecida)
en unos lugares bellos y agradables.
Cuéntele estos cuentos, o muy semejantes.

   Hasta aquí os he dicho lo que debe hacer       9895
para bien servir a toda mujer,
tanto si está enferma como si está sana,
quien quiera vivir en amor con ellas
y que tal amor siga siempre vivo,
pues con poca cosa podría apagarse               9900
si el hombre no intenta por todos los medios
hacer cuantas cosas les suelen gustar.
Pues yo no conozco ninguna mujer
que adornada esté de ánimo tan firme,
ni de corazón tan fijo y leal                     9905
que puedan los hombres estar muy seguros
de poder guardarlas por más que se esfuercen:
es como si alguno en medio del Sena
pretende una anguila pescar por la cola,
la cual ciertamente se habrá de agitar           9910
con tal frenesí, que se escapará,
aunque la sujeten con toda la fuerza.
No son las mujeres bestias tan domadas
que resulte fácil poder retenerlas,

[307]

ya que en sus maneras muestran tal mudanza,               9915
que ninguno de ellas podrá estar seguro.
    Y esto no lo digo por las que son buenas,
por las que se rigen con buenas constumbres,
de las que hasta ahora ninguna encontré,
aunque he conocido a muchas mujeres.                      9920
Ni el rey Salomón las halló tampoco,
por más que tenía de ellas experiencia,
ya que él mismo afirma de forma tajante
que no conoció mujer honorable.
Y si os esforzáis en irlas buscando,                      9925
si encontráis alguna, quedaos con ella,
pues así tendréis una excepcional
que se entregará totalmente a vos:
si ocasión no tiene de estar por las calles
para así poder encontrar a otro,                          9930
o si no consigue que alguien la corteje,
sólo en esos casos os podrá ser fiel.
    Pero todavía quiero decir algo
antes de acabar con esta materia.
Me referiré sólo a las doncellas                          9935
sean como fueren, o guapas o feas:
a quienes pretenden conseguir su amor
yo les recomiendo seguir mi consejo;
y que no lo olviden en toda su vida,
sino que lo obseven con gran atención:                    9940
que le dé a entender a toda mujer
que le es imposible defenderse de ellas
por la admiración y la inclinación
que en él provocaron su encanto y belleza.
Ya que no hay mujer, por buena que sea,                   9945
o joven o vieja, o mundana o monja,
por más religiosa que pudiera ser,
por casta que sea de cuerpo y de alma,
que si su belleza llegan a alabarle
deje de esponjarse ante tal halago.                       9950
Y aunque todo el mundo la tenga por fea,
ella se verá más bella que un hada;

_____

9923   En el *Eclesiastés*, VII, 29.

así pues, que alabe sin miedo ninguno,
que se le creerá sin ningún problema,
ya que cada una piensa de sí misma                    9955
que es de tal belleza, y está muy segura,
que todos los hombres la deben amar,
por fea que sea, por negra o ahumada.
Así en alabar siempre a sus amigas,
sin tener en cuenta todas sus locuras,                 9960
deberán mostrarse siempre diligentes
los bellos, galantes y corteses mozos.

   Porque a las mujeres no he de aconsejar,
ya que consideran tener tanto ingenio,
que a su parecer no les es preciso                     9965
que nadie les diga lo que habrán de hacer.
Así pues, que nadie que quiera agradarles
les reproche nunca ningún acto suyo.
Son igual que el gato, que de nacimiento
conoce el oficio de cazar ratones                      9970
y le es imposible cambiar tal costumbre,
porque sus sentidos en él se formaron,
que no lo aprendió en ninguna escuela.
Tal es la mujer, y así está de loca,
la cual sólo actúa también por instinto                9975
en todos los actos que guían su vida,
los buenos, los malos, derechos, torcidos,
y en aquellas cosas a las que se inclina.
Hace así mil cosas que hacer no debiera
y odia a todo aquel que osa aconsejarla;               9980
pero su saber no viene de escuela,
sino que lo tiene por naturaleza,
y por tal razón no puede cambiar,
dado que nació así de torcida:
aquel que pretenda corregirla en algo                  9985
jamás logrará gozar de su amor.

   Así pues, amigo, sobre vuestra rosa,
(la cual os resulta tan preciosa cosa,
que incluso daríais todo vuestro haber
con tal de poder tenerla con vos),                     9990
cuando hayáis logrado al fin poseerla
(tal como preveo que va a suceder)

y la hayáis gozado a vuestro placer,
tenéis que guardarla usando las formas
que deben usarse con tal florecilla.          9995
Y así gozaréis de esta enamorada
a la que imagino que no tiene par,
pues en mi opinión, nunca encontraréis
otra parecida en ningún lugar.»
    Yo le respodí: «Verdaderamente          10000
ninguna en el mundo, de eso estoy seguro,
existió ni existe de tal calidad.»


## ENCUENTRO CON RIQUEZA

    Así me animó a actuar Amigo,
en cuyos consejos hallé mucho bien;
a mi parecer, eran más valiosos               10005
que aquellos consejos que Razón me dio.
    Antes de que Amigo hubiese acabado
su razonamiento, que tanto me plugo,
de Dulce Pensar y Dulce Palabra
fui acompañado, que desde ese instante      10010
no me dejarían en ningún momento.
Mas no me trajeron a Dulce Mirar,
de lo cual no quise hacerles reproches
porque yo sabía que les fue imposible.
Hechos los adioses, en marcha me puse.       10015
Y ya en el camino, mucho más alegre,
dirigí mis pasos hacia una pradera
cubierta de flores y de fina hierba,
en donde se oían dulces pajarillos
que estaban cantando nuevas melodías.        10020
Gran placer sentía en mi corazón
con aquellos cantos tan maravillosos.
Pero me pesaba lo que dijo Amigo
al recomendarme que evitar debía
ir directamente adonde el castillo           10025
ni merodear por aquel lugar:
me era muy difícil seguir el consejo,
pues era la cosa que más deseaba.

Así que, después de reflexionar,
dejando de lado la parte derecha          10030
dirigí mis pasos girando a la izquierda,
por donde pensaba poder atajar.
Con gran frenesí buscaba el camino,
en el que entraría, si daba con él,
con gran decisión, sin reserva alguna,    10035
a menos de hallar algún grave obstáculo,
para liberar a mi buen amigo
Buen Recibimiento, el leal, el bueno:
en cuanto yo viera que el castillo estaba
menos consistente que un tierno pastel    10040
y en cuanto ante mí se abrieran las puertas,
ya nadie podría impedirme el paso:
tendría que estar incapacitado
para allí no entrar y hacerme con él.
Libre quedaría Buen Recibimiento,         10045
por lo cual daría cuanto me pidieran
(esto es una cosa que puedo jurar),
por poder hallarme en el buen camino.

    Mas para observar mejor el castillo,
pensé que era bueno alejarme un tanto.    10050
Cerca de una fuente de agua cristalina,
y estando pensando de nuevo en la rosa,
en cierto paraje bello y placentero,
a una dama noble, de buena prestancia,
de cuerpo agradable y de bello rostro     10055
la vi recostada debajo de un olmo,
cerca de la cual estaba su amigo.
No supe al momento cuál era su nombre,
pero a la mujer llamaba Riqueza,
la cual demostraba ser de gran nobleza.   10060
Estaba guardando un sendero estrecho,
pero fuera de él, no en el interior.
En cuanto los vi me incliné ante ellos
y los saludé convenientemente,
a lo cual los dos me correspondieron,     10065
pero a tal saludo no añadieron más.
A pesar de todo, yo les pregunté
cuál era el camino para Mucho Dar.

Antes que el amigo, respondió Riqueza,
en cuyas palabras noté altanería:
—Este es el camino, cuya entrada guardo.                    10070
—¡Señora, le dije, sea Dios con vos!
Por favor os ruego que tengáis a bien
permitirme el paso, porque me dirijo
a cierto castillo que fue levantado                         10075
no hace mucho tiempo por orden de Celos,
—Vasallo, tal cosa no la pienso hacer,
porque aún ignoro vuestra identidad.
Así pues, no puedo dejaros entrar,
pues no formáis parte de mis amistades,                     10080
y habrán de pasar aún muchos años
antes de que os deje caminar por él.
Nadie puede hacerlo si no es de los míos,
sea de París o sea de Amiens,
Pero a mis amigos les permito todo,                         10085
hacer la carola, danzar y bailar,
y viven aquí vida muy alegre,
(vida que a los sabios apenas les tienta).
Aquí se les dan todos los festejos,
todos los placeres y todas las fiestas,                     10090
músicas de violas y de panderetas,
canciones muy bellas y gratas de oír,
juegos de ajedrez, de tablas y dados,
y otras diversiones igual de agradables.
Gracias a las artes de las alcahuetas,                      10095
aquí se reúnen mozas y donceles,
que van paseándose por estos jardines
más engalanados que los papagayos.
Después en los baños se vuelven a ver,
a do se encaminan cubiertos de flores,                      10100
y se meten juntos dentro de las cubas
que están preparadas en los reservados
que Loca Larqueza dispuso en su casa,
quien los mina tanto y tanto empobrece,
que a muy duras penas podrán reponerse.                     10105
Pues se hace pagar tan costosamente

----

10084 Evidentemente, *Riqueza* cita dos ciudades de proverbial opulencia.

tanto su servicio como su hospedaje,
a todos exige tan duro peaje,
que para que puedan pagar lo que deben,
les será preciso sus tierras vender.                    10110
Yo soy quien los deja gozosos entrar,
mas será Pobreza, temblorosa y seca,
sin nada en el cuerpo, quien los echará.
Yo estoy en la entrada y ella en la salida.
Cuando están ya dentro no me ocupo de ellos,          10115
sean quienes fueren, sabios o iletrados;
entonces se pueden dejar desplumar,
que lo que les pase me importa muy poco.
    Con esto no digo que a mí no me agrade
el que, quien pudiera, venga a mí de nuevo              10120
(pero esto sería una gran hazaña)
cuantas veces quieran y sea posible,
que yo no seré tan poco solícita,
que una nueva vez no los deje entrar.
Mas debéis saber que al final terminan                 10125
más arrepentidos quienes más se esfuerzan,
y, así, no se atreven a volver a verme,
pues suelen quedar muy avergonzados
por sus desventuras y por sus pesares.
Yo los dejo, pues, porque ellos me dejan.              10130
Por lo cual os digo para no engañaros,
y por si queréis andar por aquí,
que lamentaréis el haber entrado.
Ni siquiera el oso, cuando se le acosa,
es tan desvalido ni tan desgraciado                    10135
como vos seréis si aquí penetráis.
Porque si Pobreza sobre vos se abate,
os hará sufrir una negra vida
tumbado en la paja de una triste choza,
y os hará morir a manos de Hambre,                     10140
la cual desde siempre fue su servidora
y en todo momento le ha sido muy fiel.
Puesto que Pobreza, en cuyo servicio
Hambre se mostró siempre bien dispuesta,
le enseño muy bien todas las maldades.                 10145
Por cuya razón la nombró nodriza

[313]

de Ladrón, un mozo muy desaprensivo,
a quien dio la leche de su propio pecho,
que otros alimentos no le pudo dar.
Si queréis saber su forma de vida,                    10150
que no es nada fácil ni nada agradable,
vive en un lugar todo pedregoso
donde nada crece, ni trigo ni matas,
que se halla en Escocia, allá en los confines,
lugar que es tan frío como el mismo mármol.          10155
Hambre, que carece de trigo y de árboles,
tiene que arrancar algunas raíces
con sus largas uñas y sus duros dientes,
pero no las halla sino muy escasas
por entre los muchos guijarros del campo.            10160
Y en lo que respecta a su descripción,
con pocas palabras la podría hacer.
Es enjuta, débil, muy delgada y alta,
porque el pan de avena jamás lo probó.
Tiene los cabellos todos erizados,                    10165
los ojos vacíos, en la cara hundidos,
el rostro muy pálido y los labios secos,
y múltiples manchas en su sucia cara;
por su piel curtida, quien se fije bien
puede adivinar lo que guarda dentro:                  10170
de por los ijares le salen los huesos,
hirsutos, vacíos de toda sustancia,
y da la impresión que en lugar de vientre
tiene un agujero, que entra tan profundo,
que da la impresión que el pecho le cuelga            10175
horrorosamente por el espinazo.
Su gran delgadez le afiló los dedos
y de sus rodillas perdió la turgencia;
sus talones altos, agudos, huesudos
parece que nunca supieron qué es carne               10180
de tan comprimida y magra que está.
    Ceres, que es la diosa de la exuberancia,
la que hace crecer trigos y cebadas,
no camina nunca por sitio tan triste;

10154  Según Ovidio, *Scythia* («Escocia») era la tierra del hambre.
10185  Ceres (la Deméter griega) había concedido a Triptólemo un

tampoco Triptólemo, el de los Dragones,      10185
quiso aventurarse por aquel lugar;
jamás los Destinos se lo permitieron,
porque no querían que estuviesen juntas
ni un solo momento la opulenta diosa
y la muy cuitada y doliente Hambre,          10190
la que sin tardar os ha de traer
Pobreza, tan pronto como os eche el guante,
si es que os adentráis por este camino
para divertiros como deseáis.

  No obstante, os diré que adonde Pobreza    10195
se puede llegar con igual presteza
por otro camino que el que estoy guardando,
puesto que siguiendo una vida ociosa
también es posible toparse con ella.
Y si preferís dirigir los pasos             10200
por este camino del que ahora os hablo
(que es el de Pobreza por Ociosidad),
por ver si lográis tomar el castillo,
pudierais muy bien nunca conseguirlo.

  Pero en cuanto a Hambre, estoy muy segura  10205
de que la hallaréis sin mucho tardar,
puesto que Pobreza conoce el camino
mejor de memoria que por pergamino.
y debéis saber que la triste Hambre
a pesar de todo sigue tan atenta            10210
para con su ama, y tan servicial
(aunque no la quiere ni la aprecie mucho
por más que por ella sea mantenida,
y eso que Pobreza la mantiene seca),
que la viene a ver sin faltar un día,       10215
y una vez tomado junto a ella asiento,
la suele besar por toda la cara
con mucha tristeza y con desconsuelo.
Después a Ladrón coge de la oreja
cuando está dormido, para despertarlo,      10220
y hacia él se inclina compasivamente
para aconsejarlo y para animarlo

carro tirado por dragones y unas espigas de trigo con la misión de que
fuera enseñando a los hombres la agricultura.

a su obligación de satisfacerles
su manutención mientras que ellas vivan.
A lo cual asiente Débil Corazón,                    10225
quien, tan temeroso está de la cuerda,
que hace que se atiese y que se le erice
el pelo, pensando que van a colgar
a Ladrón, su hijo, y vive temblando
al pensar que pueden cogerlo en su oficio.          10230
   En fin, por aquí no os permito entrar:
buscad vuestra vía por otros lugares,
ya que no me habéis servido hasta el punto
de que merezcáis que mi amor os dé.»
—Señora, por Dios, de serme posible,               10235
con todo placer quisiera ganarlo;
porque, si pudiera seguir vuestra vía,
Buen Recibimiento podría salir
de la dura cárcel en la que se encuentra.
Por favor, señora, dejadme pasar.                   10240
Ella respondió: —Muy bien os conozco,
y veo, además, que no habéis vendido
toda vuestra leña, la grande o pequeña
y que aún guardáis una buena *haya,*
pues sin buen *haber* no puede vivir                10245
ninguno que quiera ser de los de Amor.
Y a pesar de todo, aún os creéis
que viviendo así lleváis buena vida,
¿Vivir? Yo más creo que es más bien morir
el estar sufriendo tormentos tan grandes:           10250
no se debería tener como vida
locura tan grande, ni tal desvarío.
Ya intentó Razón explicaros esto,
pero no logró haceros más listo.
Mas debéis saber que, al no hacerle caso,           10255
os equivocáis imprudentemente.
Ya errabais también con antelación,
pues en vos no había ningún miramiento
ni en nada mostrabais el que me apreciarais
desde el mismo instante en que a Amor seguisteis    10260
Ninguno que ama me suele apreciar,
sino que se esfuerza en dilapidar

los bienes que yo quise concederle,
pues suele emplearlos como no debiera.
¿En dónde diablos pensará encontrar          10265
el enamorado lo que necesita?
Así pues, marchaos, dejadme tranquila.»

## RESOLUCIÓN DEL AMADOR

Yo, que no podía nada conseguir
me alejé, muy triste, sin más detenerme,
mientras que riqueza se fue con su amigo,          10270
que estaba vestido con muchos adornos.
Me fui pensativo y desorientado
por ese jardín tan maravilloso
en el que se daban tantas cosas buenas
que me habéis oído hace unos instantes          10275
Pero en tal momento poco lo gozaba,
que mi pensamiento se hallaba muy lejos,
ya que a cada instante, en todo momento,
pensaba en la forma más segura y cómoda
gracias a la cual lograr mi propósito;          10280
una vez sabida, la ejecutaría
sin que hubiera nada que me lo impidiese,
puesto que mi honor nada ganaría
si por cualquier causa no pudiera hacerlo.
Entonces vinieron a mi pensamiento          10285
todos los consejos que amigo me diera:
adular debía al vil Malaboca
en cualquier lugar en que lo encontrara,
y con los demás enemigos míos
debía esforzarme por todos los medios          10290
para que me vieran con mejores ojos.
Saber no podía si lo lograría.
Pero, mientras tanto, debía sufrir
porque por mi parte me faltaban ánimos
de ir al castillo, como deseaba          10295
y en lo que pensaba en todo momento,
por lo cual cumplí dura penitencia
mientras que duró esta situación.

[317]

Pues debéis saber que me vi obligado
a hacer una cosa y a pensar en otra,
practicando así la doble intención,                    10300
cosa que hasta entonces nunca había hecho.
Me convino, pues, obrar con traición
para conseguir lo que pretendía:
traidor hasta entonces nunca había sido                10305
ni nadie de tal me había tachado.


## EL EXAMEN DE AMOR

Una vez que Amor me había probado
y estaba seguro de que fiel le fui,
dado que actué según los preceptos
que para con él debía seguir,                          10310
se me apareció y sobre mis hombros,
mientras se reía de mi desventura,
su brazo me echó, mientras preguntaba
si había cumplido lo que me pidió,
y cómo me iba, y lo que pensaba                        10315
aún de la rosa que tanto quería.
Él muy bien sabía lo que me pasaba
pues los dioses saben lo que hacen los hombres.
Díjome: «¿Cumpliste cuanto te ordené,
esos madamientos que a los amadores                    10320
les suelo mandar para que los cumplan
y de los que nunca deben apartarse?
—Sabed, mi señor, que he cumplido todo
tan severamente como fui capaz.
—De acuerdo. Mas creo que muy tornadizo               10325
es tu corazón, y muy poco estable,
pues frecuentemente se llena de dudas,
ya que yo conozco toda la verdad.
Hace poco tiempo dejarme quisiste,
y poco faltó para que cesaras                          10330
de hacerme homenaje, e hiciste de Ociosa,
como de mí mismo, quejas dolorosas;
decías también sobre mis promesas
que estaban carentes de toda certeza,

y llegaste incluso a llamarte loco                    10335
porque en mi servicio seguías estando,
por lo cual estabas con Razón de acuerdo.
¿No obrabas entonces como mal vasallo?
—¡Señor, perdonadme! ¡Ya me confesé!
Y, además, sabéis que no me aparté                    10340
y que fiel os fui, muy bien lo recuerdo;
tan fiel como tienen siempre que actuar
aquellos que están en vuestro servicio.
Razón no me tuvo nunca como suyo,
pues me reprendió de mala manera                      10345
y me amonestó muchísimo tiempo;
puesto que esperaba que con su sermón
podría dejar vuestro dulce vínculo:
con esa intención a mí se acercó.
Pero sus consejos nunca tuve en cuenta                10350
por más que intentó que le hiciera caso.
No obstante, diré, para no mentir,
que un poco dudé, pero no hubo más.
Mas nunca Razón podrá convencerme
para que jamás vaya contra vos                         10355
ni contra ninguno, aunque valga poco,
pase lo que pase y si Dios me ayuda,
mientras que tengáis vos mi corazón,
del cual dispondréis, de eso estad seguro,
el tiempo que esté dentro de mi cuerpo.               10360
No obstante, me siento un tanto culpable
(cosa que jamás creí que pasara)
por el mero hecho de oír a Razón.
Por eso os suplico que me perdonéis,
ya que, por mi parte, y para enmendarme,              10365
a todas las cosas que queréis mandarme
yo me plegaré, pero no a Razón,
que quiero vivir y morir con vos.
Pues vuestro servicio en mí está grabado,
y aunque muchas cosas me aguarden aún,                10370
quiera concederme Átropo la gracia

10371   Una de las Moiras, o diosas del Destino, Átropo, es la que
ocupaba de cortar el hilo de la vida.

de acabar mi vida en vuestro servicio
y que me mantenga siempre en la tarea
que con mucho gusto nos impone Venus,
puesto que no existe, de esto estoy seguro,          10375
deleite más grande que esa imposición.
Y que los que un día deberán llorarme
después de una vida dedicada a vos
me puedan decir: "Bello y dulce amigo,
tú, al que ahora vemos muerto por Amor,          10380
quisiste mostranos de forma patente
que tu muerte fue el reflejo fiel
del tipo de vida que llevar optaste
cuando aún tenías tu alma en tu cuerpo."
—¡Por mi propia vida! ¡Eso es bien hablar!          10385
Veo bien ahora que mis mandamientos
los has observado rigurosamente.
Tú no eres de aquellos falsos renegados
y viles ladrones que de mí se apartan
en cuanto consiguen lo que perseguían.          10390
Veo que eres íntegro en tus intenciones.
Llegará tu nave, pues tan bien navegas,
a puerto seguro, y yo te persono,
no por mi merced, sino por tus méritos,
que aún aprecio más que el oro o la plata.          10395
Y en vez de rezarme ahora el *Confíteor,*
para que te absuelva, más me gustaría
que aquí repitieras lo que te mandé.
Son diez mandamientos los que has de decir,
entre prohibiciones y buenos consejos.          10400
Si me demostraras que aún los recuerdas,
conmigo no habrás perdido tu tiempo.
Yo le respondí: «Bien. De Villanía
tengo que apartarme, y no maldecir;
debo saludar y corresponder;          10405
no debo decir nunca groserías;
en todo momento me debo portar
con toda mujer educadamente;
no ser orgulloso, pero sí elegante;
debo siempre estar alegre y contento;          10410
me debo esforzar en ser generoso

y mi corazón dar sólo una vez.
—¡Por mi vida! Veo que no olvidas nada,
por lo cual no debo guardar más sospechas.
¿Y cómo te va? —Vivo con dolor,                    10415
y puedo decir que estoy casi muerto,
—¿Y mis tres consuelos? —No tengo ninguno.
Pues Dulce Mirar no está, que el veneno
solía quitar de mi mala herida
con sólo mirarme con sus dulces ojos.              10420
Los tres se alejaron, pero de los tres
después a mi lado dos han vuelto ya.
—¿Tienes a Esperanza? —La tengo, señor,
gracias a la cual no me desespero;
puesto que, además, cuanto más se espera          10425
cada día más Esperanza crece.
—¿Y qué es de tu amigo Buen Recibimiento?
—Está prisionero en dura prisión
este dulce amigo a quien tanto amaba.
—No has de preocuparte ni llorar por él           10430
ya que lo tendrás, yo te lo prometo,
y que ha de ayudarte llegado el momento.
Y ya que me sirves de forma tan fiel,
es mi voluntad mandar que mi gente
sin perder más tiempo asedie el castillo.         10435
Mis barones son fuertes y ligeros
y antes de que acabe el citado asedio
podrá verse libre Buen Recibimiento.»

## EL EJÉRCITO DE AMOR

Allí mismo, Amor, sin más dilaciones
de tiempo o lugar, ni sin más rodeos,             10440
mandó que vinieran todos sus barones.
A algunos les ruega y a otros exige
que sin demorarse vengan a sus cortes.
Todos acudieron sin retraso alguno,
prestos a cumplir lo que les pidiera              10445
según cada cual lo pudiera hacer.
Sin orden ninguno y en forma muy breve

los voy a citar, para resumir.
Vino dama Ociosa, del jardín guardiana,
trayendo consigo numeroso séquito.  10550
También acudieron Nobleza y Riqueza
junto con Largueza, Piedad y Franqueza,
como Cortesía, Honor y Osadía,
Sencillez, Deleite; también Compañía
y Seguridad, Recreo, Alegría,  10455
Juventud, Belleza y Bien Parecer;
también acudieron Humildad, Paciencia,
y, con Fingimiento, Forzosa Abstinencia,
quien trajo consigo a Falso Semblante,
sin el cual jamás hubiese venido  10460
Los cuales vinieron con toda su gente
a todo dispuestos y de buen talante,
salvo solamente Forzosa Abstinencia
y Falso Semblante, su fiel compañero:
aunque buena cara les muestran a todos,  10465
por sus venas corre la sangre de Engaño.
Engaño engendró a Falso Semblante,
el que se apodera de los corazones,
al cual concibió con Hipocresía,
que es dama muy pérfida y muy traicionera.  10470
Toda la crianza de Falso Semblante
vino de su madre, esa puerca hipócrita,
que en todo lugar vive del engaño
valiéndose siempre de la religión.
    Cuando el dios Amor ante sí lo tuvo  10475
todo el corazón se le estremeció
y dijo: «¿Qué es esto? ¿Es que estoy soñando?
Di, Falso Semblante, ¿quién te dio licencia
para que vinieras ante mi presencia?»
Allí respondió Forzosa Abstinencia,  10480
que a Falso Semblante cogió de la mano
y dijo: «Señor, conmigo lo traigo;
por favor os pido que no os enojéis.
Él me ayuda mucho y me hace favores,
es quien me sostiene y me reconforta.  10485
De no ser por él, yo estaría muerta,
por lo cual, señor, no debéis quejaros.

[322]

Que aunque de la gente es poco estimado,
no obstante lo suelen en mucho tener
y considerar como noble y santo.                    10490
Me da su amistad y yo soy su amiga.
Por eso lo traigo como compañía.»
—«Sea», respondió. E inmediatamente
díjoles a todos un breve discurso:
«Para hacer la guerra y vencer a Celos,             10495
que tanto atormenta a los amadores,
ante mi presencia os hice venir,
ya que contra mí quiere rebelarse
en este castillo que ella levantó,
acción con la cual ofende mi honor;                 10500
en él ha dispuesto tan fuertes defensas,
que habrá que luchar denodadamente
para conseguir de él apoderarnos.
También estoy triste y me duele mucho
el que allí esté preso Buen Recibimiento,           10505
que tanto ayudaba a nuestros amigos.

### Tratadistas de amores

Si de allí no sale, estaré perdido,
puesto que Tibulo ya no está conmigo,
el cual conocía muy bien mis trabajos
y por cuya muerte yo rompí mis flechas,             10510
destrocé mis arcos y dejé olvidados,
sin sacarles brillo, todos mis carcajes.
Tanta fue mi pena, tanta fue mi angustia,
que junto a su tumba destrocé mis alas,
las cuales quedaron en muy mal estado               10515
de tanto batirlas por mi gran dolor.
También por su muerte mi madre lloró

10508  En los versos siguientes, van a ser citados algunos autores
relacionados con Ovidio y coetáneos suyos. Este autor compuso, a la
muerte de su amigo Tibulo, un poema elegiaco (*Amores*) en donde se
mezclan episodios autobiográficos y escenas amatorias, en el cual cita
igualmente a Galo y Catulo, todos ellos poetas de los mismos asuntos.
Meun pone a su predecesor Lorris en la misma línea, al cual supone
todavía en vida, presentándolo como si fuese *Buen Recibimiento*.

tan profundamente, que perdió el sentido:
nadie que no fuese del todo insensible
no se apiadaría al vernos llorar,                          10520
ya que nuestro llanto era irrefrenable.
Y Galo y Catulo, así como Ovidio,
que eran muy expertos en temas de amor,
también nos serían precisos ahora:
pero todos ellos yacen en sus tumbas.                      10525
Y también nos falta Guillaume de Lorris,
contra cuya vida Celos, su enemiga,
tanto se activó para hacerle daño,
y corre el peligro de perder la vida
si en esta campaña no lo socorremos;                       10530
él me ayudaría con todas sus fuerzas
como fiel vasallo que fue siempre mío.
Saquémoslo, pues, puesto que es por él
por quien me tomé todas las molestias
de llamar a todos los que estáis aquí                      10535
para liberar a nuestros amigos.
Y aunque, al parecer, no sea tan sabio,
para mí sería una gran deshonra
si a este fiel vasallo llegara a perder
pudiendo y debiendo venir en su ayuda,                     10540
ya que me ha servido con tanta eficacia,
tal abnegación puso en mi servicio,
que estoy obligado a emplearme entero
para derribar la torre y los muros
y para asediar el castillo fuerte                          10545
con todas las fuerzas de que soy capaz.
Porque todavía deberá servirme,
y para ganarse mejor mis favores,
debe comenzar a escribir un libro
en donde se expongan todos mis preceptos,                  10550
libro que tendrá que continuar
hasta cuando diga Buen Recibimiento,
el cual languidece ahora en prisión,
dolorosamente, angustiosamente:
"Preso de la angustia me paso los días,                    10555
porque tengo miedo de que me olvidéis;
si tal ocurriera, yo me moriría

[324]

pues jamás habría quien me confortara
si a perder llegara vuestra compañía,
ya que de mis fuerzas yo ya desconfío.»          10560
    Después morirá mi amigo Guillaume,
sobre cuya tumba deberán arder
áloe y mirra, bálsamo e incienso,
ya que me sirvió tan perfectamente.
Pero dispondré de Jean Clopinel,                 10565
corazón gallardo y cuerpo ligero,
que habrá de nacer en Meun, junto al Loira,
el cual generosa y abnegadamente
me habrá de servir durante su vida,
sin ningún reparo y sin condiciones             10570
pues habrá de ser hombre de tal índole,
que no le hará caso jamás a Razón,
la cual siempre odió mis dulces remedios
a pesar de ser más suaves que el bálsamo.
Pero si sucede, por cualquier razón,            10575
que en alguna cosa me viene a fallar
(puesto que no hay hombre que no peque nunca,
y todos tenemos algunos defectos),
su disposición para mi servicio
le hará retornar a mi lado siempre;             10580
y así, cuando sienta que es culpable de algo,
se arrepentirá de su mala acción
y ya nunca más me querrá faltar.
    Este será el hombre que acabe el relato,
quien le dé la forma perfecta y total           10585
si las condiciones le son favorables,
pues cuando la cese Guillaume Lorris
una vez que muera, puedo asegurar
que Jean Clopinel la continuará
después, ya pasados cuarenta o más años;        10590
y él será quien cuente la enorme desgracia
y el terrible miedo de nuestro amador,
quien dirá al perder aquella amistad

---

10565-66    El autor de esta segunda parte se presenta a sí mismo como
persona ágil, para defenderse del significado de su apellido, ya que *Clopinel*
significa «cojito».

con que se le dio Buen Recibimiento:
"Y si la he perdido, yo mucho me temo                    10595
que, desesperado, habré de morir."
Pero no esto sólo, sino mucho más,
otras muchas frases, o cuerdas o locas,
justo hasta el momento en que haya cogido
de la grácil rama verde y florecida                      10600
la rosa bellísima de rojo color
y hasta que despierte al llegar el día.
Él acabará de contarlo todo,
de forma que nada quede por decir.
  Si con estos dos pudiera contar,                       10605
de su buen consejo me valdría ahora.
Mas con el primero ya no me es posible,
y, en cuanto al segundo, aún no ha nacido,
razón por la cual no está aquí conmigo.
Y lo que hay que hacer tan difícil es                    10610
que, podría ser que, una vez nacido,
si a entonces no llego con todas mis plumas
para relatarle nuestras buenas obras,
cuando Jean se encuentre ya en su madurez,
no sería extraño y mucho me temo                         10615
que sea incapaz de contarlo todo.
Por lo cual, previendo que pueda ocurrir
que Jean Clopinel, que está por nacer,
por cualquier desgracia nacer no pudiera,
lo cual supondría una gran tragedia                      10620
y un grave perjuicio para los que aman,
pues carecerían de su buen consejo,
le ruego a Lucina, la cual es la diosa
de los nacimientos, que lo traiga al mundo
y que le conceda muy buena salud                         10625
a fin de que tenga una larga vida.
Y una vez llegado el feliz momento
en que quiera Júpiter traerlo a este mundo,
cuando necesite ser alimentado
y antes de apartarlo del seno materno,                   10630
que le dé a beber de sus dos toneles,

---

10623   Es una deidad romana

uno de agua clara, de agua turbia el otro,
la primera dulce, salada la otra,
mucho más salada que el sudor o el mar;
y cuando lo acuesten y ya esté en su cuna,                    10635
y porque será muy amigo mío,
yo lo cubriré con mis propias alas,
y lo arrullaré con tales canciones,
que, al pasar los años y un vez maduro,
bien adoctrinado con mis enseñanzas,                          10640
irá repitiendo cuanto le enseñé
por todas las calles y por las escuelas
usando la lengua del reino de Francia
ante toda audiencia que pueda encontrar;
de forma que aquellos que vengan a oírlo                      10645
nunca morirán de males de amor,
porque sacarán muy buenos consejos.
Pues ha de enseñarlos con tanto provecho,
que todos aquellos que en su tiempo vivan
harían muy bien de darle a este libro                          10650
el nombre de *Espejo de los Amadores*.
Pues en él habrá muy buena doctrina,
en donde Razón no será creída,
ya que suele ser mala consejera.
Así pues, decidme vuestro parecer,                            10655
ya que os tengo a todos por mis consejeros.
A todos os pido con las manos juntas
que a este desgraciado y pobre Guillaume,
el cual se portó conmigo tan bien,
a ayudar vayamos y a darle consuelo.                          10660
Pero si por él no os pidiera nada,
necesariamente pediros debiera
para que animéis y ayudéis a Jean
de modo que pueda concluir su libro.
Sedle favorables en esta tarea                                10665
(ya que nacerá, os lo profetizo);
también a los otros que vengan después
y que se dediquen con total entrega
a la observación de mis mandamientos,
que serán expuestos muy bien en su libro,                     10670
de modo que puedan, con respecto a Celos,

vencer su dominio y maquinaciones
y tirar por tierra todos los castillos
que se atreva a alzar contra mi poder.
Así pues, decidme ¿de qué forma haremos?          10675
¿Cómo ordenaremos todas nuestras huestes?
¿Cuál será el lugar por donde podamos
más rápidamente tomar el castillo?»

### Deliberación de la Corte

    Amor les habló con estas palabras,
que fueron oídas con mucha atención.              10680
Cuando su razón hubo terminado,
todos sus barones en ella pensaron:
allí se cruzaron muchos pareceres
y se intercambiaron muchas opiniones
hasta que al final, todos ya de acuerdo,          10685
a Amor, su señor, le hablaron así:
«Señor, le dijeron, estamos de acuerdo
unánimemente todos los presentes
sin otra excepción que la de Riqueza,
la cual ya tenía hecho el juramento               10690
de que tal castillo nunca asediaría,
ni se lanzaría ni un solo disparo
—tal dijo— de dardo, de lanza o de hacha,
como de otras armas que usarse pudieran,
por hombre ninguno de los de su séquito;          10695
también desaprueba esta nuestra empresa,
por lo cual no quiere estar con nosotros
en lo que respecta a esta expedición,
ya que no soporta a este jovenzuelo.
Este es el motivo de su enemistad:                10700
según dice, el joven no la cortejó,
por cuya razón no puede estimarlo;
más aún: lo odia y siempre odiará
porque no se afana por tener fortuna,
lo que es, según ella, un grave desprecio.        10705
Escuchad ahora cómo sucedió:
según dice, fue hace algunos días,

[328]

cuando le pidió que ella le dejara
ir por Mucho Dar, nombre de un camino,
y en tal petición mucho le insistió.                    10710
Pero se trataba de alquien sin dinero,
por cuyo motivo le negó la entrada.
Pero desde entonces nada se ha esforzado
para conseguir hacienda ninguna,
gracias a la cual él hubiera entrado,                   10715
tal como Riqueza le dejó bien claro.
Y ya que se muestra tan contraria a él,
nos es imposible contar con su apoyo.
En cuanto a los otros, hemos decidido
que sea Abstinencia, con Falso Semblante               10720
y todos aquellos que forman su hueste,
los que han de atacar la puerta trasera,
que por Malaboca está defendida
y por sus normandos ¡que Dios los confunda!
Con ellos Largueza vaya, y Cortesía,                    10725
quienes mostrarán su buen batallar
contra aquella Vieja por quien tanto sufre
Buen Recibimiento su dura prisión.
Seguirán Deleite y Bien Ocultar,
que le harán morder el polvo a Deshonra,               10730
por lo que tendrán que reunir sus fuerzas
e ir a atacar contra la otra puerta.
Irán contra Miedo y se le opondrán,
junto a Atrevimiento y Seguridad,
todos los que están bajo su bandera,                    10735
los cuales ignoran lo que es el huir.
    Franqueza y Piedad se presentarán
y opondrán sus fuerzas ambas a Peligro.
    Así pues, las huestes están bien dispuestas,
gracias a las cuales caerá el castillo                   10740
si todos se esfuerzan convenientemente;
y también si acude a ayudarnos Venus,
vuestra noble madre, que es buena guerrera
y se mueve bien en estos asuntos;
pues sin su presencia nada lograremos                    10745
por mucho que hagamos, por mucho que hablemos.
Por eso es mejor que ella nos gobierne,

[329]

ya que la tarea es de envergadura.
—Oídme, señores: mi madre, la diosa,
que es al mismo tiempo mi dueña y señora,                    10750
no siempre me ayuda en lo que le pido
ni accede a cumplir todos mis deseos.
Cierto que es persona que suele acudir
y traerme ayuda para conseguir
lo que quiero hacer; mas cuando le place.                    10755
Y por eso ahora no quiero llamarla.
Cierto que es mi madre, mas desde mi infancia
siempre le he tenido temor y respeto,
pues niño que grita siempre padre y madre
no puede ocurrir que siempre lo ayuden.                      10760
    Dicho todo esto, llegado el momento,
yo sabré pedirle que venga a ayudarnos,
que, si no está lejos, no habrá de tardar,
a menos que algo pueda retenerla.
Mi madre es persona de grandes hazañas,                      10765
y ha tomado ya muchas fortalezas,
muchas de las cuales de inmenso valor;
y aunque, por mi parte, no participara
a mí se me daban todos los honores.
Mas en cuanto a mí de ninguna forma                          10770
jamás me agradó que una fortaleza
pudiera rendirse estando yo ausente,
porque me parece, digan lo que digan,
que en tales asuntos no hay más que comercio:
es como el que quiere comprar un caballo,                    10775
que una vez pagado, contará que es suyo:
nada deberá al que lo vendió
ni éste le habrá hecho regalo ninguno.
No hay que confundir venta con regalo:
la venta no espera recompensa alguna,                        10780
ni con tal se obtienen gracias ni favores,
puesto que ambas partes se sacan lo suyo.
Ya que en tales tratos ocurre además

---
10770 y ss.    Amor está reprochando las relaciones sexuales en las que
no hay sentimiento, sino comercio. Para mejor expresar su idea, y siguiendo la costumbre de los autores medievales (véase el caso del Arcipreste de
Hita) recurrirá a un ejemplo.

que, cuando el que compra tiene ya el caballo,
en cualquier momento lo puede vender          10785
y obtener así su propia ganancia.
Porque, desde luego, siempre hay beneficio,
ya que, aunque el caballo fuera puro cuero,
al menos del cuero podrá disponer,
del que, a lo mejor, sacará provecho;          10790
y si tal caballo resulta ser bueno
y quiere guardarlo para pasearse,
la ganancia entonces será el reservárselo.
    Pero cuando Venus trata en un negocio,
éste, en cada caso, resulta gravoso,          10795
pues no existe nadie, por listo que sea,
que, al finalizar, no pierda el dinero
y junto con él la cosa comprada:
la cosa y su precio serán siempre de uno,
que el otro no saca ningún beneficio,          10800
pues, por más dinero que pueda gastarse,
nunca logrará poseer la cosa,
ni podrá tampoco impedir su venta,
sean cuales fueren los medios que emplee;
pues, aun oponiéndose a que la comprase          10805
cualquier extranjero que venir pudiese,
ya sea bretón, inglés o romano,
pagando lo mismo, o menos, o más,
o, incluso, a menudo, no pagando nada,
no conseguirá que otro no la tenga.          10810
    ¿Puede ser prudente quien trate con Venus?
No, sino inconsciente, loco, desgraciado,
pues, aun a sabiendas, quiere hacer un trato
en que perderá todo lo que ponga,
no obteniendo así beneficio alguno          10815
por muchos esfuerzos que pudiera hacer.
    Dichas estas cosas, ¿tengo que aclarar
que mi madre compra sin jamás pagar?
Ella no es tan loca ni tan sin sentido
como para dar a cambio de nada.          10820
Y añado algo más: quien con ella trata,
después se arrepiente de lo que le dio
ya que acabará preso de Pobreza

por mucho que fuera de Riqueza amigo
(la cual suele estar siempre bien dispuesta          10825
cuando necesito que venga a ayudarme).

Mas por santa Venus, mi gloriosa madre,
y por san Saturno, su padre ancianísimo,
que la trajo al mundo siendo ya una moza
(pero no la hizo de su propia esposa),                10830
quiero ya ante vos hacer juramento
(porque así la cosa más segura sea)
por la fe que debo a mis mil hermanos
(cuyos padres nadie puede conocer,
pues son muy diversos y muy numerosos                 10835
los hombres que Venus se supo atraer);
digo, pues, que juro y también declaro,
y que lo atestigüen los mismos infiernos,
que no beberé del licor divino
en un año entero, y en esto no os miento              10840
(ya que de los dioses sabéis la costumbre:
si alguno decide hacer juramento,
no debe beber en menos de un año).

Con tal juramento ya tengo bastante,
y seré un infame si caigo en perjurio                 10845
(aunque en tal acción no pienso caer):
puesto que Riqueza deserta de mí,
pagará muy cara su resolución.
Y la pagará como no intervenga
o bien con la espada o con otras armas.               10850
Y por desoír mi convocatoria,
por no intervenir para que rindamos
el castillo fuerte y con él su torre,
¡se habrá de acordar del día de hoy!
Si consigo un día atrapar a un rico,                  10855
veréis el tributo que le va a caer,
que no ha de quedarle ni una sola libra
que pueda gastar en bastante tiempo.
Yo le haré que vuele todo su dinero,
tanto, que en su bolsa nada quedará;                  10860
lo desplumarán tanto nuestras mozas,
que precisará otras plumas nuevas:
se verá obligado a vender sus tierras

aunque dispusiera de inmensa fortuna.
Los pobres han hecho de mí su señor,                    10865
pues aunque no tengan de qué mantenerme,
nunca por mi parte los he rechazado,
cosa que sería propia de malvados.
En cambio, Riqueza, voraz y glotona,
de sí los aparta, rechaza y afrenta.                      10870
Son, como amadores, mejor que los ricos
(que son muy tacaños y muy avarientos),
y suelen obrar, de esto estoy seguro,
con más lealtad y mejor servicio.
Así pues, por mí, ya estoy bien pagado                    10875
con su corazón y su voluntad.
Pusieron en mí todo pensamiento
y por eso debo ocuparme de ellos:
a todos pondría en mejor estado
si, en lugar de ser el dios del amor,                     10880
resultara ser el de la riqueza,
pues su situación muy triste me pone.
Por eso, es preciso que vaya en ayuda
de quienes me sirven con tantos esfuerzos,
puesto que, si mueren por el mal de amor,                 10885
podrían decirme que soy insensible.
—Señor, le dijeron, bien habéis hablado
en todas las cosas que habéis mencionado.
Y ese juramento respecto a los ricos,
además de estar lleno de razón,                           10890
es muy conveniente, bueno y necesario,
y lo cumpliréis, estamos seguros.
Si desde hoy los ricos homenaje os hacen,
mostrarán que son bastante imprudentes,
pues, por vuestra parte, no perjuraréis,                  10895
evitando así tener que absteneros
del licor sagrado, como prometisteis.
Serán las mujeres quienes los castiguen
en cuanto que caigan en sus dulces lazos,
lo cual les será terrible desastre.                       10900
Las mujeres son tan buenas en esto,
que lo harán muy bien, sin lugar a dudas.
No serán precisos más preparativos,

pues tantas desgracias de todo color
les harán pasar, no tengáis cuidado,                              10905
que con eso sólo podéis contentaros.
Así pues, dejadlas actuar a ellas:
les van a contar tan grandes mentiras,
les van a causar tanto inconveniente
con sus deshonestas y dulces maneras                             10910
(pues recurrirán a los arrumacos,
a los escarceos y a los muchos besos),
que, como las crean, con seguridad
perderán con ellas todo lo que tengan:
no les quedará ni casa ni mueble                                 10915
ni ningún enser que puedan guardar.

Así que ordenad todo lo que os plazca,
que lo cumpliremos, sea bueno o malo.


FALSO SEMBLANTE

Mas Falso Semblante aquí no se atreve
a ofrecer también sus buenos oficios,                            10920
ya que, en su opinión, le tenéis gran odio
e ignora si vos los aceptaréis.
Así pues, señor, todos os rogamos
que olvidéis la ira que sentís por él,
de forma que sea de nuestra mesnada                              10925
junto con su amiga, Forzosa Abstinencia.
Es nuestro deseo y nuestra demanda.
—Y yo os lo concedo, dijo el dios Amor.
De aquí en adelante será de mi corte.
¡Que se me presente!» Y ya en su presencia:                     10930
«Tú, Falso Semblante, serás de los míos
de aquí en adelante, con la condición
de que ayudarás a nuestros amigos;
jamás en su contra deberás obrar
sino que, al contrario, habrás de ayudarlos;                    10935
y en este combate contra el enemigo
tendrás que emplearte con todas tus fuerzas.
Estarás al frente de los más rufianes,

accediendo así a nuesta asamblea.
Indudablemente, eres un traidor,                                    10940
ladrón desmedido, solemne embustero,
y habrás perjurado muchísimas veces.
Por lo cual, ahora, ante nuestra audiencia,
y para quitar a todos la duda,
te pido y exijo que tú les informes,                               10945
aunque sólo sea de forma muy vaga,
en cuáles lugares te pueden hallar
cuando necesiten recurrir a ti,
y de qué manera podrán conocerte,
puesto que es difícil identificarte.                               10950
Y dinos también en dónde resides.
   —Señor, yo dispongo de muchas mansiones,
de las que no pienso daros relación
si tenéis a bien de ello dipensarme,
pues, si me obligarais a decirlas todas,                           10955
pudiera venirme perjuicio y deshonra:
si quienes me siguen conocieran cuántas,
sin duda ninguna me detestarían
y me causarían muy graves enojos,
que conozco bien su forma de obrar;                                10960
pues mis seguidores suelen ocultar
las cosas que piensan que les son contrarias
y en ningún momento quieren que se citen.
Inmediatamente reaccionarían
si yo me expresara diciendo aquí cosas                             10965
que no les gustaran ni fueran amables,
ya que la palabra que les hace daño
en ningún momento les gusta escuchar
(ni incluso si fuese el mismo evangelio
que les reprendiera su feo defecto),                               10970
puesto que se trata de gente muy mala.
Así que yo sé con toda certeza
que, si aquí os dijera la más leve cosa,
y aunque os esforcéis en tenerla oculta,
la sabrán al fin, más pronto o más tarde.                          10975
   De los hombres buenos no he de preocuparme,
porque sé que nunca me tendrán en cuenta
por lo que dijera sobre sus conductas.

Pero el que se pique de lo que dijera
se revelará como sospechoso                              10980
de querer llevar la forma de vida
que es propia de Engaño y de Hipocresía,
los cuales me dieron vida y alimento
—¡Hicieron contigo muy buena crianza,
le dijo allí Amor, y muy provechosa,                     10985
puesto que criaron al mismo diablo!
Sea como fuere, vuelvo a repetir
que es muy conveniente y muy oportuno
que aquí nos declares todas tus mansiones
inmediatamente, y ante todo el mundo,                    10990
y que nos expongas tu clase de vida.
No sería justo que nos la ocultases
y sí necesario el que nos reveles
qué sueles hacer y de qué manera,
dado que pretendes de los nuestros ser.                  10995
Y si sufres daño por decir verdades
(lo cual, por tu parte, no suele ser norma),
no serás el único, que otros lo sufrieron.
   —Puesto que mostráis tan gran interés,
y aunque me tuviera que costar la vida,                  11000
vuestra voluntad será satisfecha,
cosa a la que ahora estoy bien dispuesto.»


### Hipocresía de las Órdenes Mendicantes

Ya Falso Semblante está decidido;
su sermón inicia sin más esperar
y les dice a todos los allí reunidos:                    11005
«Barones, oídme lo que aquí diré:
quien quiera saber de Falso Semblante,
deberá buscarlo por calles y claustros.
En tales lugares yo suelo habitar,
pero más en claustros que en los otros sitios,          11010
ya que es preferible fijar la mansión
en donde mejor me pueda ocultar,
y la más humilde de las vestiduras

es la cobertura que mejor me encubre.

Sabéis que los monjes se ocultan muy bien,          11015
más que los seglares, que van descubiertos.
Con esto que digo difamar no quiero
a los religiosos contando mentiras:
bajo cualquier hábito que puedan llevar,
sea la que sea la Orden que sigan,                  11020
no pienso hablar mal de los frailes buenos,
aunque no por eso yo tenga que amarlos.

Me referiré a los engañosos,
los encubridores y los maliciosos,
a los que se ocultan debajo del hábito              11025
para así saciar sus inclinaciones.
En cambio, los buenos se muestran piadosos,
por lo cual es fácil el reconocerlos:
ellos no se muestran jamás arrogantes,
pues suelen vivir con toda humildad.                11030
Con tales personas no puedo vivir
porque debería hacer como ellos
y terminaría siendo muy humilde:
prefiero morir ahorcado en un árbol
por más que en la cuerda lo pase muy mal,           11035
antes que dejar la vida que llevo.
Yo prefiero estar con los arrogantes,
con los que simulan sus múltiples vicios,
con los que persiguen los bienes del mundo
y con los que llevan los grandes asuntos;           11040
con los que se afanan por ir a banquetes
y están a la caza de las compañías
de los poderosos, a los que persiguen.
Pasan por ser pobres, pero se regalan
comiendo manjares de los más opíparos               11045
y bebiendo vinos de los más sabrosos.
Son los que predican siempre la pobreza,
pero, por su parte, van tras el dinero
que intentan pescar con redes y cañas.
¡De tales costumbres saldrán muchos males!          11050
No son ni piadosos ni tampoco puros,
por más que presentan un razonamiento
cuya conclusión es impresentable:

[337]

puesto que se visten con los santos hábitos,
deben ser tomados como santos hombres.               11055
La argumentación es tan poco válida
como los cuchillos hechos de madera,
puesto que los hábitos no hacen a los monjes.

No obstante, no hay nadie que los contradiga
ni su voz levanta retórico alguno                    11060
buen conocedor del gran Aristóteles
para echar por tierra falsedad tan grande;
ni tampoco nadie que, aunque la conozca,
se atreva a decir nada contra ella.

En todo lugar en el que me encuentre               11065
y sea cual sea el tono que adopte,
mi objetivo siempre es el de engañar:
tal como le ocurre al gato Tibert,
que se pasa el día cazando ratones,
yo estoy de continuo usando el engaño.             11070
Y dados los hábitos que llevamos puestos,
nunca se sabrá de qué clase somos;
ni es fácil tampoco por lo que decimos,
pues nuestras palabras suelen ser muy dulces.

Sólo, pues, las obras tenéis que mirar             11075
si es que no se tienen los ojos cerrados:
quien dice una cosa y hace la contraria
es que está engañando sin duda ninguna,
sea lo que sea lo que lleve puesto,
sean los que fueren su gloria y su estado,         11080
sea laico o clérigo, u hombre o mujer,
señor o sirviente, señora o criada.»

Al oír lo dicho por Falso Semblante,
Amor, que quería llamar su atención,
le dijo, cortando sus explicaciones,               11085
que le parecían muy fuera de tono:
«¿Qué dices, diablo; estás en tu juicio?
¿Te estás dando cuenta de quienes nos citas?

---

11068  Es un personaje del *Roman de Renart,* obra conocidísima entonces. También son personakes *Belin* (11123) e *Isengrin* (11125), que representan, respectivamente, al cordero y al lobo, conocidísimos en la literatura
medieval, en la que las fábulas ocupan un lugar muy importante.

¿Se puede encontrar gente muy piadosa
viviendo en lugares que no son conventos?            11090
—Se puede, señor. Pues no hay que pensar
que deban llevar vida pecadora
y, por tal razón, que pierdan sus almas
los que viven fuera y están en el mundo,
porque eso sería demasiado injusto.                  11095
Pues no es imposible que en ropas magníficas
pueda florecer santa religión.
Son muy numerosos los casos de santos
y muy conocidas las vidas de santas
que fueron personas de gran devoción                 11100
y nunca vistieron como religiosos,
lo cual no les fue el menor obstáculo.
Fácil me sería citaros muchísimos.
Pues la mayoría de las grandes santas
que son veneradas en muchas iglesias,               11105
o castas doncellas, o damas casadas
que incluso llegaron a tener familia,
siempre se pusieron vestidos profanos
y con ellos mismos fueron enterradas:
viviendo en el mundo se puede ser santo.            11110
He aquí un ejemplo: las Once Mil Vírgenes,
que están ante Dios portando sus cirios,
a las que la Iglesia celebra en su día,
estaban vestidas con trajes seglares
cuando recibieron glorioso martirio,                11115
y por tal motivo no son menos santas.
Un buen corazón hace todo bueno,
pues la vestidura ni quita ni pone;
es el que motiva las buenas acciones,
que son las que muestran si se es buen cristiano.   11120
Es, pues, religioso todo corazón
que muestra en los actos buenas intenciones.
    Si con el vellón del señor Belin,
en vez de ponerse manto cibelino,
se hubiese vestido maese Isengrin,                  11125
y una vez vestido con piel de cordero
pudiese mezclarse dentro del rebaño,
¿acaso no haría una gran matanza

para así saciar su gran apetito?
Podría engañarlos sin dificultad                    11130
dado que, ignorando de quién se trataba,
irían tras él adonde quisiera.

Pues como haya muchos lobos de este tipo
entre los apóstoles que ahora nos predican,
me parece, Iglesia, que estás bien servida...     11135
Si está tu ciudad tan bien asediada
por los caballeros de tu propia mesa,
debieras temer por tu señorío.
Porque si se esfuerzan para conquistarla
quienes tú pusiste para defenderla,               11140
¿quién será capaz de salvaguardarla?
Tomada será sin necesidad
de usar las manganas ni las catapultas
ni de desplegar banderas al viento.
Pero no contenta con esta traición,               11145
les dejas hacer cuanto se proponen.
¿Dejarles? Más bien, se lo estás pidiendo,
y así, no te queda ya más que rendirte
o que te conviertas en su tributaria;
y pedir la paz, y que te la den,                  11150
para así evitar, como mal mayor,
que ellos se apoderen de tu autoridad.
¡Qué expertos que son en escarnecerte!
De día se activan guardando los muros,
pero por la noche los están minando.              11155
Es mejor que siembres en otros lugares
si quieres un día coger algún fruto,
pues en esa gente no has de confiar.

Pero con lo dicho ya tengo bastante;
no quiero insistir sobre tal asunto,              11160
que es mejor dejarlo sin ir más allá,
puesto que podría cansaros a todos.

---

11136-38  Alusión tanto a la *Civitas Dei,* de San Agustín, como a los
caballeros de la *Mesa Redonda.*
11143  Las *manganas* eran una especie de ballestas.

Lo que quiero, Amor, es que estéis seguro
de que ayudaré a vuestros amigos
con tal de que accedan a mi compañía,                    11165
y, si no me aceptan, que se den por muertos.
Deben aceptar también a Abstinencia,
pues, de lo contrario, no se salvarán.
Todos saben bien que soy un traidor
(pues como traidor Dios ya me ha juzgado),               11170
y que soy perjuro, pero mi intención
nunca se conoce hasta que se cumple,
que muchos por mí recibieron muerte
sin que se enteraran de cómo actué,
y siguen muriendo, y lo seguirán,                        11175
y nunca jamás se apercibirán;
quien se percatara, gran sabio sería:
que se guarde bien, si quiere librarse.
Porque es tan cruel mi forma de obrar,
que, cuando se sabe, se suele temblar.                   11180
El mismo Proteo, que era tan experto
en mudar de aspecto siempre que quería,
nunca conoció tantas artimañas
como yo conozco, pues nunca en ciudad
entré en la que alguno supiera quién era,                11185
por más que me oyera, por más que mirara.
Porque sé muy bien cambiarme de ropas,
cogiendo y dejando las que me convienen;
ora soy un clérigo, ora un caballero,
a veces prelado, a veces canónigo,                       11190
bien un simple monje, bien un cura párroco;
ora soy discípulo, ora soy maestro,
o soy forastero, o de la ciudad:
en fin, yo practico todos los oficios.
También soy un príncipe, o bien soy un paje,            11195
y me sé expresar en todas las lenguas.
Otras veces soy un viejo canoso,
y bien me convierto en un jovenzuelo,

o me hago llamar Robert o Robin,
o soy franciscano, o soy dominico.                    11200
Y para seguir a mi compañera
(que es, como sabéis, Forzosa Abstinencia),
la cual me acompaña y aporta solaz,
me suelo poner otros mil disfraces,
los que me parecen ser más adecuados                  11205
para realizar lo que ella me pide.
Así pues, me pongo ropas de mujer
y soy damisela, o soy una dama,
y, frecuentemente, también religiosa.
Y así, soy priora o una simple monja,                 11210
sólo una profesa, o bien la abadesa;
y voy recorriendo todas las regiones
y en todo convento me suelo hospedar;
en lo que respecta a lo religioso,                    11215
yo tomo la paja y abandono el grano;
para simular, vivo en los conventos,
pero sólo tengo de monje los hábitos.
¿Qué puedo añadir? De aquellas maneras
que son más idóneas suelo disfrazarme.                11220
Grande es la falacia que hay en mis palabras,
ya que lo que digo no es nunca lo que hago.

---

11199 *Robert* designa a la persona importante; *Robin* (diminutivo) al
campesino, a la persona del pueblo. *Robin et Marion* (diminutivo de Marie)
era el título de una pastorela dramatizada, obra de Adam de la Halle,
compuesta pocos años antes del *Roman de la Rose.*

11222 A partir de este verso hay una larga interpolación que, aunque
sea en nota, presentamos dado su interés. En ella, *Falso Semblante* se sigue
haciendo pasar por un monje mendicante.

Les hago caer dentro de mis trampas                        1
a muchas personas por mis privilegios;
puedo confesar y puedo absolver,
cosa que un prelado no puede impedirme,
salvo solamente el Sumo Pontífice,                         5
el cual decretó que esta potestad
pudiera ejercerla también nuestra Orden.
Y ningún prelado puede intervenir
ni contra los míos osa decir nada,
puesto que le tengo la boca cerrada.                       10
Pero mis manejos ya van conociendo,
y así ya no soy tan bien recibido

Aquí parecía que iba a callarse,
pero como Amor no daba señales
de mostrar enojo por lo que escuchaba,                    11225

ante su presencia como anteriormente,
cuando yo les era mucho más propicio.
Pero no me importa cómo estén las cosas,                  15
pues tengo dinero y tengo ganados
de tanto moverme y de predicar,
de lo que he tomado, de lo que me ha dado
tantísima gente tan ligeramente;
y así yo me doy a la buena vida,                          20
por la gran simpleza de tantos prelados
que temen muchísimo mi gran influencia,
de los cuales nadie se atreve a aponérseme
y, si se atreviera, lo lamentaría.
Todo el mundo, pues, actúa a mi antojo                    25
gracias a mis tretas y a mis falsedades.
   Y así, ya que todos deben confesarse
con su confesor, y esto cada año
una vez al menos según la Escritura,
cuando han de cumplir con la obligación                   30
que a todos impone el Sumo Pontífice,
conseguimos siempre que a nosotros vengan,
puesto que tenemos cierto privilegio
que nos deja hacer lo que nos convenga:
a tal confesión nunca renunciamos                         35
y además le damos tal absolución,
que ni el propio Papa la dará más grande.
Así pues, quien sea que a nosotros venga,
podría excusarse llegado el momento:
«Yo no necesito de más confesiones,                       40
que aquel ante el cual fui a confesarme
ya me ha liberado de todas mis culpas.
Quedé, pues, absuelto ya de los pecados
que mi corazón tenían manchado.
Así pues, ahora no tengo intención                        45
de volver a hacer otra confesión,
ni debéis tampoco obligarme a ella,
puesto que me dieron ya la absolución.
Pues, tal como vos habéis proclamado,
no debo hacer caso a cura o prelado                       50
que quiera obligarme a que me confiese,
ya que en ese caso forzado estaría
y yo bien sabría cómo querellarme.
No está en vuestra mano de nuevo exigírmelo
ni emplear la fuerza para convencerme                     55
de que una vez más debo confesatme
si yo, por mi parte, no veo el motivo

[343]

sino regocijo, lo invitó a seguir:
«Háblanos ahora más especialmente
sobre cómo sueles burlar a la gente;

_____

de solicitar otra absolución.
Yo tengo bastante ya con la primera,
por lo que las otras me las quiero ahorrar.          60
Liberado estoy, la norma he cumplido;
vuestra absolución de nada me sirve,
pues el confesor a quien acudí
ya me liberó de esta obligación.
Pero si insistís en que me confiese                  65
forzándome tanto que haya de quejarme,
os puedo decir que ni el juez más alto,
ni reyes, prebostes ni otros oficiales
habrán de ocuparse de este asunto mío:
yo me iré a quejar exclusivamente                    70
ante el confesor nuevo que me he echado,
el cual no se llama Hermano Lovel,
sino Hermano Lobo, que devora todo
por más que ante el público se muestre piadoso.
Puesto que este Hermano, lo puedo jurar,             75
me protegerá de vuestras acciones,
y de tal manera vendrá contra vos,
que os será imposible escaparos de él
sin haber sufrido vergüenza y perjuicio,
a menos que uséis con él la largueza.                80
Porque no es tan loco ni tan imprudente
que no esté provisto de muy buenas bulas
para, si le place, haceros sufrir
cubriéndoos de injurias y de vituperios
en más cantidad de la que quisierais.                85
   Pues sus privilegios a muy alto llegan,
que suelen tener mucho más valor
que las prescripciones, que son tan raquíticas,
que tan sólo sirven para ocho personas.
Estos privilegios son, pues, limitados.              90
Pero los de aquéllos abarcan a todos
y en todo lugar, dándoles poder.
Así que actuará con gran energía
y, aunque le roguéis, no se apiadará.
Así que, por Dios y por sus apóstoles,               95
si vos no quisierais, llegada la Pascua,
concederme el cuerpo de Nuestro Señor,
sin más insistencia ni contemplaciones
juro que de vos me pienso apartar
e ir en su búsqueda a que me lo dé,                  100
quedándome así de vos desligado,
dado que mi alma peligra con vos.

y no te avergüences por lo que nos digas,
pues, como demuestras por esos tus hábitos,      11230
aparentas ser un santo ermitaño.
—Sólo lo parezco, pero no lo soy.
—En todo lugar predicas ayuno.
—De acuerdo. Mas suelo llenarme la panza
de buenos manjares y sabrosos vinos,            11235
tal como convienen a gentes de Dios.
—También la pobreza sueles predicar.
—Sí, pero dispongo de mucho dinero.
Por más que aparente vida de pobreza,
no me digno nunca tratar con los pobres.        11240
Porque a mí me gusta tener relaciones
con el rey de Francia, muchísimo más

---

De forma tan fácil podrá liberarse
y no obedecer, por propio deseo,
y si el sacerdote no se lo concede,              105
inmediatamente podrá rechazarlo;
y de tal manera será castigado,
que le harán perder incluso su iglesia.
Y aquellas personas que esa confesión
vienen a exigir, y su absolución,                110
impiden al cura que pueda saber
cómo aconsejar ni cómo guiar
ninguna conciencia que esté a su cuidado.
La Santa Escritura se ve así pospuesta,
puesto que ella exige que el pastor honesto      115
debe conocer bien a su ganado.
Con respecto a mí, esas pobres gentes
que apenas disponen de algo de dinero,
con gusto les cedo a los sacerdores,
o bien al prelado, el que las confiesen,         120
pues ninguno de ellos nada me darían.
   ¿Y por qué? ¡A fe mía! ¡Porque nada tienen!,
ya que son personas carentes de todo.
Yo me quedaré con la oveja gorda:
dejo a tal pastor las menos lustrosas,           125
consciente de que esto no le gusta mucho.
Y si algún prelado osa protestar
y llega a ponerse muy fuera de sí
por haber perdido el mejor ganado,
le daré tal golpe sobre la cabeza,               130
y habrán de salirle tan grandes chichones,
que ya no podrá ponerse la mitra.
De este modo, pues, los tengo en el puño:
tan grande es la fuerza de mis privilegios.

que con esos pobres, ¡por Nuestra Señora!,
por mucho que el pobre tenga un alma buena.
Y cuando los veo vestidos de harapos                        11245
tiritar, en sitios que huelen tan mal,
de frío, y aullando del hambre que tienen,
ante tales penas, yo me quedo igual.
Pues si los recogen en algún asilo
ya no es necesario que me ocupe de ellos,                   11250
de forma que nunca han de conseguir
que de mi bolsillo salga una limosna.
De bolsillo pobre no se saca nada:
¿qué puede ganarse chupando un cuchillo?
Mas a un usurero que se encuentra enfermo                   11255
hacerle visitas es muy provechoso:
a gente como ésta sí he de consolar
siempre que sospeche que ha de reportarme;
y si acaso ocurre que viene a morir
lo acompañaré hasta el agujero.                             11260

        Cuando algunas gentes me hacen la pregunta
de por qué del pobre me suelo apartar,
¿sabéis lo que digo para disculparme?:
hago comprender, por lo que más quiero,
que el rico se encuentra más amenazado,                     11265
mucho más, que el pobre de estar en pecado,
y que necesita más de mis consejos,
por cuyo motivo debo visitarlo,
por más que yo sepa que en los mismos riesgos
incurren almas de los miserables                            11270
que en los que se encuentran las de los muy ricos;
el rico y en pobre por igual se exponen,
ya que la riqueza, como la pobreza,
son casos extremos del mismo peligro.
El término medio es la suficiencia,                         11275
en el que se dan todas las virtudes,
como Salomón ya nos explicó
y escrito dejó en aquellas páginas
que hoy conocemos como los *Proverbios*,
en cuyo capítulo trigésimo dice:                            11280

---

11279   *Proverbios*, XXX, 8-9.

«Guárdame, Señor, con tu gran poder,
tanto de pobreza como de riqueza;
porque el hombre rico, en cuanto comienza
a mucho pensar sobre su riqueza,
tanto se embriaga del vano poder,                    11285
que acaba olvidando a su Creador.
Y el atormentado por su pobre estado
¿podrá defenderse contra los pecados?
Le será difícil el no ser ladrón
o perjuro.» Y Dios no puede engañarnos,              11290
pues de Salomón se estaba sirviendo
al decir las cosas que he citado aquí.


### Pobreza y mendicidad


Puedo aseguraros sin ningún error
que ninguna ley nos deja constancia
(al menos, no ocurre en la que seguimos)             11295
de que Jesucristo ni ningún apóstol,
cuando caminaban por aquellas tierras,
fueran nunca vistos como pordioseros.
En ningún momento mendigar quisieron
(tal cosa solían irnos predicando                    11300

---

11293   A partir de este verso, Jean de Meun va a inspirarse en el
capítulo XII del *Tractatus de Periculis,* de Guillaume de Saint-Amour,
doctor en teología cuya diatriba contra los dominicos ocupa casi todo el
siglo XIII. En efecto, él fue el encargado de frenar y combatir las ambiciones de los dominicos, quienes, aprovechándose de lo que ahora llamamos
una «huelga» prolongada del profesorado de la Sorbona, se hicieron
nombrar doctores y ocuparon una cátedra. Reincorporados los profesores,
y deseosos los usurpadores de ocupar una cátedra más, se encendieron las
hostilidades: a las anulaciones de la Universidad se sucedían las condenas
de los dominicos, que llevaron el asunto incluso ante el Papa, Inocente IV
en primer lugar y Alejandro VI después, el cual se puso de parte de éstos.
Guillaume de Saint-Amour fue, después de este contencioso, la víctima
elegida por los dominicos para vengarse en su función y su persona, y
santo Tomás y san Buenaventura en su obra. Su opinión sobre los
mendicantes, en la cual participa Jean de Meun, es más o menos la que
expone en el texto *Falso Semblante,* sobre todo en lo referido a la pobreza.

en tiempos pasados por todo París
aquellos maestros de la teología);
pero sí podían pedirles a todos
con pleno derecho, no como mendigos,
puesto que de Dios eran los pastores          11305
y era su misión el salvar las almas.
E incluso después de muerto el Maestro,
volvieron a hacer, como antes lo hacían,
su antiguo trabajo con sus propias manos;
y de esos oficios, ni menos ni más,           11310
cada cual sacaba para mantenerse,
y de esta manera vivían en paz.
Y si les quedaba algún remanente,
a los desvalidos lo solían dar,
pues nunca quisieron levantar palacios,        11315
sino que vivieron en casas humildes.
   El que no es inválido tiene que vivir
por sus propias manos, usando su fuerza,
y así ha de pensar ganarse la vida
si es que no posee otros beneficios,           11320
por mucho que sea un hombre de iglesia
o por más que quiera dedicarse a Dios.
Así debería emplear su tiempo,
salvo en ciertos casos que tengo en la mente,
casos que más tarde, llegado el momento,        11325
aquí os expondré convenientemente.
Más aún, tendría que vender lo suyo
para, de esta forma, siempre estar activo,
si quiere llegar a la perfección,
tal como yo sé por las Escrituras,              11330
dado que el ocioso, cuando es invitado,
hace de bufón y está deshonrándose.
Ni tampoco es justo, de ninguna forma,
que las oraciones del trabjo eximan;
pues, llegado el caso, es más necesario          11335
el interrumpir los actos piadosos
para remediar las necesidades:
comer es preciso, todos lo sabemos,
y dormir también, y hacer otras cosas:
entonces se debe dejar la oración.               11340

Así que jamás debe ser excusa
para realizar lo que es necesario;
los textos están en esto de acuerdo,
y en ellos se suele mostrar la verdad.
Ordena en su texto el gran Justiniano                    11345
el cual fue un autor de libros antiguos,
que toda persona de buena salud
jamás deberá mendigar su pan
si para ganarlo está en condiciones.
Mas aún, les deben impedir tal práctica                  11350
o incluso llevarlos ante la justicia
y no mantenerlos en la ociosidad,
ya que nunca harán lo que hacer debieran
quienes van pidiendo para subsistir,
a menos que tengan algún privilegio                      11355
que les eximiera de esta obligación.
Mas tal privilegio nunca lo obtendrían
si a quienes gobiernan no los engañaran,
y, a mi parecer, tampoco podrían
nunca conseguirlo mediante una ley.                      11360
    No es que yo pretenda hacer un recorte
a la potestad de ningún señor,
ni por lo que digo se debe entender
que estoy criticando su actitud en esto,
porque de este tema no pienso ocuparme.                  11365
Pero sí que creo que, según la letra,
sólo deberían darse las limosnas
a quienes son pobres, los que están desnudos,
débiles y viejos e incapacitados,
que nunca podrán ganarse su pan                          11370
puesto que carecen de todo recurso:
aquellas personas que no los ayudan
están preparando su condenación,
si quien hizo a Adán no nos ha mentido.
    Pues sabed que Dios, cuando aconsejó                  11375
al rico vender todas sus riquezas,
proveer al pobre y después seguirlo,
no quiso decir que para servirlo

---

11345  Se refiere al famoso *Código*.

vivir debería como un indigente.
Esto nunca fue lo que pretendió,                      11380
sino que quería que su pan ganase
y se ejercitase en las buenas obras.
Tampoco, San Pablo, cuando a los apóstoles
les recomendó vivir trabajando
para remediar sus necesidades                         11385
y les prohibió las trapacerías
cuando les decía: «Vivid de los vuestro,
no necesitéis del trabajo ajeno»,
quería decir que no se ayudasen
de aquellos a quienes predicando estaban:             11390
sí que el Evangelio no fuese vendido.
Puesto que temía que, cuando pidiesen,
pudieran caer en ese peligro,
dado que no faltan entre quienes dan
gentes que sin duda obran a la fuerza                 11395
porque no se atreven a decir que no;
o, si quien les pide se muestra pesado,
le darán también para que se vaya.
¿Y qué beneficio sacarán así?
Que nunca serán bien considerados.                    11400
    Y así, cuando oían las buenas personas
aquellas palabras y le suplicaban
por Dios que quisiera tomar de lo suyo,
San Pablo jamás extendió la mano,
sino que vivió siempre de su esfuerzo,                11405
de donde sacaba para mantenerse.
    —Respóndeme: ¿cómo podría vivir
un hombre robusto que sigue al Señor,
después de vender todo lo que tiene
y de repartirlo entre aquellos pobres,                11410
si quiere vivir sólo en la oración,
sin nunca emplearse en otro trabajo?
¿Es esto posible? —Seguro. —Di cómo.
—Fácilmente: entrando, según aconsejan
las famosas reglas, en una abadía                     11415

---

11387 En la *Epístola II a los Tesalonicenses,* III, 8.
11415 Se refiere a *De opere monachorum,* de san Agustín, en donde se

que se abasteciera de sus propios bienes,
cual suelen hacer varias de las Órdenes,
monjes blancos, negros, algunos canónigos,
los monjes del Temple, los Hospitalarios
(podría citar muchos más ejemplos),                    11420
en donde podrá ganar su sustento.
En tales lugares no hay mendicidad,
puesto que los monjes primero trabajan
y acuden después a rezar a Dios.

   Y ya que se dio una gran disputa                    11425
hace ya algún tiempo, que bien la recuerdo,
en la cual se habló de mendicidad,
quiero brevemente citaros aquí
las causas legítimas para ser mendigo
que se dan en gente que no tiene nada.                 11430
Así pues, oiréis diferentes casos,
a los que no habrá nada que añadir,
por más que hay algunos que enredan las cosas,
ya que la verdad brilla por sí misma.
Y hablaré aun sabiendo que puedo perder               11435
por haber osado pisar tal terreno.

   Ved aquí los casos más particulares:
cuando se es un hombre tan poco despierto
que ningún oficio sepa realizar,
y si su ignorancia no fuera una treta,                 11440
debe permitírsele la mendicidad;
pero insisto: sólo si no sabe oficio
con el que pudiera ganarse la vida
legítimamente, convenientemente.
O bien si se encuentra, por estar enfermo,            11445
incapacitado para trabajar,
o por ser muy viejo, o por ser muy niño:
en casos así, puede ser mendigo.
O si, por ventura, está acostumbrado
a una vida muelle, bien alimentado                     11450
y no ha conocido privación ninguna,
aquellos que tengan un buen corazón

---

exponen las reglas de la Orden por él inspirada, y que se resume, en este
punto, en la máxima «rezar y trabajar».
   11425   Se refiere a la polémica señalada en la nota 11293.

deben permitirle compasivamente,
y han de soportar si fueron amigos,
que gane su vida a su propia costa,                    11455
pues no han de dejarle que muera de hambre.
O, si estando bien para trabajar
y lo quiere hacer y sabe un oficio,
y estando dispuesto a hacer lo que fuera,
no logra encontrar a persona alguna                    11460
que le dé trabajo ni quiera emplearlo,
si le es imposible hallar lo que busca
debe permitírsele la mendicidad
para remediar sus necesidades.
O si aun trabajando tiene una ganancia,                11465
pero tal ganancia no fuera tan grande
para mantenerse suficientemente,
puede dedicarse a buscar su pan
yéndolo a pedir por todas las puertas
hasta que consiga lo que le faltaba.                   11470
O si con objeto de guardar la ley
quisiera emprender alguna carrera,
bien la de las armas, bien la de las letras
u otra ocupación de la misma índole,
si es que careciera de lo necesario,                   11475
debe permitírsele, como anteriormente,
pedir lo preciso, hasta que consiga
la satisfacción de su menester;
mas lo debe hacer de manera tal,
que jamás recurra a piedad cristiana,                  11480
sino solamente a su propio caso,
evitando así los dobles sentidos.
   En todos los casos que aquí he referido,
y otros que podáis hallar parecidos
a los que hasta aquí os he presentado,                 11485
quien de la limosna tenga que vivir
hacerlo podrá; pero sólo en éstos,
tal como nos dice Guillaume Saint-Amour,
el cual ya trató hace algunos años
sobre esta materia y la discutió                       11490
también, en París, con otros teólogos.
¡Que nunca en mi vida pruebe pan ni vino

De una edición del *Roman de la Rose*, París, 1498

si es que él no tenía en lo que decía
el asentimiento universitario
y con él también el de todo el pueblo 11495
que vino a escuchar sus predicaciones!
Ningún hombre honesto podría encontrar
excusa ante Dios de no estar de acuerdo:
quien quiera gruñir, gruña cuanto quiera,
y quien se moleste puede molestarse; 11500
pero, en cuanto a mí, no pienso callar
por más que al hablar perdiera la vida,
o me condenaran, con gran injusticia,
tal como a San Pablo, a cárcel oscura;
o fuera del reino fuera desterrado 11505
tan injustamente como fue maese
Guillaume Saint-Amour, al que Hipocresía,
por su gran rencor, hizo que exiliaran.

Ya que fue mi madre quien mandó al exilio,
después de intrigar, a un hombre tan noble 11510
porque defendía muy bien la verdad.
Mas él de mi madre mucho se vengó
cuando a su propósito escribió otro libro
en donde su vida quedó al descubierto.
En él me pedía que no practicase 11515
la mendicidad, y que trabajase
si es que no tenía de qué mantenerme.
Y me reprochaba mi gran inconsciencia
al no preocuparme jamás del trabajo.
Y es cierto. El trabajo no me gusta nada, 11520
pues todo trabajo exige un esfuerzo.
Prefiero, con mucho, orar ante el público,
disfrazando así mi gran falsedad
debajo del manto de la hipocresía.

---

11513   Saint-Amour escribió, además de la obra ya citada, otras dos: *De Pharisaeo et Publicano* (al que hace aquí referencia) y *Collectiones Scripturae Sacrae.*

—¿Qué es eso, diablo? ¿Qué me estás diciendo?      11525
¿Qué cosas te atreves a expresar aquí?
—¿Cómo? —¡Que nos dices blasfemias muy grandes!
¿No temes a Dios? —Seguro que no,
pues en este mundo apenas se puede
conseguir gran cosa si se cree en El.      11530
Puesto que los buenos, que evitan el mal
y ganan su vida tan honestamente
siguiendo las normas de su santa ley,
apenas consiguen algo más que pan
y beben en cambio tragos muy amargos:      11535
vivir de esta forma no me gusta nada.
Y ahora mirad cuantísimo haber
tienen los avaros metido en graneros.
Falsificadores y terratenientes,
señores, prebostes y otros oficiales,      11540
casi todos viven de cuanto rapiñan,
y el pueblo menudo ha de soportar
el ser devorado por lobos tan fieros:
sobre el pobre pueblo se suelen lanzar
todos a la vez para despojarlo,      11545
de cuyos despojos suelen sustentarse.
Todos van detrás del haber del otro
y, sin escaldarlo, lo han de desplumar:
quien sea más fuerte robará al más débil.
Y aunque aquí me veis con mis simples hábitos,      11550
a unos y a otros los suelo engañar:
robo a robadores y a quienes les roban.
   Con esta apariencia consigo amasar
a manos abiertas grandes cantidades
que en ningún momento se habrán de agotar,      11555
pues por más que gaste en hacer palacios
y en satisfacer todos mis deseos
y todos mis vicios, ya sean de cama,

---

11552   En la literatura medieval castellana existen descripciones pareci-
das de este estado de cosas. Véase mi artículo «Don Lobo e don Cabrón»,
*Historia 16,* núm. 49 (mayo, 1980), págs. 98-101.

ya sean de mesa, siempre bien colmada
(vivir de otra forma no me satisface),                    11560
no habrán de menguarme la plata y el oro,
porque antes que esté gastado el tesoro
me vendrá de nuevo mucho más dinero,
ya que por doquier bailan mis monedas.
Todos mis esfuerzos empleo en rastreos,                  11565
que es de donde saco mis mayores rentas,
y, aunque me costara palizas o muerte,
por todos los sitios llamaré a las puertas
y me esforzaré en que a mí me busquen
para confesarse los emperadores,                         11570
los reyes, los duques y demás señores.
Pero de los pobres, he de declarar
que la confesión no me tienta nada.
Si para otras cosas no me solicitan,
no suelo ocuparme jamás de esta gente,                   11575
pues su situación no es nada agradable.
Mas cuando se trata de una emperatriz,
o bien de una reina, duquesa o condesa,
de esas altas damas que están en palacio,
de esas abadesas, o de sus profesas,                     11580
mujeres de jueces y de caballeros,
de damas burguesas, hermosas y ricas,
o de esas novicias o de esas mocitas,
con tal de que sean o ricas o bellas,
que estén adornadas o no lleven nada,                    11585
ninguna se irá de mí sin consejo.
     Y cuando me vienen para confesarse,
informarme suelo sobre las personas
cuanto me es posible de sus caracteres,
sus modos de vida y sus posesiones,                      11590
haciéndoles ver hasta convencerlas
que sus curas párrocos son unos incultos
con respecto a mí y a mis compañeros,
entre los que existen muchos muy malvados
a quienes les digo, sin guardarme nada,                  11595
todos los secretos que me han confesado;
ellos a su vez también me los cuentan,
por lo cual sabemos todo cuanto ocurre.

Para descubrir a tanto falsario
como hay por el mundo mintiendo a la gente,      11600
os voy a citar aquellas palabras
que leer podemos según San Mateo,
quien en el capítulo veintitrés se atreve
a elevar su voz ante tales usos
diciendo: "En la cátedra de Moisés se encuentran   11605
(con estas palabras quiere referirse
a lo que llamamos Testamento Antiguo),
todos los escribas y los fariseos
(eran unas gentes falsas y malditas
que las Escrituras llamaban hipócritas).      11610
Haced cuantas cosas os digan que hagáis,
pero en lo que hicieran no los imitéis.
Porque en el decir son muy diligentes,
pero en el hacer son muy perezosos.
Pues suelen mentir a los inocentes,      11615
debido a que ponen muy pesadas cargas
sobre las espaldas de quienes los oyen
mas ellos no mueven ni siquiera un dedo."
—¿Por qué no lo mueven? —Pues porque no quieren,
porque las espaldas de quienes las llevan      11620
suelen soportar terribles dolores,
razón por la cual huyen de esas cargas;
y cuando hacen cosas que parecen buenas
es porque la gente los está mirando.
Con sus filacterias gustan exhibirse      11625
y suelen llevar las más anchas fimbrias;
y en todas las mesas tienen que ocupar
los sitios más altos, los más honorables;
y en las sinagogas se ponen delante,
dando buena prueba de su gran orgullo.      11630
Les gusta asimismo que se los salude
y los reverencien incluso en la calle;
quieren ser llamados maestros por todos,

---

11625 Las *filacterias* eran pergaminos de piel en que estaban escritos
pasajes de las Escrituras, que solían llevarse atados al brazo izquierdo, o
colgados del cuello.

11626 Las *fimbrias* eran los adornos sacerdotales de los rabinos.

lo que no debieran jamás pretender
puesto que es contrario a los Evangelios,
donde son tachados de hombres desleales.
    Tenemos también muy malas maneras
con el que creemos que nos perjudica,
al cual atacamos con gran virulencia
e intentamos todos acabar con él:
si éste tal triunfa, más lo execraremos,
y no cesaremos hasta aniquilarlo.
Y así, si lo vemos que obtiene ganancias,
porque le regalen honores o tierras,
o algunas prebendas u otras posesiones,
nos esforzaremos para conocer
cuál fue la escalera por la que subió.
Y para mejor conseguir su pérdida,
vamos difamándolo traicioneramente
por todo lugar, ya que no lo amamos.
Y de esa escalera todos los peldaños
le vamos quitando al irle robando
todos sus amigos, de forma que nunca
pueda sospechar que los ha perdido.
Porque, si lo hiciésemos de forma evidente,
además de ser mal considerados,
jamás lograríamos aquel objetivo,
ya que si supiera lo que maquinamos,
ocasión tendría para defenderse,
y de esta manera muy mal nos iría.
    Si uno de nosotros hiciera algún bien,
los demás diremos que fue por nosotros;
aun si no lo ha hecho, sino que lo finge.
O si llega el caso de vanagloriarse
de haber ayudado a cierta persona,
nos haremos todos de eso responsables
e iremos diciendo, es bien conocido,
que obtuvo la ayuda gracias a nosotros.
Para conseguir fama entre la gente,
a los poderosos, tras mucho halagarlos,
les solicitamos algún testimonio
en el que se expresen nuestras calidades,
de forma que sepan todas las personas

11635

11640

11645

11650

11655

11660

11665

11670

[358]

que están en nosotros todas las virtudes.
Solemos pasar por ser gente pobre                              11675
y, aunque a cada instante vayamos diciéndolo,
preciso es deciros que los monjes somos
quienes más tenemos sin nada tener.
Yo suelo encontrarme en los corretajes,
yo hago y deshago muchos matrimonios,                          11680
por mí se ejecutan las procuraciones
y soy quien decide muchos testamentos.
Mensajero soy, y hago muchos tratos,
muchos de los cuales no son nada honestos:
tratar los asuntos que no me conciernen                        11685
para mí resulta oficio agradable,
y si me encargáis que me informe de algo
sobre las personas que están en mi entorno,
basta con decírmelo, que será cumplido
en el mismo instante que me lo pidáis,                         11690
que si me pagáis convenientemente
podréis confiar en lo que mandéis.
    Pero el que me hiciera el menor reproche
inmediatamente perderá mi ayuda:
no me gustan nada ni aprecio a los hombres                     11695
que por poca cosa quieran reprenderme.
Me gusta a la gente dar todo consejo,
pero no soporto que nadie me advierta:
yo, que de los otros soy el consejero,
jamás debo ser por nadie enseñado.                             11700
    Tampoco me gusta la vida de ermita,
así que no quiero desiertos ni bosques:
yo le doy mi parte a San Juan Bautista
de desierto, estancia y también vivienda,
porque eso es vivir demasiado solo.                            11705
En burgos, castillos y en las poblaciones
suelo establecer mi cómoda casa,
pues aquí me es fácil ir adonde quiera.
Afirmo que estoy fuera de este mundo,
pero en realidad vivo en él inmerso,                           11710
y por él me muevo de una parte a otra
con mayor soltura que el pez en el agua.
    Soy del Anticristo un fiel servidor,

soy de esos ladrones de los que está escrito
que llevan el hábito de la santidad                    11715
bajo el cual vivimos hipócritamente.
Damos la impresión de dulces corderos,
mas por dentro somos lobos carniceros.
Se nos puede ver por tierra y por mar
actuando siempre contra todo el mundo,                 11720
ya que pretendemos disponerlo todo
y decir a todos cómo han de vivir.
Si en una ciudad o en cualquier castillo
hay gente famosa por sus malas obras
(sea donde fuere, incluso en Milán,                    11725
con tal de que allí también los condenen),
ya se trate de alguien que, desmesurado,
vendiera muy caro y fuera usurero
por la gran codicia que lo dominara;
o bien que se trate de algún lujurioso,                11730
o de algún ladrón, o de un simoniaco;
o bien de un preboste, o de un oficial,
o acaso un prelado que se da a la vida,
o bien de algún clérigo que tenga su amiga,
o de putas viejas que hay en los hostales,             11735
chicas de bordeles o bien chuloputas,
o sean sujetos de mala conducta
a los que debiera coger la justicia
(¡por todos los santos, que los encarcelen!),
como no nos traiga para defenderse                     11740
lampreas y lucios, salmones y anguilas
(si pueden hallarse en esa ciudad),
o bien muchas tartas, o bien muchos flanes,
o bien muchos quesos puestos en encellas
(lo cual es regalo que es muy agradable),              11745
o exquisitas peras, de esas almizcleñas,
y también capones y ansarones gordos,
con los que solemos regalarnos mucho;
como no nos traigan inmediatamente
cabritos, conejos, ya bien preparados,                 11750
o al menos un trozo de lomo de cerdo,
habrán de acabar con la cuerda al cuello,
y con ella puesta vendrán a la hoguera,

en donde aullarán con tan fuertes gritos
que serán oídos desde muchas leguas;   11755
o terminarán en dura prisión,
donde quedarán hasta que se mueran
si no nos regalan convenientemente,
pues por su delito serán castigados
con mayor rigor que el que se merecen.   11760
    Mas si alguno de ellos mostrara talento
para construir una fuerte torre,
sin que importe mucho su clase de piedra,
y aunque en ella usara tacos de madera
o de lo que fuera, eso aquí no importa,   11765
y aunque no empleara compases ni escuadras,
pero que guardara dentro de sus muros
enormes montones de piedras preciosas
con las cuales arme una catapulta
que lance disparos por cualquier lugar,   11770
tanto, que cayesen por todos los sitios
y en ellas vinieran en gran profusión
esas pedrerías que antes he citado;
o si con manganas nos quisiera herir   11775
lanzándonos cubas de sabrosos vinos,
a bien sacos llenos de buena moneda,
podría librarse sin mayor problema.
Y si no le es fácil darnos tales cosas,
debe convencernos con razones sólidas   11780
y no contentarnos con disquisiciones,
si lo que pretende es que lo entendamos;
pues, de lo contrario, será rebatido,
tanto, que en la hoguera lo pondremos vivo,
o de tal manjar lo alimentaremos,   11785
que será peor que una penitencia.
    Nunca por sus hábitos podréis conocer
a estos impostores, falsos y engañosos,
sino que es preciso conocer sus actos
si queréis libraros de sus influencias.   11790
Si no hubiera sido por la vigilancia
que entonces mostró la Universidad,
que es la celadora de la Cristiandad,
una gran tormenta se hubiese formado

debido a un espíritu mal intencionado,                    11795
cuando, en aquel año de la Encarnación
de mil y doscientos y cincuentaicinco
(aquí no habrá nadie que me lo desmienta),
se nos presentó, y es cosa muy cierta,
para que sirviera de común ejemplo,                       11800
un libro, que es obra del mismo diablo,
que llevaba el título de *Evangelio Eterno*
(estaba inspirado por Santo Espíritu
según se decía debajo del título
y de esta manera por todos llamado),                      11805
el cual es muy digno de echar a la hoguera.
En París entonces hombres y mujeres,
y en el mismo pórtico de Nuestra Señora,
ocasión tuvieron de oír su doctrina
y, si les placía, hasta de escribirla.                    11810
En él se decían con gran desenfado
mil comparaciones del siguiente estilo:
así como ocurre que, por su valor,
por su claridad y por su calor
el sol a la luna siempre la supera,                       11815
pues es más oscura, de menos fulgor,
y, como en la nuez, el núcleo a la cáscara
(no debéis creer que me estoy burlando,
porque os lo repito sin mofa ninguna),
así este evangelio supera también                         11820
a lo que escribieron los evangelistas
sobre la enseñanza de Nuestro Señor.
Y comparaciones de este mismo tipo
las hay a montones, lo puedo jurar.
  La Universidad, que se hallaba entonces                 11825
semiadormecida, levantó cabeza:
el ruido del libro vino a despertarla
y nunca después se volvió dormir;
antes bien, se armó y salió a su encuentro
cuando apercibió a este horrible monstruo,                11830

---

11802   *El Evangelio Eterno* es una compilación de textos, publicada
en 1255, de Gioachino de Fiore. Esta obra, que se presumía inspirada por
el Espíritu Santo, pretendía suplir al Nuevo Testamento.

muy bien preparada para combatirlo
y para llevarlo ante la justicia.
Mas los que ante el juez llevaron el libro
lo recuperaron inmediatamente
para que quedara sin examinar,                            11835
ya que no sabían cómo replicar
para contestar, ni para glosar,
ni para encontrar buenos argumentos
contra todas esas malditas palabras
que en el libro aquel estaban escritas.                   11840
Por lo tanto, ignoro qué va a suceder
y la solución que se tomará:
habrá que esperar el tiempo preciso
hasta que lo puedan atacar mejor.

    Así, al Anticristo esperando estamos                  11845
al que todos juntos obedeceremos,
y quienes se nieguen a venir tras él
deberán temer por su propia vida:
sabremos echarles todo el mundo encima
usando las artes que tan bien sabemos,                    11850
y habrán de morir o mediante espada
o por otro tipo de muerte violenta
por no haber querido seguir nuestros pasos.

    Éste es el mensaje expuesto en el libro
palabra a palabra, y su explicación:                      11855
«En tanto que Pedro mantenga el poder,
Juan nunca podrá demostrar su fuerza.»
Con esto os he dicho sólo el envoltorio,
que deja algo obscuro su significado,
que os explicaré a continuación.                          11860
Por Pedro debemos entender al Papa
y junto con él a los diocesanos,
que defenderán la ley de Jesús
y la guardarán y defenderán
contra quienes osen impedir su práctica;                  11865
y por Juan se entienden los predicadores
que dicen no haber ninguna ley válida
salvo el ya citado *Evangelio Eterno,*
que inspirado fue por el Santo Espíritu
para que la gente venga al buen camino.                   11870

Así pues, se entiende por fuerza de Juan
la gracia que dice poseer en sí
todo el que predica a los pecadores
para convertirlos a la ley de Dios.

Diabluras de éstas, y muy abundantes,          11875
se encuentran escritas y recomendadas
en este tratado que os estoy citando,
las cuales se enfrentan a la ley de Roma
y están inspiradas por el Anticristo,
tal como yo mismo pude constatar.              11880
En ellas se ordena que sean matados
aquellos que siguen el bando de Pedro;
pero no podrán abatir jamás,
cualquiera que sea la Orden que sigan,
a la Ley de Pedro, esto os lo aseguro;         11885
pues siempre tendrá suficiente fuerza
para mantenerse en todo momento,
y será al final la que triunfará,
puesto que será fácil rebatir
la ley que pretende venir de San Juan.         11890

Pero ya está bien de insistir en esto,
puesto que hay materia para mucho rato.
Sólo que, si el libro se hubiese aceptado,
hubiese aumentado más mi señorío.
Pero ya dispongo de buenos amigos              11895
que me han situado en muy buen estado,
puesto que del mundo es emperador
Engaño, mi padre, mi dueño y señor,
el cual lo gobierna junto con mi madre,
y por mucho que haya Espíritu Santo,           11900
seguirá el poder en nuestra familia.

Nosotros reinamos, de una u otra forma,
pues a todo el mundo confundir podemos;
es inevitable, pues, que gobernemos,
ya que seducimos tan certeramente,             11905
que nadie verá jamás el engaño,
y aun siendo capaz de desentrañarlo,
no se atreverá a manifestarlo,
ganándose así la ira de Dios
porque prefirió ser de mis cofrades            11910

Nunca de la fe será defensor
quien pueda acatar tan inmenso engaño,
ni aquel que carece del valor debido,
si el error conoce, de manifiestarlo.
El que actúa así prefiere ignorar                    11915
y mirar no quiere a Dios frente a frente,
razon por la cual será castigado.
    Más lo que le ocurra no me importa nada,
y sí que nos den todos los honores;
y somos tenidos por tan honorables,                  11920
que tomar podemos cuanto pretendemos
sin que nadie pueda tomar de nosotros.
Así pues, ¿a quiénes se tendrá que honrar
si no es a nosotros, que tanto rezamos
ante todo el mundo de forma ostensible,              11925
aunque nuestros actos sean diferentes?
¿No es acaso igual o mayor locura
la de ponderar la caballería
o la de estimar a los poderosos
por sus vestiduras tan ricas y bellas?               11930
Pensar que no fueran, tal como parecen,
de tan gran nobleza como la del traje
y que sus palabras fueran engañosas,
¿no sería acaso un infame abuso?
Si tales personas nunca han sido hipócritas          11935
en algún momento ¡que Dios los confunda!
A gentes así se debe evitar,
no a los religiosos de grandes capuchas,
de caras muy pálidas y muy ojerosas,
vestidos con hábitos talares y grises,               11940
plagados de manchas y muy descuidados
y que van calzados con botas tan grandes
que dan la impresión de llevar morrales.
A éstos debieran encargar los príncipes
que los aconsejen y que los ayuden                   11945
en tiempo de paz y en tiempo de guerra,
y siempre por éstos debieran guiarse
si ganar quisieran un mayor prestigio.
Mas si tales príncipes no son cual parecen
y a pesar de todo son muy apreciados,                11950

[365]

yo me iré con ellos, sin lugar a dudas,
para de esta forma seguir engañando.
    Con estas palabras no quiero decir
que han de despreciarse las ropas humildes
porque nunca cubren a gentes de pro.                    11955
Ni que deba odiarse, debido a su ropa,
al pobre que tuvo que vestir de pobre.
Pero sí que Dios ha de castigar
a quien asegura que dejó este mundo
y sigue buscando honores y glorias                      11960
siempre procurándose todos los placeres.
¿Quién perdonará a tales rufianes?
Este mentiroso que entra en los conventos
para así lograr todos los deleites
(mientras asegura que los ha dejado),                   11965
cuando se le ve revolcado en ellos
es como el mastín que, glotonamente,
va a refocilarse en sus propios vómitos.
    Más en cuanto a vos no pienso mentiros:
si llegara a ver por cualquier motivo                   11970
que fuera posible también engañaros,
tendréis de mentiras llenas ambas manos.
Sin duda ninguna que os engañaría
sin que me pararan los remordimientos,
y me alejaré de vos en el caso                          11975
de que se os ocurra con rigor tratarme.»


EL ASALTO AL CASTILLO


    El dios sonrió por aquellas cosas,
e igual sus barones, pasmados de asombro,
que dijeron: «¡Ved qué gran servidor,
en el cual podemos todos confiar!»                      11980
Amor añadió: «Di, Falso Semblante,
puesto que de mí tanto has recibido
al haberte dado un mando en mi corte
cuando antes te hice rey de los rufianes,
¿querrás respetar lo que prometiste?                    11985

—Sí. Yo os lo prometo bajo juramento.
¡Y jamás tuvieron más fiel servidor
tanto vuestro padre como vuestro abuelo!
—¿Qué me estás diciendo? No es propio de ti.
—Sólo he de decir que corráis el riesgo,                    11990
pues si garantías me solicitáis,
no creáis estar con ellas más cierto.
No podréis estarlo, aunque os diera pruebas,
cartas, o testigos, o algún otro aval.
Solamente a vos pongo por testigo:                          11995
resulta imposible quitarle la piel
al lobo hasta tanto no se le desuelle,
por más que lo hostiguen y muelan a palos.
No debéis pensar que no he de engañar
porque me veáis con tan simple ropa                         12000
gracias a la cual causé tanto daño,
pues juro por Dios que no he de cambiar.
Y aunque por mi aspecto parezca honorable,
jamás dejaré de seguir haciéndolo.
No, pues a mi amiga Forzosa Abstinencia                     12005
he de socorrer, que lo necesita:
estaría ya en sus horas últimas
de no haber contado con mi buena ayuda.
Así pues, dejadnos a nuestra manera.
—De acuerdo. Te creo sin más garantías.»                   12010
    Y sin más palabras ni sin más tardar,
aquel gran traidor de rostro engañoso,
muy blanco por fuera, muy negro por dentro,
se postró ante el dios y le dio las gracias.
No quedaba ya sino combatir.                                12015
    «Vamos al asalto sin más dilación»,
ordenó allí Amor terminantemente.
Y todos se armaron sin perder más tiempo
con aquellas armas que más convenían,
y, una vez que están todos preparados,                      12020
se ponen en marcha con un gran ardor.
hasta que, por fin, llegan al castillo,
de donde no piensa nadie retirarse,
aunque tal acción le cueste la vida,
hasta que consigan hacerse con él.                          12025

Las huestes, entonces, son distribuidas
yendo cada una a un distinto flanco
(como previamente se había dispuesto)
para combatir a las cuatro puertas,
cuyas guarniciones no estaban dormidas,          12030
ni desalentadas, ni atemorizadas,
sino vigorosas, fuertes y dispuestas.

## Los falsos peregrinos

Pero os voy a hablar de la decisión
de Falso Semblante y de su aliada,
que se dirigieron contra Malaboca.              12035
Ambos discurrieron sobre la manera
que era conveniente para su actuación:
¿sería oportuno darse a conocer
o, mejor, irían los dos disfrazados?
Por fin decidieron por acuerdo mutuo            12040
que era preferible el ir simulados
usando las ropas de los peregrinos
y pasar por gente muy piadosa y santa.
Inmediatamente, Forzosa Abstinencia
se puso una túnica de un tejido basto           12045
que se rodeó como las beatas,
a lo que añadió un velo muy amplio
y una toca blanca sobre su cabeza.
También se acordó de llevar salterio
y de ataviarse de un gran paternóster           12050
pendiente de un cíngulo de blancos cordones.
Cordones que a ella nada le costaron,
ya que en su momento se los dio un hermano
(al cual ella misma le llamaba padre)
que la visitaba con mucha frecuencia,           12055
más que a cualquier otra de su monasterio,
y en cada ocasión en que la veía
no dejó de echarle muy bellos sermones.

---

12049 El *salterio* es el libro de oraciones, mientras que el *paternóster* (verso 12050) es la parte anudada del cordón que pende del cinto.

Ni aun Falso Semblante podía impedir
que la confesara con harta frecuencia,                    12060
y tan exaltados por su devoción
solían hacer esas confesiones,
que las dos cabezas daban la impresión
de que estaban juntas bajo una capucha.

Ella poseía un talle agradable,                           12065
mas tenía un rostro totalmente pálido,
que le daba aspecto a esta puta lisa
de ser un caballo del Apocalipsis,
el que representa por su mal color
a los afectados por la hipocresía.                        12070
Pues este caballo sobre sí no luce
otros coloridos que los mortecinos,
y de ese color carente de brillo
estaba teñida Forzosa Abstinencia,
la cual por su rostro mostraba a las claras             12075
que sufría mucho de remordimientos.
Un bordón llevaba hecho de artimañas
que, como presente, recibió de Engaño,
todo bien sobado de tristes ideas
y una limosnera de preocupaciones.                      12080
Con este disfraz se puso en camino.

En cuanto al aspecto de Falso Semblante,
se puso también para la ocasión
hábitos de monje de los dominicos.
Mostraba una cara humilde y piadosa,                    12085
y había en sus ojos no mirada altiva
sino muy suave, llena de dulzura.
Llevaba sujeta una biblia al hombro.
Pero no traía escudero alguno,
y, para apoyarse durante la marcha,                     12090
andaba apoyado, cual si fuera inválido,
en una muleta hecha de traición,
metiendo asimismo dentro de la manga
muy buena navaja de acero cortante,
que mandó forjar en cierto lugar                        12095
que todos conocen por Corta Gargantas.

Anduvieron tanto, con paso tan vivo,
que hasta Malaboca muy pronto llegaron,
el cual se encontraba sentado a su puerta
para vigilar a los que pasaban.                12100
Pudo ver así a los peregrinos
que hacia él venían con paso modesto
y se le inclinaban muy humildemente.
Forzosa Abstinencia fue quien se acercó
en primer lugar para saludarlo,              12105
y Falso Semblante a continuación.
    Él hizo otro tanto, mas sin inmutarse
ni manifestar inquietud ninguna,
pues, cuando los tuvo más cerca de sí,
los reconoció inmediatamente:                12110
Forzosa Abstinencia era amiga de él,
aunque se extrañaba de aquella visita:
saber no podía que estaba obligada
a llevar a cabo una vil traición
por lo que creyó que iba en romería.          12115
Ignoraba, pues, lo que la traía,
y lo que empezó de bellas maneras
después terminó de forma distinta.
    También conocía a Falso Semblante
al que nunca tuvo como traicionero,          12120
pues aunque lo fuera, y extremadamente,
jamás en su vida lo hubiese captado:
Semblante sabía tan bien simular,
que era muy difícil poder descubrirlo.
Si lo hubieseis visto un momento antes      12125
de que se vistiera con este disfraz,
hubieseis jurado por el mismo cielo
que aquel personaje campeón en danzas
y bello mancebo llamado Robín
se había metido en los dominicos.            12130
Sin bromas ningunas: es bien conocido
que los dominicos, que son buena gente,

despestigiarían del todo su Orden
si fuesen personas de tan poco mérito;
y los carmelitas, y los franciscanos,                    12135
aunque estén muy gordos y muy vigorosos;
y lo mismo ocurre con las otras Órdenes:
no hay quien no aparente ser muy virtuoso.

Pero es bien sabido que de la apariencia
no pueden sacarse buenas conclusiones                    12140
(por buena que sea la argumentación),
si la realidad queda relegada:
resulta muy fácil hallar el sofisma,
el cual invalida toda conclusión,
siempre que se sea bastante sutil                        12145
para comprender la duplicidad.

Así pues, llegados los dos peregrinos
hasta Malaboca, que era su destino,
dejaron sus bártulos para descansar.
Junto a Malaboca tomaron asiento,                        12150
que así les habló: «Venid a mi lado,
y así me diréis qué es de vuestra vida,
y me contaréis cuál es el motivo
que os trajo a los dos hasta esta mi casa.»
—«Señor, respondió Forzosa Abstinencia,                 12155
a fin de cumplir una penitencia
con buena intención y sinceramente
vinimos aquí como peregrinos,
y como el camino lo hacemos a pie,
podéis observarnos cubiertos de polvo.                   12160
Aquí nos tenéis, que enviados fuimos
a este mundo malo, falto de piedad,
para predicar y dar buen ejemplo
y para pescar a los pecadores:
cualquier otra pesca no nos interesa.                    12165
Por eso os pedimos en nombre de Dios
que, según la norma, nos deis hospedaje;
y para provecho de vuestra conciencia,
con tal de que vos nos lo permitáis,

---

12164-65   En el original hay un juego de palabras con el término
*peschier,* que significa tanto «pescar» como «pecar».

[371]

quisiéramos ambos echaros también 12170
un sermón muy bueno, que será muy breve...»
Él le respondió con estas palabras:
«En cuanto a mi casa, la podéis tomar
tal como la veis, y yo os la concedo.
Y en cuanto al sermón, decidlo también, 12175
que yo escucharé lo que me digáis.
—Señor, muchas gracias.» E inmediatamente
se dispuso a hablar primero Abstinencia:
«Señor, la virtud principal de todas,
la más soberana y más importante 12180
que toda persona debe poseer,
que se sea sabio o se sea rico,
es la de saber retener la lengua.
Todo el mundo debe tender hacia ella,
puesto que más vale quedarse callado 12185
que decir palabras que sean dañinas
(y aquel que las oye con oído atento
no es mejor persona, y ofende al Señor).
De vuestros pecados, señor, el más grave
es precisamente éste que he citado, 12190
puesto que ofendisteis hace ya algún tiempo
con vuestras calumnias, que fueron muy duras,
a un joven que andaba por estos lugares,
cuando asegurasteis que lo que buscaba
era solamente burlar a su amigo 12195
Buen Recibimiento; vos nunca debisteis
decir tal calumnia, puesto que mentíais.
Por eso no viene ya más por aquí,
ni, probablemente, nunca volverá;
y sufre prisión Buen Recibimiento, 12200
que a vos os solía tanto divertir
con aquellos juegos que más os gustaban,
y que se pasaba los días enteros,
sin más pensamiento que pasarlo bien.
Pero nunca más podrá estar jovial, 12205
puesto que a su amigo hicisteis huir
cuando aquí llegó a jugar con él.
¿Qué pudo moveros a hacer tal acción
sino solamente vuestro mal carácter,

[372]

siempre tan dispuesto a decir mentiras?                    12210
Por vuestro carácter decís esas cosas
que son tan dañinas y tan destructoras.
Cuando se denigra se hace mucho daño,
puesto que a la gente se quita el honor
por algo que nunca queda bien probado        12215
y que no se basa sino en apariencias.
Os debo decir con toda franqueza
que las apariencias suelen engañar,
y que es un pecado muy grave afirmar
cosas que no han sido bien verificadas.        12220
Vos, por vuestra parte, lo sabéis muy bien,
por lo cual tenéis mucho más delito.

Resulta, además, que el joven no quiere
usar la violencia, ni muestra interés,
ni poco ni mucho, por lo que creéis.             12225
Pues sabed que nunca quiso hacerle daño,
y aunque lo veía con mucha frecuencia,
en su relación siempre fue agradable.
Pero desde entonces no quiere venir,
y si viene un día, será por azar,                    12230
dando algún paseo, no como otras veces.
Mas vos lo acecháis con la lanza en ristre
sin desfallecer, ante vuestra puerta
en donde os pasáis muchas horas muertas
en guardia continua, de día y de noche:        12235
tan enorme esfuerzo no sirve de nada:
ni la propia Celos, que tanto confía
en vuestro servicio, vigila más tiempo.

Y entretanto sufre Buen Recibimiento,
quien, como rehén, está padeciendo           12240
el muy duro trato de vuestra prisión,
donde el desgraciado languidece y llora.
Aunque en vuestra vida nunca hubieseis hecho
otra mala acción que ésta que os reprocho,
os mereceríais, no habré de ocultarlo,        12245
que de vuestro empleo fueseis expulsado,
y que os encerraran atado con hierros.
¡Y no evitaréis ir al mismo infierno
si de vuestra acción no os arrepentís!

—¡Mentiras, gritó, eso son mentiras!  12250
¡Maldita la hora en que habéis llegado!
¿Acaso acepté que me acompañarais
para que me estéis ahora insultando?
Pero yo os prometo que en muy mal momento
me solicitasteis que os diera hospedaje.  12255
Vamos, caminad, llamad a otra puerta.
¡Decirme que soy un gran mentiroso...!
¡Yo puedo decir que sois unos falsos
y que aquí vinisteis para reprocharme
el que a mí me guste decir la verdad!  12260
¿Cómo es que no os vais con vuestras mentiras?
Vamos, alejaos, id con los diablos!.
Y vos, Dios bendito, quered confundirme
si, cuando el castillo estaba ya hecho
(o incluso pasados ocho o nueve días)  12265
no me refirieron lo que aquí repito:
que este tal mozuelo la rosa besó,
(aunque nunca supe si llegó más lejos).
¿Con qué fundamento me harían creer
lo que me dijeron, si es que no era cierto?  12270
Por Dios, lo que dije lo repetiré,
pues puedo afirmar que en esto no miento,
y he de pregonar con una bocina
entre los vecinos y entre las vecinas
cuál fue la razón que lo trajo aquí.»  12275
    A tales palabras respondió Semblante:
«No debe creerse que sea evangelio
lo que corre en boca de la población.
De modo que abrid bien vuestros oídos,
que os voy a probar que eso son patrañas.  12280
Vos debéis saber sin duda ninguna
que no puede amarse verdaderamente
(con tal que se pueda saber lo que ocurre
por alguna prueba que se pueda dar)
a nadie que quiera el daño del otro.  12285
Y también sabéis que a todo amador,
incluso a este joven, le gusta rondar
el sitio en que vive su mujer amada.
Pues bien, este joven os aprecia mucho

[374]

y se considera vuestro buen amigo:                    12290
en cualquier lugar en el que os encuentra
se porta con vos muy amablemente,
saludándoos siempre con cordialidad,
y el que ya no venga con tanta frecuencia
no es porque por vos sienta indiferencia,       12295
sino porque a veros viene mucha gente.
Si, como creéis, tanto le acuciara
la necesidad de ver esa rosa,
por aquí vendría más frecuentemente.
Incluso pudierais cogerlo con ella,             12300
pues no dejaría de venir a verla
cuando la ocasión le fuese propicia,
por más que el empeño le costase caro.
Esa rosa, pues, no le quita el sueño.
Ni a su buen amigo Buen Recibimiento,           12305
aunque, por su parte, caro esté pagándolo.
    Pues debéis creerme: de querer la rosa
os la quitarían a vuestro pesar.
Dado que a este joven que habéis injuriado,
y que mucho os ama, como bien sabéis,           12310
si coger quisiera lo que le vedáis,
podríais estar del todo seguro
de que en modo alguno os apreciaría
y que vuestro amigo no se llamaría:
todos sus intentos y sus pensamientos           12315
derribar serían esta fortaleza
si eso fuera cierto, puesto que sabría
lo que vos pensáis de su proceder.
    Saberlo podría por sus propios medios:
dado que el acceso tendría vedado,              12320
cosa que hasta entonces vos le permitíais,
inmediatamente lo hubiese notado.
O bien lo sabría por otros conductos.
    Por dichas razones, con toda justicia
merecéis estar en el mismo infierno             12325
ya que así tratáis a quienes os aman.»
    Tal fue la respuesta de Falso Semblante.
    Sin defensa alguna quedó Malaboca,
pues las apariencias iban contra él;

[375]

tanto, que ya estaba presto a arrepentirse.　　12330
Y acabó diciendo: «Quizás sea así.
Yo os declaro aquí, Semblante, un maestro,
y en cuanto a Abstinencia, una sabia dueña:
ahora comprendo por qué sois amigos.
¿Qué me aconsejáis que tengo que hacer?　　12335
　—Te has de confesar inmediatamente,
descargando así toda tu conciencia
después de mostrar tu arrepentimiento.
Confesor yo soy, y estoy preparado,
pues en tal oficio soy el más capaz　　12340
que pueda existir en toda la tierra.
De todas las almas me suelo ocupar
con mayor afán y más prontitud
que todos los clérigos que tiene la Iglesia;
y muestro también, ¡por la Virgen Santa!,　　12345
mayor compasión para con las almas
que el más generoso de los curas párrocos,
por muy especial y santo que sea.
Pero aún reúno otra gran ventaja:
no se puede hallar prelado ninguno　　12350
que sea tan culto como yo lo soy,
pues en teología estoy licenciado
y desde hace tiempo la vengo enseñando.
　A mí me eligieron como confesor
los más instruidos que puedan hallarse　　12355
por mi gran saber y mi buen sentido.
Así, si queréis aquí confesaros
y vuestro pecado descargar conmigo,
en el que jamás debéis reincidir,
obtendréis de mí esa absolución.»　　12360
　Y allí Malaboca, ya más convencido,
se hincó de rodillas y se confesó
una vez mostrado su arrepentimiento.
　Entonces Semblante lo cogió del cuello
y con ambas manos empezó a apretar;　　12365
tanto, que la lengua le obligó sacar
y con su navaja la cortó de un tajo.
Así terminaron ambos con el huésped,
sin más miramientos ni contemplaciones,

al cual arrojaron en medio de un hoyo.                    12370
Sin mayor obstáculo rompieron la puerta,
después de lo cual al castillo entraron,
en donde encontraron durmiendo en el suelo
a aquellos truhanes soldados normandos,
que habían bebido mucha cantidad                         12375
de vino, que yo nunca les serví:
ellos mismos fueron quienes se sirvieron,
y bebieron tanto, que se emborracharon.
Ebrios y dormidos, fueron degollados
y así nunca más volverán a hablar.                       12380
      Después Cortesía junto con Largueza
pasaron la puerta sin dificultad
detrás de la cual todos se reúnen
y, con gran sigilo, se ponen en marcha

### Diálogo con la Vieja

      La Vieja, que estaba muy desprevenida              12385
aunque se encargaba de Recibimiento,
fue allí sorprendida por los cuatro amigos.
Había bajado de la alta torre
y se paseaba por la empalizada;
con una capucha en lugar de velo                         12390
sobre su griñón cubre su cabeza.
Los cuatro corrieron en su dirección
y la saludaron convenientemente.
Ella no sabía lo que pretendían,
y cuando los vio a los cuatro juntos                     12395
dijo: «Según veo, habré de pensar
que sois personajes de mucha valía.
Así pues, decidme sin alzar la voz,
puesto que no sé cuál es la razón,

---

12375   La hostilidad a los normandos se debe a que, a principios del
siglo XIII, estaban unidos a la corona de Inglaterra, cuyos reyes habían
impedido la unificación y fortalecimiento de Francia, situación que se
resolvió con la batalla de Bouvines (1214), ganada por el monarca francés
Felipe Augusto II. Como nos muestra el texto, los normandos tenían fama
de pendencieros, maldicientes y borrachos.

¿qué es lo que buscáis en este lugar?                    12400
¿Cuál es la razón, dulce y tierna madre?
  —No estamos aquí para haceros daño,
sino solamente para visitaros,
y, si os interesa y tenéis a bien,
podéis disponer de nuestras personas           12405
para que os sirvamos en lo que mandéis,
que mientras tengamos vida en nuestros cuerpos
nunca os faltaremos en lo que podamos.
Y si estáis de acuerdo, dulce madre nuestra,
a vos que jamás supisteis negaros              12410
os solicitamos que tengáis a bien,
si es que en esta súplica no hay inconveniente,
que pueda ser libre siquiera un momento
Buen Recibimiento, y le hagáis salir,
aunque sólo sea la punta del pie,              12415
a que se solace con nosotros algo.
O bien permitidle que pueda decir
algunas palabras a su buen amigo
y que se consuelen ambos mutuamente:
esta concesión los hará felices                12420
y además a vos nada os costará.
  Si condescendéis, el joven se hará
vuestro esclavo incluso, del que dispondréis
y podréis hacer cuanto le mandéis
o vender, o ahorcar, o darle mal trato         12425
Siempre es conveniente ganarse un amigo,
pues os piensa hacer, además, regalos:
ved aquí este broche con estos anillos
que son para vos; también un vestido
os piensa ofrecer sin mucho tardar.            12430
Es persona franca, cortés, generosa
y nunca os será penoso o molesto.
Antes bien, ya sois por él muy amada,
pues cosas muy bellas de vos va diciendo.
Él es muy prudente y también discreto,         12435
por lo que os pedimos le dejéis pasar
y ver a su amigo sin correr peligro.
Si lo permitís, le daréis la vida.
  Con nosotros manda un bello presente:

es esta guirnalda de flores recientes                    12440
que manda a su amigo Buen Recibimiento,
guirnalda que os pide que se la entreguéis
y le hagáis llegar un cordial saludo,
lo cual le será el mejor regalo.
  —¡Que me valga Dios! Si fuera posible          12445
que nunca supiera Celos que lo hago
y evitar así que me reprendiera,
respondió la Vieja, lo permitiría.
Pero Malaboca es tan maldiciente
y tan hablador, tan malo y perverso...           12450
Celos hizo de él su mejor guardián,
y él es quien se encarga de espiar a todos,
el que todo mueve y el que nos delata
de lo que se entera o lo que sospecha,
e incluso se inventa otras muchas cosas          12455
siempre que no encuentra de qué delatar.
Si lo condenaran a morir colgado
nadie se pondría a llorar por él.
Si me delatara a Celos, su ama,
sin mucho tardar de aquí me echaría.             12460
—Tal cosa, dijeron, no debéis temer,
pues en adelante no oirá cosa alguna
ni verá tampoco de ninguna forma.
Ya que está bien muerto, tendido ahí fuera
en medio de un hoyo con la boca hueca.           12465
Por lo cual, a menos de un encantamiento,
nunca más podrá delatar a nadie,
puesto que tampoco resucitará
si es que los diablos no hacen un milagro
con algún ungüento o alguna teríaca.             12470
Así pues, jamás os podrá acusar.
—Entonces, por mí no se ha de impedir,
respondió la Vieja, lo que me pedís.
Así que decidle que puede venir.
Yo le buscaré por dónde pasar,                   12475
mas habrá de entrar por donde le indique

_____

  12470  La *teríaca* (o *triaca*) era un remedio para las mordeduras venenosas.

[379]

y no detenerse demasiado tiempo,
pues tendrá que obrar con mucha prudencia.
Debe obedecer mis indicaciones.
Que tenga cuidado, por lo que más quiera,			12480
de que no lo vea ningún vigilante,
y de no hacer nada que no deba hacer,
con lo que podrá cumplir sus deseos.
—Cumplirá, señora, lo que dispongáis»
respondieron todos, dándole las gracias.			12485
Y así consiguieron salvar este obstáculo.

Mas Falso Semblante, no obstante estas cosas
pasaban así, díjole en voz baja,
como quien se teme cualquier contingencia:
«Si aquel que nosotros ahora ayudamos			12490
en esta su empresa (y estando yo cierto
de que sus amores no habrán de menguar),
no fuese por vos bien favorecido,
a pesar de todo nada impediríais,
pues, a mi entender, aunque estéis muy cerca,		12495
él habrá de entrar al menor descuido
en cuanto que tenga lugar y ocasión.
El lobo nos da buen ejemplo de ello,
que acaba tomando más pronto o más tarde
alguna cordera por más que se guarde.			12500
Así, si salís un rato a la iglesia,
adonde soléis ir de vez en cuando,
o si acaso Celos, que tanto lo hostiga,
tiene que salir fuera de los muros
para alguna cosa que necesitara,				12505
entonces vendrá muy ocultamente,
llegada la noche, por sitios oscuros,
solo, sin candela, sinuosamente,
o bien con Amigo, si acude a pedirle
que venga a ayudarlo con su vigilancia			12510
y le dé más ánimo con su compañía.
Por ello vendrá cuando no haya luna,
puesto que la luna, con su claridad,
suele ser contraria a los amadores.
Y por las ventanas se deslizará				12515
(puesto que conoce la mansión muy bien),

[380]

después de escalar el muro con cuerdas,
que le servirán también al volver.

Y no faltaría Buen Recibimiento,
supongo, al lugar en que lo esperara,                    12520
o se escaparía fuera del recinto
en que lo tenéis ya hace mucho tiempo,
y vendría a hablar con este su amigo
si es que no pudiera llegar donde está;
pues cuando supiera que dormida estáis,                  12525
si pudiese ver lugar y momento,
dejará entreabiertas puertas y ventanas.
Y así logrará el fino amador
robaros la rosa que tanto desea,
la cual cogería sin mayor obstáculo                      12530
de serle posible, de una u otra forma,
burlar la custodia de los vigilantes.»

Yo, que me encontraba muy próximo a él,
pensé que actuaría justamente así:
de querer la Vieja llevarme hasta allí,                  12535
las cosas serían mucho más sencillas;
mas, si no quisiera, me deslizaría
por cualquier lugar que fuera propicio,
tal como Semblante había indicado:
en todo obraría según su proyecto                        12540


## DISCURSO DE LA VIEJA

La Vieja actuó inmediatamente
y fue adonde estaba Buen Recibimiento:
guardaba la torre muy a su pesar
y bien se dolía de esta vigilancia.

Tan aprisa va, que llega a la entrada                    12545
de la propia torre, en la que penetra.
Sube la escalera con paso ligero,
con la prontitud de la que es capaz,

---

12543-44    Estas dos frases indican ya el cambio de carácter de este
personaje con respecto a la primera parte. Personaje que al conocedor de la
literatura medieval castellana no le será difícil relacionar con la Trotaconventos y la Celestina.

tanto, que su cuerpo tiembla del esfuerzo.
Buen Recibimiento no estaba en su celda,　　　12550
sino que se hallaba junto a las almenas
de aquella prisión muy desanimado.
Allí lo encontró, triste y pensativo,
e inmediatamente se puso a animarlo:
«Hijo, me preocupa, le dijo la Vieja,　　　12555
esa gran tristeza en la que os encuentro.
¿Me queréis decir qué es lo que os inquieta?
Si en mi mano está poder consolaros,
os prometo hacerlo, de eso estad seguro.»
Buen Recibimiento no osaba explayarse,　　　12560
ni decir palabra, ni cómo, o por qué,
ya que no sabía si le era sincera,
y, al no estar seguro de esta petición,
creyó conveniente no decir palabra.
De ninguna forma confiaba en ella:　　　12565
en su corazón guardaba recelos,
dado que seguía teniéndole miedo
(aunque en ese instante lo disimulaba)
debido a las cosas que sufrir le hiciera
esa vieja pécora, puta redomada.　　　12570
Temíase, pues, alguna traición,
y, para guardarse de cualquier desgracia,
no le descubrió su preocupación,
sino que, al contrario, venciendo el temor,
logró simular que estaba contento:　　　12575
«Seguro, le dijo, querida señora:
aunque vos creáis que algo me sucede,
no me pasa nada, sino solamente
que estaba intranquilo por vuestra tardanza.
Sin vos me es difícil aguantar aquí,　　　12580
puesto que os profeso un muy gran cariño.
¿Adónde os metisteis, que tanto tardasteis?
—¿Dónde? ¡Por mi vida, pronto lo sabréis!
Y cuando os lo diga, os alegraréis
si es que sois capaz aún de alegraros,　　　12585
puesto que, en lugar de malas noticias,
aquel más cortés muchacho del mundo,
aquel que de todos es el más amable,

[382]

os manda conmigo su mejor saludo,
que acabo de verlo ahora en la calle                    12590
y me ha saludado cuando la cruzaba.
Conmigo os envía un bello presente.
Dijo que con gusto volvería a veros,
y que no quisiera con vida seguir
ni gozar jamás de salud alguna,                         12595
si vos no quisierais consentir en ello,
¡por el mismo Dios y su santa fe!;
y que deseaba, siquiera una vez,
si fuera posible, el poder hablaros
con tranquilidad, si esto no os enoja.                  12600
Por vos, así dijo, soporta la vida,
y que viviría desnudo en Pavía
si con tal acción pudiera lograr
hacer una cosa que os fuera agradable,
pues nada le importa lo que le ocurriera                12605
con tal de poder estar junto a vos.»
Buen Recibimiento quiso saber más
sobre la persona que aquello enviaba
antes de aceptar el bello presente,
pues continuaba teniendo sus dudas                      12610
de que alguien quisiera venir donde estaba
y que aquella Vieja se lo permitiera.
Entonces la Vieja, sin más detenerse,
empezó a contarle toda la verdad:
«Se trata del joven que ya conocéis,                     12615
del que tanto habéis oído que hablan,
aquel por el cual estáis prisionero
cuando Malaboca vino a delataros.
Pero Malaboca por fin ya está muerto:
¡que nunca su alma vaya al Paraíso!                      12620
Ya que a tantos hombres de injurias colmó
fueron los diablos los que lo han llevado
y, pues muerto está, salvados estamos.
Ahora su lengua ya no vale nada,
nos hemos librado para siempre de él.                    12625
Y aun imaginando que resucitara,

12602   El humor se muestra no sólo en la introducción de esta frase,
sino en el hecho de citar la desnudez en la ciudad de los paños.

ya no le sería posible dañarnos
como en otro tiempo lo solía hacer,
pues tengo mil artes que lo burlarían.
Así pues, creedme y aceptad en don          12630
la bella guirnalda, que debéis poneros:
tan sólo con esto, se pondrá contento.
Él os quiere mucho, no debéis dudarlo,
y con un afecto desinteresado:
si acaso pretende también otras cosas,      12635
es algo que a mí no me ha revelado.
Pero, en mi opinión, habéis de creerle,
pues siempre podréis negar lo que pide
si es que os solicita algo que no debe:
si es una locura, que la sufra él.          12640
    Pero no está loco, sino muy cabal,
que nunca actuó por dañar a nadie,
por lo cual le tengo muchísimo afecto.
Ni será tampoco de intención tan vil,
que venga a pediros el que lo ayudéis       12645
a hacer cosa alguna que no deba hacerse.
Es el más leal de cuantos he visto.
Quienes lo conocen porque lo trataron
lo han atestiguado, el caso llegado,
y yo por mi parte también lo atestiguo.     12650
En cuanto a su vida, es muy ordenado,
y no existe nadie nacido de madre
que oyera decir nada malo de él,
salvo solamente el vil Malaboca,
al que ya podemos echar en olvido.          12655
Yo misma lo tengo ya muy olvidado:
apenas me acuerdo ya de sus palabras,
salvo de que estaban llenas de veneno,
las cuales decía, el muy desleal,
sin estar seguro de que fueran ciertas.     12660
Y sé que este joven lo hubiese matado,
de haberse enterado de lo que decía,
ya que es muy valiente y muy atrevido.
En este país no hay quien se le iguale
en cuanto a nobleza y bondad de ánimo,      12665
y aventajaría en esplendidez

a aquel rey Arturo y al propio Alejandro
de verse obligado a hacer tantos gastos
en oro y en plata como éstos hicieron:
nunca en lo de dar fueron tan magnánimos          12670
como vuestro amigo, que daría más.
A toda la gente se hubiese ganado
si hubiera dispuesto de una gran fortuna,
pues está provisto de tal corazón,
que nadie podrá tacharlo de avaro.                12675
Así, pues, tomad su bella guirnalda,
cuyas flores huelen más que ningún bálsamo.

      «—No, puesto que temo que lo he de pagar»,
dijo temeroso Buen Recibimiento,
quien, sobresaltado y fuera de sí,                12680
tan pronto se pone rojo como pálido.

      Así que la Vieja la puso en sus manos
queriéndole hacer tomarla a la fuerza,
ya que le faltaba determinación,
mientras él decía para defenderse                 12685
que más le valdría rechazar el don
(aunque deseaba poder aceptarlo
fuera lo que fuese lo que le ocurriera).
«La guirnalda», dijo, me gusta muchísimo,
mas preferiría que toda mi ropa                   12690
se echara a perder o que se quemara
a aceptar regalos que vinieran de él.
Pero en el supuesto de que la aceptara,
si Celos llegara a enterarse de esto
¿qué es lo que diríamos para defendernos?         12695
Ya la puedo ver ardiendo de ira:
me la rompería sobre la cabeza
en pequeños trozos, antes de matarme,
si a saber llegara quién me la ofreció;
o me metería en prisión más dura                  12700
que la que hasta ahora me ha hecho sufrir;
y aunque me escapara, consiguiendo huir,
¿en dónde podría encontrar refugio?
Hará que me quemen vivo en una hoguera
si logra atraparme después de la huida,           12705
pues estoy seguro de que irá en mi búsqueda

y que tras mis huellas lanzará a sus gentes,
que habrán de encontrarme en cualquier lugar.
No la acepto, pues. —Lo debéis hacer:
no debéis temer daño ni vergüenza.                          12710
—¿Y si se enterara de dónde me vino?
—Podéis responderle de veinte maneras.
—A pesar de todo, si me lo pregunta,
¿qué puedo decirle para convencerla?
Y si me injuriara y lo echara en cara,                      12715
¿de dónde diré que vino el regalo?
Porque necesito darle una respuesta
o, en caso contrario, contarle mentiras.
Pues si me descubre, os juro por Dios
que más me valdría que estuviera muerto.                    12720
—¿Qué es lo que diréis? Si no lo sabéis,
si mejor respuesta no lográis hallar,
le podéis decir que viene de mí.
Pues sabéis muy bien que tengo tal fama,
que no os podrá hacer el menor reproche                     12725
por cualquier regalo que yo os ofreciera.»

    Buen Recibimiento, sin más objetar,
aceptó el regalo, que se colocó,
ya tranquilizado, sobre su cabeza,
mientras que la Vieja, que está sonriendo,                  12730
jura por su alma y su astroso cuerpo
que nunca guirnalda viera más bonita.

    Buen Recibimiento, puesto ante su espejo,
se puso a mirarse una y otra vez
cómo le quedaba sobre su cabello.                           12735

    La Vieja, observando que en aquel lugar
nadie se encontraba fuera de ellos dos,
junto a él se sienta sin temor alguno
y comienza a hablarle con estas palabras:
«Buen Recibimiento, yo os aprecio mucho,                    12740
pues sois un muchacho muy bueno y muy bello.
Ya mi juventud se fue con los años,
mientras que la vuestra está por gozar.
Dentro de muy poco, sólo podré andar
gracias a un bastón o con dos muletas,                      12745
en tanto que vos sois aún muy joven

y ante vos tenéis una larga vida.
Pero yo sé bien que habréis de pasar,
sea cuando fuere, más pronto o más tarde,
por aquella llama que lo inflama todo,                    12750
y que os bañaréis en aquellas cubas
en las que sumerge Venus a las damas.
Y, como veréis, sentiréis su fuego.
Por lo cual, más vale que estéis al corriente
antes de que en ellas os veáis metido;                    12755
cosa en la que pienso ahora instruiros,
pues en tales baños corren graves riesgos
todos los muchachos que van ciegamente.
Pero si queréis seguir mi consejo,
siempre llegaréis a puerto seguro.                        12760
    Me hubiera gustado ser tan instruida,
cuando yo tenía la edad que tenéis,
en cuanto al amor como ahora soy.
En aquél entonces fui de gran belleza,
mas hoy me estremezco y rompo a llorar                    12765
cuando ante el espejo contemplo mi cara,
tan descolorida y llena de arrugas.
¡Y cuando recuerdo mi anterior belleza
que a todos los jóvenes hacía saltar...!:
Tanto era el escándalo que se organizaba,                 12770
que a quien se lo cuente no podrá creérselo.
Entonces tenía una fama enorme:
por todo lugar corría el rumor
y la admiración sobre mi belleza,
tanto, que a mi puerta solían juntarse                    12775
tantísimos hombres cual nunca se vio.
A ella llamaban durante las noches,
mas yo me mostraba con mucha dureza
porque les negaba hasta la respuesta;
y esto me ocurría con mucha frecuencia,                   12780

---

12761 La *Vieja* va a iniciar un largo lamento sobre la juventud
perdida, siguiendo una práctica muy frecuente en la literatura medieval.
Uno de los ejemplos más bellos es quizás una *Balada* sobre ese tema de
François Villon, el cual conocía el *Roman de la Rose*. En nuestras letras,
ecos del tópico «carpe diem» (=aprovecha el momento) pueden hallarse en
el famoso *Dezir* de Rui Páez de Ribera y, más o menos desarrollados, en
otros poetas cancioneriles.

puesto que tenía otra compañía,
y así se formaban muy grandes tumultos
de los que yo sola era responsable:
solían llegar a romper mis puertas,
y ante ellas se armaban tales alborotos,                    12785
que, antes de lograr que se separaran,
allí se perdían o miembros o vidas,
motivado todo por odios y ansias.
Allí se movieron tantas algaradas,
que el famoso Algus, el gran matemático,                    12790
si hubiese querido calcular la cuenta
aplicando el método de sus diez figuras,
en el que se basa para hallar la cifra,
no hubiera podido conocer el número
ni certificar cuántos me rondaban                           12795
por cifras muy altas que multiplicase.
Mi cuerpo era entonces muy prieto y muy sano
y hubiese ganado más de dos mil libras,
de las esterlinas, que ahora no tengo.
Mas me comportaba de modo inconsciente.                     12800
    Era bella y joven, y bastante ingenua;
jamás a la escuela de Amor asistí,
en donde sus leyes hubiese estudiado,
leyes que aprendí sólo por la práctica:
mi sola experiencia me ha hecho muy sabia,                  12805
que en ella gasté mi mejor edad.
Y ya que conozco muy bien esas lides,
sería oportuno que os aleccionara
para que sepáis todo lo que sé,
pues esta lección la sentí en mi carne:                     12810
bien obra el que instruye a la gente joven.
Porque no es extraño que vos ignoréis
sobre esta materia todo cuanto ocurre,
dado que aún estáis muy poco maduro.
Por cuya razón, y mientras viviera,                         12815
y porque conozco muy bien esta ciencia,
podría muy bien enseñarla ex-cátedra.
Muy necio sería cerrar los oídos

─────────
12790  Se trata del matemático árabe Al-Khowaresmi, de cuyo nombre
se deriva la palabra *guarismo*.

[388]

a las enseñanzas que los viejos dan,
ya que en ellas hay verdad y experiencia.        12820
Porque es una cosa harto conocida
que el único bien que al final les queda
son el buen sentido y el conocimiento,
y no los haberes que hubieran reunido.
    Así, porque tuve alguna experiencia,        12825
la cual no adquirí gratuitamente,
conseguí engañar a bastantes hombres
que habían caído dentro de mis redes.
Mas ellos a mí me engañaron antes,
y, cuando lograba ser consciente de ello,        12830
era siempre tarde, ¡pobre desgraciada!
Pues pasada estaba ya mi juventud:
mis puertas, que entonces a menudo abría,
porque trabajaba de noche y de día,
al final quedaron por siempre cerradas,        12835
dado que ninguno me venía a ver.
Y cuando pensé, ¡mísera de mí!,
que en lo sucesivo nadie más vendría,
de dolor pensé que me moriría.
Entonces me vi obligada a irme,        12840
dado que, al estar mi puerta en reposo
y yo condenada a estar inactiva,
soportar no pude tal humillación.
Pues ¿cómo podría seguir aguantando
el que aquellos jóvenes que antes acudían        12845
y que me tenían por la más hermosa,
esos que jamás de mí se apartaban
e incluso llegaban a morir por mí,
después me mirasen con indiferencia,
cuando antiguamente tanto me buscaban?        12850
De junto a mi lado se fueron corriendo,
no dando por mí ni un maldito huevo,
y a los que en un tiempo les gustaba más
eran los que ahora me llamaban vieja:
a decir llegaban cosas más infames        12855
para demostrarme más su indiferencia.
    Por este motivo, mi querido joven,
nadie, si no sabe nada de estas cosas,

o no haya sufrido un dolor tan grande,
puede ser capaz de hacerse una idea          12860
del dolor tan vivo de mi corazón
cuando me venían aquellos recuerdos
de los bellos días y dulces encuentros,
los dulces placeres y los dulces besos
y las más aún dulcísimas cópulas           12865
que en tan poco tiempo se fueron de mí.
¿Digo que se fueron? ¡Y no volverán!
Me hubiera valido muchísimo más
el haber vivido siempre en cautiverio
que el haber llegado adonde me encuentro.    12870
¡Ay, Dios! ¡qué tormento me hicieron vivir
aquellos regalos que dejé escapar!;
y cuando pensaba que no los cogí,
¡qué furiosa rabia me invadió después!
¡Dios! ¿Por qué tendría que nacer tan pronto?  12875
¿Y ante quién ahora podría quejarme
si no es ante vos, al que quiero tanto?
Ahora tan sólo me puedo vengar
si puedo enseñar todo lo que sé.
Por eso, hijo mío, os quiero instruir,       12880
y, cuando ya estéis muy bien preparado,
vos me vengaréis de tantos malvados.
Porque, si Dios quiere, llegado el momento,
de estas mis palabras debéis acordaros,
pues debéis saber que si las guardáis,       12885
si en cada ocasión las tenéis presentes,
obtendréis con ellas una gran ventaja
y así supliréis vuestra inexperiencia.
Pues dice Platón: «Es cosa sabida
que es más duradero y fijo el recuerdo       12890
de lo que se aprende durante la infancia,
sea lo que fuere lo que se aprendió.»

### La juventud perdida

Mi querido hijo, tierno jovenzuelo,
si mi juventud tuviera en mis manos
tal como ahora vos la podéis gozar,          12895

[390]

sería imposible decir con detalle
la horrible venganza que me tomaría.
En cualquier lugar donde me encontrara,
llevaría a cabo actos tan terribles
como hasta el presente jamás escuchasteis          12900
con aquellos hombres que me despreciaron,
me menospreciaron, me vilipendiaron
y después trataron con indiferencia.
Cada uno de ellos caro pagaría
tanto su altivez como su desprecio,               12905
y en esto actuaría implacablemente.
Con la condición que puso en mí Dios
y con ese trato que me dispensaron,
¿sabéis a qué estado los reduciría?
Los desplumaría, pidiéndoles tantos               12910
y tantos regalos, por cualquier razón,
que a pasto de piojos los reduciría
por dormir desnudos en lechos de paja.
Y sin excepción. Y en primer lugar
a los que me amaron más sinceramente,             12915
a los más activos y más esforzados
en servirme bien y en rendirme honores.
No les dejaría para su sustento
ni siquiera un ajo, de serme posible,
mientras que mi bolsa se iría llenando.           12920
Los reduciría hasta la miseria,
a una situación tan desesperada,
que les rechinaran los dientes de rabia.
   ¿Mas de qué me sirven las lamentaciones?
Lo que ya pasó no puede volver.                   12925
Ya nunca podré cumplir mis deseos,
pues tantas arrugas hay sobre mi cara,
que mis amenazas sólo causan risa.
Bien me lo mostraban por aquel entonces
aquellos rufianes que me despreciaban...          12930
Desde aquellos días de llorar no ceso.
   Mas ¡por Dios!, aún me sigue agradando
mi vida anterior cuando en ella pienso.
Mucho me deleito con esos recuerdos,
y todo mi cuerpo se agita de nuevo                 12935

cuando a mi memoria acuden los días
en que yo llevaba esa bella vida
que mi corazón todavía ansía.
Otra vez mi cuerpo se rejuvenece
cuando pienso en ella, cuando la recuerdo:                    12940
vuelvo a revivir todos los placeres
cuando ante mi mente se agolpan los hechos,
pues, a fin de cuentas, viví muy dichosa,
por más que después lo pagase caro:
la mujer que es joven nunca pierde el tiempo                  12945
cuando se dedica a la vida alegre,
y en particular la que va buscando
adquirir riquezas y mucho gastar.
    Así que me vine para este país
en donde encontré a vuestra señora,                          12950
a cuyo servicio acogerme quiso
para que os tuviera bajo mi custodia.
¡Dios, a cuyos ojos no se oculta nada,
permitir no quiera el menor descuido!
Esto es lo que haré verdaderamente                           12955
por los buenos modos que soléis mostrar,
pero tal custodia sería difícil
por esa belleza tan maravillosa
con que os adornó la naturaleza,
si del mismo modo no os hubiese dado                         12960
virtudes, sentido, gracias y valía.

### Consejos a los jóvenes

Y puesto que tiempo y ocasión propicia
nos vienen ahora tan expresamente
y nada nos puede venir a estorbar
para que expresemos lo que deseamos                          12965
un poco mejor de lo que solemos,
este es el momento para aconsejaros.
Aunque ya os advierto que no os extrañéis
si con mis lamentos corto mis consejos.
    Tengo que deciros ya desde el principio                  12970
que no os pediré que tengáis que amar;

pero si esa fuera vuestra inclinación
podría mostraros muy gustosamente
tanto los caminos como los senderos
por donde, en su día, tuve yo que andar                    12975
cuando aún guardaba todo mi esplendor.»
    Entonces la Vieja se calla y suspira
por si quiere hablar Buen Recibimiento.
Pero poco tiempo se quedó callada,
puesto que lo vio cuán atentamente                          12980
escuchando estaba sin decir palabra.
Prosiguió por ello con lo que decía
para sí pensando: «Es cosa sabida
que cuando se calla es porque se otorga:
dado que lo veo escucharme atento,                          12985
es que puedo hablar sin mayor reparo.»
    Por lo que siguió con su parrafada
aquella falsísima y vieja traidora,
pensando sin duda que con sus palabras
me haría lamer miel sobre zarzales                          12990
haciendo creer que era yo su amigo,
por más que ella nunca jamás me apreció,
tal como me dijo Buen Recibimiento
después, al contarme lo que le contó.
De haberle creído todas sus mentiras                        12995
yo hubiera quedado con muy mala fama.
Pero no le dio crédito ninguno
a ninguna cosa que quiso decirle:
esto me juró repetidas veces,
pues, de lo contrario, yo habría dudado.                    12300
    «Hijo queridísimo, bella y tierna carne,
los juegos de Amor os quiero enseñar
para que jamás puedan engañaros
cuando llegue el tiempo de poder gozarlos.
Debéis observar todos mis consejos,                         13005
pues quien no estuviera muy bien enseñado
sufrirá al final mucho menoscabo.

---

    12990   Con esta frase se quiere expresar lo caro que le será al protago-
nista el afecto de *Buen Recibimiento,* según consejo de la *Vieja* (véase versos 13100 y ss.).

Estad, pues, atento y escuchadme bien,
prestad atención y no olvidéis nada,
ya que en estas lides yo soy muy experta.        13010
Hijo queridísimo, quien quiere gozar
de los dulces males que son tan amargos,
de Amor se sabrá los diez mandamientos,
mas debe evitar hacerse su esclavo.
Repetir podría cada uno de ellos              13015
si es que yo no viese con gran claridad
que estáis bien dispuesto por naturaleza
y los guardaréis convenientemente
sin necesidad de mayor esfuerzo.
Estos mandamientos que debéis saber,          13020
son tan sólo diez, si recuerdo bien.
Mas sería un loco el que se esforzara
por guardar los dos que están al final:
de ninguno de ellos se saca provecho.
Me parecen bien los ocho primeros,            13025
pero el que los últimos observar pretenda
en vano se esfuerza y se perjudica.
Ni incluso debieran tales dos dictarse:
con cargas muy duras carga el amador
cuando se le exige que su corazón             13030
sea generoso y a una sola ame.
Es un texto falso, es letra engañosa;
aquí miente Amor, el hijo de Venus:
tales mandamientos no deben seguirse.
Pues el que los siga caro ha de pagarlo,       13035
como se verá por lo que diré:
hijo, no seáis nunca generoso,
en muchos lugares vuestro corazón
tenéis que poner, nunca en uno solo:
jamás lo prestéis, ni menos lo deis:           13040
antes bien, vendedlo a precio muy alto
para así sacar mayor beneficio.
Procurad también que aquel que lo compre
no saque de vos ninguna ventaja;
por mucho que dé, que obtenga muy poco:        13045
¡que ganase más si estuviese muerto!
Antes, observad estos dos consejos:

cerrad bien las manos cuando hayáis de dar,
pero, al recibir, tenedlas abiertas.
Porque, ciertamente, dar es insensato.          13050
No deis, así pues, más de lo preciso
y sólo pensando que obtendréis provecho,
o bien esperando que venga un favor
que de otra manera no puede lograrse.
Sólo en estos casos se tiene que dar,           13055
Pues aquel que da sólo ha de pensar
en multiplicar aquello que dio:
el que está seguro de obtener ganancia
no ha de molestarse si debe gastar.
Tan sólo este gasto debo aconsejaros.           13060

    Con respecto al arco y a las cinco flechas
tan bien adornados de buenas virtudes
con las que se hiere tan suavemente,
vos debierais ser tan fino y certero
como el mismo Amor, que es muy buen arquero,    13065
cuando disparéis vuestras propias flechas.
Incluso debéis tirarlas mejor
una vez que hayáis aprendido el arte.
Puesto que al principio nunca se conoce
en dónde las flechas irán a caer,               13070
dado que, al tirar sin mirar adónde,
pudieran caer en una persona
en la que el arquero nunca reparó.
Pero, ya instruido como vos lo estáis,
conocéis tan bien el arte del tiro,             13075
que ya no es preciso en ello insistir.
Habríais de ser necio y alocado
para no acertar en lo que queráis.

    Tampoco es preciso que más me detenga
en daros consejos sobre vuestro atuendo,        13080
sobre los adornos y sobre las ropas
con las que debéis arreglaros siempre
para que la gente piense bien de vos.
Por lo cual no insisto, ni hay aquí lugar,
ya que conocéis aquella canción                 13085
que me habéis oído cantar tantas veces,
cuando la cantaba en nuestros recreos,

que de Pigmalión y su estatua hablaba.
Así pues, vestid elegantemente
y seréis más apto que buey en erial.                    13090
Pero aconsejaros en tal menester
es algo en lo cual no habré de insistir.
Mas si lo anterior no os es suficiente,
me podréis oír aún ciertas cosas
inmediatamente, si tenéis a bien,                       13095
con las que podréis aprender muchísimo.

En primer lugar, tengo que deciros
que, si pretendéis muy seguro estar
y necesitáis buscar un amigo,
tomad a ese joven que tanto os aprecia,                 13100
pero sin ataros más de lo preciso;
y amad a los otros, pero con prudencia:
por muy satisfecha podría tenerme
si obtuvierais de ellos pingües beneficios.
Frecuentad por ello a los hombres ricos,                13105
evitando aquellos que sean avaros,
con tal que sepáis cómo desplumarlos:
Buen Recibimiento tendrá lo que quiera
con tal que uno a uno logréis convencer
de que como amigo no lo dejaría                         13110
por mucho oro fino que pudieran darle,
después de jurarle que, de haber querido
y haber permitido que fuera tomada
por otro la rosa que tanto quería,
de oro y de joyas lo hubiese colmado.                   13115
Y añadid que sois tan firme y leal,
que nadie podrá pretender la rosa
sino solamente quien la tenga entonces.
Aunque muchos sean, tendréis que decir:
«Sólo vos, señor, gozáis de la rosa,                    13120
y ninguno más la podrá tener.
¡Que Dios me maldiga si lo permitiera!»
Y esto sin ahorrar ningún juramento
ni cuantas mentiras necesarias sean:
Dios no tiene en cuenta tales juramentos,               13125

---

13088 Pigmalión será objeto de narración posteriormente (v. 20815 y siguientes.

[396]

los cuales perdona benévolamente.
Juntos se reían los dioses y Júpiter
cuando perjuraban los enamorados,
pues en muchos casos hicieron lo mismo
las divinidades que también amaron.          13130
Ya que cuando Júpiter quiso asegurar
a su esposa Juno, siempre le juraba
su fidelidad por el propio infierno,
y en aquel momento la estaba engañando.
Esto debería persuadir al fin               13135
a los amadores para que juraran
por santas y santos, templos y conventos,
pues los mismos dioses les dieron ejemplo.
Por eso es muy loco, ¡que Dios lo remedie!,
quien, porque ha jurado, creyó a su pareja,  13140
pues el corazón suele ser mudable.
Las personas jóvenes no son nada estables,
ni lo son los viejos en bastantes casos,
pues pueden jurar y mentir al tiempo.
  Y sabed también algo que es muy cierto:    13145
aquel que en mercados puede dominar
es justo que imponga y que cobre impuestos;
mas quien no posea siquiera un molino
tendrá que plegarse a todas las cargas:
en grave peligro se encuentra el ratón,      13150
y pone también a toda su cría,
que sólo dispone de una ratonera.
  Pues con las mujeres ocurre lo mismo:
ponen condiciones con su propio cuerpo
a aquellos que quieren disfrutar con él,      13155
a todos los cuales tendrá que cobrar;
y tonta sería y de escaso juicio
si, incluso pensándolo detenidamente,
piensa contentarse con un solo hombre.
Pues ¡por San Lifardo, el patrón de Meun!,    13160
quien su corazón a uno solo entrega
nunca gozará de la libertad,
sino que estará siempre en servidumbre:
la que sea así sufrirá muchísimo,
pues conocerá tormentos sin fin              13165

por haberse dado a un hombre tan sólo.
Ya que, si este hombre no viene a ayudarla,
no debe esperar que otro venga a hacerlo.
Y suele ocurrir que quienes más fallan
suelen ser aquellos que son preferidos.          13170
Todos, al final, suelen escaparse
cuando están cansados y ellas los enojan.
Mujeres así suelen fracasar.
Ni la misma Dido, reina de Cartago,
supo retener a su amado Eneas,                   13175
a pesar del trato que le dispensó
después de encontrarlo en muy mal estado
y de alimentarlo y cuidar muy bien
cuando extenuado llegó de su villa,
la muy bella Troya, en la que nació.            13180
Se ocupó también de sus compañeros
porque le tenían un amor leal,
e hizo reparar todos sus navíos
para más honrarlo y agradarle más,
llegándole a dar para conquistárselo            13185
hasta su ciudad, su cuerpo y su hacienda.
Eneas en cambio, como recompensa,
le dio mil promesas con mil juramentos
de que para siempre suyo ya sería
y que nunca más la abandonaría.                  13190
Pero nunca Dido pudo disfrutarlo,
puesto que el traidor se escapó de allí
haciéndose al mar sin decirle adiós;
por cuya razón pereció la bella,
ya que se mató en cuanto lo supo                 13195
por su propia mano y con una espada
que él mismo le dio cuando estaban juntos.
Dido, que a su amigo no pudo olvidar,
viendo que su amor perdió para siempre,
la espada tomó, la desenvainó,                   13200
y una vez la punta puesta hacia su cuerpo
y bien colocada entre sus dos pechos

---

13174   El breve relato sobre estos amores se basa en el *Roman de Eneas*,
de finales del siglo XII.

se dejó caer con ella en las manos.

Fue muy lastimoso ver aquella escena:
quienes asistieran a aquel espectáculo                    13205
muy duros serían si no se apiadasen
cuando contemplaran a la bella Dido
apoyando el pecho contra aquella espada
y hundiéndola toda en el corazón.
Todo fue por culpa de quien la engañó.                    13210

Fílide también, después de esperar
mucho a Demofonte, se colgó de un árbol
cuando comprobó que ya no vendría,
rompiéndose así otro juramento.
¿Y cómo obró Paris con la propia Enone?                   13215
Ella se entregó en cuerpo y en alma,
razón por la cual él le dio su amor.
Pero no tardó en recuperarlo.
Incluso le había grabado en un árbol
a orillas del Janto su declaración                         13220
con su propia daga y en pequeñas letras,
de la que después no hizo caso alguno.
Allí se quedó en el trono escrita,
donde se leía el texto siguiente:
que contra corriente fluiría el Janto                      13225
si Paris un día a Enone dejara.
Ahora bien, el río retornó a sus fuentes,
ya que la dejó por ir con Helena.

¿Qué hizo también Jasón con Medea,

---

13211 y ss.   Demofonte es uno de los participantes griegos en la guerra
de Troya. Se enamoró de Fílide, princesa tracia, a la que abandonó después
con el pretexto de un viaje a Atenas. Después de esperarlo en vano, ella se
suicidó. Su cuerpo se convirtió en un almendro.

Como en el caso anterior, este asunto mitológico es conocido en la
literatura francesa gracias a otro *roman,* y no a las fuentes clásicas. En este
caso se trata del *Roman de Troie,* de la misma época que el anterior, del cual
se hizo una versión castellana conocida como *Historia polimétrica troyana.*

13215 y ss.   Del mismo *Roman de Troie* está inspirada esta cita sobre
Paris y Enone. Ésta, que no podía perdonarle a Paris su aventura con
Helena, en lugar de curarle unas heridas, lo dejó morir. Arrepentida de su
acción, se arrojó a la pira en que ardía su amado.

13229 y ss.   La historia está inspirada en las *Metamorfosis,* de Ovidio
(VII), en donde se nos cuenta que Jasón dejó a Medea por otra mujer,
Glauce.

a la que dejó de forma muy vil
después de faltar a su juramento,
por más que Medea le salvó la vida
cuando aquellos toros que arrojaban fuego
por sus grandes fauces venían a él
para destrozarlo y quemarlo vivo? 13235
Ella lo libró con encantamientos
tanto de la muerte como de ese fuego;
y dejó dormida a aquella serpiente,
a la que sumió en tan gran letargo
que no despertó en bastante tiempo; 13240
y los caballeros de aquella región,
tan buenos soldados y tan resistentes,
los cuales querían matar a Jasón
cuando les lanzó la famosa piedra,
ella consiguió que se enemistaran 13245
y se degollaran unos a los otros;
gracias, pues, a ella ganó el Vellocino
mediante su magia y sus muchas artes;
y para guardar junto a sí a Jasón
hizo que su padre rejuveneciese. 13250
Ya que su deseo, su única obsesión,
era que la amase como ella lo amaba,
que tuviese en cuenta cuanto había hecho
para que él por siempre la siguiese amando.
Pero el desleal, falso y traicionero, 13255
ladrón y tramposo la acabó dejando.
Por lo que a sus hijos, viéndose ya sola,
por haber nacido de tan vil marido
los estranguló de dolor y rabia;
en lo cual no obró como convenía: 13260
no debe olvidarse el amor de madre
para comportarse como vil madrastra.
    Otros mil ejemplos te podría dar,
pero no quisiera ya más detenerme.

Todos, en resumen, suelen hacer trampas;                    13265
tan truhanes son, que nada respetan,
por lo que también deben ser burlados
sin tener por ello más remordimientos.
Loca es la mujer que se entrega a uno;
debe procurar disponer de muchos                            13270
y ser atractiva, cuanto más mejor,
para de esta forma hacerles más daño.
Si gracias no tiene, deberá adquirirlas,
de forma que sea tanto más dañina
cuanto, por lograr de ella los favores,                     13275
más esfuerzos hagan para conseguirla.
Que también se afane para que a ella acudan
los que no le muestren mayor interés.
Que sea muy ducha en cantos y en juegos
y que evite siempre los malos humores.                      13280
Si no es agraciada, que se arregle tanto,
que, aun siendo muy fea, aparezca bella.
Si observara un día que se va quedando
(lo cual origina un grave quebranto)
su rubia cabeza sin bello cabello;                          13285
o si le es preciso cortárselo todo
debido a una grave afección del pelo
(lo cual es muy grave para la belleza);
o si sucediera que por despechado
algún mal rufián se lo haya arrancado;                      13290
o por otras causas, para subsanarlo
debe recurrir a unas guesas trenzas;
y, para lograrlo, ha de procurarse
pelo natural de alguna difunta
o algunos mechones de seda muy fina,                        13295
y que los atuse sobre su cabeza.
Llevará pendientes de hueso tan grandes,
que el ciervo mayor, o buey o unicornio,
deberán sentirse ridiculizados

---

13265   Todos estos consejos están dramatizados en los «fabliaux». En la
literatura castellana, el Arcipreste de Talavera critica esta práctica.

porque no pudieran competir en cuernos.                    13300
Y si necesita darles colorido,
que los tiña en jugo de plantas diversas,
puesto que poseen muchas propiedades
tallos, frutas, flores, cortezas, raíces.

Si le sucediera que el color perdiese,                    13305
por lo que estaría apesadumbrada,
debe disponer de aceites y ungüentos
en su habitación, guardados en botes,
para reponerlo llegado el momento.
Pero que los guarde si alguno viniera,                    13310
para que no pueda ni verlos ni olerlos,
ya que su atractivo se vendría abajo.

Si garganta y cuello tuviera muy blancos,
debe prevenir muy bien a su sastre
para que le deje un poco de escote                         13315
a fin de poder mostrar sus encantos
tanto por detrás como por delante,
que así ejercerá seducción más viva.

Pero si tuviera los hombros muy anchos,
deberá ocultarlos en bailes y en danzas                   13320
llevando vestidos de paño muy fino,
con lo que podrá parecer más frágil.

Si no son sus manos ni bellas ni limpias
por tener en ellas callos o juanetes,
tiene que evitar que nadie lo advierta:                   13325
deberá quitárselos con unas agujas
u ocultar las manos poniéndose guantes
que no dejen ver esa imperfección.

Si tiene unos pechos muy exagerados,
tendrá que cubrirlos con tela muy fuerte                  13330
para sujetarlos todo lo que pueda,
ciñéndolos bien todo alrededor
con cintas, con nudos o alguna costura,
y entonces podrá ponerse a bailar.

Y como muchacha que gana con ello,                        13335
que tenga muy limpio el lugar de Venus,
y si es diligente y bien enseñada,
las telas de araña deberá evitar
limpiando ese sitio por todos los medios,

de forma que nunca se forme pelusa.                              13340
    Si sus pies son grandes, siempre esté calzada,
y a mayor tamaño, más fino zapato.
    En fin, los defectos que pueda tener
deberá cubrirlos, si es que no es muy tonta.
    Si sabe que tiene un aliento malo                            13345
deberá evitar, cueste lo que cueste,
estar ni un momento sin nada en su estómago,
guardándose siempre de hablar en ayunas;
y evite también, si fuera posible,
el poner su boca junto a unas narices.                          13350
    Si reír debiera por cualquier motivo,
que ría de forma tan encantadora,
que puedan formarse dos pequeños hoyos,
uno en cada una de sus dos mejillas;
no debe reírse inflándolas todas,                               13355
ni tampoco hacer un leve mohín,
ni tiene que abrir del todo la boca,
sino que los labios oculten los dientes.
Deberá reír cerrando la boca
pues no constituye un bello espectáculo                         13360
el verla reír a garganta abierta:
la boca parece más grande y profunda.
Y si no tuviera los dientes bien puestos,
sino en gran desorden y nada bonitos,
si los enseñara con sus risotadas                               13365
perdería en ello bastante atractivo.
    También hay maneras para bien llorar,
pero todas saben hacerlo muy bien
pues suelen llorar en cada ocasión,
ya que, aun no teniendo el menor motivo,                        13370
sin necesidad de agravios o penas,
ellas siempre tienen la lágrima puesta:
todas acostumbran a llorar, y lloran
en cualquier momento que les viene en gana.
    Así que los hombres no habrán de inmutarse                  13375
por más que observasen que llueven las lágrimas
en tal cantidad como nunca vieron.
Llantos de mujer nunca conmovieron,
ni sus grandes duelos ni sus tristes lágrimas,

pues, en conclusión, no son naturales:                    13380
llanto de mujer no es sino añagaza,
dado que no hay duelo que no lo aprovechen.
Así pues, que evite que, por cualquier causa,
no se le descubra cuál es su intención.

Saber le es muy útil estar a la mesa                      13385
con la compostura más apta e indicada.
Debe hacerse ver por toda la casa
antes de venir a tomar asiento,
dando así a entender a sus invitados
que sabe cumplir con su obligación.                       13390
Que vaya y que venga de acá para allá
y ocupe su sitio en último término,
haciendo esperar algunos instantes
a sus invitados antes de sentarse.
Y una vez que esté sentada a la mesa,                     13395
deberá ser ella, si puede, quien sirva.
Ante todo el mundo deberá partir
los trozos de pan y distribuirlos.
Y debe también, para hacer honores,
dejar que comience aquella persona                        13400
que deba comer en su mismo cuenco.
Deberá dejarle los muslos, las alas,
y también cortarle lo que haya en la mesa,
según sea el plato que tenga dispuesto,
bien sea pescado o bien sea carne;                        13405
y no escatimar de ninguna forma,
volviendo a servir a quien lo desee.
Deberá guardarse, cuando haya de untar,
el mojar los dedos hasta los nudillos,
y evitar que queden sus labios con restos                 13410
de sopas, de grasas, de carnes o especias;
ni cortar tampoco un trozo muy grande
que meta después entero en la boca.
Deberá emplear la punta del dedo
cuando deba untar el pan en las salsas                    13415
sean cuales fueren, o verdes o rojas;

13401 Efectivamente, la misma vasija era compartida por dos o más
personas.

[404]

y debe llevar su sopa a la boca
con tales maneras, que no le gotee
ni de ella se caigan ni trozos ni gotas.
  Y al ir a beber deberá evitar                                13420
que sobre su cuerpo se derrame nada,
puesto que por ruda y por descuidada
podrían tenerla quienes la frecuentan,
y esto es una cosa que no le conviene.
Por eso no debe la copa coger                                  13425
mientras que la boca la tenga ocupada.
Deberá también limpiarse los labios
para que no queden señales de grasa:
no debe ensuciarse el labio de arriba,
pues cuando hay en él restos de comida,                        13430
éstos quedarán flotando en el vino,
lo cual no es muy bello, ni muy agradable.
Deberá beber a pequeños tragos,
y por más que tenga una enorme sed,
no debe beber con gran ansiedad                                13435
ni vaciar la copa en un sólo trago,
sino poco a poco, repetidamente,
para así evitar que los otros digan
que es una persona que beber no sabe,
o que bebe mucho, más de lo debido.                            13440
Debe, pues, beber con delicadeza,
sin meter los labios dentro de la copa;
no como lo hacen algunas mujeres,
que son tan glotonas y tan descuidadas,
que se echan el vino a chorros tan grandes                     13445
como si lo echaran en una barrica,
y a tan grandes tragos suelen trasegar
que, para acabar, terminan borrachas.
  Pues debe evitar el emborracharse,
ya que los borrachos, hombres o mujeres,                       13450
no pueden guardar secreto ninguno;
y, en particular, la mujer borracha
menos que ninguno sabe defenderse,
pues suele decir todo lo que piensa
y darse también a cualquier persona                            13455
cuando a tal estado se deja llevar.

Que evite asimismo dormirse en la mesa,
porque le será poco ventajoso:
suelen ocurrir muchas cosas feas
a quienes se duermen en dicho lugar:            13460
es poco sensato venir a dormirse
en donde se debe bien despierto estar.
Muchos han pagado malas consecuencias,
pues suele ocurrir que sufren caídas
de lado, adelante o bien hacia atrás,            13465
y se rompen brazos, cabeza o costillas:
¡guárdese, por ello, de dormir en ella!
Debe recordar a aquel Palinuro,
que era el que guiaba la nave de Eneas:
mientras vigilaba, bien la gobernaba,            13470
pero, cuando un día el sueño le entró
sobre el gobernalle, a la mar cayó
y se ahogó en presencia de sus compañeros,
que hicieron por él muy tristes lamentos.

Deben igualmente todas las mujeres             13475
no mostrarse tardas al juego amoroso,
pues podría ser, si mucho se esperan,
que después ninguno quiera ya invitarlas.
Así pues, que busquen el placer de amor
mientras lo permitan sus jóvenes años;           13480
pues cuando les llegue la cruel vejez,
no podrán gozar de ningún placer:
la fruta amorosa, si se es avispada,
deberá coger en su juventud;
es muy desgraciada quien pierde su tiempo         13485
sin aprovechar el goce amoroso.
Y si mi consejo no quiere escuchar,
que es muy provechoso para todo el mundo,
tiene que saber que ha de lamentarlo
cuando la vejez venga a marchitarla.             13490

Pero sé muy bien que seré escuchada,
al menos por quienes son inteligentes,
las cuales, sin duda, seguirán mis reglas
(a cambio dirán muchas oraciones

---

13483   Repetición del famoso tópico «collige, virgo, rosas».

en pro de mi alma, cuando yo me muera,                    13495
por estos consejos que les doy ahora).
Sé perfectamente que esta mi enseñanza
será repetida en muchas escuelas.

Mi querido hijo, en lo sucesivo
(y puesto que sé que estáis escribiendo                    13500
con gran interés en el corazón
todos los consejos que aquí os he dictado,
y que aun después de que me dejéis
seguiréis leyéndolos, si Dios lo permite),
seréis tan experto como yo lo soy,                         13505
e iréis enseñándolos sin otra licencia,
por más que se opongan ciertos cancilleres,
por todo convento, por todo palacio,
por prados, jardines, en todas las fiestas,
bajo pabellones y bajo cortinas,                           13510
y adoctrinaréis a los escolares,
tanto en las alcobas como en los armarios,
tanto en las despensas como en los establos
(si es que no tenéis mejores lugares).
Pero mi lección la habréis de explicar                     13515
cuando hayáis logrado aprenderla bien.

La mujer, en fin, no ha de estarse en casa,
pues cuanto más tiempo permanezca en ella,
menos será vista por toda la gente,
menos su belleza será conocida,                            13520
menos deseada, menos requerida.
Que vaya a menudo a la catedral,
y de hacer no deje frecuentes visitas;
vaya a procesiones, acuda a las bodas,
participe en juegos, en fiestas, en danzas,               13525
pues en tales sitios tienen sus escuelas
y les cantan misas a sus seguidores
tanto el dios Amor como sus acólitas.
Pero que antes mire y examine bien
para ver si está muy bien arreglada,                       13530
y, cuando esté cierta de haberlo logrado,
vaya a pasearse por todas las calles,

13507   Nueva alusión a la diatriba universidad-dominicos. Para enseñar,
era necesaria la *venia docendi,* que dispensaban las autoridades académicas.

pero con un paso que sea apropiado,
ni muy perezoso, ni muy avivado,
ni muy altanero, ni muy apagado,                13535
sino muy flexible y muy armonioso:
deberá mover hombros y caderas
tan graciosamente, que imposible sea
encontrar a otra de más bello porte,
para cuyo fin andará muy bien                   13540
con sus zapatitos finos y elegantes,
que procurará que sean exactos
y que se conformen muy bien a los pies
para que no formen arruga ninguna.
Si llevara puesto vestido de cola               13545
y fuera tan larga que llegara al suelo,
que se la alce un poco de uno y otro lado,
como que es preciso airearse un poco,
o se la levante por delante un tanto
como, si teniendo que hacer algo urgente,       13550
debe liberarse y avivar el paso,
pues de esta manera les podrá enseñar
a quienes circulen por aquel lugar
la gran perfección de su lindo pie.
Si acaso se viste con un largo manto,           13555
lo debe llevar tan graciosamente,
que permita ver sugerentemente
el cuerpo tan bello que se encuentra dentro.
Para sugerirlo más perfectamente
(así como el cinto con el que se adorna,        13560
el cual no ha de ser ni estrecho ni amplio,
bordado de plata, con pequeñas perlas,
y la limosnera, que ha de ser tan bella,
que valga la pena de ser bien mostrada),
que con ambas manos se recoja el manto          13565
y extienda los brazos todo lo que pueda
yendo por la calle, aunque no haya barro,
y teniendo en mente el arco magnífico
que hace con su cola el pavo real,
deberá mostrar igualmente el manto,             13570
de forma que el forro, de seda o de armiño,
o de otro tejido que en él haya puesto,

junto con su cuerpo deberá enseñar
a toda la gente con la que se encuentre.
La que no resulte muy bella de rostro          13575
pondrá de relieve convenientemente
sus preciosas trenzas, rubias y perfectas,
y también la nuca, descubierta en parte,
de modo que forme un bello conjunto,
pues es una cosa de agradable aspecto          13580
una cabellera bella y bien trenzada.
En todo momento deberá actuar
tal como acostumbran las lobas a hacer,
que, cuando pretenden coger una pieza,
para no quedarse sin coger ninguna,           13585
en vez de a una oveja las ataca a todas,
de modo que nunca sabe cuál será
hasta que la tiene cogida en la boca.
Así, la mujer tenderá sus redes
a todos los hombres en todo lugar,            13590
puesto que, ignorando de entre todos ellos
quién pudiera ser quien se fije en ella,
para conseguir atrapar a alguno
a todos les debe sus dientes mostrar.
De cualquier manera, no debe ocurrir          13595
de ninguna forma que cazar no pueda
ni siquiera a un loco de entre los muchísimos
que vendrán a ella para divertirse,
dado que vendrán ciertamente muchos
si incitar supiera sus naturalezas.           13600
Y si consiguiera atrapar a muchos
que quieran hacer un pinchito de ella,
deberá evitar evidentemente
no citar a varios a la misma hora,
ya que se tendrían por muy descontentos        13605
si viesen que vienen en gran cantidad,
y en tal circunstancia podrían dejarla.
Actuando así, mucho perdería
ya que de sus manos se le escaparían
todos los regalos que ellos le traerían.       13610
Y esto es justamente lo que ha de evitar:
el que sus amigos no gasten con ella;

debe reducirlos a pobreza tal,
que acaben sus días cubiertos de deudas.
Con tal proceder ella se hará rica,          13615
que es la sola cosa que vale la pena.

Amar a los pobres no debe pensarlo,
puesto que los pobres nada pueden dar,
y por más que fueran Ovidio u Homero
esto no les da mucho más valor.               13620
Tampoco ha de amar al que está de paso,
pues dado que tales se instalan muy poco
en cada posada que hay en su camino,
eso suele hacer con su corazón.
Pero agasajarlos no se lo prohíbo,            13625
pues si alguno hubiera que, al hacer un alto,
viniera a ofrecerle joyas o dinero,
que lo tome todo y meta en su cofre,
después de lo cual, que haga lo que quiera,
deprisa o despacio, como lo prefiera.         13630
Pero, en todo caso, nunca habrá de amar
a nadie que hiciera gran ostentación
de su vestuario o de su belleza,
porque sólo actúan por vanagloriarse:
en ira de Dios habrá de incurrir             13635
todo aquel que en sí se agrada y se place,
tal como afirmó el gran Tolomeo,
que fue una persona de mucho saber.
Dado que estos tales no saben amar,
pues sus corazones nunca son sinceros:        13640
lo que a una mujer le puedan decir,
esas mismas cosas les dirán a muchas
y a todas irán mintiendo, engañando,
para despojarlas en su beneficio.
Muchísimas son las quejas que oí             13645
de mozas que fueron burladas así.

Si alguno viniera a hacerle promesas,
sean como fueren, falsas o sinceras,
y le declarase cuán grande es su amor
y que su intención siempre será amarla,       13650
ella deberá también prometer,
pero que se guarde de comprometerse

[410]

por razón ninguna, ni de confiar,
mientras su dinero no haya conseguido.
Y si lo promete mediante un escrito,                    13655
debe examinar si la letra es suya
o si se escribió con buena intención,
con sinceridad, sin engaño alguno.
Ella deberá darle una respuesta,
pero no inmediata, sino que la aplace,                  13660
ya que la demora al amor atiza.
Eso sí, evitando que sea muy larga.
Y cuando tal hombre se haya declarado,
ella no tendrá que precipitarse
de ninguna forma a darle su amor,                       13665
ni tampoco debe decirle que no:
mejor, que lo deje con incertidumbre,
que le haga sentir miedo y esperanza.
Y cuando se muestre un tanto angustiado
porque la mujer se resiste aún                          13670
a darle el amor que él ansía tanto,
ella debe obrar tan astutamente,
dado que tendrá seso y experiencia,
que aquella esperanza vaya resurgiendo
y que poco a poco se vaya esfumando                     13675
el miedo anterior, hasta que se borre:
entonces podrá ceder a su amor.
Y cuando suceda que entregarse deba,
si es una mujer que sabe de tretas,
deberá jurar por Dios y los santos                      13680
que hasta el día aquel nunca se entregó
a persona alguna que se lo pidiera;
y diga: «Señor, me debéis creer,
por la fe que debo a San Pedro Apóstol,
que por sólo amor yo me entrego a vos;                  13685
en modo ninguno por vuestro dinero,
puesto que a ninguno yo me entregaría
por lo que tuviera, aunque fuera mucho.
A bastantes ricos antes rechacé,
porque muchos hombres ya me pretendieron.               13690
Deberé creer que me cautivasteis,
que me habéis cantado la mejor canción.»

En ese momento deberá abrazarlo
con mucha pasión, hasta enloquecerlo.
Pero si quisiera seguir mi consejo,                    13695
sólo en su dinero debiera pensar.
Muy loca será la que, requerida,
no deje a su amigo sin ninguna pluma;
pues la que mejor sepa desplumarlos
será justamente la que gane más,                       13700
que cuanto más cara pueda resultar,
con más devoción podrá ser tratada.
Porque la mujer que se da por nada
sin muchos esfuerzos se puede dejar:
no suele sentirse una pena grande                      13705
por lo que se pierde si nada costó;
al menos, no igual ni tan lamentada
como si por ella se pagó un gran precio.
Para desplumarlo hay varias maneras.
Tanto su criada como su sirviente,                     13710
como si es la hermana, o bien la nodriza,
y también la madre, si no fuera tonta,
para que la ayuden en esta faena
deberán pedir cada una de ellas
que les dé jubón, o calzas, o guantes,                 13715
y le limen todos, como una escofina,
todo lo que puedan y sepan coger,
de modo que el hombre no pueda escapárseles
de ninguna forma de sus firmes garras
mientras que le quede cosa de valor                    13720
(tal como acostumbran a hacer los tahúres)
y hayan conseguido que se la regale.
Pues es bien sabido que antes se termina
la presa que deben repartirse muchos.
Que vayan a él diciendo: «Señor,                       13725
puesto que estas cosas tenéis que saber,
ved que mi señora no tiene vestidos.
¿Y soportaréis esta tal carencia?
Si hubiese querido, ¡por todos los santos!,
hay un caballero en esta ciudad                        13730
que como a una reina la hubiese tenido;
la pasearía con todo boato.

¡Ay, señora mía! Decid, ¿qué esperáis,
que no sois vos misma quien se lo pedís?
Muy considerada os vemos con él,                    13735
que os deja sufrir y no se conmueve.»
Ella debe entonces, por más que la agraden,
prohibirles a todos que sigan hablando,
pues probablemente ya habrá conseguido
por sus propios medios dejarlo sin nada.            13740
Pero si observara que él ha reparado
en que ya le ha dado más de lo que debe
y que considera que se está arruinando
con tantos regalos que le suele dar,
si ella barruntara que ninguno más                  13745
puede conseguir, pero sí sermones,
entonces tendrá que pedirle en préstamo,
después de jurarle que se compromete
a restituirle dentro de unos días
esa cantidad que él le haya entregado.              13750
Pero desde ahora yo ya le prohíbo
que no se le ocurra devolverle nada.
    Si a algún otro amigo volviera a encontrar
(porque sucediera que tuviera muchos
a los cuales nunca concedió su amor,                13755
aunque no dejó de llamar amigos),
deberá quejársele muy ladinamente
de que su vestido tuvo que empeñar
y que el interés sube cada día,
por cuyo motivo tan inquieta está                   13760
y su corazón tan desazonado,
que darle no puede nada que le agrade
si no la ayudase a desempeñarlo.
Entonces el joven, si no es muy astuto,
si entonces dispone de esa cantidad,                13765
meterá la mano muy pronto en su bolsa,
o procurará de alguna otra forma
que lo que empeñó quede liberado.
Lo que no será preciso buscar,
puesto que estará en su propia casa                 13770
y muy bien oculto para el bachiller;
lo tendrá guardado tan celosamente,

que él no lo hallará por mucho que busque
por todas las perchas y por los armarios.
Así la mujer lo convencerá                                    13775
y podrá obtener lo que le ha pedido.

Y engañe también a un tercer amigo,
pidiéndole cinto de plata o vestido
o cualquier regalo que le pueda hacer,
y también dinero que pueda gastar.                            13780
Y si alguno de ellos nada puede dar
y a cambio le jura, para convencerla,
que un bello regalo, de mano o de pie,
le piensa traer al día siguiente,
deberá escucharlo con oreja sorda                             13785
y nada creerle, ya que son patrañas.
Pues todos los hombres siempre están mintiendo
y a mí me mintieron, los muy jodedores,
en mis tiempos jóvenes con más juramentos
que santos existen en el Paraíso.                             13790

Así, si ese amigo no tiene dinero,
que vaya a pedirle a su tabernero
dos o tres escudos, los que pueda darle,
y, si no lo logra, váyase a otra parte.

Debe la mujer, si es inteligente,                             13795
simular que tiene muchísimo miedo
y estar temblorosa en extremo grado
mostrando su angustia y su desazón
siempre que a su amigo vaya a recibir;
hágale entender ostensiblemente                               13800
que corre un gran riesgo cuando lo recibe,
pues a su marido tuvo que engañar,
o bien a sus padres, o a quienes la guardan;
y que si la cosa fuese conocida,
la cual deberían tener encubierta,                            13805
ella pagaría con su propia vida;
y ruegue al amigo que se ha de marchar
aunque su partida rompa sus entrañas;
mas que lo retenga cuanto tiempo quiera
una vez que esté de él ya muy segura.                         13810

Y debe también tener muy en cuenta,
cuando este su amigo espera que venga,

que si ve que nadie los puede observar,
ha de hacer que pase por una ventana
aunque pueda hacerlo entrar por la puerta;                    13815
que le jure entonces que está destrozada
debido a que de él nada quedaría
si a saber llegaran que estaba allí dentro:
no lo guardarían las armas más sólidas,
ni yelmo, ni cota, ni pica, ni maza;                          13820
ni gritos, ni claustros, ni iglesias, ni casas,
evitar podrían que lo hicieran trizas.
La mujer después debe suspirar
y mostrar que está por él muy airada,
y le dé mil gritos con gran aflicción                         13825
mientras que le acusa de que su demora
debe de tener una explicación,
y es porque tenía en su propia casa
a otra mujer, cualquiera que sea,
con cuyas caricias siente más agrado,                         13830
y por tal motivo a ella ha traicionado
pues prefiere estar con otra mujer.
Entonces se debe llamar desgraciada
puesto que es amiga, pero no es amada:
en cuanto la oyera decir estas cosas                          13835
alguien que no sea experimentado,
se creerá sin duda muy incautamente
que aquella mujer lo ama con locura
y que está celosa por su proceder.
Mucho más celosa que el propio Vulcano,                       13840
el cual sorprendió a Venus, su esposa,
yaciendo con Marte en su propia cama,
sobre los que echó una red de acero
mientras se entregaban con gran frenesí
al ardiente juego que los abrasaba,                           13845
después de espiarlos laboriosamente.
Tan pronto Vulcano conoció el asunto
y pudo probar esta tal traición,

---

13821  Efectivamente, estaba prohibido atentar contra la vida de
alguien en lugar sagrado.

13840  Meun se inspira para este episodio en Ovidio *(Ars amandi,* II,
561-92). Posterormente (vv. 14159 y ss.) será de nuevo citado.

una vez echada la red sobre el lecho
(debió de estar loco al hacer tal cosa,                          13850
pues quien cree que él solo goza a su mujer
es un insensato y sabe muy poco)
les mandó a los dioses venir sin tardanza,
quienes se rieron e hicieron mil fiestas
en cuanto los vieron así entrelazados.                          13855
La beldad de Venus fue muy apreciada
por la mayoría de los convocados,
mientras que la diosa lloraba y lloraba.
Venus, en efecto, estaba enojada
por lo que su esposo hiciera con ambos,                         13860
y en tal situación sintió gran vergüenza.
    Mas no fue una cosa tan maravillosa
el que Marte y Venus hicieran aquello,
puesto que Vulcano era tan feísimo
y estaba tan negro debido a su fragua                           13865
(las manos, la cara, hasta el mismo cuello),
que ella no podía amar a su esposo
aunque su mujer se considerara.
¡No, por Dios, ni hablar! Puesto que aunque fueran
el mismo Absalón con sus trenzas de oro                         13870
o Paris, el hijo de aquel rey de Troya,
no hubiesen podido tenerla sujeta,
pues como mujer sabía muy bien
lo que las mujeres saben bien hacer.


### Libertad y matrimonio

Ya que las mujeres han nacido libres                            13875
y es la sociedad quien las condiciona,
pues les ha quitado esa libertad
con que las dotó la naturaleza.
    La naturaleza no fue tan ridícula
como para hacer que Marion naciera                              13880
con el solo fin de ser de Robin.

---

13875   Para información sobre este asunto en la Edad Media castellana,
véase mi libro *El amor y el erotismo en la literatura medieval*, citado en la
bibliografía.

(lo cual es muy lógico si en ello pensamos),
ni a Robin tampoco sólo para ella,
ni para otra joven, Agnes o Perrette,
sino que nacimos, de eso estad seguro,                13885
todas para todos, todos para todas,
que cada mujer puede ser de todos
así como el hombre puede ser de todas.
Con este principio, y aunque estén unidos
mediante una ley por el matrimonio                    13890
(con el que se evitan los libertinajes,
numerosos pleitos y frecuentes muertes,
y para educar a los hijos que haya,
que es obligación de los dos esposos),
ellos lucharán por todos los medios                   13895
por seguir gozando de su libertad,
tanto las casadas como las solteras,
sean como fueren, o guapas o feas.
Por tal libertad lucha cada cual,
de donde desgracias vienen y vendrán                  13900
y también vinieron en tiempos pasados,
de las que podría contar más de cien,
y más de doscientas, pero no lo haré,
puesto que sería demasiado largo
y a vos os sería algo muy pesado                      13905
si hubierais de oír todos estos casos.
Pero antiguamente, cuando alguien veía
a alguna mujer que le apetecía,
inmediatamente pensaba en tomarla,
si alguno más fuerte no se la quitaba;                13910
y si le placía, después la dejaba
una vez saciada su pasión por ella.
Por dicho motivo hubo muchas muertes
y no se cuidaba nadie de los hijos,
hasta que pensaron en el matrimonio,                  13915
que fue aconsejado por hombres prudentes.
Mas para quien quiera a Horacio creer,
el cual pronunció palabras muy sabias,
ya que era muy docto y un buen escritor,

13913   *Sátiras*, I, 3, 107-110.

[417]

es muy conveniente que aquí las repita,　　　13920
pues mujer experta, como yo lo soy,
siente gran respeto por el buen autor:
«Antes de que Helena viniera a este mundo,
los más gilipollas provocaron guerras,
en las que murieron desgraciadamente　　　13925
quienes, por su culpa, lucharon en ellas.
Pero de estos muertos no se sabe nada,
porque de sus nombres no queda constancia.
Y Helena no fue la primera dama,
ni tampoco ha sido ni será la última,　　　13930
por quien se provoquen y provocarán
guerras entre quienes pondrán y pusieron
en una mujer toda su pasión,
por cuya razón perdieron la vida
y la perderán, mientras haya mundo.»　　　13935
　　Tened, pues, presentes las inclinaciones,
y porque veáis con más claridad
el poder que tienen tan extraordinario,
os puedo citar algunos ejemplos
que bien merecían ser puestos en letra.　　　13940
　　Ese pajarillo nacido en el bosque,
aunque, ya cazado y metido en jaula
(en donde le dan un buen alimento
y le hacen caricias muy frecuentemente),
se pase la vida en continuo canto　　　13945
y dé la impresión de ser muy feliz,
¿creeréis que no quiera vivir en el bosque
en donde lo puso la naturaleza
y deteste estar volando en un árbol
por más que lo cuiden con toda atención?　　　13950
Pues en eso piensa, y siempre se esfuerza
por recuperar esa libertad;
nada le es sabroso de lo que le dan
por ese deseo en que está quemándose,
y en pequeños vuelos dentro de la jaula　　　13955
busca una y mil veces con gran ansiedad
por ver si encontrase ventana o rendija
por donde poder lanzarse a volar.
　　Pues debéis saber que toda mujer,

tanto la soltera como la casada,                         13960
sean cuales fueren su honor o su estado,
inclinada está por naturaleza
a continuamente pensar y buscar
por cuáles caminos, por cuáles senderos
conseguir podría esa libertad                            13965
en la que quisiera vivir cada día.
   Y lo mismo digo acerca de aquel
que, por un capricho, se hace religioso
y, pasado un tiempo, se arrepiente de ello:
si no acaba ahorcado, muy poco le falta,                 13970
pues pasa su vida en puro lamento,
en continua angustia y en duro tormento.
Pues de él se apodera un vivo deseo
de recuperar, de una u otra forma,
esa libertad que un día perdió,                          13975
que su inclinación no queda frenada
por hábito alguno que pueda tomar,
ni porque estuviera en santo convento.
Hizo como el pez, cuando, locamente,
viene a introducirse dentro de la nasa:                  13980
por más que se esfuerce por salirse de ella,
todos sus intentos le serán inútiles:
en esa prisión perderá la vida,
ya que en liberarse no debe pensar.
No obstante, los otros que aún nadan fuera,              13985
cuando allí lo ven, corren hacia él
creyendo que está lleno de alegría
loco de placer y satisfacción,
dado que se agita de modo continuo
como quien está colmado de bienes,                       13990
Y esto se lo creen sin lugar a dudas,
ya que pueden ver con toda evidencia
dentro de la nasa bastante comida,
la cual ellos mismos quisieran comer.
Así que, con gusto, en ella entrarían,                   13995
por lo que darán tanta y tanta vuelta,
tanto intentarán una y otra vez
entrar en la nasa, que en ella terminan.
Pero cuando están en ella metidos

presos para siempre y sin salvación,  14000
sin mucho tardar les vendrá el deseo
de encontrarse fuera y libres nadar.
Mas ya no será la cosa posible
puesto que el buitrón se lo impedirá,
por lo que sus vidas serán un tormento  14005
hasta que la muerte venga a liberarlos.

Esa misma vida deben esperarse
todos esos jóvenes que entran en convento:
por mucho que lleven enormes sandalias
o capucha grande o áspera muceta,  14010
no habrán de lograr, hagan lo que hicieran,
borrar de sí mismos sus inclinaciones.
Y al echar en falta esa libertad,
entonces sabrán lo que es sufrimiento,
a no ser que hicieran de necesidad  14015
una gran virtud, y en ella se empleen.
Pero siempre vence la naturaleza,
que a todos inclina a su libertad.
Esto nos repite Horacio de nuevo,
el cual sabe bien cuál es su poder:  14020
«Si alguno quisiera arrojar de sí
su naturaleza y a golpes de horca
afuera la echara como quien aventa,
ella volvería, de eso estoy seguro;
pues, por más que quiera, por más que se esfuerce, 14025
hábito ninguno lo podrá impedir.»
¿Qué quiere decir? Que las criaturas
no pueden borrar su naturaleza,
por más que se empleen con toda violencia,
o estén obligadas, o por conveniencia.  14030
Por lo cual se debe disculpar a Venus,
que quiso hacer uso de su libertad,
y a toda mujer que busca otras camas
aunque estén atadas por el matrimonio,
pues a eso las lleva su naturaleza,  14035
la cual las empuja a esa inclinación.

14019   Ahora se citan sus *Epístolas,* I, 10-24. Más que de una cita
textual se trata, como en otros casos, de una paráfrasis.

Es cosa muy fuerte la naturaleza,
mucho más tenaz que la educación.
Tomad, por ejemplo, un pequeño gato
que en toda su vida rata ni ratón
pudiese haber visto, porque fue criado          14040
sin comer jamás de esos animales
desde que nació, sino que le dieron
otros alimentos más apetitosos:
en cuanto que viera venir un ratón
nada evitaría que hacia él no fuese,            14045
y, de verse libre un solo momento,
inmediatamente iría a comérselo
dejando de lado el otro alimento,
por más que tuviera ganas de comer:            14050
no se lograría entre ellos la paz
por muchos esfuerzos que en ello se hiciera.
  Tomemos ahora un potrillo joven
que nunca en su vida ha visto una yegua,
ni verá tampoco, hasta ser caballo             14055
que ya es cabalgado con silla y espuelas.
En cuanto que vea venir a la yegua,
podréis escuchar sus grandes relinchos
y veréis que corre hacia donde está
si nadie consigue impedir que vaya.            14060
Y no porque sean morcillo y morcilla,
pues también lo haría de ser yegua baya,
o si fuera gris, o si fuera blanca,
si freno ni brida no lo retuvieran.
No se cuidaría de mirar su piel,               14065
sino de encontrarla libre por un prado,
y, si lo dejaran llegar hasta ella,
la copularía sin perder más tiempo.
Y, si a la morcilla no pudiese ir,
sería ella misma quien fuese al morcillo,      14070
y lo mismo al bayo, y lo mismo al blanco,
pues también se quema con el mismo fuego:

---

14061   Aplicado a los caballos, es el color negro.

el primer caballo con el que se encuentre
será el elegido para unirse a él,
pues ella tampoco le mira la piel:                          14075
sólo que se encuentra libre por el prado.
Y lo dicho aquí sobre los morcillos,
sobre baya y bayo, sobre blanca y blanco
y sobre cualquier pareja que exista,
se puede decir del toro y la vaca,                          14080
y, del mismo modo, de oveja y cordero,
pues todo animal, es cosa sabida,
busca copular con todas las hembras;
e igualmente ocurre, mi querido joven,
que todas a todos los quieren también                       14085
y que los aceptan de muy buena gana.
Y esto es lo que sienten, yo lo sé muy bien,
todas las mujeres y todos los hombres,
pues tienen también esos apetitos
que la ley refrena en cierta medida.                        14090
    ¿En cierta medida? ¡En exagerada!;
ya que cuando a dos une en matrimonio
a ambos les exige, a él como a ella,
que el hombre no pueda tener más que una,
al menos el tiempo que ésta siga viva,                      14095
y a ella uno solo, mientras vivo esté,
por más que a los dos pudiera tentarles
el seguir la fuerza de su inclinación,
(y yo sé muy bien cuán intensamente).
Y si se resisten, es por la vergüenza                       14100
o porque no quieren causar sufrimientos;
mas su condición los altera tanto
como a tales bestias que antes he citado.
Y esto que aquí digo lo sé por mí misma,
puesto que en mi vida siempre me he esforzado               14105
en ser deseada por todos los hombres,
y, de no tener algo de vergüenza,
la cual es el freno de los corazones,

---

14087 Esta declaración está contenida también en el *Libro de Buen
Amor,* en el que Hita afirma que una de las dos cosas que mueven al
hombre es «auer juntamiento con fenbra plazentera» (est. 71 d), y renovar-
las, al igual que los animales (estrofas siguientes).

cuando por las calles iba paseando
(siempre me gustó tener tal costumbre,                    14110
y cuando lo hacía me arreglaba tanto,
que iba tan bonita como una muñeca),
a aquellos mocitos que me enamoraban
cuando me miraban con tan dulces ojos
(¡por Dios, qué ternura solía invadirme                   14115
cuando me lanzaban aquellas miradas!)
a todos, o a muchos, me hubiese entregado
de habérmelo dicho y haber yo podido:
a uno tras otro tuviera en mi cama
si hubiese podido saciarlos a todos.                      14120
A mi parecer, si hubiesen podido,
muy gustosamente lo hubieran pedido
(sin exceptuar a monje o prelado,
burgués, caballero ni ningún canónigo,
ni laico ni clérigo, ni loco ni cuerdo,                   14125
con tal de tener la edad suficiente);
y hubiesen dejado incluso el convento
de no haber pensado que era un gran pecado
venir a pedirme lo que deseaban.
Si hubiesen sabido lo que yo pensaba                      14130
y las grandes ansias que me consumían,
lo habrían pedido sin más miramientos.
Y también sospecho que muchos habría
que, de osar, dejaran hijos y mujeres,
y que olvidarían sus obligaciones                         14135
si hallarse pudieran conmigo en la cama:
nadie guardaría ningún compromiso,
matrimonio, voto ni regla sagrada,
salvo de tratarse de algún inconsciente
que esté enamorado tan ardientemente,                     14140
que quiera a su amada con gran devoción.
A este tal, supongo, no le apeteciera
porque solamente querría a la suya
y de las demás no se ocuparía.
Este tipo de hombres suele ser muy raro                   14145
¡lo juro por Dios y por San Amando!
Al menos es esto lo que pienso yo.
Mas si alguno de éstos me hablase sin prisas,

[423]

diga lo que diga, verdad o mentira,
no se libraría de que lo turbase.                              14150
Cualquiera que fuera, secular o monje
que fuera ceñido con cualquier cordón
o que se cubriera con cualquier capucha,
conmigo, lo sé, se divertiría
con que se creyera que lo amaba mucho         14155
o que, simplemente, no lo detestaba.
    Así nos gobierna la naturaleza,
poniendo este fuego en los corazones.
Por esta razón debe ser absuelta
Venus por echarse en brazos de Marte.          14160
    En la situación en que sorprendieron
a Marte y a Venus, mientras que se amaban,
hubo muchos dioses que hubiesen querido
ser causa de burla por ser sorprendidos
como lo fue Marte, a quien envidiaban.          14165
Mucho mejor fuera que esos dos mil marcos
hubiese perdido el pobre Vulcano
que el ir propalando la infidelidad:
al ver que los dioses al corriente estaban       14170
hicieron después a la luz del día
lo que en un principio a ocultas hacían;
ya nunca después sintieron vergüenza
por aquella acción sabida de todos,
puesto que los dioses tanto la extendieron,    14175
que fue conocida por todos los cielos.
Por lo cual Vulcano sufrió más afrenta
al ser conocida de todos la cosa
y ya no saber cómo remediarla.
Tal como asegura muy bien la leyenda,          14180
hubiese ganado de haberse callado
más que pregonando dicha relación:
nunca debería haberse inmutado
fingiendo ignorar lo que no ignoraba,
para así tener siempre los favores                  14185
de su esposa Venus, a quien tanto amaba.
    Por eso, tendrían que ser más prudentes

_____
14166  Vulcano quería reclamar a Júpiter la devolución de la dote que
le había entregado por su boda con Venus.

[424]

los que a su mujer o a su amiga espían
con un interés tan desmesurado,
que no pararán hasta descubrirlas;                    14190
pues deben saber que será peor
cuando tal acción conocida sea,
porque el que, movido por sus fuertes celos,
para descubrirla emplea artimañas,
nunca más tendrá el aprecio de ella,                  14195
ni su buena cara, ni su buen servicio.
Grave enfermedad es la de los celos,
puesto que al celoso de roer no cesa.

### Las artimañas

Pero la mujer de la que os hablaba
sólo mostrará celos simulados                         14200
para engatusar a su pretendiente:
cuanto más los finge, más arde su amante.

Pero si el amante no se disculpara,
sino que dijera para más airarla
que, efectivamente, hay otra mujer,                   14205
jamás deberá demostrar enfado.
Debe aparentar por todos los medios
a este jovenzuelo que persigue a otra
que no le preocupa ni le da importancia
a la travesura de este hombre traidor,                14210
y darle a entender de una u otra forma,
para que no crea que sufre por él,
que ella, en realidad, otro amigo tiene,
por lo que sus celos eran para echar
fuera de su lado a este falso amigo,                  14215
con lo que podrá, sin duda, angustiarlo
diciéndole así: «Ofensa me hicisteis,
y debo vengarme de esta vuestra acción.
Y puesto que osasteis hacerme esta ofensa,
os haré una capa con el mismo paño.»                  14220

Entonces el hombre se pondrá furioso,
tan fuera de sí, si es que algo la quiere,
que difícilmente logrará calmarse.

Porque ningún hombre, por poco que quiera,
y más si lo enciende un amor profundo,                    14225
soporta que nadie le ponga los cuernos.
Entonces, que venga alguna criada,
la cual fingirá estar angustiada,
y les diga a ambos: «¡Mirad qué desgracia!
Alguien (mi señor, u otro cualquier hombre),            14230
acaba de entrar y lo vi en el patio.»
La mujer entonces deberá ausentarse
y dejar cortada la conversación,
para prevenir a cualquier criado
que vaya a ocultarse a establo o armario                  14235
y se quede allí hasta que le indique
el momento exacto en que venir deba:
el otro, que espera inquieto su vuelta,
ya quisiera verse muy lejos de allí,
porque no podrá tenerse de miedo.                          14240
Mas si es otro amigo el que se presenta,
al cual la mujer antes diera cita
(si esto fuera así, no fue muy prudente),
tendrá que salvar esta situación.
Para que éste tal ignore la cosa,                          14245
habrá de llevarlo a un lugar seguro,
en donde, por más que insista en quedarse,
debe convencerlo para que se vaya
aunque se mostrara reacio y furioso.
En tal situación tendrá que decirle:                       14250
«¿Quedaros aquí? Por nada en el mundo,
ya que mi marido se encuentra en la casa
y con él están mis primos hermanos.
Mas juro por Dios y por San Germán
que, cuando podamos volvernos a ver,                       14255
haré cuántas cosas me mandéis hacer.
Pero, mientras tanto, tenéis que aguantaros;
ahora me he de ir, pues me está esperando.»
Pero previamente lo tendrá que echar
y ha de cerciorarse de que se marchó.                      14260
Hechas estas cosas, volverá el primero,
porque no conviene hacerle esperar
demasiado tiempo con aquella angustia,

para así evitarle que se desazone
y se desanime más de lo debido.                    14265
Por lo cual tendrá que reconfortarlo,
y, para que salga de tan grave estado,
le será preciso consigo llevarlo
a su habitación y entregarse a él.

Mas que no se sienta del todo seguro.             14270
Antes, deberá hacerle entender
que ella obrando está imprudentemente,
jurando y jurando por su propio padre
que su amor por él le cuesta muy caro;
pero que, aun metida en tal aventura,             14275
se encuentra con él mucho más a gusto
que si pasease sin preocupaciones
brincando y saltando por campos y viñas,
puesto que el placer con tranquilidad
es menos gozoso, de menor encanto.                14280

Llegado el momento de iniciar el juego,
ella ha de evitar que él pueda acercársele,
por más que la asedie con gran impaciencia,
hasta que, si el día aún está claro,
cierre las ventanas velando la luz               14285
y lo deje todo lo bastante oscuro:
así, si tuviera manchas o defectos
que afeen su piel, que él no pueda verlo.
No tiene que ver defecto ninguno,
porque en ese instante se iría corriendo         14290
rabo entre las patas, a grandes zancadas,
y ella quedaría muy avergonzada.

Y cuando se encuentren manos a la obra,
cada uno de ellos deberá actuar
con tal maestría y con tal acierto,              14295
que los dos disfruten del placer al tiempo:
de una y otra parte deben esforzarse
para que la obra quede bien cumplida.
A fin de lograrlo, tienen que esperarse
para mutuamente darse más placer:               14300
el uno no debe del otro olvidarse,
y tan al unísono deben navegar,
que lleguen a puerto al tiempo los dos.

Gozarán entonces ambos plenamente.
Si ella en este acto no encuentra placer,                      14305
deberá no obstante fingir que ha gozado,
y tiene que hacerlo de muchas maneras:
las que considere ser más convenientes,
de forma que él crea que está satisfecha
por algo que a ella le fue indiferente.                        14310
Si acaso el amante, para estar seguro,
después de insistir y de convencerla
consigue que venga a su propia casa,
la mujer tendrá que llevar a práctica
esto que le digo el día que vaya:                              14315
es muy conveniente hacerle esperar,
de forma que el hombre se esté consumiendo
ya antes de tenerla a su voluntad:
el juego amoroso, cuando se demora,
es mucho más dulce y más deseado.                              14320
Quienes lo paractican cada vez que quieren
no suelen gozar tan intensamente.
Y una vez que esté en casa del hombre,
en donde será muy bien recibida,
deberá jurarle y darle a entender                              14325
que la espera ya su celoso esposo,
y que tiene miedo, pues está segura
de ser injuriada e incluso zurrada
cuando esté de vuelta y con él se encuentre.                   14330
Pero, mientras tanto finge tales cosas,
mientras habla y dice verdad o mentira,
afectando un miedo que es seguridad
y seguridad mezclada de miedo,
que se entregue a él en la intimidad                           14335
para realizar ese bello juego.
Si acaso no puede venir a la cita
y le es imposible verse con su amante,
y si no se atreve a que él la visite
porque su marido le sigue los pasos,                           14340
debe procurar cómo emborracharlo
para, de esta forma, liberarse de él.
Y si con el vino no puede lograrlo,
que tenga dispuestas siempre muchas hierbas;

y las indicadas, y que se las tome,                    14345
bebiendo o comiendo, sin peligro alguno:
con tales remedios tanto dormirá,
que le dejará, mientras dure el sueño,
hacer cuantas cosas le vengan en gana,
ya que no podrá impedirle nada.                        14350
Y a los del servicio, si dispone de él,
los debe mandar a cualquier lugar;
o que los convenza con algún obsequio,
con lo que podrá estar con su amigo;
o bien que los hinche a todos de vino                  14355
de forma que nadie pueda descubrirla.
    O, si lo prefiere, dígale al celoso:
«Señor, yo no sé por qué enfermedad,
qué fiebre, o qué gota o qué malestar
tengo en todo el cuerpo que me brota fuego.            14360
Será necesario que vaya a los baños.
Pues aunque tengamos en casa dos cubas,
de nada me sirven baños sin vapor,
porque me es preciso que me escalde bien.»
Después que el celoso considere el caso,               14365
podría ocurrir que le dé permiso,
aunque sin por eso poner buena cara.
Que se lleve entonces a alguna sirvienta,
o, si lo prefiere, a alguna vecina,
que conocerá cuál es su intención;                     14370
sirvienta o vecina que lleven amigo,
y así se podrán encubrir las dos.
Entonces podrá frecuentar los baños,
pero no una cuba ni a ningún cubero
una vez allí solicitará                                 14375
sino que se irá a do está su amigo.
Salvo si pensaran que es más conveniente
y les apetece el bañarse juntos;
él, en tal lugar la debe guardar
si resulta ser el más oportuno.                        14380

---

14357  *Celoso* designa generalmente al marido. Es un personaje con
amplio tratamiento literario en la Edad Media, pero muy en especial en los
«fabliaux» (en donde es casi siempre burlado) y en las composiciones
trovadorescas (en donde significa un obstáculo para los amantes).

Nadie a la mujer logrará guardar
si ella no se quiere guardar a sí misma,
ni aunque fuera Argo el que la guardase
y la vigilase con sus muchos ojos,
quien se permitía ver con la mitad          14385
y a la vez podía dormir con los otros.
Pero cuando Júpiter cortó su cabeza
para liberar a su amada Io,
a la que cambió su figura humana
dándole la forma de una simple vaca          14390
(le pidió a Mercurio que se la cortara
para así vengarse de su esposa Juno),
todos esos ojos de nada valieron:
loco está quien quiera guardar tal confite.

La mujer, no obstante, no ha de ser tan necia,  14395
por mucho que cuenten clérigos o laicos,
que todo lo fíe a su solo encanto,
ni a las brujerías, ni a los hechiceros,
ni aunque se tratara del mago Baleno
(gran conocedor de las artes mágicas),        14400
para de esta forma convencer al hombre
de que la obedezca en lo que le pida
o que por tomarla abandone a otra.
La misma Medea retener no pudo
con su hechicería a Jasón, su amado,          14405
ni la propia Circe consiguió tampoco
impedir la marcha de su amado Ulises,
al que no retuvo con magia ninguna.

Y debe evitar que ningún amante,
por más que le jure que es su servidor,       14410
consiga sacarle regalos muy caros.
Lo más, un sombrero, un vulgar pañuelo,
un pequeño adorno, una lismonera,

---

14383 Argo Panoptes, «el que todo lo ve» a causa de sus muchos ojos,
era hijo de Júpiter, el cual se había enamorado de Io, a quien transformó
en vaca para evitar las sospechas de su esposa Juno. Ésta no cayó en la
trampa, sino que se la pidió a su marido como regalo y la puso bajo la
custodia de Argo. Para arrebatársela, Júpiter tuvo que cortarle la cabeza
con la ayuda de Mercurio.
14399 Nombre de un mago imaginario.

pero que no sean de mucho valor.
O bien alfiler, lazo o cinturón, 14415
pero cuyo broche valga poca cosa;
o un bello cuchillo, pequeño y vistoso;
o bien una banda con algún encaje,
tal como acostumbran las monjas a dar.
(Muy loco ha de estar quien ame a las monjas; 14420
es mucho mejor ir tras las de fuera,
porque no serán por ello injuriados
y podrán tenerlas siempre que lo quieran,
pues a sus maridos y a sus familiares
pueden engañar de muchas maneras. 14425
Y puesto que nunca librarse podrán
de tener que hacer regalos a todas,
las monjas resultan bastante más caras.)
    Por su parte, el hombre que necio no sea
debiera dudar de don de mujer, 14430
pues estos regalos, a decir verdad,
siempre suelen ser objetos de engaño:
la mujer que pasa por ser generosa
está desdiciendo su naturaleza.
    Dejemos al hombre el ser liberal, 14435
pues cuando nosotras somos generosas,
es porque buscamos alguna desgracia,
ya que somos obra del mismo demonio.
Pero no insistamos, ya que son muy pocas
las que suelen dar más de lo debido. 14440

### Final del discurso

    De tales regalos, mi querido hijo,
y para engañar a quien os los diera,
os es conveniente el aprovecharos:
burlaréis así a los burladores.

---

14420 Por el contrario, el Arcipreste de Hita prefiere el amor de las
monjas, siguiendo el consejo de Trotaconventos, según la cual estas
mujeres regalan muy bien a sus amantes, «son mucho encobiertas, donosas,
plazenteras» (1340 b), además de «grandes doñeadoras: amor siempre les
dura» (1341 c), y otras cualidades más.
14441 No hay que olvidar que *Buen Recibimiento,* aunque presentado
como un joven mozo, simboliza la buena disposición de las mujeres.

Habréis de guardar todo lo que os den,          14445
pues no os olvidéis de que ha de llegar
el día en que acabe vuestra juventud,
(eso si llegáis a vivirla entera).
Ya que la vejez se nos viene encima
y se nos acerca minuto a minuto:               14450
para cuando estéis ya metido en ella,
no debéis hallaros en mala postura,
sino que tendréis que tener ya tanto,
que evitar podáis todo contratiempo,
puesto que el que adquiere, pero que no guarda,  14455
se verá al final pobre y desgraciado.

¡Para mi desgracia, así no actúe
y ahora soy pobre por tan mal obrar!
Los grandes regalos que hacerme solían
quienes se me dieron en cuerpo y en alma,       14460
yo se los pasaba a mis preferidos.
Tal como me daban, tal los daba yo,
de forma que nunca me quedé con nada.
Ser tan dadivosa me ha llevado a pobre.
No pensaba entonces nunca en la vejez            14465
que ahora me tiene en tan mal estado,
ya que la pobreza no me preocupaba.
Dejaba pasar los días, los años,
tal como venían, sin remordimientos
por tantos dispendios tan desmesurados.          14470
Si hubiese actuado con más sensatez,
ahora sería una rica dama,
ya que muchos ricos me hicieron la corte,
porque entonces era bonita y bien vista
y por mi belleza tenía gran fama.               14475
Pero cuando algunos me hacían regalos,
lo juro por Dios y por San Tibaldo,
todos se los daba a un hombre mezquino,

---

14450 El paso de la vida, tópico que arranca del famoso «tempus fugit», fue muy cultivado en todas las literaturas medievales europeas. Entre nosotros, el más ilustre de los autores que trató este asunto fue Jorge Manrique en sus *Coplas*.

14457 y ss. François Villon, que conocía el *Roman de la Rose,* reelabora, a su vez, estos conceptos en una famosa balada.

el cual me causaba una gran deshonra.
Pero era el hombre que más me gustaba.          14480
A todos los otros los llamaba amigos,
pero sólo a él quería de veras,
por más que por mí no sintiera aprecio
(lo que no dejaba de decirme nunca).
Era muy mal hombre, nunca vi peor,          14485
y me despreciaba siempre que podía,
llegando a llamarme grandísima puta
este bicho malo, para mí tan duro.
Las mujeres tienen muy poquito juicio
y yo soy mujer en cuerpo y en alma:          14490
nunca a un hombre amé que me amase a mí,
y si tal rufián me hubiese molido
a palos la espalda, o roto algún miembro,
aún era capaz de serle risueña.
Por grandes palizas que pudiera darme,          14495
yo me abandonaba después en sus brazos,
que él muy bien sabía cómo apaciguarme.
Pues por muchos golpes que me hubiese dado,
por muy malos tratos con que me tratara,
aun apeleada, incluso arrastrada,          14500
por más que mi rostro morado estuviese,
siempre terminaba pidiendo perdón
antes de moverse de donde estuviéramos.
Ni, por más insultos que me hubiese dicho,
nunca se olvidaba de pedir las paces,          14505
logrando de mí siempre la indulgencia;
y de esta manera nos reconciliábamos.
Así me tenía cogida a su cuerda,
que supo ganarme muy bien el rufián,
el falso, el traidor, el gran mentiroso;          14510
tanto, que sin él vivir no podría,
por lo que a su lado siempre me tenía:
de haberme dejado, lo hubiese buscado
incluso hasta Londres, allá en Inglaterra.
Tanto me gustaba y me enamoró,          14515
que en estos amores nos envilecimos,
dado que le daba vida principesca
con lo que obtenía tan fácil de mí.

Nunca tuvo a bien ahorrar ni un centavo,
que se lo jugaba todo en las tabernas,                    14520
ni jamás pensó aprender oficio,
porque no pensaba que fuera preciso
gracias al dinero que de mí tenía.
Porque yo sabía de dónde tomarlo:
mis muchos amantes venían a darme                         14525
lo que él se gastaba tan alegremente,
y pasaba el tiempo en continua juerga
y haciendo las cosas que más le agradaban.
Era tan goloso para sus antojos,
que nunca aspiró a hacer algo bueno,                      14530
ni jamás pensó vivir de otra forma
que sin nada hacer o el placer buscando.
Mas luego pasó muy malos momentos:
cuando los regalos se nos acabaron,
se vio reducido a pedir limosna;                          14535
y yo me quedé sin blanca en mi bolsa
y sin esperanza de poder casarme.
Por lo cual me vine, como ya os he dicho,
hacia este lugar, pobre y desvalida.
    Que esta mi experiencia os sirva de ejemplo,          14540
mi querido hijo, y no se os olvide.
Vivid vuestra vida tan prudentemente
como os he enseñado que debéis vivir:
cuando vuestra flor esté ya marchita
y vuestros cabellos cubiertos de canas,                   14545
ya no será tiempo de obtener regalos.»
    Así por la Vieja fue bien advertido
Buen Recibimiento, que estuvo callado
mientras la escuchaba con mucho interés.
De aquella mujer comenzó a pensar                         14550
de distinta forma a como hasta entonces,
y hasta tal extremo quedó asegurado
de ella, que a no ser porque estaba Celos
y por sus guardianes, que tan fieles le eran
(al menos los tres que aún le quedaban,                   14555
los cuales andaban por todo el castillo
con gran frenesí para defenderlo),
sería muy fácil el poder tomarlo.

Pero no era así a mi parecer,
dado el interés que vi que mostraban,　　　14560
y, aunque estaba muerto el vil Malaboca,
no se reflejaba pesar en sus caras,
dado que ninguno lo quería bien,
pues continuamente hablaba mal de ellos,
traicioneramente, delante de Celos.　　　14565
Por esta razón era tan odiado,
que por él no dieran ni siquiera un ajo,
de ser necesario, para rescatarlo.
Sólo, pues, de Celos pudo ser amado,
la cual lo quería por su mala lengua:　　　14570
siempre que él le hablaba lo escuchaba atenta,
de modo que nunca la veían triste
cuando este malvado le contaba cosas.
A la cual jamás nada le ocultaba,
nada que a su mente pudiera venir　　　14575
y si de esas cosas vinieran desgracias.
Pero Malaboca tenía el defecto
de decir más cosas de las que sabía,
y frecuentemente, para hacer más méritos,
añadía cosas que no había oído.　　　14580
Solía adornar siempre las noticias:
cuando no eran buenas, más las aumentaba.
Y con estos métodos atizaba a Celos
este personaje, que sólo sabía　　　14585
provocar discordias con su mala lengua.
　　Por él no mandaron que se hiciesen misas;
mucho se alegraron al saber su muerte
aquellos guardianes, que nada perdieron,
puesto que pensaban que, luchando unidos,　　　14590
podrían guardar el recinto entero
con tanta firmeza, que no lo tomaran
ni aunque lo cercasen quinientos mil hombres.
«Cierto, se dijeron, muy poco valdremos
si sin tal rufián somos incapaces　　　14595
de guardar el sitio y cuanto tenemos.
¡Que el falso traidor y astroso truhán
se esté derritiendo en el mismo infierno,
en donde su alma quede para siempre!

En toda su vida no hizo más que daño.»          14600
Esto iban diciendo esos tres guardianes.
Pero aunque tenían tan gran convicción,
sus fuerzas quedaron muy debilitadas.

## Respuesta de Buen Recibimiento

En cuanto la Vieja hubo terminado,
Buen Recibimiento tomó la palabra:          14605
después de quedarse pensando un momento,
dijo estas razones llenas de mesura:
«Señora, las cosas de tan buen sentido
y buena intención que aquí me habéis dicho,
yo os las agradezco muy sinceramente,          14610
pues cuanto de amores me habéis enseñado,
de esos dulces males que son tan amargos,
son cosas que a mí me eran muy extrañas:
sólo sé de amor lo que me han contado,
y no es mi intención saber mucho más.          14615
En lo referente a aquellos dineros
que yo debería ganar y guardar,
lo que ya poseo me es muy suficiente.
Respecto a las formas bellas y corteses,
me pienso esforzar con todo mi empeño.          14620
En cuanto a la magia, cosa del diablo,
sea cierta o falsa, en ella no creo.
Y, en fin, ese joven que me habéis citado,
ese que reúne tantas cualidades
y que encierra en sí tantísimas gracias,          14625
todas las que tenga, que se las reserve.
No está en mi intención que me las dispense,
sino que las guarde. Mas con lo que digo
no habrá que entenderse que yo lo deteste:
sí que no lo aprecio tan profundamente          14630
como para amarlo como buen amigo;
y, aunque le he aceptado su bella guirnalda,
sólo habrá que darle el significado
que se suele dar cuando se saluda
diciéndole al otro «bienvenido, amigo»,          14635
o «amigo, que Dios te conserve sano»;

o por respetarlo y tenerle afecto
como se nos pide por educación.
Mas puesto que quiso un regalo hacerme
y dado que tuve a bien aceptarlo,                    14640
es justo que ahora tenga que admitir
el que venga a verme, si puede venir:
y si su deseo sigue siendo el mismo:
no me ha de encontrar tan poco solícito
que no lo reciba de muy buena gana.                  14645
Pero que aproveche la ocasión propicia
en que no esté Celos cerca del lugar,
porque lo detesta y lo quiere mal.
Y a pesar de todo, yo me temo mucho
que estando él aquí, pueda aparecer,                 14650
pues aunque dispuso todo su equipaje
para realizar un largo viaje,
dejándonos solos, tranquilos y a gusto,
cuando en el camino se pone a pensar,
suele con frecuencia hacer marcha atrás             14655
para sorprender a los amadores.
Y si aquí aparece por casualidad,
dado que es conmigo tan cruel y dura,
si llega a encontrarlo dentro de esta casa,
no será preciso buscar más motivos                  14660
(no olvidéis que Celos suele ser cruel),
para destrozarme en pequeños trozos.»
     Entonces la Vieja, para asegurarlo,
le dijo: «Dejadme que me ocupe de eso:
sería imposible encontrarlo aquí,                    14665
incluso si Celos no estuviera ausente,
puesto que conozco muchos escondrijos:
en montón de paja sería más fácil,
si Dios me socorre y todos los santos,
poder encontrar un huevo de hormiga                  14670
que encontrarlo a él, si lo escondo yo,
pues yo sé muy bien dónde puedo hacerlo.
     —Entonces, de acuerdo. Decidle que venga,
pero que se porte, dijo, con cautela,
y que no cometa ninguna imprudencia.                 14675
     —¡Por vida de Dios, hablas como un sabio,

[437]

como bien pensado y bien instruido:
aquí me demuestras, hijo, cuánto vales.»


## TENTATIVA FALLIDA

Con estas palabras se acabó la charla
y ambos se marcharon para cada parte:                    14680
Buen Recibimiento fue a su habitación,
mientras que la Vieja, una vez en pie,
se fue a faenar por distintas salas.
Venido el momento y ocasión propicios
en que vio la Vieja que se paseaba                       14685
Buen Recibimiento sin nada que hacer,
por lo que era fácil el que yo le hablara,
se precipitó por las escaleras
y en muy poco tiempo salió de la torre:
apenas tardó desde que salió                             14690
hasta que llegó adonde yo estaba;
y para contarme en qué estaba todo
no anduvo remisa, sino muy ligera.
«Albricias, me dijo, ¿tendría unos guantes
de vos, si yo os diera muy buenas noticias              14695
que son, además, totalmente frescas?
—¿Guantes me decís? Yo os prometo aquí
que tendréis un manto y un vestido entero,
y también sombrero con su forro gris,
así como botas a vuestro acomodo,                        14700
si en verdad decís algo interesante.»
Entonces la Vieja me dijo que fuera
rápido al castillo, que se me esperaba;
pero no sin antes dejar de advertirme
sobre la manera de poder entrar:                         14705
«Deberéis tomar la puerta de atrás,
me dijo, la cual yo misma abriré,
para así ocultar mejor vuestra entrada,
puesto que es la puerta mejor encubierta;
pues debéis saber que no ha sido abierta                14710
hace ya dos meses y medio, y aún más.
—Señora, le dije, lo juro por Dios,

aunque cueste el paño diez libras o veinte
(pues en ese instante me acordé de Amigo,
que me aconsejó que, al hacer promesas,                    14715
prometiera mucho, aunque no pudiera),
lo tendréis de mí, como más os guste,
si puedo encontrar esa puerta abierta.»
    Entonces la Vieja se apartó de mí,
y yo, por mi parte dirigí mis pasos                        14720
hacia aquella puerta que me había dicho,
pidiéndole a Dios que tuviera suerte.
Sigilosamente me acerqué a la puerta
que la Vieja había franqueado ya
y que mantenía a medio cerrar.                             14725
Una vez adentro, la volví a cerrar
para así quedarnos mucho más seguros
y más confiados, como yo lo estaba
de que Malaboca estuviese muerto:
nunca me alegré tanto de una muerte.                       14730
Allí vi su puerta medio destruida,
e, inmediatamente de haberla cruzado,
comprobé que Amor ya se hallaba dentro,
lo que me produjo un enorme alivio.
¡Dios, qué gran favor pudieron hacerme                     14735
los buenos vasallos que la destruyeron!
¡Por parte de Dios y de San Benito,
les deseo a todos que sean benditos!
Y a Falso Semblante, el gran traicionero,
vástago de Engaño, el falso ministro,                      14740
y de Hipocresía, su infamante madre,
que de las virtudes es muy enemiga,
al cual ayudó Forzosa Abstinencia,
que se hallaba encinta de su buen amigo
y presta a alumbrar al mismo Anticristo,                   14745
tal como encontré escrito en el libro.
Sin duda que fueron quienes la rompieron,
y, aunque fuera inútil, yo recé por ellos:
«Señor, que el que quiera obrar con traición,
de Falso Semblante haga su maestro;                        14750

---

14746   Se trata de nuevo de la obra de Saint-Amour.

también a su amiga Forzosa Abstinencia,
que, aunque esté preñada, no parece estarlo.»
　　Cuando aquella puerta que ya he mencionado
la vi por los suelos en muy mal estado,
detrás de la cual estaba la hueste　　　　　14755
dispuesta al ataque, no me lo creía:
que me dio alegría, no debe dudarse.
Inmediatamente me puse a pensar
en cómo vería a Dulce Mirar.
¡Y, gracias a Dios, allí apareció,　　　　　14760
que Amor lo mandó para consolarme!
Mucho tiempo hacía que no lo veía,
y cuando lo vi, tal fue mi alegría,
que poco faltó para desmayarme.
Él también me dio muestras inequívocas　　14765
de alegrarse mucho con nuestro reencuentro.
Llevóme después hasta donde estaba
Buen Recibimiento, que, al verme, acudió
para saludarme con delicadeza,
como quien está muy bien educado.　　　　14770
Al verlo ante mí, hice mi saludo
con gran reverencia; él hizo otro tanto,
dándome las gracias por aquel presente.
　　«Señor, respondí, no tiene importancia
pues dicha guirnalda no se las merece.　　14775
En cambio, yo soy quien tiene que dároslas
infinitamente, puesto que me hicisteis
un inmenso honor cuando la aceptasteis.
Y si a bien tenéis, quiero que sepáis
que no tengo nada que vuestro no sea,　　14780
de lo cual podréis siempre disponer
a vuestro capricho, sea como fuere:
aquí me tenéis dispuesto a serviros
en todas las cosas que queráis mandar.
Y si no queréis ordenarme nada,　　　　　14785
o si lo queréis y no lo pedís
y yo me enterara de cualquier manera,
en ello pondré mi cuerpo y mi haber,
y, de ser preciso, incluso hasta el alma
sin tener por ello peso de conciencia.　　14790

[440]

Y para que estéis más asegurado,
aquí me someto a ponerme a prueba;
si en ello fallara, nunca más podría
en toda mi vida sentir alegría.

—Gracias, respondió, mi dulce señor;          14795
en lo que me atañe, os digo también
que, si algo de mí os puede agradar,
quiero que sepáis que podéis pedírmelo.
Podéis disponer de ello sin permiso,
pero honestamente, tal como hago yo.          14800

—Señor, respondí, tal solicitud
es de agradecer infinitamente.
Y puesto que puedo disponer de vos,
está en mi intención no esperar más tiempo,
dado que tenéis en vuestro poder               14805
lo que tanto ansío, y que aprecio más
que el oro que hubiera en Alejandría.»

Me dispuse entonces a hacerme por fin
con aquella rosa que tanto anhelaba
y satisfacer mi mayor deseo.                   14810
Convencido estaba por nuestras palabras,
que eran tan amables y tan permisivas,
y por los cumplidos que nos dirigimos,
fruto de amistad y de gran afecto,
que podría hacerlo sin mayor problema.          14815
Pero sucedió muy distintamente,
(no suele ocurrir lo que el loco piensa),
ya que me encontré ante un grave obstáculo.
Porque cuando estaba cerca de la rosa,
Peligro, el malvado, al que coma un lobo,       14820
surgió de repente cortándome el paso.
Se había ocultado en un recoveco
detrás de nosotros y nos acechaba,
y cada palabra que habíamos dicho
la había anotado cuidadosamente.                14825
Así que surgió y me dijo así:
«Marchaos de aquí, marchaos de aquí,
marchaos, me dijo, y no me enojéis.
¡Los mismos diablos os han conducido
hasta este lugar, esos grandes locos           14830

que también se prestan a este menester,
pues por donde pasan van todo arrasando
sin que santa o santo puedan impedírselo!
¡Maldito, maldito! ¡Dad gracias a Dios
si aguantarme puedo para no mataros!»                    14835
    También acudieron Vergüenza y Pavor
al oír las voces de aquel ordinario
cuando me decía «marchaos, marchaos».
(No sólo no tuvo bastante con esto,
sino que, además, citó a los diablos,                    14840
que imposible harían la ayuda divina.
¡Dios, qué ser tan brusco y tan poco amable!
Los tres se encontraban muy enfurecidos,
y, una vez que están de común acuerdo,
sobre mí se lanzan para que me fuera.                     14845
«No conseguiréis, decían, ni menos
ni más de lo que antes obtener pudisteis.
De muy mala forma habéis comprendido
lo que os ofreció Buen Recibimiento
cuando permitió con vos encontrarse,                      14850
porque se ofreció por entero a vos,
pero para cosas que fuesen honestas.
Vos, por el contrario, así no lo visteis,
sino que tomasteis el ofrecimiento
no con el sentido con que se ofreció:                     14855
debe comprenderse, aunque no se diga,
que el consentimiento de un hombre de honor
sólo es para hacer cosas que son lícitas,
y él así lo entiende cuando se promete.
Así que decid, señor traicionero,                         14860
cuando esas palabras que dijo escuchasteis,
¿cómo no entendísteis su recto sentido?
El que las tomaráis de forma tan vil
demuestra que sois de cabeza ruda,
o bien que aprendisteis la mala costumbre                 14865
de entender al cuerdo cual si fuese loco.
Nunca os ofreció el coger la rosa,
porque tal acción es muy deshonesta,
y vos no debierais tampoco pedirla
ni, sin demandarla, haceros con ella.                     14870

Cuando vos le hicisteis vuestro ofrecimiento,
¿cuál era el sentido que quisisteis darle?;
¿se debe entender que para engañarlo
y lograr así quitarle la rosa?
¡Bien que lo engañáis y lo traicionáis                    14875
cuando lo queréis servir de este modo!
Vois sois un traidor y un falso probado.
No se debería permitir que hubiera
persona que tantos sufrimientos busca;
por eso, si vos murierais ahora,                          14880
no habría razón para preocuparnos.
Así pues, marchaos muy lejos de aquí.
¡Los mismos diablos aquí os han traído!
Hubierais debido tener muy presente
que ya la otra vez fuisteis rechazado.                    14885
De modo que ¡fuera!, ¡marchaos de aquí!
La Vieja no obró con mucha cautela
dejando pasar a tal embustero.
Pero no sabía vuestro pensamiento
ni pudo entender vuestra falsedad,                        14890
pues, de lo contrario, no lo permitiera
de haber conocido vuestro loco plan.
También fue por vos en todo burlado
Buen Recibimiento, que nada sabía
cuando os recibió dentro de estos muros.                  14895
Él sólo pensaba un favor haceros,
y vos maquinabais hacerle gran daño:
es como el que saca a un perro del agua,
que, una vez salvado, le vendrá a ladrar.
Así pues, cazad por otros lugares,                        14900
marcharos de aquí sin perder más tiempo;
bajad la escalera inmediatamente
con paso ligero y de buena gana,
pues, de lo contrario, no lo contaréis.
Algún vigilante podría surgir                             14905
que, si consiguiera echaros el guante,
contar os haría todos los peldaños,
y vuestra cabeza podría romperse.
    Señor insensato, señor imprudente,
falto de respeto y de lealtad,                            14910

¿qué daño os ha hecho Buen Recibimiento?,
¿por qué mala acción, por qué fechoría
estáis empeñado en ir contra él?
¿Por qué maquináis hacerle traición,
cuando hace un momento aún le ofrecíais          14915
todas cuantas cosas quisiera de vos?
¿Era solamente porque os recibió,
o para engañarnos en vuestro provecho
inconscientemente quiso permitiros
venir a cazar por estos lugares?                 14920
Pues sabed que obró muy a la ligera,
y por esta acción que acaba de hacer,
tanto la de ahora como la anterior,
¡lo juro por Dios y su Santa Fe
que será metido de nuevo en prisión,             14925
de donde ninguno logrará sacarlo!
Con tales anillos será sujetado,
que, por más que sea vuestra vida larga,
jamás lo veréis andar por las calles:
en lo sucesivo no va a molestarnos.              14930
¡En muy mala hora os visteis los dos!
¡Cuántos sobresaltos que nos ha causado!»

   Entonces los tres tanto lo empujaron,
que dieron con él de nuevo en su celda,
donde le infligieron un duro castigo;            14935
y, tras encerrarlo con triple candado,
los cuales cerraban con tres cerraduras,
allí lo dejaron sin más precauciones.

   En aquel momento más no lo agravaron,
pero porque entonces no tenían tiempo.           14940
Mas le prometieron mayores rigores
en cuanto tuvieran ocasión de hacerlo.

   No se contentaron con tan dura acción,
sino que vinieron los tres sobre mí
(que permanecía cerca de la puerta,              14945
muy triste, doliente, compungido, en llanto),
y me golpearon con fuerza muy grande.
¡Quiera Dios que un día tengan que llorar
por la grave ofensa que haciéndome estaban!
En mi corazón gran dolor sentía,                 14950

[444]

y, aunque mi intención fue la de rendirme,
ellos no querían que siguiese vivo.
Yo les suplicaba que fueran clementes
y que me metieran también en prisión
con mi buen amigo Buen Recibimiento.          14955
«Peligro, le dije, bello y gentil hombre,
de buen corazón y cuerpo valiente,
el más indulgente de cuantos conozco;
Vergüenza y Pavor, vos que sois tan bellas,
prudentes, amables y nobles doncellas,          14960
tan bien ordenadas en dichos y en hechos,
de tan buen linaje como el de Razón:
aceptad que sea vuestro prisionero,
con la condición de que me encerréis
con mi buen amigo Buen Recibimiento,          14965
y sin que de allí me libere nadie.
Porque yo os prometo firme y lealmente
que, si me queréis en prisión meter,
siempre os serviré con toda presteza
en lo que tengáis a bien ordenarme.          14970
A fe que si fuera un traidor malvado,
un vulgar ladrón, un difamador,
o bien el causante de alguna desgracia
y fuese mi gusto estar en prisión,
por cuya razón yo la requiriese,          14975
sin duda ninguna estaría en ella.
¿Qué digo? También sin solicitarla;
y me encerrarían muy sólidamente
para así poder vigilarme bien:
hasta llegarían a descuartizarme,          14980
pues no dejarían que yo me escapara,
una vez logrado meterme en la cárcel.
Yo os estoy pidiendo el que me encerréis
con mi buen amigo a perpetuidad.
Y si a vuestro juicio he faltado en algo,          14985
o si sospecháis o sabéis de cierto
que yo no cumpliera lo que prometí,
echadme de aquí y que nunca vuelva.
Cierto que no hay nadie que no tenga faltas,
pero si encontráis la menor en mí,          14990

podéis despojarme de mis vestiduras
y arrojar mi cuerpo desde las almenas:
si una sola vez a enojaros llego,
desde aquí consiento que me castiguéis.
Vos mismo seréis lo que me juzguéis,           14995
solamente vos, y ninguno más,
que yo he de aceptar vuestro veredicto,
con tal que seáis mis jueces los tres;
y que os acompañe Buen Recibimiento,
único que acepto como cuarto miembro,          15000
al cual le podréis exponer el caso,
si os fuera imposible poneros de acuerdo:
en tal situación tenéis que llamarlo
y tener en cuenta su resolución,
que, aunque me parezca muy dura la pena,       15005
no saldrá de mí la menor protesta.»
    Entonces Peligro se puso a gritar:
«¡Pardiez con la súplica que acaba de hacernos!
El que os reunamos en la misma celda
a vos, que tenéis tan finas palabras,          15010
con él, a quien gusta ser tan generoso,
no podría ser en nada distinto
(dado que hablaréis de los amoríos)
que meter el zorro entre las gallinas.
Y en cuanto al servicio que queréis hacernos,  15015
sabemos muy bien que sólo pensáis
en hacernos daño y cubrir de oprobio.
Un servicio así no nos interesa.
Y debéis estar mal de la cabeza
al pedir que hagamos juez a vuestro amigo.     15020
¡Que lo hagamos juez! ¡Por el rey del cielo!
¿Cómo se concibe que puede ser juez
y que delibere y que dé sentencia
alguien que ya está cumpliendo su pena?
Buen Recibimiento ya la está cumpliendo,       15025
¡pero vos queréis darle potestad
de que nos presida como juez y árbitro!
Antes caería un nuevo diluvio
que pueda salir de nuestra prisión;
pues merece incluso un mayor castigo,          15030

que él se lo ha ganado sobradamente
cuando, sin deber, y por amistad,
consintió acceder a vuestros deseos.
Por él se han perdido muchísimas rosas,
pues muchos rufianes quisieron cogerlas          15035
cuando comprobaban su buena acogida.
Así que, teniéndolo en prisión segura,
nadie más podrá causar más estragos
ni podrá llevárselas de la misma forma
y facilidad que las lleva el viento;             15040
a menos que sea persona muy ruda
que fuera capaz de llegar al crimen,
por cuya razón suceder podría
que lo desterraran o lo ejecutaran.»
    —Ciertamente, dije, comete un gran crimen   15045
quien destruye a un hombre que ha sido muy bueno
y mete en prisión sin culpa ninguna.
Y cuando a persona tan honesta y buena
como lo es mi amigo Buen Recibimiento,
quien a todo el mundo trata amablemente,         15050
sólo porque a mí solía tratarme
con gran cortesía y con amistad
metéis en prisión, sin más miramientos,
lo estáis maltratando con toda injusticia.
Antes, deberíais, por su buen carácter,          15055
dejadlo salir, lo cual es más justo.
Por lo cual os ruego que tengáis a bien
que su dura pena más no se prolongue.
Ya lo habéis tratado con mucho rigor,
así que evitad que siga pensando.                15060
    —A fe, respondieron, que éste está muy loco
y quiere reírse de nosotros tres,
ya que nos suplica que lo liberemos
y al final acaba por sermonearnos.
Pero lo que pide no se ha de cumplir:            15065
nunca más podrá por ventana o puerta
sacar ni siquiera sólo la cabeza.»
    Entonces los tres sobre mí vinieron
y se abalanzaron para echarme fuera:
no se emplearían con mayor violencia             15070

[447]

si hubiesen querido darme muerte en cruz.
Yo, en aquel momento, me puse a pedirles
clemencia, con voz apenas audible;
pero al mismo tiempo pedía socorro
a quienes debían venir a ayudarme,                      15075
hasta que por fin pude ser oído
por los oteadores de mi hueste amiga.
Y cuando me oyeron dar tan grandes voces
dijeron: «¡Vayamos, vayamos, barones!
Si inmediatamente no nos aprestamos                     15080
para socorrer a este enamorado,
estará perdido, si Dios no lo impide.
Los guardas le están muy mal trato dando,
lo están golpeando o crucificando
aunque él les suplica y pide piedad.                    15085
Pero se lo pide en tono tan débil,
que apenas le pueden oír lo que dice.
Su voz es tan floja y tan poco audible,
podéis comprobarlo si lográis oírla,
que parece ser que ya ha enronquecido                  15090
o que le han echado las manos al cuello
para estrangularlo y acabar con él.
Y ya han conseguido sofocar su voz
tanto, que no puede o no osa gritar.
Saber no podemos qué le están haciendo,                 15095
pero, ciertamente, lo están maltratando:
si no lo ayudamos, muerto acabará.
Entretanto ha huido a toda carrera
Buen Recibimiento, que era su consuelo.
Es preciso, pues, que lo socorramos                     15100
para que ambos puedan volverse a encontrar.
Este es el momento de emplear las armas.»
    Indudablemente me hubiesen matado
si los de la hueste no hubiesen venido.
Pero los barones cogieron sus armas                     15105
en cuanto que oyeron, supieron y vieron
que había perdido mi amigo y consuelo.
    Yo, que me encontraba cogido en las redes
que suele emplear Amor con la gente,
sin moverme apenas de donde me hallaba                  15110

podía observar el fuerte combate
que se había iniciado con enorme encono.
Pues cuando supieron aquellos guardianes
que hueste tan grande venía sobre ellos,
solidariamente los tres se aliaron                     15115
y se prometieron y se aseguraron
que se ayudarían con todas sus fuerzas,
y a ninguno de ellos abandonarían
en ningún momento mientras que viviesen.

Yo, que no dejaba de escuchar atento              15120
cuanto allí juraban y su decisión,
mucho me inquietaba con tal alianza.
Y los de la hueste, en cuanto que vieron
que estos tres hacían un pacto tan firme,
fueron a reunirse inmediatamente;                    15125
pero no pensando dejar el combate,
sino para darse firme juramento
de que lucharían con todas sus fuerzas,
tanto si en la lucha quedan derrotados
como si consiguen lograr la victoria:               15130
muy enardecidos por luchar estaban
para derrotar a aquellos malvados.

Así que diré cómo se empleaban
y cómo luchaban de uno y otro lado.


### Disculpa del autor

¡Pero antes oíd, buenos amadores!                    15135
¡Que el hijo de Venus quiera permitiros
que gozar podáis de vuestros amores!
Por entre estos bosques podéis escuchar
ladrar a los perros, si me comprendéis,
buscando al conejo tras el que os movéis,        15140
y al hurón también, que certeramente
lo habrá de sacar de su madriguera.
Tomad buena cuenta de lo que os diré
y seréis expertos en temas de amor.

Y si alguno encuentra que no hablo muy claro    15145
y dejo confuso vuestro entendimiento,
después que mi sueño hayáis entendido
podréis ser expertos en estos asuntos,
con tal que podáis coger el sentido
cuando me escuchéis la glosa del texto.    15150
Fácil os será comprender entonces
todo cuanto dije y escribí hasta aquí
y lo que después pretendo escribir.
Pero previamente a que pase a ello,
os quiero decir algunas palabras    15155
para defenderme de los detractores:
no para hacer gracia y así divertiros,
sino como excusa y en defensa mía.

Así pues, os pido a los amadores,
por el tan sabroso dios de los amores,    15160
que, si en mi discurso encontráis palabras
que parezcan locas o de poco gusto,
gracias a las cuales dichos detractores
pudieran hablar muy mal de nosotros
por las cosas dichas o que se dirán,    15165
se las rebatáis educadamente;
y cuando tengáis bien asimilado
el sentido exacto de cuanto ahora diga,
si por mis palabras fuera necesario
tener que pediros a todos perdón,    15170
desde aquí os suplico que me perdonéis;
y, como disculpa, deberéis pensar
que las exigencias de esta tal materia
son las que me obligan a tales palabras
por las propiedades que en ella se encierran,    15175
por cuya razón tengo que decirlas.
Cosa que es muy justa y muy apropiada
según las palabras que escribió Salustio,
el cual afirmó atinadamente:
«Por más que la gloria no sea la misma    15180
de aquel que ejecuta una gran acción
y del escritor que ese mismo hecho

---

15178 y ss.  En *De coniuratione Catilinae*, III.

quiere relatar dejándolo escrito
para que otros hombres conocerlo puedan,
esta última gloria no es de desechar,                    15185
puesto que es acción de un enorme mérito
escribir los hechos de forma perfecta.
Porque todo autor que escribe esa historia,
si quiere contarla con veracidad,
con su pluma debe hacérnosla ver,                        15190
puesto que las cosas que ha de relatarnos
deben ser las mismas que las que ocurrieron.»
Por eso es preciso que me exprese así
si quiero lograr esa realidad.
Por lo cual os pido, mujeres honestas,                   15195
ya seáis señoras o estéis por casar,
bien enamoradas o sin amadores,
que si halláis palabras de las que diré
que sean mordaces o quizás muy cínicas
contra las costumbres propias de vosotras,               15200
no debéis por ello cubrirme de oprobio
ni el ir difamando todos mis escritos,
porque los escribo para que aprendáis;
ya que, por mi parte, no suelo expresarme,
ni está en mi intención el hacerlo nunca                 15205
(ni aun estando ebrio o encolerizado,
ni incluso movido por odio o despecho),
contra una mujer en particular.
Porque no se debe odiar a mujer
si en el corazón no habita maldad.                       15210
Moveré mi pluma sólo con la idea
de que cada cual podamos tener
buen conocimiento de todos nosotros,
puesto que es muy bueno conocerlo todo.
Y por otra parte, damas honorables,                      15215
si lo que dijera parecieran fábulas,
no debéis tenerme como mentiroso:
serán mentirosos más bien los autores
que en esos sus libros dejaron escritas
las mismas palabras que antes empleé                     15220
y repetiré a continuación.
Así pues, en nada podría mentir

si a aquellos autores de la antigüedad
tampoco mintieron al hacer sus libros,
pues los seguiré en lo que dijeron                    15225
cuando se ocuparon de vuestras costumbres,
los cuales no estaban ni ebrios ni locos
mientras escribían sobre tal materia.
Estos conocían todos vuestros hábitos,
porque todos ellos muy bien demostraron,              15230
y así las mujeres lo reconocieron,
su veracidad a través del tiempo.
    Por mi parte, pues, quedo disculpado,
pues no haré otra cosa sino repetir;
y sólo por juego, que os será agradable,              15235
en algún momento pudiera añadir,
tal como lo suelen hacer los poetas,
que, al tratar un tema que es común a varios,
suelen componerlo de distintas formas.
Pues según el dicho de todos sabido,                  15240
en buscar provecho y delectación
está el objetivo de cuanto escribieron.
Por lo que si algunos quieren criticarme
contra mí irritados por lo que dijere
y ven una burla en mis expresiones                    15245
en aquel capítulo donde relataba
las duras palabras de Falso Semblante,
por cuyo motivo se fueran uniendo
para hacerme daño y para injuriarme,
dolidos sin dudar por lo que escribí,                 15250
quiero dejar claro desde este momento
que nunca en mi ánimo hubo la intención
de hablar contra nadie en particular,
y menos si vive dentro de un convento
y pasa la vida haciendo obras buenas,                 15255
cualquiera que sea la Orden que siga.
Cierto que cogí y tensé mi arco,
pues no hay que olvidar que tengo defectos,
para disparar algunas saetas
y poner nerviosos a la mayoría                         15260

---

15241-42   Máxima de Horacio, que se halla en su *Arte poética*, 333-34.

De una edición del *Roman de la Rose*, París, 1498

¿Por poner nerviosos? Por reconocer,
tanto en seculares como en regulares,
a los desleales y a los impostores,
a los que Jesús los llamaba hipócritas;
muchos de los cuales, por pasar por santos,          15265
de comer se abstienen carne de animal
en todo momento, como penitencia,
observando siempre la misma abstinencia
que en tiempo de Pascua se debe guardar:
pero se alimentan con la carne humana                15270
usando los dientes de la detracción
con una intención llena de veneno:
sólo de estos tales quería la sangre,
ellos son la diana de todas mis flechas,
aunque las disparo sin mucho apuntar.               15275
Pues siempre hay alguno que, porque él lo quiso,
viene a situarse en la trayectoria
y recibe el tiro que yo disparé:
si por propio orgullo quiere destacarse
y quedara herido por alguna flecha                  15280
y diga que yo me metí con él,
de esta tal herida yo no soy culpable
ni incluso en el caso de que quede muerto,
porque yo no puedo alcanzar a nadie
que quiera guardarse de lo que yo diga              15285
llevando una vida santa y venerable:
aquel que se vea más amenazado
por cualquier saeta de las que disparo
deberá evitar ser un gran hipócrita,
pues de esta manera nada sufrirá.                   15290
Si, a pesar de todo, alguien se quejara
porque lo alcancé en su falsedad,
a ése nada digo (tal es mi intención,
por más que me hiciera una grave ofensa),
que no esté ya dicho y escrito en los libros,       15295
en los que se muestran y quedan probadas,
de modo evidente y bien razonadas,
cosas que le son más desagradables.
Y si en lo que digo se deslizan términos
que la Santa Iglesia juzga inadecuados,             15300

[454]

me declaro presto a ser corregido
si es que soy capaz de llevarlo a cabo.


## LA BATALLA DE AMOR


Así que volvamos a aquella batalla,                          01
que relataré detalladamente                                  02
sin introducir ninguna mentira,                              03
pero recordando que es cosa de sueños.                       04
En primer lugar venía Franqueza,
muy humildemente, a do está Peligro,
el cual se mostraba amenazador                               15305
en cuanto a su rostro, que en furor ardía,
y porque llevaba una maza enorme
que agita en el aire de forma siniestra,
con la cual golpea tan rotundamente,
que ningún escudo, si no es milagroso,                       15310
lo puede aguantar sin quedar mellado;
ni ningún guerrero que se le opusiera
podría evitar rendirse ante él
si siente la maza muy cerca de sí,
porque quedaría ridiculizado                                 15315
si no fuera experto usando las armas.
Este gran rufián la había cogido
del terrible bosque del cruel Rechazo;
en cuanto a su escudo, era de Rudeza,
y tenía un cerco muy fuerte de Ofensa.                       15320
Franqueza venía también bien armada
y difícilmente sería alcanzada
de poder cubrirse convenientemente.
Y para lograr franquear la puerta
se lanzó adelante, donde está Peligro.                       15325
Franqueza llevaba una fuerte lanza
que se había hecho muy bella y pulida
con una madera de Zalamería,
la cual es mejor que todas las otras.
El asta que lleva es de Dulce Súplica;                       15330
su escudo está hecho, magníficamente,

de todas las formas de Solicitud,
y también tenía pintado en su entorno
muy bellas figuras de Amables Saludos,
como de Promesas y de Conveniencias,                    15335
y de Juramentos y Seguridades,
todo con colores de gran perfección:
podría decirse sin temor a dudas
que fuera un regalo dado por Largueza
y que fue ella misma quien lo fabricó                    15340
por la perfección con que estaba hecho.
Así pues, Franqueza, cubriéndose bien,
empuñó su lanza con gran decisión
y la dirigió contra el vil Peligro,
el cual la esperaba con ánimo firme,                    15345
dando la impresión que el mismo Rinaldo,
aquel del Tinelo, en él se encarnó.
   Su escudo se quiebra al primer contacto,
pero son sus fuerzas tan descomunales,
que no tiene miedo de ser malherido,                    15350
y de tal manera se cubrió del golpe,
que pudo evitar que abriera su panza,
dado que la lanza se quedó partida
y lograr no pudo penetrar en ella.
Entonces rióse del golpe fallido                         15355
el muy animal y muy traicionero,
y asiendo la lanza, empezó a romperla
a golpes de maza, haciéndola añicos,
mientras se prepara para el contraataque:
«¡Hola! ¿Cómo yo no te atacaría,                         15360
le dijo, perversa y vulgar truhana?
¿Cómo es que es posible ser tan insensata,
que osas atacar a tan buen guerrero?»
Y allí comenzó a dar fieros golpes
sobre la muy noble, muy bella y cortés,                  15365
con tal virulencia, que la atemoriza
y retrocediendo, termina en el suelo.
Mucho la violenta, mucho la golpea,
y a mi parecer perdiera la vida

---

15346   Héroe de canciones de gesta del ciclo de Guillaume de Orange.

si su duro escudo se hubiese partido.                    15370
«En otros momentos en ti confié,
señora perversa, grandísima puta,
le dijo, y por ello tuve que sufrir.
Vuestras carantoñas a mí me engañaron
y por vuestra culpa sufrí la deshonra           15375
que causó a la rosa ese loco mozo,
el cual me encontró de muy buen humor,
cosa que el diablo quiso permitir.
¡Pero aquí vinisteis en muy mala hora
los que pretendéis tomar el castillo!           15380
¡En esta ocasión perderéis la vida!»
    Entonces Largueza le pide clemencia
en nombre de Dios, y que no la mate,
pues ya se veía muy desfallecida.
Pero aquel malvado, presa del furor,           15385
muy enloquecido jura por los santos
que sin remisión la piensa matar.
Muy tranquila estuvo entonces Piedad
que no se ponía a todo correr
para socorrer a su compañera.                   15390
    Puesto que Piedad, que a todos ayuda,
sólo estaba armada de Misericordia
a modo de espada, ni menos ni más,
espada adornada de Llantos y Lágrimas.
Pero con tal arma, si el autor no miente,       15395
podrían romperse hasta los diamantes
si se los golpea convenientemente,
porque tiene punta fina y cortadora.
Su escudo está hecho de Misericordia,
muy bien adornado de muchos Gemidos,           15400
de muchos Suspiros y de muchas Quejas.
    Piedad, que lloraba muchísimas lágrimas,
acosó al malvado por todas las partes,
quien se defendía cual gato salvaje.
Más cuando Piedad consiguió regar            15405
a base de lágrimas a aquel endiablado,
al final Peligro tuvo que ablandarse:
incluso pensó que podría ahogarse
en aquel gran río que allí se formó.

Jamás hasta entonces, por palabra u obra, 15410
no lo maltrataran con tanto rigor,
y su gran vigor empezó a fallarle.
Desfondado y débil, ya va decayendo
y pretende huir. Vergüenza lo llama:
«Peligro, Peligro, rufián conocido, 15415
si os vieran ahora vencido y rendido,
podría escapar Buen Recibimiento;
todos nos veremos por vos apresados
y el joven podrá obtener la rosa
que en este castillo tenemos guardada. 15420
Y os puedo decir con seguridad
que, si tal mocito de ella se apodera,
no debéis dudar que estará muy pronto
macilenta, pálida, marchita, caduca.
Y también os digo sin miedo a engañarme 15425
que, si un viento tal sopla por aquí
y puede encontrar nuestra puerta abierta,
nos podrá causar muy graves destrozos:
o bien la cosecha quedará perdida,
o bien caerá una polvareda 15430
de la que la rosa quedará cubierta.
¡Pero quiera Dios evitar tal polvo!
Muy graves perjuicios de ello nos vendría,
ya que, si llegara a caer sobre ella,
puede suceder que, cuando se calme 15435
su furia, la flor quede descompuesta;
o si se librase de quedar así,
y en caso que el viento la siga azotando,
podría dañarla tan íntimamente
con tales impulsos, que a la flor agoten; 15440
o tire las hojas que bien la protegen,
pudiendo con ello dejarla desnuda,
y una vez así, sin más protección,
(¡cosa que no quiera Dios que se produzca!)
deje al descubierto su tierno capullo. 15445
Diríase entonces por todo lugar
que cualquier truhán la tuvo a placer,
y nos ganaríamos el odio enconado
de Celos, la cual sabría la cosa,

y se llevaría tan grave disgusto,                                    15450
que a muerte segura nos condenaría.
¡Los mismos diablos os han inspirado!»
    Peligro gritaba: «¡Socorro, socorro!»,
y para ayudarlo se apresta Vergüenza,
que viene a Piedad, a quien amenaza,                                 15455
la cual le tenía un temor muy grande.
Vergüenza le dice: «Mucho habéis vivido,
mas como consiga romper vuestro escudo,
nada os librará de besar la tierra.
¡En muy mal momento hicisteis la guerra!»                            15460
    Vergüenza llevaba una gran espada,
preciosa, bien hecha y muy bien templada,
que había forjado muy tímidamente
de Preocupación por la Mala Fama.
Su sólido escudo tenía buen nombre,                                  15465
que era el de Temor por el Deshonor
dado el material con el que lo hizo:
pintadas en él había mil lenguas.
A Piedad golpea con tal frenesí,
que poco faltó para derribarla.                                      15470
    Pero entonces surge el bravo Deleite,
bello jovenzuelo, franco y arrogante,
el cual atacó con furia a Vergüenza.
Tenía una espada de Vida Agradable
y escudo de Ocio (del cual carecía),                                 15475
al que recubrían Solaz y Alegría.
Golpea a Vergüenza, que tan bien se cubre
con su buen escudo y tan prontamente,
que no recibió la menor herida.
Antes, contraataca valerosamente,                                    15480
y le dio tal golpe y con tal vigor,
que le destrozó del todo el escudo
y a él lo dejó tendido en el suelo.
Allí se vengara sin contemplaciones
si Dios no trajera a otro jovencito,                                 15485
que era conocido por Bien Ocultar.
    Era este muchacho un muy buen guerrero,
y también prudente, noble y con prestancia.
En su mano lleva una espada muda

que estaba forjada en Lengua Cortada, 15490
y la enarbolaba con tan poco ruido,
que no se escuchaba aun estando cerca,
porque no dejaba salir ni un sonido
por mucha vehemencia con que la empleara.
Llevaba un escudo de Buen Escondite, 15495
tanto, que gallina nunca puso en él,
muy bien reforzado de Pasos Seguros
y de Movimientos Muy Bien Ocultados.
Levanta la espada y le da a Vergüenza
tal golpe, que a poco le rompe la frente, 15500
con lo que la deja casi sin sentido.
Y dice: «Vergüenza, os juro que Celos,
la muy desgraciada, la muy infeliz,
nunca, mientras viva, lo podrá saber:
esto os lo aseguro con toda certeza 15505
y pongo mi mano como garantía.
Y puesto que os hago tanto juramento,
¿no es esto una prueba de gran garantía?
Ya que Malaboca no puede ayudaros,
sois mi prisionera; y no os sonrojéis.» 15510
Vergüenza no sabe cómo responder.

Entonces Pavor, colmada de ira,
aunque acostumbraba a ser muy cobarde,
surge decidida, y al ver que su prima
Vergüenza se hallaba en tan mal estado, 15515
sin más detenerse empuña la espada,
la cual tiene un filo muy amenazante:
la llama Temor de Ser Observada,
porque la forjó de este material,
y cuando la saca de su buena funda, 15520
se la ve brillar mejor que el cristal.
Escudo de Dudas e Inseguridades
con algún refuerzo de Penalidades
llevaba Pavor, que se esfuerza mucho
para derrotar a Bien Ocultar. 15525
Para liberar a su amada prima
hacia él se va y le da tal golpe,
que poco faltó para no matarlo.
Este se quedó en muy mal estado

[460]

y, para librarse, llama a Atrevimiento,                    15530
que acude muy rápido, pues de recibir
otro golpe así, mal escaparía:
si Pavor le hubiera otro golpe dado
a Bien Ocultar, lo hubiese matado.

Era Atrevimiento valiente y osado                          15535
y muy liberal en dichos y en hechos.
Tenía una espada muy buena, templada
con el duro acero de la Obstinación.
En cuanto a su escudo, es muy conocido:
tenía por nombre Desprecio a la Muerte,                    15540
y estaba adornado de gran abundancia
de Infinitos Riesgos. Con gran imprudencia
se acerca a Pavor y después calcula
para darle un golpe grande y espantoso.
Se lo acaba dando, mas ella se cubre,                      15545
puesto que conoce muy bien este oficio
y siempre fue ducha en lo de esquivar,
dada su experiencia y buena instrucción.
Respondióle, pues, con tan duro golpe,
que acabó abatiéndolo por el mismo suelo,                  15550
pues ni con su escudo lo pudo evitar.
Cuando Atrevimiento se vio por el suelo,
con las manos juntas le pide y suplica
por el mismo Dios que no le dé muerte.
Pavor le responde que sí que lo hará.                       15555
Mas Seguridad le dice: «¿Qué es esto?»
Y añade: «¡Pavor, aquí moriréis
si no os defendéis con todas las fuerzas!:
vos, que acostumbráis a temblar de miedo,
muchísimo más que las mismas liebres,                      15560
¿os mostráis ahora con tanto valor?
Los mismos diablos debieron de dároslo
para combatir contra Atrevimiento,
a quien tanto gusta ejercerse en armas,
en las que es tan hábil, que nunca pensó                   15565
que nadie podría llegar a vencerlo.
Ni un solo momento desde que nacisteis,
salvo en este caso, os gustó luchar,
ni participasteis en ningún torneo,

[461]

porque, cuando visteis que habría peligro,　　　　　15570
os ibais huyendo o bien os rendíais.
Vos, que en este caso tan bien combatís,
huisteis un día al lado de Caco
en cuanto que visteis a Hércules venir
hacia donde estábais con la maza al hombro.　　　15575
En aquel momento temblabais de miedo
y a Caco pusisteis alas en los pies,
que nunca corrió con tal rapidez.
Y esto porque un día le había quitado
sus bueyes a Hércules, los cuales metió　　　　　15580
en su propio aprisco, que estaba muy lejos,
a los que llevó andando hacia atrás
para que la pista no fuese encontrada.
Entonces se vieron mejor vuestras mañas;
allí demostrasteis con toda evidencia　　　　　　15585
que nada valéis para las batallas.
Y ya que en batallas sois tan inexperta,
porque no asististeis a ninguna de ellas,
ahora debéis, en vez de batiros,
emprender la huida rendidas las armas,　　　　　15590
porque, de otra forma, perdiendo saldréis:
mejor es que aréis en otros terrenos.»

　　Llevaba una espada buena y cortadora,
hecha con Ausencia de Cualquier Temor,
y escudo de Paz, bueno ciertamente,　　　　　　15595
bien fortalecido de Firmes Acuerdos.
A Pavor ataca queriendo matarla,
la cual se defiende muy bien con su escudo
con el que se cubre tapando su cuerpo
y con el que logra el golpe parar;　　　　　　　15600
no llegó a causarle la menor herida,
puesto que la espada en él resbaló.

　　Pavor a su vez asestó tal golpe
a Seguridad, que quedó temblando:
poco le faltó para sucumbir.　　　　　　　　　15605
Su espada y su escudo, aun bien agarrados,
salieron volando por tan duro golpe.

<hr />

15572 y ss.　Según relata Virgilio en la *Eneida,* VIII, 193-267.

Y Seguridad ¿sabéis lo que hizo
para dar ejemplo a sus compañeros?
Atrapó a Pavor bien por la cabeza,                        15610
quien hace otro tanto, quedando cogidas
la una a la otra, y, bien agarradas,
empiezan a darse muchos coscorrones:
Se produjo así una lid campal,                            15615
donde se luchaba con tal decisión,
que nunca hasta entonces se viera batalla
en donde se dieran golpes tan rotundos.
Luchan por aquí, luchan por allá,
cada cual llamando a los de su bando,                     15620
que acuden aprisa sin orden ninguno:
mucho más espesos que pedrisco o nieve
venían los golpes de una y otra parte.
Todos se arremeten alocadamente,
como nunca viose en otras peleas                          15625
debido a su número y a cómo se emplean.
Pero en este punto no habré de mentir:
la hueste que vino a poner el cerco
se estaba llevando la parte peor.
Así, el dios Amor empezó a inquietarse                    15630
de que sus mesnadas fueran destruidas,
por lo que a su madre envía a Franqueza
y a Dulce Mirar diciendo que venga
y no se detenga por ninguna causa.
Mientras tanto pide y obtiene una tregua,                 15635
de diez u once días, quizás fueran doce,
o menos, o más, porque este episodio
no puedo citarlo con toda certeza:
se hubiese pedido tregua de mil días
si tan largo plazo fuera necesario,                       15640
pues en tal momento no se preocupaba
de que el armisticio fuese respetado.
Mas, de haber creído salir victorioso,

---

15639  Todo este combate es una especie de parodia de los que se
relataban en los cantares de gesta, al igual que hace el Arcipreste de Hita
con la pelea entre Don Carnal y Doña Cuaresma. Generalmente, quien
pedía la tregua era quien perdía: si en el plazo fijado no se recibían los
refuerzos esperados, tenía que rendirse incondicionalmente.

no hubiese pedido Amor esa tregua,
y si sus contrarios hubiesen pensado                    15645
que el bando de Amor podría romperla
después de pedirla con esa intención,
muy probablemente no la hubiesen dado
tan alegremente: más bien, se enojaran,
aunque en su semblante no lo reflejaran.                15650
    Tampoco se hubiese concedido tregua
de haberse encontrado Venus en la lid.
Pero no se pudo obrar de otro modo
y fue necesario pedir una pausa,
o mediante tregua o dejando el campo:                   15655
en cada ocasión en que se guerrea
debe conseguirla quien está perdiendo
en tanto que espera que vengan refuerzos.


### Venus y Adonis


    Así pues, salieron los dos mensajeros,
que anduvieron tanto y tan raudamente,                  15660
que en muy poco tiempo llegan a Citera,
do son recibidos con grandes honores.
Citera se encuentra en una montaña
que está rodeada de bosques espesos,
y es tan elevada, que ballesta alguna,                  15665
por largos que sean los tiros que lance,
jamás logrará alcanzar su cima,
Venus, la que inspira a toda mujer,
en aquel lugar tenía fijada
su casa más rica, y allí residía.                       15670
Mas, si pretendiese describir el sitio,
muy probablemente sería prolijo
y yo, por mi parte, podría cansarme.
Por esa razón voy a ser muy breve.
    Ese mismo día Venus se encontraba                   15675
fuera de su casa, cazando en el bosque.

---

15659 El relato que va a seguir está inspirado en las *Metamorfosis*, X.

Marte, su marido, ya estaba muy viejo, 01
cubierto de canas y debilitado, 02
por cuyo motivo no le hacía caso 03
Venus, que no gusta de los ya caducos. 04
Prefería, pues, estar con Adonis,
su muy dulce amigo de cuerpo garrido,
el cual era aún un adolescente
e iba a cazar también a ese bosque 15680
Como digo, apenas era más que un niño,
pero de una enorme belleza y prestancia.

Llegada la hora de mayor calor,
dejaron la caza, pues ya están cansados,
y a posar vinieron debajo de un álamo, 15685
cerca de un arroyo, en lugar umbroso.
Los perros, que estaban también fatigados,
saciaron su sed en aquellas aguas.
Sus dardos, sus arcos y las otras armas
dejan apoyadas cerca de do estaban, 15690
mientras se abandonan deliciosamente,
escuchando el canto de las avecicas
que entre aquellas ramas saltan y se agitan.
Después de sus juegos, junto a su regazo
a Adonis tenía Venus abrazado 15695
y entre beso y beso le estaba enseñando
cómo debería cazar en el bosque,
práctica en la que ella era muy experta:
«Cuando vuestros perros estén preparados
y hayáis encontrado huellas de la pieza, 15700
si veis que al sentiros se pone a correr,
tenéis que seguirla decididamente:
corred tras sus huellas sin temor alguno.
Pero al animal que no se amilana
y que se defiende con mucha fiereza, 15705
es muy conveniente que no lo hostiguéis.
Sed más bien prudente, incluso cobarde,
con los decididos pues todos aquellos
que van al combate temerariamente,
su temeridad los hace exponerse, 15710
puesto que en la lucha corren graves riesgos
cuando el enemigo presenta batalla.

Los ciervos, las ciervas, los corzos, los gamos,
cabras y cabritos, liebres y conejos,
esto pienso yo que debéis cazar,                          15715
pues con estas piezas no corréis peligro.
Mas osos, leones, lobos, jabalíes,
constituyen caza que debo prohibiros,
pues son animales que bien se defienden,
y suelen matar o herir a los perros,                      15720
y los cazadores muy frecuentemente
suelen encontrarse con lo que no quieren:
a muchos mataron o dieron un susto.
Así, me daríais un grave disgusto,
y yo sufriría horrorosamente,                             15725
si en lo que os prevengo no me hicierais caso.»
    Con estas palabras Venus lo instruía,
y, mientras lo hacía, mucho le rogaba
que de sus consejos siempre se acordase
en cualquier lugar en donde cazase.                       15730
Por su parte, Adonis, que en nada apreciaba
aquellos consejos que le daba Venus,
fueran verdaderos o bien engañosos,
a todo asentía por no discutir,
sin prestarle oído a cuanto decia.                        15735
De poco valieron aquellas palabras,
de poco sirvió aquella insistencia:
en cuanto se aparten, no volverá a verlo.
Él no le hizo caso y murió por eso,
y la diosa Venus no pudo ayudarlo                         15740
porque se encontraba lejos del lugar;
después lo lloró con gran desconsuelo.
Adonis se fue tras un jabalí
al que pretendió dar caza y matar;
mas no consiguió lo que pretendía,                        15745
ya que el animal se le revolvió
y se defendió con mucho vigor:
yendo contra Adonis, con su dura testa
le asestó un gran golpe y le hincó en la ingle

---

15743  Según algunas versiones, el jabalí no era otro que Marte, que
tomó esa forma para deshacerse de su rival.

su agudo colmillo, dejándolo muerto.                    15750
    Así pues, señores, en toda ocasión
debéis recordar este buen ejemplo.
Los que no creáis a vuestras amigas,
sabed que incurrís en un grave error.
Antes, deberíais hacerles más caso,                     15755
ya que sus consejos suelen ser verdades.
Y cuando os declaran «somos todas vuestras»
debierais creerlas como al *paternoster,*
y no despreciar jamás sus palabras.
Pero sí a Razón, si a hablaros viniera,                 15760
y, aunque os lo jurara ante un crucifijo,
no le hagáis más caso del que le hice yo.
Si hubiese creído a su amiga Adonis,
hubiese vivido bastante más años.
    Así pues, estaban los dos solazándose               15765
y haciendo las cosas que más les placían,
después de lo cual van a sus moradas
de donde faltaban durante ese día.
Y antes de que Venus se hubiese cambiado,
los dos mensajeros con todo detalle                     15770
fueron a exponerle su mensajería.
Venus exclamó: «¡En muy mala hora
Celos levantó esa fortaleza
contra Amor, mi hijo! Si no me apodero
tanto de sus guardas como de sus muros,                 15775
si inmediatamente no entregan las llaves,
en muy poco precio deberé tener
tanto mi persona como mis poderes.»


### *Venus en el campo de batalla*


    Entonces mandó reunir su mesnada
y que prepararan su carro también,                      15780
porque no quería andar sobre el barro.
Su carro era bello, con sus cuatro ruedas
de oro adornadas y piedras preciosas,
y manda que pongan en vez de caballos

seis bellas palomas para que lo arrastren,                    15785
seis bellas palomas de su palomar.
Una vez dispuestas todas estas cosas,
inmediatamente se monta en el carro,
porque quiere verse frente a Castidad.
Las palomas, pues, se ponen en marcha                         15790
moviendo sus alas con gran rapidez,
y en vuelo muy presto, rompiendo los aires,
llegan al lugar. Una vez allí,
Venus, cuando estaba bajando del carro,
ve a los de la hueste, que bien la reciben:                   15795
su hijo el primero, el cual, impaciente,
había faltado y roto la tregua
antes de que el plazo se hubiese cumplido,
pues no respetaba tratado ninguno,
aunque lo pactara por promesa o jura.                         15800
Allí se luchaba enconadamente:
unos al asalto, otros defendiéndose.
Los unos estaban lanzando al castillo
muy gruesos guijarros y pesadas piedras
con la pretensión de romper los muros,                        15805
mientras los de dentro muy bien se protegen
con empalizadas muy firmes y fuertes
tejidas de varas flexibles y sólidas
que habían cogido en gran cantidad
del cerco que un día levantó Peligro.                         15810
Aquéllos tiraban agudas saetas,
todas adornadas, para hacer más daño,
tanto de promesas como de regalos,
para así vencer mejor las firmezas
(porque de otro modo ninguna entraría                         15815
de no estar templada y bien afilada
con buen material, hecho de favores
muy bien prometidos y también jurados).
Más los defensores, para resistir,
están protegidos convenientemente                             15820
con buenos escudos muy duros y fuertes,

---

15785  Evidentemente, las palomas simbolizan aquí no tanto la virgini-
dad como la belleza.

los cuales tenían el peso adecuado,
hechos de madera, tal como las varas,
que había cogido Peligro en su campo,
de forma que nada puede atravesarlos.          15825
    Estando las cosas en tal situación,
Amor se aproxima a do está su madre,
a la que le cuenta lo que le sucede
y después suplica que le preste ayuda.
Venus le responde: «¡Tenga mala muerte,        15830
y me sobrevenga sin mucho tardar,
si sigo aguantando por mucho más tiempo
el que en las mujeres medre Castidad
por mucho que Celos la pueda ayudar!
Ya hemos recibido de ellas mucho daño.         15835
Mas, por vuestra parte, jurad que los hombres
habrán de seguiros por donde vayáis.
—Sin duda ninguna, mi señora y madre,
ninguno saldrá de mis mandamientos;
al menos, ninguno, esto os lo aseguro,         15840
tenido será por noble en su vida
si jamás amó ni pensara amar.
Es una desgracia el que algunos hombres
quieran esquivar el placer de amor
siéndoles posible gozar su dulzura.            15845
¡Estos deberían tener mala muerte!
Pues los odio tanto, que, si yo pudiese
acabar con ellos, muerte les daría.
De tales me quejo y me quejaré,
y de detestarlos nunca dejaré;                 15850
cada vez que pueda estaré dispuesto
a hacerles el daño que pudiera hacerles
hasta que yo obtenga la satisfacción
de haber abatido su desdén por mí,
o hasta que consiga su condenación.            15855
¡En muy mala hora nacieron de Adán
todos los que piensan burlarse de mí!;
¡pues sus corazones puedo destrozar
si quieren luchar contra mi influencia!
Porque es indudable: quien a mí se opone       15860
y quiere burlarse de mi poderío,

sepa que me ofende de forma muy grave.
Tanto, que si yo fuese un ser humano
de ello me vendría tan grave perjuicio
y tan incurable que, de no ser dios,                          15865
de ese gran dolor podría morir.
Porque, si mis juegos ya a nadie gustaran,
yo habría perdido todo lo que valgo,
por más que viviera con todo boato
y diera mil muestras de ser poderoso:                         15870
al menos, quien no ama porque es impotente
tendría que estar muy atormentado,
siempre lamentándose muy amargamente
de nunca poder gozar tal placer.
¿Pues dónde se puede tener mejor vida                          15875
que estando en los brazos de su bella amiga?»
    Una vez que hicieron estos juramentos,
y para que fueran mejor respetados,
en vez de jurar sobre unas reliquias,
prefieren hacerlo sobre sus saetas,                           15880
sus dardos, sus arcos y sus otras armas:
«Nosotros, dijeron, no necesitamos
mejores reliquias para el juramento
ni que puedan ser más de nuestro agrado.
Si de este armamento fuéramos perjuros,                       15885
nadie más querría seguirnos sirviendo.»
Sobre tales cosas hicieron su jura
y sobre ellas mismas creen sus barones,
con la misma fe que si lo jurasen
por la Trinidad, que lo cumplirán.                            15890


### NATURA Y SU FRAGUA


    Y mientras que hacían este juramento,
tan alto, que todos pudieron oírlo,
Natura, que piensa en todas las cosas
que están comprendidas debajo del cielo,

---

15880   Todas estas armas tienen connotación sexual, dados los comba-
tientes.

trabajando estaba dentro de su fragua,                    15895
en la que se ocupa con gran diligencia
en hacer las piezas individuales
para, de esta forma, salvar las especies:
porque dichas piezas las hacen durar,
de modo que Muerte no acabe con ellas                     15900
por más que se esfuerce en su destrucción,
dado que Natura la sigue tan cerca,
que siempre que Muerte con su dura maza
viene a destruir a algún individuo,
sobre los que tienen dominio completo                     15905
(y a pesar de todo, hay muchas personas
que no tienen miedo ninguno de Muerte
por más que comprueban que se van gastando
al paso del tiempo y que morirán,
gracias a lo cual otros vivirán,                          15910
aunque ella se crea que va a destruirlos
a todos al tiempo, no lo puede hacer.
Pues cuando una pieza coge por aquí,
otra se le escapa por otro lugar;
y así, cuando logra destruir al padre,                    15915
aún sobreviven el hijo o la madre,
que se escaparán de su poderío
durante los días que duren sus vidas;
si bien, con el tiempo, habrán de morir,
pues, por más que quieran escaparse de ella,              15920
no habrá medicina que pueda evitarlo.
Pero surgirán sobrinos y primos,
los cuales querrán gozar de la vida
y de Muerte huir a toda carrera:
uno irá corriendo para divertirse;                        15925
otro al monasterio, otro a los estudios;
otro pensará más en los negocios,
y otro en el oficio que hubiera aprendido;
otro no querrá más que los placeres
de vino, comida, o bien amorosos;                         15930
otro, para huir más rápidamente

---

15897 Según la filosofía de la época, los individuos *(piezas)* son
mortales, mientras que las *especies* son eternas.

y de Muerte estar lo más alejado,
montará en caballos grandes y potentes
que espoleará con espuelas de oro;
otro pensará huir en navío                                    15935
surcando los mares incansablemente
y, con sólo el rumbo que dan las estrellas,
guiará su barco de velas y remos;
otro elegirá vida religiosa
y se vestirá de hábitos hipócritas                            15940
con el que, al huir, irán engañando,
como se verá por las cosas que hagan.
Así van huyendo todos los mortales
para estar más lejos y esquivar a Muerte.
Mas Muerte, que tiene la cara muy negra,                      15945
tanto los persigue, que acaba alcanzándolos
tras una carrera muy encarnizada:
después de la huida serán alcanzados
en diez, veinte años, en treinta o cuarenta,
cincuenta, sesenta, quizás en setenta,                        15950
u ochenta o noventa, o acaso a los cien.
Irá destrozando todo lo que alcanza,
y, si algunos logran escaparse un tiempo,
incansablemente los perseguirá
hasta que los coja, en cuyo momento                           15955
de nada valdrán los medicamentos.
Y esto ocurrirá a los mismos médicos,
pues ninguno de ellos se pudo escapar,
ni siquiera Hipócrates, ni el mismo Galeno,
por mucho que fueran excelentes físicos;                      15960
Rasis, Constantino y el mismo Avicena
también le tuvieron que pagar tributo.
Y quienes no pueden ni deben correr
podrán mucho menos evitar a Muerte.
De esta forma Muerte, insaciable siempre,                     15965
se come las piezas con gran apetito,
y tanto las sigue por mar y por tierra
que, sin excepción, acaba con todas.
Mas no lo consigue con todas al tiempo,
por lo que no puede rematar la obra                           15970
y hacer que se acabe del todo la especie,

[472]

dado que las piezas están muy dispersas.
Incluso en el caso de haber sólo una,
no se extinguirá por ello la especie:
es bien conocido el caso del fénix,                          15975
único ejemplar de su propia especie.
   En efecto, el fénix es un ave única
y vive en su forma durante un espacio
de quinientos años; al llegar al último,
empieza a formar una gran hoguera                            15980
de especias, en donde se mete y se quema,
y así realiza su autodestrucción.
Para que su especie siga perviviendo,
de aquellas cenizas que quedaron de él
vuelve a renacer un segundo fénix;                           15985
o bien es el mismo que vuelve a vivir
gracias a Natura, que lo resucita
para que la especie perdure en el tiempo,
pues se perdería por siempre jamás
si no permitiera tal renacimiento.                           15990
Así pues, si Muerte al fénix devora,
éste continúa no obstante viviendo,
y aunque lo devore mil veces aún,
otras tantas veces resucitará.
   Por lo tanto, el fénix es su propia especie              15995
a la que Natura reaviva en sí misma,
ya que de oro modo vendría a perderse
si no resurgiera de nuevo con vida.
Y esta misma suere corren las especies
de todos los seres que puedan hallarse                       16000
debajo del manto que tienden los cielos,
pues, con tal que exista una sola pieza,
la especie podrá seguir subsistiendo
y jamás podrá destruirla Muerte.
Puesto que Natura, misericordiosa,                           16005
cuando ve que Muerte, que es muy envidiosa

---

15977 La leyenda del fénix estaba muy extendida en la Edad Media,
transmitida desde el *Physiologus* a través de numerosos *Bestiarios*. El *Physiologus* era un tratado griego de zoología, escrito en Alejandría en el siglo II.
Las *Etimologías* de San Isidoro contribuyeron en gran medida a la generalización de este tratado.

(a quien acompaña siempre Corrupción),
tienen la intención de acabar con todo
lo que sigue en vida, dentro de su fragua
sigue trabajando, sigue elaborando,                    16010
sigue fabricando las piezas precisas
para renovar las generaciones.
Y no conociendo métodos mejores,
talla las figuras de tales maneras,
que a todas les da su forma específica                 16015
como quien acuña diversas monedas.
Gracias a estas formas Arte se alimenta,
ya que por sí mismo sería incapaz,
por lo cual espera con gran interés,
y pide a Natura, puesto de rodillas,                   16020
con voz plañidera, débil e implorante,
tal como acostumbran a hacer los mendigos,
falto de saber, falto de recursos,
que, puesto que quiere imitarla en todo,
ella tenga a bien decirle la forma                     16025
mediante la cual pudiera abarcar
por su propio ingenio todas las figuras
y representar a las criaturas.
    Y de esta manera observa a Natura,
pues quisiera hacer algo parecido;                     16030
pero no la imita sino como un mono,
puesto que carece de auténtico genio
y no puede hacer nunca nada vivo,
por más que se trate de cosas sencillas.
    Pues sucede que Arte, por más que se esfuerce  16035
con enorme estudio y con atención
para crear cosas, sean las que sean,
y por bien que logre darles la figura
pintando, forjando, tallando, esculpiendo
muchos caballeros haciendo batallas               16040
en bellos caballos muy bien adornados
de toda armadura, amarilla, azul
o de otro color que quiera poner
(se puede tomar el que más os guste);
o vistosas aves entre ramas verdes,              16045
o bonitos peces de cualquier lugar,

[474]

o cualquier especie de animal salvaje
que paciendo esté en medio de un bosque;
o también las hierbas y clases de flores
que tanto las mozas como las muchachas                16050
gustan recoger por la primavera
por sus bellas hojas y su colorido;
pájaros en jaulas, o perros y gatos;
grupos de personas cantando y bailando;
bellas damiselas muy bien adornadas,                 16055
muy bien dibujadas y representadas
o bien en metal o bien en madera,
o en cera o en otro tipo de materia,
bien sobre unas telas o sobre los muros,
y, junto a las damas, bellos jovenzuelos             16060
bien representados y coloreados:
por buenas que sean las formas que dé,
nunca logrará que den ningún paso,
ni sentir, ni hablar, ni vivir, ni nada.

O por más que sepa emplear la Alquimia               16065
y tiña el metal de cualquier color,
por más que se esfuerce hasta extenuarse,
no podrá cambiar nunca las especies,
pues acabarán, por mucho que ensaye,
volviendo las cosas a su ser primero:                16070
por muchos intentos que en su vida hiciera
jamás a Natura podría igualar.
Pues, aunque después de tantos intentos
al fin consiguiera darles aquel ser,
necesitaría saber la manera                          16075
mediante la cual pudiera obtener,
una vez logrado el buen elixir,
esa proporción que deben tener
para distinguir las varias sustancias
que son el origen de las diferencias                 16080
entre las especies, y que las definen,
según la opinión de los grandes sabios.

A pesar de todo, y es bien conocido,

16070 El *ser primero* de los alquimistas era el mercurio en su estado
puro.

la Alquimia es un arte que está bien probado.
Quien usara de ella convenientemente                    16085
podría lograr grandes maravillas,
pues aunque no actúe sobre las especies,
sí puede actuar en sus individuos,
quienes sometidos a diversas pruebas,
pueden transformarse de tantas maneras                  16090
que logran cambiar de naturaleza
después de diversas elaboraciones;
y una vez lograda la transmutación,
todos estos cuerpos su primera esencia
terminan perdiendo por otra distinta.                   16095
¿Acaso no vemos cómo del helecho
hacen la ceniza y después el vidrio
los que se dedican a tal menester,
después de un proceso de elaboración?
Sin embargo, el vidrio nunca es el helecho,             16100
ni nunca al helecho lo llamamos vidrio.
Cuando sobreviene una gran tormenta,
se puede observar muy frecuentemente
cómo de las nubes desciende el pedrisco,
aunque hasta las nubes no subieron piedras.             16105
El sabio conoce muy bien la razón,
gracias a la cual una tal materia
vino a transformarse y cambiar de aspecto.
Se trata de especies que se han transmutado,
o bien de individuos que se han transformado            16110
tanto en su sustancia como en su figura,
aquéllas por arte, éstos por Natura.
Y así bien podría obrar con metales
quien fuera capaz de extraer de tales
esos elementos impuros que tienen                       16115
y poder ponerlos en sus formas puras,
dadas sus sustancias, que son muy cercanas
y muy semejantes unas a las otras,
puesto que poseen la misma materia,

16084   *Arte* es sinónimo de *ciencia,* en la Edad Media, época en la cual
la Alquimia conoció un gran auge. No sin riesgo para quienes la practicaban, pues estaban expuestos a ser acusados, al igual que los «magos», de
tener tratos con los diablos.

ya que tal a todas Natura les dio.                           16120
Porque todos ellos, aun siendo diversos
y así los encuentren dentro de las minas,
tienen sus sustancias de azufre y mercurio,
tal como nos dice el famoso libro.
Quien fuera capaz de sutilizar                               16125
y de preparar muy bien los espíritus
de forma que obtenga bien sus propiedades
y pueda impedir que salgan volando
y que permanezcan dentro de los cuerpos
(con tal de que estén bien purificados,                      16130
y no arda el azufre que en ellos se encuentra,
sea azufre blanco, sea azufre rojo),
podrá conseguir, si a tal punto llega,
hacer cuánto quiera de cualquiera metal,
pues de fina plata logran sacar oro                          16135
los que bien conocen el arte de Alquimia,
al que dan después el peso y el color
con unas sustancias que cuestan muy poco;
y después consiguen del oro muy fino
las piedras preciosas, tan claras y bellas;                  16140
y también transforman los otros metales,
tras elaborarlos, para conseguir
esa plata fina, empleando drogas
blancas, penetrantes y de gran poder.
Pero más virtudes no podrán lograr                           16145
los que se dedican a tales trabajos:
por más que se esfuercen durante sus vidas,
jamás a Natura podrán igualar.

Natura, la cual es tan ingeniosa,
por más que mostraba gran preocupación                       16150
por todas sus obras, que tanto apreciaba,
se consideraba triste y dolorosa,
y con tanta pena se hallaba llorando,
que nadie quedara, estando a su lado
y su corazón no fuese insensible,                            16155
sin llorar también con gran aflicción.

---

16124 Se refiere al *Speculum Naturale,* de Vincent de Beauvais, contemporáneo del *Roman de la Rose.* Los «speculum» condensaban todos los
conocimientos de una materia determinada.

Puesto que sentía un dolor tan grande
a causa de algo que le remordía,
que dejar quería cuanto había hecho
y no preocuparse ya nunca de nada                          16160
si hubiera podido tener el permiso
de su creador y su soberano:
ella bien quisiera ir a suplicárselo
por el gran dolor de su corazón.

Bien me gustaría poder describírosla,                      16165
pero no me basta mi poco sentido.
¡Mi poco sentido! ¿Qué digo? ¡Poquísimo!
Tampoco podrían hacerlo otros hombres
por bien que escribieran o por bien que hablaran,
ya fuese Platón, ya fuese Aristóteles,                      16170
o Algus, o Euclides, o bien Ptolomeo,
los cuales tuvieron una fama enorme
por ser los autores de excelentes libros:
su capacidad resultara inútil
en caso de osar hacer tal intento,                         16175
porque no serían capaces de hacerlo.
Pigmalión en esto tallaría en vano,
y en vano también aquí se esforzara
el mismo Parrasio; y el maestro Apeles,
al que considero pintor excelente,                         16180
sería incapaz de esta descripción
aunque mucho tiempo lo hubiese intentado;
ni el mismo Mirón, ni el gran Policleto
jamás en su vida lo hubiesen logrado,
ni tampoco Zeuxis con su maestría                          16185
hubiese logrado la forma debida,
el cual, al pintar la diosa en el templo,
tomó de modelo a cinco muchachas,
que eran las más bellas que hallarse pudieron
en toda la tierra tras intensa búsqueda;                   16190
y una vez dispuestas delante de sí,
posando de pie, las cinco desnudas,

---

16171 y ss.   Ya hemos visto a Algus en el verso 12790. Los otros son
bien conocidos. En cuanto a Pigmalión, ya mencionado, volverá a ser
tratado en detalle más adelante. Parrasio, Apeles, Mirón, Policleto y Zeuxis
son grandes artistas clásicos.

las examinó por si en una de ellas
podía encontrarse el menor defecto,
bien sobre sus cuerpos o sobre sus miembros,                16195
tal como dejó consignado Tulio
en su muy famoso libro de *Retórica,*
el cual es un texto de auténtica ciencia.
Pero en este intento nada lograría
Zeuxis, por muy bien que pintar supiese                     16200
y darle color a la forma humana,
por la perfección que Natura tiene.
¿Zeuxis? Ni tampoco los demás maestros
que Natura quiso que después nacieran:
aun siendo capaces de poder captar                          16205
toda su belleza, y aunque se empleasen
para conseguir total perfección,
antes gastarían sus manos en ello
que poder lograr esa realidad.
Nadie salvo Dios lo puede lograr.                           16210
Y por eso yo, si fuese capaz,
con sumo placer aquí lo intentara,
y aquí por escrito me hubiese esforzado
de haberlo podido y sabido hacer.
Porque, por mi parte, lo intenté mil veces                  16215
con todo el ingenio de que soy capaz,
pero soy muy loco y falto de juicio,
cien veces y más de lo que pensáis.
Mi gran presunción fue siempre la causa
que a mí me movía de llevar a cabo                          16220
obra tan enorme, de tal calidad;
antes reventara mi pobre cabeza,
dada la nobleza y el valor inmenso
que existe en la obra que yo tanto aprecio,
que poder decir su gran perfección                          16225
por muchos esfuerzos que hubiese emprendido,
porque ni siquiera debía atreverme
incluso a decir sólo una palabra.
Sólo imaginarlo ya es un gran esfuerzo,

---

16196 Tulio, como ya sabemos, es Cicerón, que es quien relata el
episodio anterior en *De Inventione Retórica* (II, I).

por lo cual prefiero quedarme callado;　16230
porque, bien pensado, Natura es tan bella,
que me es imposible decir nada de ella.
Debido a que Dios, lo bello infinito,
al darle a Natura belleza tan grande,
hizo cual si fuera manantial continuo　16235
que siempre está lleno y siempre fluyente,
cuyo fondo y bordes son inabordables,
de donde derivan todas las bellezas.
Por eso es inútil toda explicación
tanto de su cuerpo como de su rostro:　16240
Natura es tan bella y tan atractiva
cual el nuevo lirio por la primavera:
ni rosa en el ramo ni nieve en la rama
pueden igualársele en rojo y en blanco.
Esto me vería forzado a expresar　16245
si yo me atreviera a decir su forma,
porque su belleza ni su calidad
nunca podrá el hombre del todo abarcar.

### Quejas de Natura

Así que al oír aquel juramento
de Venus y Amor, mucho se alivió　16250
de ese gran tormento que la torturaba,
porque se tenía por muy defraudada
y decía: «¡Ay Dios!, ¿qué es lo que yo he hecho?
En toda mi vida no me he arrepentido
de ninguna acción que he llevado a cabo　16255
desde los comienzos de este bello mundo;
salvo únicamente en una ocasión,
en la que actué de mala manera,
y por eso estoy tan desazonada.
Y cuando reparo en mi mala acción,　16260
es justo y normal que esté arrepentida.
¡Ay, ay, loca, loca! ¡Loca y desgraciada!
¡Ay, ay, loca, loca, cien mil veces loca!
¿Será aún posible tener confianza?

¿Me habré yo esforzado convenientemente?           16265
¿Acaso empleé bien mi raciocinio,
cuando en todo instante mi única intención
fue favorecer a quienes me sirven,
y en cambio ahora veo que todo mi esfuerzo
fue para ayudar a mis enemigos?           16270
¡Mi inmensa bondad muy cara he pagado!»
    Después de lo cual, llama al capellán
que suele decir misa en su capilla.
No era para él un oficio nuevo,
pues hace ya tiempo lo viene cumpliendo,           16275
desde que lo hicieron clérigo de iglesia.
El cual, en voz alta, a modo de misa,
puesto ante la diosa de la creación,
con la que se hallaba en completo acuerdo,
solía exponer a sus parroquianos           16280
todas las figuras que representaban
a todas las cosas que existir pudieran,
y que había escrito muy bien en un libro
tal como Natura le había inspirado.
    Y le dice: «Genio, mi buen capellán,           16285
a vos, el maestro de todas las cosas,
y que, conociendo bien sus propiedades,
hacéis que se pongan en funcionamiento,
de forma que todas cumplan la tarea
que les corresponde respectivamente,           16290
de una gran locura que hice en su día
y de la que aún no estoy disculpada
(aunque sí que estoy muy arrepentida),
quiero confesarme y que me absolváis.»

---

16285   *Genio* es un personaje tomado por Meun a Alain de Lille, autor
de *De Planctu Naturae* (=«Sobre las quejas de Naturaleza»), escrita pocos
años antes que esta parte del *Roman de la Rose,* que tanto le debe (por
ejemplo, en la personificación y valor simbólico de vicios y virtudes). Alain
de Lille fue llamado «doctor universal», y en sus obras «científicas» es
evidente el espíritu moralizador.

—Mi dueña y señora, la reina del mundo,     16295
ante quien las cosas deben humillarse,
si hay algo que a vos tanto os duele y pesa
y por cuya causa os arrepentís;
si es algo que vos me queréis decir,
sea lo que fuere lo que me expongáis,     16300
sea de alegría, sea de dolor;
si es vuestro deseo, ahora podéis
confesarme todo y quedaros libre.
Porque por mi parte, y para serviros,
prosiguió diciendo, pienso aconsejaros     16305
del modo mejor en que pueda hacerlo,
y de vuestro asunto no diré palabra
si es alguna cosa que deba ocultarse.
Y si es necesario que deba absolveros,
no tengáis cuidado, que os absolveré.     16310
Pero, os lo suplico, cesad vuestro llanto.
—Señor, respondió, si me veis llorando,
no debéis por ello en nada extrañaros.
—Señora, os lo ruego, insisto en mi súplica
de que a bien tengáis de cesar las lágrimas     16315
y que os concentréis, para confesaros,
sólo en el asunto que os trajo hasta mí
y que prometisteis que me contaríais.
Pues en mi opinión grave es el asunto,
ya que es bien sabido que espíritu noble     16320
jamás se conmueve por cosas livianas:
muy loco ha de estar quien osa turbaros.
Mas también es cierto que toda mujer
se suele alterar con facilidad.
El mismo Virgilio viene a atestiguarlo,     16325
el cual era experto en esta materia:
«no existe mujer tan firme y estable
que no se encapriche por poquita cosa,
ni existe animal que se irrite tanto».
Según Salomón, ninguna cabeza     16330

---

16325  En la *Eneida*, IV, 569-70.
16330  En el *Eclesiástico*, XXV, 22-23 y 26.

es más peligrosa que la de serpiente,
ni algo tan colérico como la mujer,
ni nada que tenga tanta imperfección.
En fin, en mujer se dan tantos vicios,
que nadie podrá contar con detalle                    16335
sus malas costumbres, en prosa o en verso.
Y también lo dice el gran Tito Livio,
que bien conocía cuál es el carácter
de toda mujer, como sus costumbres:
para engatusarlas no existen maneras                  16340
de más eficacia que la adulación,
dado que se muestran con muy poco seso
y son muy mudables por naturaleza.
Y las Escrituras insisten también
diciendo que todo vicio femenino                      16345
tiene como base su gran avaricia,
y el que a su mujer llegara a contar
el menor secreto, estará perdido.
Así, ningún hombre nacido de madre,
a menos que esté borracho o muy loco,                 16350
nunca deberá decir a mujer
secreto ninguno que haya que guardar,
si quiere evitar que lo sepan otros.
Mejor le valdría irse del país
que a mujer decir cosa que es secreta,                16355
por mucho que sea leal y agradable.
Que de modo alguno haga algo secreto
si ve que su esposa pudiera enterarse,
porque, aunque su vida corriera peligro,
ella lo dirá, si no me equivoco,                      16360
más pronto o más tarde, sin duda ninguna;
e incluso aunque nadie le pidiera hacerlo,
lo revelará, sin lugar a dudas,
sin necesidad de ser animada:
por ninguna causa callarse podrá,                     16365
porque para ella la muerte sería
si no le saliera lo que ha de ocultar,

16337  Tito Livio, I, 9.
16344  San Pablo, *Epístola a Timoteo,* I, VI, 10. Pero San Pablo habla de
la avaricia en general, no que sea algo propio de las mujeres.

aunque sea objeto de paliza o riña.
Y aquel que contara secreto a mujer,
si una vez sabido que lo reveló                    16370
fuera tan osado que la apaleara,
con sólo una vez, que no tres o cuatro,
que el hombre se atreva a obrar de este modo,
ella sabrá bien echárselo en cara,
y además lo hará delante de todos.                 16375
Confiar en ellas es estar perdido,
y al loco que llega a tal confianza,
¿sabéis que le ocurre? Pues que se está atando
de pies y de manos, y se está colgando.
Pues es suficiente con que una vez sólo            16380
se atreva a reñirla porque lo traicione,
o bien castigarla con duras palabras,
para que su vida penda ya de un hilo
si por lo que cuenta lo pueden matar,
porque no podrá su muerte evitar                   16385
o bien en la horca, si lo sabe el juez,
o bien de otra forma, si ella lo denuncia;
quien así se vea, condenado está.
Muy loco ha de estar el que, por la noche,
cuando ya acostado junto a su mujer                16390
sin poder dormirse por la desazón
de haber cometido cierta fechoría,
o porque proyecta cometer un crimen,
o cualquier acción fuera de la ley,
por cuya razón merezca la muerte                   16395
si por cualquier causa fuera detenido,
se esté dando vueltas y echando suspiros.
Porque su mujer se apercibirá
de la turbación que lo está embargando
y lo besará y le hará caricias,                    16400
y cuando lo tenga puesto en su regazo
le dirá: «Señor, ¿qué es lo que os ocurre?,
¿cuál es el motivo de que suspiréis
y que os revolváis con tanta zozobra?
Ved que sólo estamos aquí vos y yo,                16405
muy privadamente, en la intimidad,
sin otros testigos que nosotros dos,

y vos el primero y yo la segunda
somos las personas que más nos amamos
de buen corazón, con total entrega.                    16410
Por mi propia mano, de eso estoy segura,
cerré bien la puerta de la habitación;
y en cuanto a los muros, lo sabéis muy bien,
son de un espesor muy considerable;
en cuanto a los techos, son de tal altura,              16415
que no habrá motivos para preocuparse,
y estamos muy lejos de cualquier ventana,
cuyas protecciones son de confianza
para no dejar que pase la voz,
no existiendo riesgo de que abrirlas pueda              16420
persona ninguna como no las rompa,
ni tampoco el viento las podría abrir.
En definitiva, no hay peligro alguno
de que nadie escuche vuestra voz aquí,
salvo sólo yo, que estoy junto a vos.                   16425
Por lo tanto os ruego con gran interés,
y por nuestro amor, dado que tenéis
confianza en mí, que me lo contéis.
—Señora, responde, que Dios no lo quisiera;
por ningún motivo yo os lo contaría,                    16430
pues éstas son cosas que no hay que decir.
—¿Qué es esto, replica, mi querido esposo?
¿Es que me tenéis por poco segura
a mí, que de vos soy la fiel esposa?
Cuando nos unimos por el matrimonio,                    16435
por él Jesucristo, al que no encontramos
que fuera un avaro al darnos su gracia,
nos hizo a los dos formar una carne;
y si desde entonces formamos un cuerpo
debido al derecho de la ley común,                      16440
no puede existir en esta unidad
salvo un corazón, que a la izquierda está:
nuestros corazones sólo forman uno,
vos tenéis el mío y yo tengo el vuestro.
Por esta razón no habéis de guardaros                   16445
nada que no pueda yo también saber.
Por lo tanto os ruego que me lo digáis,

[485]

dados estos vínculos que a los dos nos unen,
puesto que jamás sentiré alegría
mientras no me entere de lo que ocultáis;                    16450
y si por ventura no queréis decírmelo,
tendré que pensar que no me apreciáis.
Pero yo sé bien cuánto me queréis,
porque me llamáis vuestra dulce amiga,
vuestra dulce hermana, dulce compañera.                     16455
¿Acaso mentíais cuando así me hablabais?
Pues debéis saber que, si os lo guardáis,
habré de tenerme como traicionada,
ya que, en cuanto a mí, todo os lo conté
desde el mismo día en que nos casamos,                      16460
que yo siempre os dije todos mis secretos
y todas las cosas de mi corazón.
Yo por vos dejé mi padre, mi madre,
tíos y sobrinos, hermanos y hermanas,
todos mis amigos y mis allegados,                           16465
tal como vos mismo comprobar pudisteis.
Pero ahora veo que hice mal cambio
cuando me tratáis cual si fuera extraña,
y a pesar de amaros como a nadie amé,
todo lo que os doy no me vale nada.                         16470
¿Acaso pensáis que no me importáis
y que tal secreto lo iría anunciando?
Esta es una cosa que no hay que pensar.
Pues, por Jesucristo, el rey celestial,
¿quién puede quereros más que os quiero yo?                 16475
Pensad un momento y considerad,
si es que en estas cosas sois entendedor,
la gran lealtad con que os he servido
¿Acaso no os basta ya con esta prueba?
¿O es que pretendéis prendas más seguras?                   16480
Habré de pensar que soy la peor
si vuestro secreto no queréis decirme.
No me pasa a mí como en otros casos,
en que la mujer es mejor tratada
porque su marido en ella confía                             16485
y entre ellos no existe secreto ninguno.
Antes, de su esposa recibe consejo

estando en la cama, antes de dormirse,
pues·se comunican todo lo que piensan,
sin nada ocultarse de lo que suceda                    16490
y frecuentemente, esto es bien sabido,
con más confianza que en confesionario.
De esto estoy segura gracias a ellas mismas,
pues en muchos casos se lo oí decir,
ya que me contaban lo que les pasaba,                  16495
todo lo que oían y lo que sabían
e incluso también lo que imaginaban,
con lo cual se purgan y quedan vacías.

   Pero yo no soy como estas mujeres
y ninguna de ellas se parece a mí,                     16500
porque yo no soy una deslenguada,
ni desvergonzada, ni alborotadora:
yo soy una esposa honesta y honrada,
y eso es tan seguro como que hay un Dios.
Aún no os sucedió que nadie os dijera                  16505
que me viera hacer cosas indebidas;
y si alguno viene diciendo estas cosas,
es que las inventa maliciosamente.
¿No os he dado acaso mil pruebas de mí?
¿En algún momento acaso os falté?                      16510
Entonces, señor, tened muy en cuenta
la poca confianza con que me tratáis.
Porque, en ese caso, obrabais muy mal
cuando me pusisteis anillo en el dedo
y os disteis a mí en el matrimonio.                    16515
¡Comprender no puedo cómo os atrevisteis!
Puesto que si en mí no osáis confiar,
casaros conmigo no tuvo sentido.
Por eso os suplico que vuestra confianza
me queráis mostrar esta vez al menos,                  16520
que yo os aseguro con gran lealtad,
y si esto no os basta, os prometo y juro
por todos los santos bienaventurados,
que será guardado como en una tumba.
Porque yo estaría loca de remate                       16525
si de mí saliera la menor palabra
por la que os viniera peligro o deshonra:

deshonrar sería a mi propia estirpe,
a la cual jamás difamar osé,
y, en particular, deshonrarme a mí.          16530
Pues decirse suele, y esto es evidente,
que quien es tan tonto que se quiebra un ojo
afea su rostro para mientras viva.
Así pues, decidme, por Dios os lo ruego,
lo que está agitando vuestro corazón,          16535
pues, si no lo hacéis, me daréis la muerte.»

    Después lo desnuda de pies a cabeza
y empieza a besarlo por todo su cuerpo,
mientras que derrama infinitas lágrimas,
que son tan forzadas como las caricias.          16540
Y el muy infeliz empieza a contarle
el crimen que hiciera y el miedo que tiene,
y, mientras lo cuenta, se está condenando;
apenas contado, ya está arrepentido.
Pero las palabras, una vez al viento,          16545
resultan difíciles de ser atrapadas,
por lo cual le pide que no las repita
el muy desgraciado, cuya gran angustia
es mucho mayor que lo que era antes,
cuando su mujer no sabía nada.          16550
Y ella le repite una y otra vez
que se callará, pase lo que pase.
Pero el desgraciado, ¿qué puede esperar?
Si él no ha conseguido morderse la lengua,
¿puede pretender que otro la retenga?          16555
¿Qué es lo que pensaba conseguir hablando?
Pues ya la mujer, viéndose más fuerte,
puede estar segura que desde ese instante
nunca su marido la podrá reñir,
ni nada emprender contra lo que hiciera:          16560
antes, se estará muy quieto y callado,
puesto que tendrá motivo de estarlo.
Y, así, la mujer guardará el secreto
en tanto no tengan discusión alguna.
¡Eso si ella aguanta durante ese tiempo!          16565
Porque no podrá tanto resistirse
sin que le resulte gravoso el secreto,

que le pesará mientras que lo guarde.
Aquel que a los hombres los tenga en estima
les debiera hacer estas advertencias                              16570
(la cuales son buenas para muchos casos),
para que las tenga siempre bien en cuenta
y evitar así muy graves peligros.
Si las tiene en cuenta, sin duda ninguna
no será apreciado por ciertas mujeres;                            16575
pero la verdad tiene que ser dicha.
Así que, señores, de mujer guardaos
si tenéis aprecio por vuestras personas.
Al menos, no obréis con tal imprudencia
que vuestros secretos vayáis descubriendo,                        16580
secretos que nunca debéis revelar.
Por eso, evitad, evitad mil veces,
evitad, amigos, evitad tal bestia:
esto os aconsejo y de esto os prevengo
muy sinceramente, sin sombra de burla.                            16585
Recordad los versos que escribió Virgilio,
y que queden tan fijos en vuestra memoria,
que sea imposible jamás olvidarlos:
muchacho que vas cogiendo las flores,
y entre ellas las rosas bellas y olorosas:                        16590
la fría serpiente se esconde en las hojas;
cuidado, muchacho, porque atacará
y con su veneno produce la muerte
de todos aquellos que son alcanzados;
muchacho que vas buscando las flores                              16595
y también las fresas en el verde prado:
la fría serpiente, pérfida y traidora,
que en la verde hierba se oculta y acecha,
la cruel serpiente, animal maligno,
que está preparando su mortal veneno,                             16600
quieta y silenciosa en la hierba tierna,
y que está esperando a poder lanzarlo
para hacerte daño y causar tu muerte,

---

16586   En las *Bucólicas,* III, 92-93. Más que la cita textual, se trata de
nuevo de una paráfrasis. Fuera de la Edad Media, Góngora recrea este
asunto en el famoso soneto que empieza con «La dulce boca que a gustar
convida».

en todo momento debes evitar;
debes evitar esa mordedura                              16605
si es que de la muerte quieres escapar,
dado que destila tan cruel veneno,
que en muy poco tiempo de ti se apodera
y te quedarás muy pronto infectado;
si te acercas mucho adonde se encuentra,               16610
te verás mordido sin que te des cuenta
y su mordedura no tiene remedio,
debido a que el fuego de este gran veneno
no puede curarse con triaca alguna;
nada vale aquí, ni raíz ni hierba:                     16615
solamente huir es la medicina.

No obstante, no quiero con ello decir,
ni tampoco estuvo en mi pensamiento,
que amar no podáis a mujer alguna,
como que tampoco tenga que evitarse                    16620
el yacer con ellas la ocasión venida.
Lo que estoy diciendo es que las toméis
y las estiméis razonablemente.
Tenéis que vestirlas, tenéis que calzarlas,
y en cada momento debéis esforzaros                    16625
tanto en su servicio como en su buen nombre,
para que la especie pueda perdurar
y evitar que Muerte venga a destruirla.
Pero, en cualquier caso, no debéis fiaros
ni contar secretos que son de ocultar.                 16630
Podéis soportar que vayan y vengan,
que sea la esposa quien lleve la casa,
si es que de tal cosa le gusta ocuparse;
o si existe alguna por casualidad
que sepa muy bien comprar y vender,                    16635
en tal menester bien puede ocuparse;
o si acaso saben cualquier otro oficio,
y si es necesario, pueden ejercerlo;
que sepan también las cosas triviales
que no necesitan estar encubiertas.                    16640
Pero si os ocurre que os abandonáis
y les concedéis más de lo debido,
llegado el momento lo lamentaréis,

una vez sepáis de sus malas artes.
La Santa Escritura muy bien nos advierte                    16645
que, si la mujer viene a dominar,
a su propio esposo le será contraria
en todas las cosas que se le antojaren.
De cualquier manera, tened buen cuidado
de que vuestra casa no esté en mal estado,                  16650
pues se pierde mucho si bien no se guarda:
quien es diligente, que guarde lo suyo.
    Así que vosotros, que tenéis amigas,
tenéis que tratarlas como compañeras.
Debéis procurar que conozcan bien                           16655
todas las tareas y cosas comunes.
Mas si sois prudentes y tenéis sentido,
cuando las tenéis entre vuestros brazos,
cuando las besáis y os estáis amando,
¡callaos, callaos, callaos, callaos!                        16660
¡Callaos, amigos, callaos la lengua,                        01
callaos, que nadie conozca el secreto,                      02
callaos, callaos, pues tales orejas,                        03
callaos, callaos, son muy traicioneras.                     04
Prestad atención en no hablar palabra,
pues nada es posible que se lleve a cabo
si de los secretos están al corriente,
por lo vanidosas y tontas que son
y por lo afiladas que tienen las lenguas,                   16665
por lo venenosas y lo perniciosas.
    Mas cuando los hombres llegan a ese extremo,
cuando los abrazan sus bellas amigas
y se están besando y haciendo caricias
y jugando al juego que tanto les gusta,                     16670
entonces no saben quedarse callados.
En ese momento revelan secretos;
el marido entonces no se calla nada,
de lo que después se arrepentirá:
todos les descubren sus cosas ocultas,                      16675
salvo los prudentes y los reflexivos.
    Pensad en Dalida, mujer muy perversa,

---

16645  En el *Eclesiástico*, XXV, 29-30.
16677  Según relata el *Libro de los Jueces*, XVI.

quien por sus caricias llenas de veneno
al fuerte Sansón, que era tan valiente,
tan digno, tan noble y tan buen guerrero,                16680
cuando lo tenía muy cerca de sí
y le prodigaba sus dulces caricias
cortó los cabellos con unas tijeras,
con lo que perdió todo su vigor
al ser despojado de su dura crin.                         16685
En aquel momento todos sus secretos
imprudentemente se los reveló,
ya que no sabía ocultarle nada.

Pero ya no quiero decir más ejemplos,
porque debe haber bastante con uno.                       16690
Recordemos sólo lo que Salomón
nos dice al respecto, y que cito aquí
por lo que os aprecio a todos los hombres:
«De aquella que duerme en tu propia cama
guarda los secretos que oculta tu boca.»                  16695
Así evitaréis los inconvenientes.
Todas estas cosas es justo que diga
aquel que a los hombres tiene en gran estima,
para que se guarden bien de las mujeres
y que no confíen en ellas jamás.                          16700

Lo aquí referido no va contra vos,
porque vos habéis, y esto es bien sabido,
siempre sido firme y siempre leal.
La misma Escritura lo dejó ya dicho:
«Dios tan generoso se mostró con vos,                     16705
que siempre seréis muy sabia y prudente.»

Con estas palabras Genio la animaba,
porque pretendía que se consolara
Natura y que así cesara su duelo,
porque no se puede nada conseguir,                        16710
según le decía, cuando se está triste,
ya que la tristeza es cosa que abate
y que, a su entender, de nada servía.

16694   En realidad, la frase pertenece al profeta menor *Miqueas,* VII, 5.
16705   Se refiere de nuevo al *De Planctu Naturae,* en el cual se basará,
junto con el *De Consolatione* de Boecio, para la confesión de *Natura* (versos 16729 y ss.).

Y una vez que dijo todas estas cosas
y sin añadir plegaria ninguna,                                    16715
se vino a sentar Genio en una cátedra
que está situada cerca del altar:
entonces Natura se pone a su lado,
hinca las rodillas y va a confesarse.
Pero no le es fácil, eso es evidente,                             16720
porque no consigue su pena olvidar;
Genio, por su parte, no quiere insistir,
ya que todo esfuerzo inútil sería.
Por eso se calla y escucha a Natura,
la cual va a iniciar, con suma aflicción                          16725
y en un mar de lágrimas, su gran confesión,
que quiero dejar aquí por escrito
palabra a palabra, tal como la dijo:


## Confesión de Natura

### Los planetas

«Este inmenso Dios, sumamente bello,
cuando quiso hacer este hermoso mundo                             16730
del que ya tenía en su pensamiento
la forma perfecta que pensaba darle,
muy bien meditada en la eternidad,
antes de iniciar obra tan inmensa,
no tomó modelo sino de Sí mismo,                                  16735
porque en Sí tenía todo lo preciso.
Pues de haber querido buscarlo de afuera,
no hubiese encontrado ni cielo ni tierra
ni modelo alguno de donde inspirarse,
pues ninguna cosa fuera de Él había,                              16740
ya que de la nada todo fue creado
por el Hacedor todopoderoso,
al que nada pudo obligarle a obrar
salvo solamente su gran voluntad,
buena, generosa, amable e inmensa,                                16745
y que está adornada de todas las gracias.
El mundo creó desde sus inicios

[493]

tomando tan sólo una enorme masa,
que era toda informe y toda confusa,
sin orden ninguno y sin división,                                    16750
a la que después dividió por partes
y así se quedó desde aquel momento,
a las que aplicó su debido nombre
respectivamente, según su saber.
Y configurándolas razonablemente,                                    16755
les puso su imagen a cada figura,
dándoles a todas la forma redonda
por mejor moverse y más englobar,
según que tuvieran que ser cuerpos móviles
o debieran ser cuerpos que envolvieran,                              16760
a los que asignó el lugar preciso
según el carácter que les dio mudable:
los que eran ligeros se fueron volando,
los que eran pesados se hundieron en tierra,
y los intermedios quedaron en medio.                                 16765
En tales lugares están ordenados
con justo compás y medida exacta.
Y este mismo Dios, por su inmensa gracia,
después de ordenar y de distinguir
y de colocar cada criatura,                                          16770
tuvo a bien honrarme con el gran honor
de querer que fuera yo su camarera,
como tal me deja y me dejará
seguirle sirviendo, mientras lo disponga:
yo no solicito mayor recompensa,                                     16775
y le doy las gracias por su gran amor,
pues, siendo una esclava, tan humilde y pobre,
me dio una mansión tan rica y tan bella:
este gran señor mucho debe amarme
cuando me ha tomado como camarera.                                   16780
    ¿Como camarera? Como mucho más:
como condestable y administradora,
de lo cual yo nunca podría ser digna:
Él me quiso honrar por su gran bondad.
Y por eso guardo, gracias a este honor,                              16785
la bella cadena dorada y potente
con la cual enlazo los cuatro elementos

los cuales se inclinan ante mi presencia.
Me ocupo también de todos los seres
que están incluidos por dicha cadena,                    16790
de cuya custodia soy la responsable
y, por tal motivo, de su pervivencia.
Dispuso también que me obedecieran
y se mantuvieran siguiendo mis reglas
(reglas que jamás deben olvidarse),                      16795
y que las guardasen y las observasen.
Desde aquel momento y continuamente
todos las cumplieron, como puede verse,
porque cada cual sigue su camino.
Todos me obedecen, todos menos uno.                      16800
   No podré quejarme del cielo jamás,
que sigue girando sin desfallecer
llevando consigo el hermoso círculo
en que están dispuestas todas las estrellas,
con brillo mayor y con más poder                         16805
que puedan tener las piedras preciosas;
porque va alegrando y adornando el mundo,
desde que comienza su curso en Oriente
hasta que se acuesta por el Occidente,
sin cesar jamás de cumplir sus vueltas.                  16810
Él es superior a los otros círculos,
que van gravitando en sentido opuesto
para retardar su giro continuo;
pero dichos círculos no pueden frenarlo,
sino que por ellos sigue deslizándose,                   16815
realizando un círculo en treinta mil años
hasta regresar al mismo lugar
en que lo hizo Dios iniciar su marcha,
describiendo así una trayectoria
del mismo tamaño que tiene el camino                     16820
que sigue Zodiaco al hacer su giro,
puesto que uno y otro giran igualmente.
   El giro celeste se da tan exacto,
que en él no es posible que haya error alguno:
por eso le dieron el nombre de *aplanos,*                16825
porque no encontraron que tuviera error,
pues en lengua griega es lo mismo *aplanos*

que «cosas exactas» según nuestra lengua.
Por ello no puede ser visto por nadie
el cielo supremo del que estoy hablando;                    16830
pero la razón puede bien probar
que tal cielo existe con demostraciones

Tampoco me quejo de ningún planeta,
los siete muy claros, netos y brillantes,
que siguen sus cursos propios cada cual.                    16835
Estima la gente respecto a la luna
que no es totalmente ni neta ni pura,
dado que presenta cierta obscuridad;
eso es porque tiene dos naturalezas,
y en ciertos lugares aparece obscura:                       16840
brilla por un sitio y por otro no,
porque es a la vez brillante y espesa.
Lo que le produce perder claridad
es el que su parte más clara y brillante
reflejar no puede, dada su sustancia,                       16845
los rayos del sol por ella absorbidos,
ya que la traspasan y no los detiene.
Mas la parte espesa guarda su fulgor
debido a que puede parar dichos rayos,
por lo que retiene la luz que le envían.                    16850
Y para mejor entender la cosa,
es muy oportuno, a modo de glosa,
poner un ejemplo con pocas palabras,
y así se podrá comprender lo dicho:
es como el cristal, cuando es transparente,                 16855
por el cual los rayos pasan a través
(ya que nada tiene delante o detrás
de sustancia espesa que pueda pararlos):
ninguna figura puede reflejar,

---

16836   La luna era considerada como planeta en la Edad Media.
Entonces no se conocía la existencia de Neptuno ni Plutón.
La astrología gozó de un amplio cultivo en la literatura medieval
castellana, impulsado por Alfonso X el Sabio, que mandó traducir todos
los libros sobre el tema que cayeron en su poder. Baste recordar títulos
como las *Tablas alfonsíes,* en las que se habla de los movimientos de los
planetas, los *Libros del saber de Astronomía,* el *Libro conplido en los judizios de
las estrellas,* etc.

por cuanto no pueden quedar detenidos                    16860
los rayos de luz por ningún obstáculo
en el que se puedan reflejar las formas;
mas poniendo plomo u otra cosa espesa
que no permitiera que la luz pasara,
quien se colocara frente a tal cristal                   16865
inmediatamente vería las formas;
o también, tratándose de un cuerpo pulido
que pueda parar la luz recibida
porque en él hubiera cierta opacidad,
es muy bien sabido que refleja formas.                   16870
En cuanto a la luna, por su parte clara,
tal como le ocurre al cristal aquel,
retener no puede los rayos del sol
y por esa causa su luz no refleja,
ya que la atraviesan; mas la parte espesa,               16875
que no les permite ser atravesada,
sino que a esos rayos envía hacia atrás,
permite a la luna conservar la luz.
Por eso aparece por ciertos lugares
con gran claridad, y oscura por otros.                    16880
   Y por el lugar que aparece oscura
se nos representa una gran figura
de un fiero animal, que a todos asombra:
es una serpiente que tiene el testuz
mirando a Occidente, adonde se inclina,                  16885
mientras que su cola tiende hacia el Oriente;
sobre el espinazo se levanta un árbol
cuyas ramas tienden también al Levante
y están extendidas tortuosamente.
Y sobre el ramaje se puede apreciar                      16890
a un hombre apoyado sobre sus dos brazos,
que tiene extendidos hacia el Occidente
sus pies y sus muslos, tal como demuestra
la disposición que puede apreciarse.
   Los planetas hacen cosas muy benéficas;               16895
cada cual actúa con tal perfección,
que ninguno de ellos interrumpe al otro;
gira cada cual por sus doce casas
y van dando vueltas por todos los grados,

y, donde es debido, allí permanecen.                              16900
Para realizar mejor su tarea,
sus giros describen en sentido inverso
con respecto al cielo, frente al cual ocupan
un día tras otro su sitio debido,
dando así sus vueltas de forma perfecta.                          16905
Y una vez descritas, vuelven a empezar
siempre en dirección contraria del cielo,
por lo cual ayudan a los elementos;
pues, si no frenaran su velocidad,
sería imposible vivir bajo el sol.                                16910
    Con respecto a éste, que origina al día,
puesto que de él viene toda claridad,
se encuentra en el centro, como soberano,
todo llameante de rayos de luz.
Entre los planetas tiene su morada,                               16915
y no es nada extraño, sino muy normal,
el que el bello Dios, el fuerte y el sabio,
quisiera instalarse en dicho lugar;
porque si su giro más bajo se hiciera,
por su gran calor todos morirían;                                 16920
o, por el contrario, de girar muy alto,
por el mucho frío nada viviría.
Desde allí se extiende su gran claridad
tanto hacia la luna como a las estrellas,
a las cuales hace parecer tan claras,                             16925
que la Noche de ellas hace sus candelas
en cuanto oscurece, en torno a su mesa,
para ser así menos espantosa
cuando ante Aqueronte, su marido, está,
cuyo corazón está entristecido,                                   16930
puesto que prefiere carecer de luz
si ha de acompañar a su oscura esposa,
tal como estuvieron los primeros días
cuando se encontraron y se conocieron,
gracias a lo cual, por sus desvaríos,                             16935
nacieron tres hijas, llamadas las Furias,
que son los verdugos que hay en los infiernos,
muchachas crueles y muy vengativas.
    No obstante, la Noche, cuando reflexiona,

cuando se contempla detenidamente                    16940
en su habitación, o doquiera esté,
piensa que sería muy desagradable
y tendría un rostro harto tenebroso
si no dispusiera de la alegre luz
que le proporcionan todas las estrellas,             16945
las cuales describen sus giros eternos
a través del aire obscuro y extenso,
tal como Dios Padre dejó establecido,
y entre sí producen bellas armonías,
que son el origen de las melodías                    16950
y de todo tipo de tonalidades
que, bien acordadas, emplear solemos
en todas las clases que existen de canto:
no hay música alguna que de ellas no venga.

Los cuerpos celestes, por sus influencias,           16955
cambian las sustancias y los accidentes
de todas las cosas que hay bajo la luna:
la diversidad de estos tales cuerpos
hace obscurecerse a lo que es brillante
y a lo que es espeso hacerse más claro,              16960
al calor en frío, lo seco en mojado,
pues se complementan tal como las cajas,
en donde es preciso reunir sus lados
para que entre todos se puedan tener,
pues por más que sean factores opuestos,             16965
están entre sí muy bien ensamblados.
Así se concilian los cuatro contrarios
una vez que están formando un conjunto
en las proporciones que son convenientes
y con complexiones también razonables               16970
para conseguir la forma mejor
que se debe dar a todas las cosas.
Porque si resulta que no se consigue,
es que la materia no es la conveniente.

Pero si se piensa detenidamente,                     16975
esta tal concordia resulta inestable,
puesto que el calor chupa la humedad

---

16954   Según Pitágoras, la armonía de las esferas produce la música.

y la va gastando incesantemente,
un día tras otro, hasta que produce
la muerte del cuerpo fatídicamente,                    16980
ya que de esta forma quedó establecido;
eso si la muerte no se produjera
debido a otras causas más accidentales
antes que se agote aquella humedad.
Ya que aunque es sabido que no puede nadie,            16985
por mucho que emplee buena medicina
ni por otros medios que estén a su alcance,
alargar la vida propia de su cuerpo,
en cambio es posible con muy poco esfuerzo
el que cada cual la pueda abreviar,                    16990
porque hay mucha gente que acorta su vida,
antes que se acabe aquella humedad,
dejándose ahogar o bien si se ahorca,
o bien emprendiendo cosas peligrosas
por las que, aunque quieran después alejarse,          16995
van a terminar perdiendo la vida;
o bien por sufrir un grave accidente,
dada una conducta muy desordenada;
o siendo matado por sus enemigos,
que, al verse ofendidos por cualquier razón,           17000
le darán la muerte con veneno o daga
en un arrebato muy fuerte de ira;
o bien porque pueden caer muy enfermos,
dados los excesos que suelen hacerse:
por mucho dormir, por dormir muy poco,                 17005
por ocio excesivo, por mucho trabajo,
por mucho engordar, mucho adelgazar,
ya que todo exceso resulta dañoso;
o por ayunar más de lo debido,
o por dedicarse mucho a los placeres;                  17010
por mucho alegrarse, por mucho llorar,
por mucho llevar vida miserable,
por mucho beber, por mucho comer;
también por pasar de un extremo a otro,
como puede verse muy frecuentemente                    17015
cuando algunos cambian repentinamente
de un calor muy grande a un frío extremado,

cambio que al final les será fatal;
también por cambiar de forma de vida,
pues causa la muerte de muchas personas                     17020
todo cambio de hábitos que es precipitado.
Muchos se desgracian y muchos se mueren
debido a los cambios que hacen repentinos
y que son también contranaturales,
debido a lo cual en vano me esfuerzo                        17025
para protegerlos y que no se mueran.
Y por más que actúan en contra de mí
cuando con afán persiguen su muerte,
no dejo por ello de sentir gran pena
por los que se quedan en pleno camino,                      17030
pobres desgraciados que han desfallecido
y que fueron presa de muerte temprana,
de la que muy bien librarse pudieron
si hubiesen querido en vida abstenerse
de esas sus locuras, de esos sus excesos                    17035
por los que sus vidas quedaron truncadas
antes de que hubieran podido alcanzar
el final que yo les había asignado.
    Por ejemplo, Empédocles se guardó muy mal,
a pesar de ser un buen escritor                             17040
y de tanto amar la filosofía:
debido a que estaba quizás melancólico,
ganas no tenía de seguir viviendo,
por lo que, sin más, se precipitó
en medio del fuego que sale del Etna,                       17045
y así demostrar cuán débiles eran
quienes a la muerte tenían pavor:
sólo por tal causa decidió arrojarse.
No quiso elegir métodos más dulces:
antes prefirió buscar su sepulcro                           17050
en medio de un fuego vivo y sulfuroso.
    Y lo mismo Orígenes, cuando sus cojones
se quiso cortar, en mí no pensó.
Con sus propias manos decidió cortárselos
para así servir más devotamente                             17055
en un monasterio sólo de mujeres
y que se evitaran todas las sospechas

de haberse acostado con algunas de ellas.

### Determinismo y libre albedrío

Se suele decir que fueron las Parcas
quienes tales muertes habían dispuesto                    17060
y habían escrito el fatal momento
desde el mismo instante de la concepción,
dado que sus vidas tuvieron su inicio
cuando se produjo tal constelación,
por lo cual estaban ya predestinados,                     17065
careciendo así de cualquier remedio
por el que poder evitar su muerte:
por más que la muerte evitar quisieran,
forzados estaban a morir así.
Pero, en cuanto a mí, puedo asegurar                      17070
que por más que el cielo esforzarse quiera
para arrebatarles lo que yo les di
cuando los obliga a estas u otras obras
(de forma que todos quedan condenados
por la inclinación que en ellos grabó,                    17075
la cual hace inútil toda resistencia),
digo que es posible, por educación,
o por una buena y eficaz crianza,
o porque se tienen buenas compañías
que aconsejan bien y de ejemplo sirven,                   17080
o porque se empleen algunos remedios
que apropiados sean, como medicinas,
o por la bondad del entendimiento,
el hacer de modo que esto no suceda,
con tal de que actúen convenientemente                    17085
sin querer forzar su naturaleza.
Pues aun si forzada por su inclinación

---

17059 *Genio* va a centrarse ahora en un debate muy medieval: la
oposición entre determinismo y libre albedrío, que dio lugar a algunas
herejías y a no pocas discusiones filosóficas, entroncadas, entre otras, en las
teorías averroístas. Para más detalles sobre este asunto y sus repercusiones
en España es aún muy útil la *Historia de los heterodoxos españoles* de
M. Menéndez Pelayo, en particular el vol. I.

contra la razón o contra las leyes
alguna persona decide actuar,
Razón le podrá de ello disuadir                    17090
con tal que la tengan como consejera.
Entonces las cosas les irán mejor,
porque de esta forma puede suceder
(hagan lo que hicieren las constelaciones,
que, sin duda alguna, tienen gran poder),          17095
que no logren nada si Razón se opone,
puesto que sobre ella no tienen poder.
Los hombres de ciencia conocen muy bien
que no son los astros quienes la dominan,
como que tampoco la hicieron nacer.                17100
  Pero resolver esa gran cuestión
acerca de cómo predestinación
y ciencia divina, la cual es la fuente
donde se origina toda providencia,
se armonizarían con libre albedrío,                17105
es cosa difícil de explicar a laicos.
A quien tal problema explicar quisiese
mucho costará el ser comprendido,
incluso si puede dejar demostradas
las mismas razones que se le opusieran.            17110
Pues aunque parezca que están muy opuestos,
estos dos conceptos no están enfrentados.
Pues, si fuera así, quienes obran bien
jamás obtendrían recompensa alguna,
ni quienes actúan de mala manera                   17115
no podrían ser por ello penados,
si es que fuera cierto, si fuera verdad
que todo se hiciera por necesidad;
dado que el que obrase convenientemente
no hubiese podido de otro modo obrar,              17120
y aquel que actuara de forma dañina
no hubiese podido evitar el mal:
lo quisiera o no, actuaría así
puesto que el destino le obligaba a hacerlo.
Pero no es difícil dejar demostrado                17125

17111-86 Inspirado en Boecio, *De Consolatione*, V, prosa 3, y V, prosa 6, para los versos 17191-238.

a quien argumente sobre la materia
el que Dios no puede quedar engañado
por aquellos hechos que ya conocía,
hechos que en su día se han de producir
tal como su ciencia los tiene previstos:                    17130
Dios sabe muy bien su momento exacto
y sus circunstancias y sus objetivos,
ya que si ocurriera de distinta forma,
si desconociere lo que ocurrirá,
no podría ser todopoderoso,                                 17135
ni todo bondad, ni el que sabe todo;
tampoco sería el gran soberano,
ni el bello, ni el dulce, ni el gran creador;
tampoco sabría nada de nosotros,
sino que sería como cualquier hombre,                       17140
sujeto a opiniones que no son seguras,
sin esa certeza que le da su ciencia.
Mas tener de Dios una tal imagen
es una blasfemia, cosa de diablos:
nadie deberá tener esa idea                                 17145
si quiere pasar por persona cuerda.
Y no actúa así si a admitir llegara
que siempre que el hombre se esfuerza por algo
le es inevitable y preciso hacerlo,
por lo cual medita y pone los medios                        17150
para conseguir lo que se propone,
ya que dicha cosa le está destinada.
De donde parece deber deducirse
que existir no puede libre voluntad.

Pero si ocurriera que es sólo el destino                    17155
el que rige el curso de cuanto sucede,
tal como parecen querer demostrar
quienes argumentan de dicha manera,
los que obraran bien, o de mala forma,
dado que no pueden evitar sus actos,                        17160
¿cómo pueden ser a Dios agradables,
o por qué razón los condenaría?
Si por más que quieren hacer de otro modo
escapar no pueden de lo establecido,
no actuaría Dios de manera justa                            17165

si recompensase o si condenase:
¿sobre qué principios lo podría hacer?
Pues si se examina con detenimiento,
no habría virtud ni tampoco vicio.
De nada valdrían los santos oficios                    17170
ni las oraciones que rezar solemos,
dado que no habría vicios ni virtudes.
Y si Dios quisiese juzgar a los hombres
cuando no se dan vicios ni virtudes,
no podría obrar con buena justicia;                    17175
y, así, absolvería a los usureros,
a los asesinos y a los malhechores,
y tanto los buenos como los hipócritas
serían pesados en la misma báscula,
por cuya razón mal pagados fueran                      17180
aquellos que obraron en amor de Dios,
puesto que Su amor no recibirían.
Y les faltaría verdaderamente,
pues la situación tan grave sería,
que persona alguna alcanzar podría                     17185
por sus buenas obras la gracia divina.
    Pero no es así, porque Dios es justo,
ya que en Él relucen todas las bondades,
y no se podría tener por perfecto
a quien careciera de alguna virtud.                    17190
Así pues, Él da premios y castigos
a cada persona según son sus méritos:
todas las acciones al final se pagan
quedando anulada la fatalidad;
al menos según la entienden los laicos,                17195
a quienes las cosas se les representan
o buenas o malas, o falsas o ciertas
debido a razones predeterminadas,
por lo cual rechazan el libre albedrío,
negado por ellos con gran virulencia.                  17200
    Pero el que quisiera volver a insistir
y apoyar aún el determinismo
(negando por ello el libre albedrío,
empresa que muchos siguen intentando),
temo que dirá que lo que es posible,                   17205

aunque corre el riesgo de no producirse,
pasa a ser seguro cuando se produce:
«Pues si alguna cosa se hubiese previsto
y alguien afirmara: tal cosa vendrá
y no habrá suceso que pueda impedirlo,                    17210
¿acaso no está en esto en lo cierto?
Por lo cual existe la fatalidad;
ya que se deduce que lo que es verdad
resulta también cosa necesaria,
puesto que se da reciprocidad                              17215
entre lo que es cierto y lo inevitable.
Así, lo fatal será verdadero
porque a tal lo lleva la necesidad.»
Quien a tal cuestión deba responder
¿cómo le es posible salir con buen pie?                    17220
   Porque está diciendo cosas verdaderas,
aunque se equivoca en lo necesario:
sea como fuere que la haya previsto,
la cosa prevista no se realizó
debido a un suceso de necesidad,                           17225
sino entre otros muchos, posibles también.
Porque si se mira con detenimiento,
es necesidad en expectativa,
no necesidad pura y absoluta.
Así, este propósio carece de base:                         17230
«las cosas futuras, si son verdaderas,
por la misma causa necesarias son»;
porque esa verdad, que sólo es posible,
de ninguna forma puede confundirse
con necesidad absoluta y pura                              17235
ni con la verdad total y absoluta.
Con tal argumento no será posible
descalificar al libre albedrío.
Y, por otra parte, si se mira bien,
de nada valdría a persona alguna                           17240
el pedir consejo para cualquier cosa,
como el preocuparse por cualquier asunto.
Pues, ¿por qué motivo se aconsejarían,
por cuáles asuntos se preocuparían
si todo estuviera ya predestinado                          17245

y se realizase por necesidad?
Ya ningún consejo ni ningún trabajo
tendrían objeto, ni poco ni mucho,
ni nada sería mejor ni peor,
ni lo conocido o por conocer,                              17250
ni lo realizado o por realizar,
lo que se declara o lo que se oculta.
De nada valdría querer aprender:
podría saberse sin ningún estudio
lo que se aprendió después de estudiar                     17255
con muchos esfuerzos durante una vida.
Parecida idea no puede aceptarse,
por lo cual se debe rechazar de plano
que lo que es producto de una actividad
se haya producido por necesidad:                           17260
quien actúa bien y quien obra mal
están inspirados por su voluntad,
y ellos solamente son los responsables
de aquellas acciones de que son autores,
pues les fue posible dejar o tomar                         17265
cuando recurrieron a su raciocinio.
    Sería prolijo responder aquí
para invalidar tantos argumentos
como en este asunto pueden encontrarse.
Muchos son ya aquellos que a tal se aplicaron              17270
y que demostraron muy certeramente
que la suma ciencia de que goza Dios
nunca determina ni hace inevitables
las obras que el hombre puede realizar;
pues, en tal asunto, comprender es fácil                   17275
que, aunque Dios conozca lo que va a pasar,
no ha de concluirse que lo que sucede
ha de suceder por dicha razón.
No obstante, hay quien dice que, ya que sucede,
ya que todo tiene una conclusión,                          17280
es inevitable que Dios lo consienta.
Al decir tal cosa, resuelve muy mal
lo que se contiene en esta cuestión.
Porque si se entiende su aseveración,
si estoy en lo cierto al interpretarla,                    17285

se habrá de pensar que lo que sucede,
(si es tal lo que dicen los que tal arguyen),
es lo que da a Dios esa su presciencia
y que la hace ser también necesaria.
Pero es gran locura llegar a creerse                    17290
el que pueda Dios permitir siquiera
que su enorme ciencia sea dependiente.
Aquellos que siguen semejante idea
no tienen de Dios muy buena opinión,
pues lo que pretenden en sus argumentos               17295
es debilitar su sumo saber.
Ningún bien pensado puede concebir
que pueda enseñarse a Dios cualquier cosa,
ya que en modo alguno podría llamársele
el conocedor sumo y absoluto                            17300
si se le encontrara la mínima falta,
como se pretende con tal opinión.
Esa afirmación me parece falsa,
ya que debilita la dicha presciencia
y pretende ahogar su gran providencia                   17305
bajo las tinieblas que da la ignorancia,
y porque invalida, si ella fuera cierta,
el poder divino de saberlo todo:
si Dios conociera por casualidad,
esto implicaría que no es poderoso,                      17310
cosa que resulta grave de decir
y también pecado con sólo pensarlo.
    Otros sostuvieron opinión distinta
y se pronunciaron según su creencia.
Fue su parecer, firme y sin fisuras,                     17315
que todas las cosas, fueran las que fuesen,
que sean producto de la voluntad,
antes de que sean por ella elegidas,
Dios conoce ya que han de producirse
y, del mismo modo, el fin que tendrán,                   17320
lo cual es posible por cierta adición
gracias a la cual Él puede saber
con qué resultado se producirán.
Con esta opinión quieren expresar
que no se producen por necesidad,                        17325

sino que las cosas son sólo posibles,
y por ello Dios conoce su fin,
o si existirán o no existirán:
Él conoce bien de todas las cosas
cuál de los caminos por fin seguirán:                17330
unas optarán por la negación
y otras, al contrario, por la afirmación;
pero de una forma no tan absoluta,
que impida que ocurran de forma distinta,
puesto que podría suceder así                        17335
en cuanto intervenga el libre albedrío.

Mas ¿cómo es posible decir estas cosas?
¿Cómo puede darse tal desprecio a Dios,
ya que su presciencia, según tal doctrina,
está sometida a lo contingente,                      17340
lo cual significa que no puede ver
de forma absoluta todo cuanto ocurra?
Pues si de una cosa ignorara el fin,
ha de concluirse que no está seguro
si puede ocurrir de distinta forma:                  17345
si la dicha cosa otro fin tuviera
distinto al que Él mismo previó para ella,
aquella presciencia sería falible
y, por eso mismo, nada de fiar:
podría tacharse de incierta opinión                  17350
que requeriría su demostración.

Hubo todavía otro parecer
que muchos aún siguen manteniendo,
los cuales afirman que lo que sucede
en nuestra experiencia de forma posible,             17355
debe producirse por necesidad
con respecto a Dios, y sólo con Él,
puesto que conoce de forma absoluta
y desde el inicio, sin lugar a dudas,
por mucho que actúe el libre albedrío,               17360
todo cuanto existe y antes de que exista,
cualquiera que sea el final que tenga;
y esto lo conoce necesariamente.

Sin lugar a dudas, están en lo cierto
quienes argumentan según tales términos,             17365

y concretamente en lo referente
a que Dios conoce por necesidad,
gracias a la cual sin margen de error
Él ya sabe todo lo que ocurrirá.
Mas esto no indica que ejerce influencia          17370
ni en cuanto a sí mismo ni en cuanto a los hombres,
puesto que saber cualquier resultado,
como conocer todos los detalles
que se pueden dar en su desarrollo,
es la consecuencia del sumo poder               17375
y de la bondad de su gran saber,
ante el que no puede ocultarse nada.
Quien argumentase contra tal doctrina
afirmando que es predestinación,
estaría en ello muy equivocado.                 17380
Pues por más que sepa ya los resulados,
éstos no se dan, a mi parecer,
ni se habrán de dar, esto es evidente,
porque en un principio los previera así;
pues Dios los conoce por su gran poder,         17385
por su gran virtud y por su saber,
gracias a los cuales puede verlo todo,
y nada podrá jamás ocultársele:
nada ha de existir que Él no pueda ver.
    Para andar en esto por vía segura,          17390
aquel que tuviera que explicar la cosa,
la cual no resulta fácil de entender,
un debido ejemplo tendrá que poner
a aquellas personas que no son letradas,
puesto que los laicos quieren que les hablen    17395
sin que se recurra a sutilidades.
Si un hombre emprendiera por su iniciativa
una acción cualquiera, conveniente o no,
o si se abstuviera de la dicha acción
porque tiene miedo de que, si lo vieran,        17400
podría venirle algún deshonor,
éste puede ser el mejor ejemplo:
ninguno podría conocer la acción
antes de llegar a ser realizada,
ni menos aún si no la emprendiese               17405

por haber optado por no acometerla;
otro que supiera ya su resulado,
no habría empleado, porque lo supiera,
ni necesidad ni determinismo;
y aunque esta persona pudiera saber                    17410
ya la conclusión antes de la acción,
si no interviniera y dejara hacer,
siendo solamente de ella sabedor,
al otro no haría coacción alguna
para que no obrase o para que hiciese                  17415
las cosas que pudo o que quiso hacer,
ni para abstenerse de hacer esa cosa
si le deja hacer a su voluntad:
aquel que la hiciera libre quedaría
para hacer la cosa o para evitarla.                    17420

Pues lo mismo Dios y más noblemente,
y también de forma más determinante,
conoce las cosas que están por venir,
como el resultado que habrán de tener,
cualquiera que sea la forma de obrar                   17425
que pueda adoptar aquel que las hace,
que en todo momento podrá disponer
de su libertad para hacer sus cosas;
por lo cual podrá optar por alguna
siguiendo su seso o su insensatez.                     17430

Dios conoce, pues, el fin de las cosas
antes del momento de su creación,
y sabe asimismo que no se han de hacer
todas esas cosas que se abandonaron
por miedo, vergüenza o por otra causa,                 17435
sea razonable o sea insensata;
y la voluntad que guía a los hombres.
Porque, por mi parte, conozco muy bien
que existen personas, y en gran cantidad,
cuya inclinación es hacer el mal,                      17440
pero que, no obstante, se abstienen de hacerlo;
algunas también actúan así
para conducirse virtuosamente
y obtener así el amor de Dios,
por lo cual actúan convenientemente;                   17445

mas estas personas son poco abundantes;
y otros optarían por hacer el mal
si en tal actuación no hubiese reparos,
pero acabarán por domar sus ánimos
debido a que temen o pena o deshonra.                    17450
Todas estas cosas ve Dios claramente
porque ante sus ojos las tiene presentes,
y del mismo modo ve las condiciones
dadas en los hechos y en las intenciones.
De Él es imposible que nada se oculte                    17455
por más que la cosa tarde en realizarse,
pues no existe nada, por lejos que esté,
que no tenga Dios tan cerca y presente
como si tal cosa ante Él estuviera.
Que tarde diez años, o bien veinte, o treinta,          17460
incluso quinientos, incluso cien mil,
hecha en una feria, en campo o ciudad,
con honestidad o indecentemente,
Dios ya la está viendo en el mismo instante
como si la cosa ya hubiese ocurrido;                     17465
puesto que la ha visto desde los inicios
de forma muy clara y muy verdadera
en ese su espejo perpetuo y eterno
donde se refleja todo cuanto ocurre,
sin que mengüe en nada el libre albedrío.               17470
Este tal espejo no es otro que Él mismo,
de quien se origina todo cuanto existe.
En tan bello espejo, de gran perfección,
al cual tuvo y tiene siempre junto a Sí
y en el cual observa lo que pasará                       17475
haciendo que todo le sea presente,
puede contemplar el fin de las almas
que le servirán con gran lealtad;
también el de aquellos que no se preocupan
de regir sus vidas convenientemente;                    17480
a todos promete en Su pensamiento,
según hayan sido las obras que hicieron,
bien la salvación o bien la condena:
a esto hay que llamar predestinación,
que quiere decir presciencia divina,                     17485

la cual sabe todo, que nada adivina,
y sabe extender su gracia a la gente
cuando se la ve que tiende hacia el bien.
Pero no por ello habrá suplantado
el poder que tiene el libre albedrío.                    17490
Pues todos los hombres obran libremente,
bien en su provecho, bien para su daño.
En esto consiste su visión presente,
pues aquel que quiera definir qué sea
lo que es entendido por eternidad,                      17495
habrá de decir: posesión de vida
que en ningún momento habrá de acabarse
y es toda una misma, sin continuidad.


### Los destinos

Con respecto al orden que rige este mundo,
que Dios, bondadoso, por su providencia                 17500
quiso establecer dándole unas leyes,
deberá cumplirse obligadamente.
Por ello, las causas de la creación
tendrán que actuar necesariamente
de la misma forma en todo momento.                      17505
Los cuerpos celestes siempre ejercerán
(según sea el giro que deban hacer)
las transmutaciones que les corresponden;
usarán también sus virtualidades
gracias al influjo que, partiendo de ellos,             17510
habrá de afectar lo particular
que está contenido en todo elemento
cuando éste reciba sobre sí los rayos
que ha de recibir obligadamente;
pues las mismas causas han de producir                  17515
en todo momento los mismos efectos,
y todos los seres seguirán mezclándose
según las sustancias de que están compuestos
y según lo que haya de común en ellos,
en sus propiedades y composiciones;                     17520
quien deba morir, morirá al final,

pero mientras tanto seguirá viviendo;
y por el deseo natural en todos,
unos optarán por vivir su vida
llena de placeres y comodidades,                    17525
y otros vivirán virtuosamente.
Pero ocurrirá que muchas acciones
no siempre serán llevadas a cabo
tal como los cuerpos celestes entienden
si las criaturas saben defenderse,                  17530
puesto que éstas siempre les serían fieles
si no fuesen nunca de ellos desviados
o por el azar o por sus deseos.
El hombre estará inclinado siempre
a seguir las órdenes de su corazón,                 17535
a cuyo mandato nunca se opondrá
dado que lo obliga necesariamente.
Por cuyo motivo, se ha de comprender
que este tal mandato debe ser tomado
y considerado como su destino,                      17540
el cual es congénito a las criaturas
debido a que son cosas inclinables.

      Por eso, se dan hombres con fortuna,
ya que, desde el día que vieron la luz,
son buenos y honrados en todas sus cosas,           17545
sabios y corteses y muy venturosos,
provistos de amigos y de muchos bienes,
y muy conocidos por sus grandes éxitos.
Y los hay también con fortuna adversa.
Pero cada cual debe estar alerta,                   17550
pues su situación podría cambiar
por su mala vida o por sus virtudes.
Si alguno se viera tacaño y avaro,
por lo cual jamás sería feliz,
tendrá que luchar contra tales vicios:              17555
ha de contentarse con lo que tuviere
y ser liberal al gastar y dar
dinero, vestidos, bebida y comida,
aunque en estas cosas deberá evitar
ser considerado como manirroto.                     17560
No debe caer nunca en la avaricia,

que, moviendo al hombre a guardar dineros,
le producirá un cruel martirio
porque, aun siendo rico, se tendrá por pobre:
tanto ha de cegarlo y llega a oprimirlo,                    17565
que no le permite hacer bien alguno,
porque perderá todas sus virtudes
si en tan vivo fuego se quiere quemar.

Así, puede el hombre, si no es insensato,
alejar de sí todos los defectos,                           17570
o quedar desnudo de las cualidades
cuando locamente se place en el mal.
Pues la voluntad es tan poderosa
en todos aquellos que bien se conocen,
que en cada ocasión podría evitarles,                      17575
si fueran capaces de sentir su voz,
el ser prisioneros de sus malas vidas
por más que les sean contrarios los astros.
Porque quien conozca con antelación
que una gran tormenta se va a producir,                    17580
sin ningún problema podrá protegerse;
si se produjera bochorno tan grande
que toda la gente de calor muriese,
de haberse sabido con antelación
cada cual su casa sin duda se hiciera                       17585
en lugares húmedos, cerca de los ríos,
o iría a vivir en una caverna,
o se metería incluso en los pozos,
para, de esta forma, del sol protegerse.
O, por el contrario, si acaso ocurriera                    17590
que un nuevo diluvio viniera a caer,
si fuese previsto, se abandonarían
todas las viviendas que estén en el llano
y hacia las montañas se iría la gente;
o bien construirían naves poderosas                        17595
para así poder conservar la vida
de la inundación que se seguiría,
tal como ya hicieron aquel Deucalión
y su esposa Pirra, quienes escaparon

17598 y ss.  Meun prefiere el relato mitológico del diluvio (basado en
las *Metamorfosis,* I, 318-45) al bíblico.

[515]

gracias a una nave, en la cual entraron                    17600
para que las aguas no los engullesen.
En tal navecilla pudieron librarse
puesto que llegaron a puerto seguro,
desde donde vieron cubiertos de ciénagas
todas las llanuras y valles del mundo                      17605
después que las aguas desaparecieron.
Así que en el mundo no había otros seres
que Deucalión y su esposa Pirra,
los cuales, queriendo saber lo que harían,
vinieron al templo de la diosa Temis,                      17610
que era quien regía sobre los destinos
y daba respuestas a todas las cosas.
Una vez llegados, puestos de rodillas,
a la diosa Temis pidieron consejo
sobre la manera de cómo obrarían                           17615
para que de nuevo volviera la vida.
   Temis, cuando oyó lo que le pedían,
dada su bondad y benevolencia,
les aconsejó que, cuando cuando partieran
fueran arrojando por donde pasaran                         17620
los sagrados huesos de su antepasada.
Tan desagradable le fue la respuesta
a Pirra, que dijo que la rechazaba
y que se excusaba de seguir tal orden,
pues le era imposible hacer tal ultraje                    17625
como era esparcir los sagrados huesos.
Se mostró tan firme, que Deucalión
tuvo que explicarle su significado:
«No habéis comprendido, le dijo, el mensaje:
nuestra antepasada es la madre Tierra,                     17630
por lo cual los huesos, si oso así llamarlos,
no son otra cosa que las mismas piedras.
Así pues, conviene irlas arrojando
para recobrar nuestra descendencia.»
Dado este sentido, lo hicieron así                         17635
e inmediatamente surgían los hombres
de todas las piedras que Deucalión
lanzaba a su paso siguiendo el consejo,
mientras de las piedras que lanzaba Pirra

surgían mujeres en cuerpo y en alma,                    17640
de la misma forma que la diosa Temis
había predicho que sucedería.
Desde entonces fueron los primeros padres,
y nunca jamás su paternidad
se vio interrumpida desde aquel momento.                17645
Estos dos obraron de forma muy sabia,
puesto que sus vidas pudieron salvar
de aquel gran diluvio gracias a la nave.
De la misma forma se habrían librado
los que tal diluvio hubiesen previsto.                  17650
   O de producirse tan grave sequía
que hiciese que el trigo viniese a faltar
y que las personas muriesen del hambre
porque careciesen de todo alimento,
de haberse previsto con antelación,                     17655
se hubiera podido hacer gran acopio
unos años antes, dos, o tres, o cuatro,
de forma que el hambre hubiesen podido
todos evitar, ricos como pobres,
cuando la sequía hubiese llegado,                       17660
tal como José actuó en Egipto,
pues, con su saber, la había previsto
y había ordenado que se hiciese acopio,
por lo que la gente se pudo salvar
de morir por hambre en tal carestía.                    17665
   O si se supiese con antelación
que habría de hacer más de lo corriente
durante el invierno riguroso frío,
se hubiesen tomado todas las medidas
para proveerse de ropa adecuada                         17670
y de buenos troncos, y en gran cantidad,
para hacer con ellos fuego en los hogares;
y se cubrirían todas las viviendas,
cuando se acercase la fría estación,
de abundante paja, muy limpia y muy blanca,             17675
que habrían cogido de todas las granjas;
y taponarían cualquier abertura
para que el lugar fuese aún más cálido.
O se hubiesen hecho baños de vapor

en donde poder, sin ningún problema,                      17680
practicar sus bailes incluso desnudos,
aunque afuera el tiempo fuese tan cruel,
lanzando tal masa de hielo y granizo,
que a los animales matase en el campo
y a los grandes ríos los dejase helados.                  17685
Por más que ese tiempo fuese amenazante
con tales tormentas y heladas tan grandes,
no se ocuparían de tales peligros
y continuarían dentro con sus bailes,
muy bien resguardados y con gran contento:                17690
podrían reírse de esas tempestades
por haber tomado buenas precauciones.

Pero como Dios no hiciese un milagro,
mediane visión o bien por oráculo,
ninguna persona, de eso estoy seguro                      17695
(a menos que sepa por la astronomía
tanto las secretas maneras de estar
como las diversas formas de actuar
que tienen los astros, y sea capaz
de poder leer dichos elementos),                          17700
podría prever tan graves fenómenos
por grande que fuera su ciencia o poder.

Y por más que el cuerpo sea prevenido
y pueda evitar la furia del cielo,
impidiendo así su acción destructiva                      17705
con las precauciones que pueda tomar,
mucho más activa, a mi parecer,
es aún el alma de lo que es el cuerpo,
pues ella lo mueve y le da vigor
(ya que, al separarse, el cuerpo se muere).               17710
Por ello, mejor y más fácilmente,
con tal de que emplee buen entendimiento,
podría esquivar nuestra voluntad
todo cuanto pueda resultar nocivo.
El hombre no tiene por qué temer nada                      17715
si jamás consiente en su propio daño
y si tiene en cuenta esta afirmación:
que de todo mal sólo él es la causa;
las tribulaciones que puedan venirle

han de ser pensadas fruto del azar;                    17720
si de los destinos no se preocupase,
si considerase su forma de ser
y si conociese bien su condición
¿temería acaso la fatalidad?
El hombre consciente domina al destino                 17725
y, por tal motivo, no debe temerlo.


### El conocimiento de sí mismo

Sobre los destinos podría extenderme;
podría explicar Fortuna y Azar
y todas las cosas sobre dicho tema;
yo respondería a las objeciones                         17730
y podría dar múltiples ejemplos,
pero emplearía demasiado tiempo
antes de acabar de explicar la cosa,
que no corresponde ser aquí tratada.
Quien tenga interés, pregunte a los clérigos,           17735
que le explicarán lo que necesite.
Porque, por mi parte, de no ser preciso,
sobre esta materia no hubiese aquí hablado.
Pero convenía citar estas cosas,
pues mis enemigos podrían decir                          17740
cuando me escucharan censurar sus actos,
queriendo excusarse de sus malos actos
y culpando de ello a su Creador,
que era mi intención cubrirlos de oprobios.
Porque con frecuencia suelen declarar                   17745
que de su albedrío nunca fueron dueños
debido a que Dios, dada su presciencia,
los tiene en sus manos con tal sujeción,
que actuar no pueden nunca libremente
ni pueden tampoco saber cómo hacer;                     17750
por cuya razón, aunque buenos fueran,
no tendrían mérito, porque Dios los fuerza,
y, del mismo modo, si en el mal se placen,
es porque los puso en este camino
cual si los llevara de la misma mano;                   17755

por cuyo motivo harán cuanto Él quiera,
o bien fechorías, o bien buenas obras,
o hablar bellamente o injuriar a todos,
decir cumplimientos o murmuraciones,
cometer mil robos y hacer otros crímenes        17760
o reconciliar a los enemigos,
sin diferenciar razón de locura.
Podrían decir: «Todo está ya escrito;
Dios hizo nacer a éste para aquélla,
por lo que éste nunca podrá tener otra          17765
por mucho que sepa ni por más que tenga,
ya que tal mujer le fue destinada.»
Y si el matrimonio resulta un fracaso
porque él sea un estúpido o porque ella es tonta,
cuando alguno quiera dar su parecer             17770
y critique a aquellos que, por propio gusto,
se comprometieron a tal matrimonio,
les vendrá a decir, sin razón ninguna:
«De vuestra locura quejaos a Dios,
puesto que la cosa quiso que así fuera,          17775
dado que sabía lo que pasaría.»
Y asegurará firmísimamente
que ser no podría de distinta forma.
   ¡No y mil veces no! La respuesta es falsa.
No puede a la gente servir de tal forma          17780
que quiera creerla para condenarla
el Dios verdadero que mentir no puede.
Sólo de ellos mismos nace todo mal,
sólo de ellos mismos viene la locura
que les mueve a hacer aquellas acciones          17785
de las que debieran haberse apartado.
Porque sin esfuerzo lo hubiesen logrado
con que solamente hubiesen creído
y reconocido a su Creador,
que los amaría con tal que lo amasen,            17790
porque sólo puede sabiamente amar
aquel que a sí mismo se conoce bien.
A los animales, y en esto no hay duda,

_____

17793-874  Boecio, _De Consolatione,_ II, prosa 4.

que están desprovistos de toda razón,
les está negado poder conocerse: 17795
si les fuera dado el poder hablar
y usar la razón convenientemente
para así poder tener buen sentido,
saldrían los hombres muy perjudicados:
jamás el caballo, el de bella estampa, 17800
permitir podría el que lo domasen
ni lo cabalgase ningún caballero;
ni tampoco el buey su testa cornuda
querría poner bajo yugo alguno;
ni asno, ni mula, ni ningún camello 17805
querría llevar la carga del hombre,
por quien no tendrían el menor aprecio;
jamás portaría ningún palanquín
ningún elefante sobre sus costillas,
el cual de su trompa se suele valer 17810
para muchas cosas, aun para comer,
pues la emplea igual que el hombre la mano;
ni perro, ni gato ya lo servirían,
porque sin el hombre bien engordarían;
y lobos, leones, osos, jabalíes, 17815
contra él irían para darle muerte;
incluso las ratas otro tanto harían
con niños pequeños que están en sus cunas;
jamás ningún pájaro por ningún reclamo
querría poner su vida en peligro, 17820
sino que, pudiendo atacar al hombre,
vendría a sacarle, al dormir, los ojos.
Alguno podría quizás argüir
que a tales peligros podría oponerse,
debido a que el hombre puede defenderse 17825
haciéndose yelmos, cotas y otras armas,
y sabe emplear flechas y ballestas.
¿Y si el animal se supiese armar?
¿Acaso no habría monos y marmotas
que se fabricasen también buenas cotas 17830
de cuero o de acero y otras armaduras?
De serles posible, cierto que lo harían;
y trabajarían con sus propias manos,

y se igualarían con los propios hombres,
por lo que serían también escribanos.          17835
Y ya no serían tan torpes y necios
que no se aplicasen con todo su esfuerzo
a contrarrestar la acción de los hombres,
por lo cual harían algunos ingenios
para conseguir hacerles gran daño.              17840
Esto es lo que harían ácaros y pulgas,
que, en cuanto pudieran agarrarse al hombre
cuando está durmiendo y entrar en su oreja,
le harían pasar momentos muy malos.
¿Qué decir de piojos y chinches y liendres?     17845
Lo molestarían con tanta insistencia,
que interrumpirían sus ocupaciones,
pues se agacharía, se levantaría,
se revolvería, se retorcería,
se daría golpes y se rascaría,                   17850
se abofetearía y descalzaría:
de muchas maneras incordio le harían.
En cuanto las moscas que, mientras se come,
suelen molestar con tanta insistencia,
a atacar vendrían incluso en el rostro,         17855
tanto en el del rey como en el del paje.
De la misma forma, mosquitos y hormigas
al hombre pondrían muy fuera de sí
si fueran conscientes de sus aptitudes.
Mas los animales, como es bien sabido,          17860
no pueden pensar por naturaleza.
La persona, en cambio, de razón dotada,
tanto si es humana como si es divina
(y por ello deben alabar a Dios),
si no se conoce, como tales bestias,            17865
no debe pensar que este grave fallo
que lo vuelve loco no le es imputable,
ya que está provisto de razonamiento;
ni debe buscar nada en qué excusarse,
pues puede emplear su libre albedrío.           17870
　　Si en esta materia me he extendido tanto
y tantas razones tuve que exponer,
es porque quería callar tales lenguas,

aunque pocas cosas pueden acallarlas.
Mas he de acabar mi razonamiento,                    17875
del que ya quisiera verme liberado
por el gran esfuerzo que hago al exponerlo;
y, ya que el asunto me es tan oneroso,
aquí lo abandono sin más insistir.


## Los fenómenos naturales


Así que, de nuevo, volveré a los cielos,             17880
los cuales actúan de forma debida
en las criaturas, que a su vez reciben
esas influencias de aquellas estrellas
según las diversas sustancias que tengan.
Estas contrarían la acción de los vientos,           17885
provocan vapores e inflaman el aire,
que relampaguea por distintas partes
y hace que se escuche el ruido del trueno,
el cual martillea con tanto vigor,
que hace que las nubes se acaben rompiendo           17890
debido al vapor que de él se origina.
En efecto, el trueno revienta las nubes,
que por su calor y sus movimientos,
y sus convulsiones, que tan fuertes son,
hacen que se formen furiosas tormentas,              17895
que, debido al viento que suelen formar,
acaban tirando las torres más sólidas,
y agita tan fuerte los árboles viejos,
que de donde estaban quedan arrancados:
por más que estuviesen en la tierra firmes,          17900
por fuertes que fueran sus largas raíces,
nada impedirá que caigan al suelo,
o bien que sus ramas queden destrozadas
(si no todas ellas, una buen parte).
Se suele decir que son los diablos                   17905
los que con sus garfios y con sus bastones,
o bien con sus uñas, causan tal desastre.
Dichas opiniones no valen dos rábanos,

y sólo las creen los que nada saben,
pues ninguna causa lo puede explicar          17910
salvo las tormentas, que con tales vientos
son las que originan tan graves destrozos.
Tormentas y vientos causan los estragos,
derriban los trigos, agostan las viñas
y echan a perder las frutas del árbol:          17915
son tan sacudidas y tan maltratadas,
que aguantar no pueden tales embestidas,
de forma que caen sin estar maduras.
    Los cielos al aire en diversas épocas
hacen que derrame lágrimas copiosas,          17920
y, al verlo, las nubes, de dolor movidas,
se despojarán, quedando desnudas
de ese negro manto con que se cubrían,
adorno que a ellas no les gusta nada.
Ellas se darán a tan hondo duelo,          17925
que se arañarán por todas las partes,
mientras que acompañan en su llanto al aire
como si tuvieran que sentir su pena;
llorarán, por ello, tan profundamente,
tan intensamente, tan profusamente,          17930
que harán desbordarse a todos los ríos,
y harán que los campos queden anegados,
igual que los bosques que estén a su alcance,
debido a la furia de sus locas aguas,
de lo que se sigue con mucha frecuencia          17935
que mueran los trigos y haya carestía.
Entonces los pobres que los cultivaron
llorarán, dolidos y desesperados.
Y cuando los ríos están desbordados,
los peces, que siguen el curso del agua          17940
(puesto que a seguirla se ven obligados
al pasar su vida en este elemento),
se salen del cauce y, como señores,
pacen por cultivos, por prados, por viñas;
y correteando por entre las hayas,          17945
por entre los pinos, por entre los fresnos,
a los animales les irán quitando
tanto sus viviendas como sus despensas,

haciendo que todo quede destrozado.
Por eso se ponen locos de furor                    17950
Cibeles y Pan, y Ceres y Baco
al verse tratados tan salvajemente
por tal multitud de peces, que vienen
para alimentarse en sus dulces pastos.
Y los satirillos, igual que las hadas,             17955
sienten mucha pena en sus corazones
cuando ven perderse por tales crecidas
los alegres bosques en los que jugaban.
En cuanto a las ninfas, lloran en sus fuentes
al verlas estar llenas de esas aguas               17960
con cuya venida quedan inundadas,
cosa que las deja muy entristecidas.
Y los duendecillos, tal como las dríadas,
se ponen enfermos por tan grave pérdida,
ya que consideran que han de perecer               17965
al ver que sus bosques están anegados;
por eso se quejan al dios de los ríos,
que les ha causado tan grave perjuicio
tan gratuitamente, tan sin ocasión,
sin que ellos lo hubiesen jamás merecido.          17970
Incluso en los pueblos que son ribereños,
en las casas pobres y de vil hechura,
se hospedan los peces siguiendo a las aguas.
Y no existe granja ni bodega alguna,
ni lugar que sea fuerte y elevado,                 17975
que contra los peces pueda protegerse:
se introducirán hasta en las iglesias
y devastarán todo cuanto encuentren,
derribando incluso de sus mismos nichos
todas las imágenes sagradas que encuentren.        17980
    Y cuando, por fin, pasados los días,
el buen tiempo vuelva expulsando al malo,
cuando ya los cielos a aburrirse empiecen
de esa larga época de tormenta y lluvias,
limpiarán el aire de tan grande furia              17985
y lo harán risueño, sumamente alegre.
Y cuando las nubes a notar empiecen
que un aire más suave viene a acariciarlas,

en el mismo instante sus caras alegran
y, para ponerse bellas y atractivas,                    17990
olvidando así su anterior dolor,
vestirán ropajes de muchos colores;
y se secarán entonces sus trenzas
al brillante sol, cálido y risueño,
e irán sus cabellos flotando en el aire                 17995
por un cielo azul y resplandeciente;
después hilarán, y una vez hilado,
lanzarán al viento como si volasen
una larga aguja y un hilo muy blanco,
como si quisieran coserse las mangas.                   18000
    Y una vez que tengan dispuestos los ánimos
para comenzar un largo camino,
ya con los caballos bien aparejados,
en ellos se irán por montes y valles
corriendo contentas de un lugar a otro,                 18005
gracias a que Eolo, el dios de los vientos
(pues este es el nombre con que es conocido),
para que corrieran con más ligereza
(ya que esos caballos no tienen auriga
que sepa guiarlos como dicho dios),                     18010
les puso en los pies tan perfectas alas
cual nunca tuvieron las mejores aves.
Entonces el aire, vistiendo ese azul
con el que le gusta cubrirse en la India,
comienza a mostrarse suave y risueño,                   18015
como si quisiese vestirse de fiesta
para, de esta forma, estar más hermoso
en tanto que espera que lleguen las nubes.
Estas, con objeto de alegrar al mundo,
y cual si quisieran salir a cazar,                      18020
suelen ir provistas de un arco muy bello,
muy bien adornado de varios anillos,
al cual conocemos como el arco iris,
del que nadie sabe, a menos que sea
buen conocedor y maestro en óptica,                     18025
de qué forma el sol lo puedo adornar
con tantos colores y cuáles son éstos,
ni el porqué de tantos, ni el porqué de tales,

[526]

ni, en definitiva, por qué esa figura.
Tendría que haber oído a Aristóteles                    18030
y ser su discípulo para comprender,
el cual describió la naturaleza
como ningún otro después de Caín.
O bien de Alhacén, hijo de Hucaín,
el cual fue asimismo un sabio maestro                   18035
y escribió un tratado llamado *Miradas*.
De este gran maestro habrá de aprender
quien quiera saber sobre el arco iris,
y bien conocer su espléndido libro
quienes se dedican a los elementos;                     18040
y ser entendido en geometría,
cuyo buen dominio es muy necesario
para comprender sus demostraciones.


### Los espejos

Sólo así podrá conocer las causas
y las propiedades que hay en los espejos,               18045
los cuales poseen un poder tan grande,
que todos los cuerpos, aun los más pequeños,
las letras minúsculas, apenas lisibles,
e incluso las motas más leves de polvo,
con ellos se ven muy grandes y gruesas                  18050
y también muy próximas a quienes las miran;
tanto, que se pueden distinguir muy bien,
puesto que es posible leer o contar
aun desde tan lejos, que quien pretendiera
explicar sus fuerzas sin haberlos visto,                18055
de ninguna forma sería creído
por alguien que nunca tampoco lo hiciera
ni que conociera cuáles son sus causas.
Pero en este caso no hay por qué creer,
puesto que ese asunto está demostrado.                  18060

---

18034   Se trata de Alhazem ben Alhazem ibn AlHaïtham, físico egipcio
(siglos X-XI) y autor del tratado de óptica citado dos versos más abajo.
18045   Con el término «espejo» *(miroir)* Meun se refiere a los espejos
propiamente dichos y a los cristales de aumento.

Así, Marte y Venus, a quienes cogieron
mientras se entregaban al juego amoroso,
si antes de acostarse en el dulce lecho
hubiesen mirado con tales espejos,
si hubiesen dispuesto de tales cristales          18065
con los que pudieran mirar con detalle,
nunca prisioneros hubiesen quedado
en aquellos lazos sumamente finos
con los que Vulcano pudo sorprenderlos,
pues ninguno de ellos logró distinguirlos.        18070
Puesto que Vulcano fabricó los lazos
con hilos tan finos como los de araña;
si Venus o Marte los hubiesen visto,
Vulcano no había podido atraparlos,
puesto que en el lecho no hubiesen entrado,        18075
ya que cada lazo, incluso de lejos,
lo hubiesen captado sin menor problema,
por lo cual Vulcano, el falso y traidor,
que se consumía en ira y en celos,
no hubiese podido nunca sorprenderlos;             18080
a Venus y a Marte jamás descubriera
si de esos espejos hubiesen dipuesto,
ya que de ese sitio se hubiesen marchado
cuando hubieran visto los lazos tendidos,
y se hubiesen ido a holgar a otra parte           18085
en donde mejor celar su deseo;
o hubiesen obrado más prudentemente
para así evitar lo que les pasó,
sin necesidad de ser difamados.
¿Acaso no estoy, decidme, en lo cierto            18090
en estas razones que estáis escuchando?
    —Claro que lo estáis, dijo el sacerdote.
Un espejo de éstos, evidentemente,
les hubiese sido muy práctico entonces:
habrían podido irse a otro lugar                  18095
de haber presentido tan grande peligro;
o con una espada buena y cortadora
hubiesen cortado los hilos sin más,
y habrían podido burlar al celoso
si de aquellos lazos se hubiesen deshecho.         18100

De haber sido así, muy cómodamente
hubiese podido solazarse Marte
incluso en el lecho, sin buscar más sitios,
o cerca del lecho, o incluso en el suelo.
Y si por alguna mala coincidencia                    18105
(y, en tal situación, desafortunada),
hubiese llegado Vulcano a aquel sitio
justo cuando Marte de Venus gozaba,
ella, que es mujer muy bien instruida
(y toda mujer sabe mil engaños),                     18110
si al ver a su esposo que abría la puerta
hubiese podido a tiempo cubrirse,
algunas excusas habría encontrado
y le hubiera dado una explicación:
acaso que Marte estaba en la casa                    18115
por haber venido por ciertos motivos;
y habría jurado sin reparo alguno,
tanto, que las pruebas habría borrado;
o le hubiera hecho creer a su esposo
que lo que pensaba no tenía base;                    18120
y no hubiera visto lo que pudo ver
de haberse propuesto convencerlo Venus
de que su mirada tenía turbada:
su lengua engañosa la hubiese empleado
en hallar mil formas para convencerlo               18125
y hubiese encontrado todas las excusas:
no hay nada en el mundo que jure ni mienta
tan osadamente como las mujeres;
de modo que Marte se hubiese escapado.
    —Yo también lo creo. Me habéis respondido       18130
sabia, razonable y muy cortésmente.
Ya que las mujeres en sus corazones
guardan mucho engaño y mucha malicia,
y, a menos de ser loco de remate,
jamás a ninguna podrá disculparse.                   18135
Mejor que los hombres y con más descaro
pueden, en efecto, mentir y jurar,
y en particular siempre que se sienten
culpables de cosas que les perjudican:
en casos que son de tanta importancia,              18140

no se dejarán jamás atrapar.
Por eso, se puede sin miedo afirmar
que aquel que conozca bien a las mujeres
jamás debería confiar en ellas.
No debiera hacerlo, verdaderamente,                    18145
ya que se verá por ellas burlado.»
    Así se aconsejan, según mis recuerdos,
el uno a la otra recíprocamente.
También Salomón apunta al respecto,
y puesto que debo decir la verdad,                     18150
que el hombre sería muy afortunado
si buena mujer pudiera encontrar.
    Natura añadió: «Pero los espejos
poseen aún mayores virtudes,
pues las cosas grandes, aunque estén muy cerca,        18155
parecen hallarse en lugar lejano;
incluso aunque sea la mayor montaña
que se encuentre en Francia, o bien en Cerdeña,
es posible verla con tales espejos
reducidamente, hasta tal extremo,                      18160
que apenas se pueda distinguirla bien
aunque se mirara con gran atención.
Pero estos espejos de forma real
muestran las imágenes, tal y como son,
de todas las cosas que en ellos se ven,                18165
si en ellos se mira convenientemente.
    Mas existen otros que son muy ardientes,
y queman las cosas que tienen enfrente
con tal de que estén de forma adecuada
para recibir sobre sí los rayos                        18170
cuando el sol ardiente y en pleno esplendor
cae rectamente sobre esos espejos.
Y los hay también que forman imágenes
de formas distintas y en raras posturas:
derechas, oblongas, rectas, invertidas                 18175
y en composiciones de las más diversas;
los que son expertos en estos espejos
de una sola imagen pueden hacer varias:

---

18149   Según el *Eclesiástico* (XXVI, I), para ser exactos.

en un mismo rostro muestran cuatro ojos
según la postura en que los coloquen.                    18180
Algunos espejos permiten también
que se puedan ver en ellos fantasmas;
incluso parece que se están moviendo
o bien por las aguas o bien en los aires,
y hasta pueden verse como si jugaran              18185
entre dicho espejo y nuestra mirada,
según sea el ángulo y su inclinación,
según sea el medio, o simple o compuesto;
o bien si coincide la disposición
con que se refleje la forma de un cuerpo;         18190
dado que ésta puede propagarse tanto
según la postura que pueda adoptarse,
que aparecerá al observador,
conforme los rayos salgan reflejados,
de forma distinta a como lo espera,               18195
por cuyo motivo queda sorprendido.
El propio Aristóteles nos cita un ejemplo,
ya que conocía bien esta materia
porque a toda ciencia era aficionado:
un hombre, decía, tenía un defecto                18200
que una enfermedad le había causado,
y era que su vista tenía muy débil,
por cuya razón veía muy turbio.
Y dijo, movido por su gran simpleza,
que un día observó que su propio cuerpo           18205
venía a su encuentro según caminaba.
    En fin, los espejos, de no haber obstáculos,
pueden provocar muchas ilusiones,
y es cosa corriente el que las distancias
con estos espejos provoquen engaños:              18210
o bien que dos cosas que están alejadas
parezcan hallarse una junto a otra,
o bien que una cosa parezca ser dos
según sea el ángulo en que se sitúe,
o bien seis de tres, o cuatro de ocho:            18215
al que se dedique a esa observación

18197   En *Meteoros*, III, 4, 3.

le es posible ver o menos o más;
y así no es difícil que se represente
una sola cosa de donde hay muchísimas,
a todas las cuales reduce y aúna.                    18220
Y así, aunque se trate de un hombre muy bajo,
incluso de aquellos llamados enanos,
llega a parecer con estos espejos
más descomunal que diez gigantones,
pudiendo pasar por sobre los árboles                 18225
sin doblar sus ramas ni apenas rozarlas,
lo que causaría un temor muy grande.
O bien los gigantes serían enanos
para aquellos ojos que los transfiguran
mirando el espejo de cierta manera.                  18230
Por cuya razón quedan engañados
quienes consideran que han visto estas cosas
en estos espejos que, según el ángulo,
les han presentado dichas apariencias;
y van por los pueblos dando grandes voces            18235
(pero lo que cuentan sólo son mentiras)
diciendo que han visto al mismo diablo:
hasta tal extremo llega su ilusión.
Estos tales tienen enferma la vista:
donde hay una cosa, suelen ver el doble              18240
(una luna doble que brilla en el cielo
o bien dos candelas donde no hay más que una);
no existe persona que, al mirar en ellos,
no acabe engañada y vea otro objeto,
y así muchas cosas son consideradas                  18245
de forma distinta de como lo son.
Mas no es mi intención en este momento
el clasificar todas las figuras
de tales espejos, ni explicar tampoco
cómo se reflejan en ellos los rayos;                 18250
ni es mi pretensión describir sus ángulos
(ya que todo esto fue escrito hace tiempo),
ni por qué las cosas allí reflejadas
devuelven imágenes que parecen otras
y así son tomadas por quienes observan               18255
en estos espejos tan excepcionales;

tampoco el lugar de las apariencias,
o cómo se forman esas ilusiones;
ni quiero añadir la menor palabra
de cómo se dan aquellas figuras                    18260
bien en los espejos o en otro lugar;
ni pienso tratar en este momento
sobre las visiones que causan asombro,
sean agradables o bien espantosas,
y que sobrevienen repentinamente,                  18265
unas motivadas desde el exterior
y otras que origina la imaginación.
En esta materia no me detendré,
porque no es aquí donde debe hacerse.
Mejor es que calle y no insista más                18270
sobre los fenómenos ahora citados,
cuya explicación no será aquí expuesta
ya que la materia resulta muy larga,
y además difícil de ser explicada
(y aún más difícil de ser entendida);              18275
eso si es que existe persona capaz
de hablar de este asunto a los no instruidos,
pues sólo diría generalidades.
Y éstos no podrán creerse jamás
que lo que se dice son cosas reales,               18280
y en particular lo de los espejos,
cuyas propiedades suelen asombrar.
A menos que puedan verlo por sí mismos,
o bien que un maestro quiera demostrárselo
de modo que puedan quedar convencidos              18285
de las maravillas que encierra esta ciencia.
    Ni las varias formas que hay de visiones,
por lo extraordinarias y maravillosas,
podrían tampoco comprender aquéllos
por buenas que fueran las explicaciones;           18290
ni entender la causa de las ilusiones
que son producidas por esas visiones,
ya sea en los sueños o estando despierto,
de las que se asombra muchísima gente.
Por tales razones no habré de insistir,            18295
pues yo no quisiera provocar hastío,

ni el mío al hablar ni el vuestro al oírme:
es bueno evitar la prolijidad,
que hace a la mujer ser tan enojosa
y tan insufrible cada vez que habla.                    18300
No obstante, yo espero que no os molestara
el no haber callado de forma absoluta,
pues pude observar que eso os agradaba.


### Sueños e ilusiones

Sólo añadiré para terminar
que existen personas con tales visiones,                18305
que hasta de sus camas se suelen salir,
y algunos incluso se calzan y visten
y a ponerse llegan todos sus adornos
sin conocimiento, como adormecidos,
haciéndolo todo mecánicamente.                          18310
Y ocurre también que se aprovisionan
de los utensilios que precisos sean
y emprenden viajes, inciertos y largos,
sin saber siquiera hacia dónde van;
y muchos incluso se van cabalgando                      18315
a través de montes, a través de valles,
por lugares tórridos, por caminos húmedos,
llegando al final a extraños lugares.
Y cuando despierta su conocimiento,
quedan asombrados y maravillados                        18320
porque no comprenden qué les sucedió,
y dicen entonces a toda la gente,
de razón cargados, porque así lo creen,
que el propio diablo los llevó a tal sitio
después de sacarlos de sus propias casas,               18325
¡cuando fueron ellos lo que así actuaron!
Y también sucede con mucha frecuencia
a algunas personas muy debilitadas
que, por los efectos de una enfermedad,
llegan a ser presa de tan gran locura,                  18330
que, por no tener lo que necesitan
y encontrarse solas, sin que las remedien,

salen de sus lechos y se van andando,
y tanto se alejan de las poblaciones
que acaban perdidas en sitios lejanos,                    18335
en montes, en viñas, en prados o en bosques,
en donde sucumben por debilidad.
En ese lugar serán encontrados,
por alguien que pase después por allí,
sin medios ningunos y desamparados,                       18340
o bien por bandidos o por otros locos,
y estarán ya muertos de frío y de hambre.
Pero aunque se goce de buena salud,
y de éstos se dan muchísimos casos,
suele suceder a algunas personas                          18345
que vivan absortas con sus pensamientos
porque se interesan mucho por las ciencias;
y dado que están siempre pensativas
o muy concentradas, más de lo debido,
se suelen forjar en sus pensamientos                      18350
cosas peregrinas, figuras insólitas
(pero de una forma nada parecida
a la ya citada sobre los espejos,
de cuyas figuras brevemente hablé);
y cuanto se forjan dentro de sí mismo                     18355
piensan que les viene del mundo exterior.
    O los que, llevados por su devoción,
y cuando se encuentran en contemplación,
hacen que aparezcan en su pensamiento
las cosas que antes tenían pensadas,                      18360
y acaban creyendo sin duda ninguna
que éstas se producen de forma real,
aunque sólo sea ilusa mentira,
como son las cosas propias de los sueños,
en donde se cree que ante sí aparecen                     18365
las cosas que son pura fantasía,
como le ocurrió al mismo Escipión;
y en sueños son vistos Paraíso e Infierno,
y cielos y aires, y mares y tierras,

18367 Como puede observarse, Natura está acusando de visionario a
Lorris, recurso del que se vale Meun para desprestigiar el mensaje de su
antecesor.

y todas las cosas que en ellos se encuentran;　　18370
en sueños se ven brillar las estrellas,
y se ven las aves volar por los aires,
y también los peces nadando en el mar,
y los animales jugando en los bosques,
haciendo cabriolas festivas y alegres;　　18375
se ven asimismo diversas personas,
unas solazándose en bellos salones
y otras en la caza, en medio del bosque,
o andando a través de montes y ríos,
por prados, por viñas, por sitios salvajes;　　18380
se sueñan también procesos y juicios,
así como guerras y bellos torneos
y las muchas formas que existen de danzas;
en ellos se escuchan diferentes músicas
e incluso se huelen sabrosas especias　　18385
y se comen cosas de muchos sabores.

　El enamorado sueña con la amada
aunque ésta se encuentre a mucha distancia,
o bien con que Celos se acerca a su encuentro
llevando una maza al cuello colgada,　　18390
la cual los sorprende cuando están gozando
porque Malaboca los ha delatado,
pues supo la cosa con antelación;
y pasa así el día lleno de inquietud.
Pues quienes se dicen buenos amadores,　　18395
cuando por la amiga se abrasan de amor
(de lo cual les vienen muchos contratiempos),
llegada la noche y estando en la cama
a pensar se ponen con gran frenesí
(y de éstos conozco muchísimos casos);　　18400
tanto, que al final sueñan con la amada
que durante el día tanto desearon;
o sueñan quizás con sus adversarios
que tantos pesares suelen provocar.

　En cambio, quien sienta un odio mortal　　18405
sueña con venganzas y con represalias
y con vejaciones para con aquel
que le provocó tan gran aversión;
o bien que lo mata, por asociación

de ideas afines o también contrarias.                    18410
   Si alguno se encuentra metido en prisión
porque cometiera cierta fechoría,
sólo soñará en su salvación,
en la cual confía en todo momento;
o bien soñará que van a matarlo                           18415
si durante el día sólo piensa en ello,
y otras muchas cosas muy desagradables
que haya imaginado y que ve reales.
   Todos pensarán que lo que han soñado
no es cosa de sueños, sino realidades,                    18420
y sin más razones hacen duelo o fiesta
de cuanto sucede sólo en su cabeza,
engañando así sus cinco sentidos
con tantos fantasmas como se imaginan.
De esta forma, muchos, llenos de locuras,                 18425
llegan a soñar que se hacen espíritus
errando en la noche con la bruja Abundia,
y van proclamando a los cuatro vientos
que los que han nacido en tercer lugar
tienen todos ellos la gran facultad                       18430
de volar tres veces todas las semanas,
gracia que el destino quiso dispensarles;
y pueden entrar en todas las casas
aunque estén cerradas con muchos candados,
puesto que penetran por cualquier rendija,                18435
por el más pequeño resquicio que hubiera,
dado que sus almas dejaron sus cuerpos
y pueden volar por sus propiedades
por todo lugar, por dentro o por fuera.
Y para probar a toda la gente                             18440
estas fantasías que dicen que vieron,
dicen que no son cosas que soñaron,
sino que sus almas tienen la virtud
de poder volar por todos los sitios;
y que mientras hacen tales recorridos,                    18445
tal como pretenden que crea la gente,
si su cuerpo fuese por algo alterado,

   18427 Nombre de la capitana de las brujas, a las que guía en sus
cabalgadas nocturnas.

[537]

no podría el alma reintegrarse en él.
Estos tales dicen grandes disparates
ya que lo que afirman resulta imposible,                    18450
pues el cuerpo humano no es más que un cadáver
en cuanto que el alma se separa de él.
Por cuya razón, parece evidente
que quienes tres veces en una semana
pueden permitirse emprender tal vuelo,                      18455
se mueren tres veces y otras tres reviven
en el solo espacio de esos siete días.
Si tal se produce como ellos afirman,
pueden revivir con mucha frecuencia
todos los discípulos de esta ilustre escuela.              18460
    Pero en tal asunto no habré de insistir
porque no merece más explicaciones,
ya que quien está sujeto a la muerte
una sola vez habrá de morir,
y nunca podrá volver a la vida                              18465
hasta que no llegue el Juicio Final,
si no se produce algún gran milagro
debido a la gracia de Dios celestial,
tal como leemos que ocurrió a San Lázaro,
caso que por mí no será negado.                            18470
    En cuanto a la idea antes mencionada
(es decir, que mientras esté separada
el alma del cuerpo, que queda sin vida,
si por cualquier causa se viera alterado
ella no podría regresar a él)                               18475
¿se puede afirmar mentira tan grande?
Pues está ya dicho, y yo lo reafirmo,
que el alma que está libre de su cuerpo
es mucho más sabia, más pura y mejor
que cuando se hallaba prisionera de él                      18480
(pues debe seguirlo por donde la lleve,
por lo cual le impide seguir sus propósitos);

---

18478   Esta separación del alma y el cuerpo y su posterior debate es el
tema de varios textos medievales, todos de carácter eclesiástico. Así, la
*Disputa del alma y el cuerpo* (de principios del XIII) y la *Revelación de un
ermitaño* (siglo XV), en los cuales el alma es representada en forma de
paloma.

por cuya razón le es mucho más fácil
saber cómo entrar que cómo salir,
de modo que el cuerpo la recobraría                    18485
por muy alterado que pudiera estar.
Y, además, que un tercio de la población
puede acompañar a la bruja Abundia,
tal como pretenden esas locas viejas
basándose en sueños que dicen tener,                   18490
todas las personas podrían probarlo
(y resultaría de mucho provecho),
puesto que no hay nadie que no tenga sueños,
sean verdaderos o sean fantásticos,
y esto no tres veces en una semana,                    18495
sino quince veces en una quincena,
o menos o más, que todo depende
de la fantasía de cada persona.

    Pero no pretendo decir de los sueños
si son verdaderos o si no lo son,                      18500
si ha de concedérseles total confianza
o si deben ser desacreditados.
Ni por qué unos sueños son desagradables
y otros más amenos y más apacibles,
cosa que depende de lo que se sueñe,                   18505
de la complexión de los soñadores,
y de su carácter, y de sus costumbres,
y de las edades de dichas personas.
    Tampoco si Dios con tales visiones
envía a los hombres sus revelaciones,                  18510
o si es el Maligno quien recurre a ellas
para que la gente corra a condenarse.
De todo este asunto no me ocuparé,
pues quiero volver al tema anterior.

### Los cometas y los príncipes

    Así pues, decía que cuando las nubes               18515
están ya cansadas y desafallecidas
de tanto tirar sus flechas al aire
(tiran mucho más húmedas que secas,

─────────────
    18515  Hay que tomar el término *príncipe* con el significado general de
*principal*.

[539]

ya que por las lluvias y por los rocíos
se suelen quedar cubiertas de agua,                    18520
y así permanecen hasta que el calor
empieza a actuar y secar algunas),
entonces distienden a la vez sus arcos,
una vez que todas lanzaron sus flechas.
Los arcos que emplean estas ballesteras                18525
están conformados de extrañas maneras,
ya que sus colores van desvaneciéndose
cuando, distendidos, sean enfundados;
y nunca jamás volverán a usar
esos mismos arcos que pudimos ver,                     18530
pues, cuando de nuevo quieren disparar,
se tienen que hacer otros nuevos arcos
que después el sol a pulir vendrá,
puesto que es el único que lo puede hacer.
  Pero otros influjos ejercen aún                      18535
los cielos, que tienen poderes muy grandes
sobre tierra y mar y todos los aires.
Hacen que aparezcan también los cometas,
que sobre los cielos no están apoyados,
ya que se deslizan por entre los aires                 18540
y desaparecen en muy poco tiempo,
de lo que han surgido muchísimas fábulas,
pues dicen que anuncian las muertes de príncipes
quienes se dedican a pronosticar.
  Pero los cometas no están más atentos                18545
ni tampoco envían con más abundancia,
ni de otra manera, sus rayos e influjos
sobre los humildes que sobre los reyes,
ni tratan mejor a reyes que a humildes,
sino que se emplean, y de esto no hay duda,            18550
por todos los sitios sobre todo el cuerpo
de forma distinta, según el carácter
que tengan los climas, los hombres y bestias
que estén predispuestos a tales influjos
de aquellos planetas y aquellas estrellas              18555
que tienen sobre ellos un mayor poder.

18556   Un buen ejemplo castellano acerca de la firme creencia del

Son los portadores de significados
de todo el influjo que viene del cielo,
alterando así esas complexiones
que por su carácter les son más sensibles.          18560
Por dicha razón, afirmar no puedo
que tienen que ser tenidos los reyes
como más dichosos que la gente humilde
que va por la calle por su propio pie.
Pues lo suficiente hace a la riqueza                18565
y la gran codicia lleva a la pobreza:
se trate de un rey o de un pordiosero
el que más desea es el menos rico.
Pues si concedemos a los libros crédito,
los reyes resultan como las pinturas,              18570
según el ejemplo que nos proporciona
el autor del libro llamado *Almagesto:*
si se ve el asunto con detenimiento,
el observador de cualquier pintura
más la apreciará cuanto más se aleje,              18575
ya que desde cerca se ven los defectos:
de lejos parecen ser más agradables,
pero al acercarse lo son mucho menos.
Lo mismo sucede con los poderosos:
a los no allegados parecen amables,               18580
tanto en lo que dicen como en lo que hacen,
porque no conocen de cerca su trato.
Ya que quien a un príncipe conoce de cerca
en él hallará tan duro rigor,
que en todo momento temblando estará:             18585
sus gracias apenas resultan graciosas.
Así nos previene y atestigua Horacio
sobre sus costumbres y sobre sus gracias.

Por eso los príncipes no tienen más méritos
para que los astros los influyan más              18590
que a los otros hombres, ni anuncien sus muertes,
puesto que sus cuerpos son como los otros,

_____
influjo de los astros sobre las personas se halla en el *Corbacho,* del
Arcipreste de Talavera, entre otros.
18572  Este autor es Ptolomeo, ya citado anteriormente.
18588  En sus *Epístolas,* I, 18, 81-87.

tanto si se trata del de un carretero
como si es de un clérigo o de un zapatero,
porque a todos ellos yo los hago iguales            18595
como puede verse ya en su nacimiento.
Todos para mí nacieron desnudos,
o fuertes o débiles, grandes o menudos.
A todos los pongo en pie de igualdad
en lo referente a su humanidad.                     18600
Fortuna es quien hace todo lo demás,
la cual, por esencia, se muestra inestable,
puesto que sus bienes reparte a su antojo
sin tener en cuenta quién es la persona,
y después lo quita, y lo quitará                     18605
en cada ocasión que le venga en gana.

### La verdadera nobleza

Y si alguno de esos que van blasonando
de familia noble pretende oponérseme
con la pretensión de que el gentilhombre,
pues éste es el nombre que se les aplica,            18610
es mucho mejor, por la condición
que le viene dada por su nacimiento,
que los que trabajan por sus propias manos
o que los que viven gracias a su esfuerzo,
le responderé que el único noble                     18615
es el que se esfuerza en ser virtuoso,
y es sólo villano quien sigue sus vicios,
debido a los cuales se pierde nobleza.
La nobleza viene del buen corazón,
pues la que proviene sólo del linaje                 18620
no ha de ser tenida por buena nobleza
si en ella está ausente la recta intención.
Por eso los nobles tienen que mostrar
lo bueno que hicieron sus antepasados,
quienes conquistaron ese gran honor                  18625
gracias al esfuerzo que hicieron de mérito;
puesto que una vez que el mundo dejaron,
todas sus virtudes llevaron consigo,

[542]

dejando a sus hijos tan sólo la hacienda,
en único bien que legarles pueden.                              18630
Heredan su hacienda, pero nada más:
no aquella nobleza ni aquel gran valor,
a menos que actúen también noblemente,
bien por su saber o por sus virtudes.

Quien sea instruido tiene más ventajas                          18635
para ser cortés, prudente y gentil
(por una razón que después diré),
y facilidades que reyes y príncipes,
que, con gran frecuencia, no saben leer.
Y es que le es posible leer en los libros                       18640
(en los cuales puede aprender las ciencias
que son razonables y están demostradas),
los males que tienen que ser evitados,
tal como los bienes que deben seguirse.
En ellos estudia las cosas de mundo                             18645
según estas cosas fueron dichas o hechas,
y aprende también de vidas pasadas
de los malhechores los males que hicieron
como de los buenos sus buenas acciones,
de las cuales puede tomar buen ejemplo.                         18650
En definitiva, se encuentra en los libros
lo que hay que imitar o que rechazar,
y así el instruido, maestro o discípulo,
llega a la nobleza, o debe llegar.
Sepan, pues, aquellos que de ella se apartan,                   18655
y es porque no tienen un buen corazón,
que por su instrucción tienen más ventajas
que aquel que no piensa más que en ir de caza.

Mas los instruidos de mal corazón
son mucho peores que cualquier persona,                         18660
dado que no siguen el bien que conocen,
pero sí los vicios tan bien conocidos.
Así que en el día del Juicio Final
sentencias más duras tendrían que darse
a los instuidos dados a los vicios                              18665
que a los ignorantes, los cuales jamás
aprender pudieron las buenas virtudes
que los instruidos seguir no quisieron.

[543]

Porque aunque los príncipes supiesen de letras,
apenas podrán entregarse a ellas                              18670
detenidamente, leyendo, instruyéndose,
pues otros asuntos su atención ocupan.
Por cuya razón, para ser más noble
tiene el instruido, y eso es evidente,
muchas más ventajas y más poderosas                          18675
que las que disponen aquellos señores.
Así que el que quiera pasar como noble,
para conseguir esa dignidad
que es tan apreciada por toda la gente,
estas instrucciones deberá seguir:                           18680
pretender no puede ser llamado noble
quien de sí no arranque pereza y orgullo
y, bien en las letras o bien en las armas,
no esté desprovisto de toda maldad;
debe ser humilde, amable y cortés                            18685
en toda ocasión, con cualquier persona,
salvo únicamente con sus enemigos
cuando todo acuerdo resulte imposible;
honrará asimismo a toda mujer
pero sin fiarse demasiado de ellas,                          18690
cosa que podría serle muy dañosa,
como puede verse con mucha frecuencia.
Sólo el que actuara con tal rectitud,
sin ser nunca objeto del menor reproche,
es merecedor de que se le otorgue                            18695
de nobleza el título, que los otros no.
Se tendrá que ser osado en las armas,
valiente en los hechos, cortés en los dichos,-
como sir Gauvin, un buen caballero
que jamás obró de forma indebida;                            18700
o como el buen conde Roberto d'Artois,
quien desde el momento en que vino al mundo
nunca permitióse el menor desvío

18699  Personaje muy conocido en los relatos artúricos, sobrino del
Rey Arturo y componente de la Tabla Redonda.
18701  Éste, por el contrario, es histórico. Se trata de Robert II,
muerto en 1302 (contemporáneo, pues, de Meun) y hermano del Rey San
Luis.

en caballería, honor y largueza,
virtudes que quiso siempre cultivar,                    18705
en las cuales fue ejemplo a seguir:
un tal caballero, tan bueno y valiente,
tan cortés, magnánimo y batallador
debe ser por todos muy bien recibido,
loado, apreciado, amado y querido.                      18710

Se debe asimismo honrar a los hombres
que pasan sus días en continuo estudio
y en su vida observe aquellas virtudes
que en los textos ve que deben seguirse,
como en el pasado ya algunos hicieron.                  18715
Podría citar bastantes ejemplos,
incluso muchísimos, pero, si lo hiciera,
la enumeración sería enojosa.

En tiempos pasados, los hombres de pro,
tal como atestiguan muchísimos textos,                  18720
los duques, los reyes, los emperadores,
y otros muchos casos que no citaré,
cubrieron de honores a muchos filósofos.
Y hasta a los poetas también concedieron
villas y jardines, sitios agradables                    18725
y otras muchas cosas con que deleitarse:
al propio Virgilio le entregaron Nápoles,
que es una ciudad mucho más amable
que lo es Lavardin e incluso Orléans;
en Calabria tuvo muy bellos jardines                    18730
el poeta Ennio, que le fueron dados
por ciertas personas que honrarlo quisieron.
¿Será necesario citar más ejemplos?
Con muchos más casos podría probar
que muchos letrados de baja extracción                  18735
estaban provistos de mayor nobleza
que los que venían de reyes y condes
(de quienes aquí no he de hacer mención),
y no obstante fueron tenidos por nobles.

---

18727 Tal donación le vino de *Mecenas,* prototipo de benefactor de artistas y escritores.

18729 *Lavardin* es una población cercana a Orléans.

18731 *Ennio* es el afamado autor de los *Annales* (239-169 a. C.).

Pero en estos tiempos se puede observar                18740
que los hombres buenos que pasan sus vidas
estudiando siempre la filosofía
se deben marchar a tierras extrañas
para así adquirir más ciencia y estima,
o bien sufrirán muchas carestías:                      18745
los hay que mendigan o están endeudados
y algunos incluso sin poder vestirse,
que ni son amados ni son ayudados,
Por ellos los príncipes no sienten aprecio,
a pesar de ser de mayor nobleza                        18750
que los que se ocupan en cazar las liebres
(que me guarde Dios de sufrir tal fiebre),
o que quienes suelen estar en palacio
siempre tras los pasos del rico señor.

Aquellos que tienen nobleza por otros,                 18755
pero no poseen ni valor ni mérito
y a pesar de todo llevan ese título,
¿son acaso nobles? Yo digo que no;
antes deben ser villanos llamados,
tenidos por viles, y menos amados                      18760
que si fueran hijos de algún malhechor.
Pues yo no podría a nadie adular
ni aunque fuera el hijo del mismo Alejandro,
ese emperador que fue tan gran hombre
y que tantas guerras llevó siempre a cabo              18765
con las que ganó tantísimas tierras.
(El cual, sojuzgados muchísimos reyes
después de que fueron vencidos por él,
muchos de los cuales ante él se rindieron
sin necesidad de entablar combate,                     18770
se atrevió a afirmar, seguro de sí,
que le resultaba tan estrecho el mundo,
que apenas podía resolverse en él,
por cuya razón quería dejarlo

---

18754   Jorge Manrique, con ser un buen poeta, no cita la instrucción
como medio de llegar a la fama: los que no «viven por sus manos» sólo
pueden dedicarse a las armas o a la oración. En cuanto a los parásitos
cortesanos, son claramente denunciados, en lo que a nuestras letras
respecta, por el Canciller Ayala en su *Rimado de Palacio.*

para descubrir otros mundos nuevos                        18775
donde comenzar otras nuevas guerras,
proyectando incluso tomar el infierno
para hacerse en él aclamar por todos.
Por dicho motivo temblaron de miedo
todos los diablos, puesto que creyeron,              18780
cuando los previne, que él podría ser
Aquel que al morir vilmente en la cruz
para redimir a los pecadores
rompería un día sus oscuras puertas,
con lo que su orgullo sería humillado,               18785
para que las almas escapar pudieran.)
   Pero supongamos (no ha de suceder)
que sólo quisiera que nacieran nobles
y no me ocupara ni poco ni mucho
de aquellos que suelen llamarse villanos:            18790
¿qué bienes habría en dicha nobleza?
Verdaderamente, quien pensara en ello
para deducir alguna razón
sacar no podría otra conclusión
que, aunque en la nobleza se dé la bondad,           18795
ésta no se da en aquellos casos
en que la nobleza viene de los padres.
Todo el que pretenda pasar como noble
deberá saber siempre este principio
si usurpar no quiere tan glorioso título             18800
y hacer que se pierda su reputación.
Pues es necesario que todos comprendan
que dicha nobleza no da a la persona
otra calidad más digna de encomio
que la rectitud que se da en sus actos;              18805
y que todos sepan de la misma forma
que nadie debiera recibir honores
por los grandes méritos de sus allegados,
como que tampoco injuriarse debe
a persona alguna por deshonra ajena.                 18810
Que se den honores a quien los merezca.
Pero todo aquel que bien no actuase,
en el cual se den todas las maldades
y las villanías y las fechorías,

y las vanaglorias y las arrogancias,                    18815
y la hipocresía y la falsedad,
henchido de orgullo y mala intención,
jamás inclinado a ayudar a nadie,
siempre descuidado y dado al placer
(y de estas personas hay muchos ejemplos),              18820
por más que naciera de buena familia
do resplandecieran todas las virtudes,
no tiene derecho, lo digo en voz alta,
a que de sus padres reciba la gloria;
antes se debiera dar el mismo trato                     18825
que si procediera de algún miserable.

    Y sepa también quien pueda entender
que en ningún momento puede confundirse
el buscar nobleza y conocimiento
y reputación por los buenos actos                       18830
con la adquisición de grandes dominios,
de muchos dineros y bellos ropajes:
esas actitudes son muy diferentes.
Ya que todo aquel cuyo solo esfuerzo
sea trabajar para más ganar                             18835
dineros, ropajes, adornos o tierras,
y hasta consiguiera amasar el oro
y contar pudiera los marcos por miles,
todo esto podrá dejar a sus hijos;
pero quien su esfuerzo empleó en ganar                  18840
aquellos honores arriba citados,
y aunque los ganara meritoriamente,
su amor por sus hijos no ha de permitirle
el que estos honores puedan heredarlos.
¿Les puede dejar acaso su ciencia?                      18845
No. Ni su nobleza ni su buena fama.
Pero sí que puede muy bien educarlos,
si es que ellos quisieran tomar buen ejemplo.
Otra cosa el padre jamás puede hacer,
ni pueden los hijos nada más sacar.                     18850

    Mas los herederos de eso no se ocupan;
aunque sí se esfuerzan con enorme afán
(de estos hay muchísimos), para recibir
todas las riquezas y las posesiones.

A pesar de todo dicen que son nobles, 18855
y se vanaglorian de este bello título
puesto que sus padres lo fueron también,
padres que, en su caso, se lo merecían;
y van paseándose con perros y aves
con el solo objeto de darse boato, 18860
y pasan su tiempo cazando por ríos,
por bosques, por campos, por todo lugar,
o bien regalándose en la dulce holganza,
cuando sólo son malvados inútiles
que se vanaglorian de nobleza ajena. 18865
Al obrar así, están confundiendo
y van deshonrando sus propias familias,
ya que a sus mayores emular no quieren.
Pues cuando les hago iguales nacer,
estos tales quieren nacer como nobles, 18870
pero con nobleza que no se parece
a la que les doy, que es más excelente,
nobleza llamada libertad de espíritu,
que todos los hombres tienen al nacer;
y también razón, que Dios les concede, 18875
gracias a la cual, si se es bueno y sabio,
el hombre se iguala a Dios y a los ángeles,
salvo que, por ser mortal criatura,
la muerte establece una diferencia
y hace que los hombres sean inferiores. 18880
Podrán con mis dones nuevas calidades
adquirir, si quieren hacerse mejores,
mas, si no se esfuerzan en sus propios actos,
ninguna nobleza les vendrá por otros.
Y aquí no exceptúo ni a reyes ni a condes: 18885
es, por otra parte, aún más infamante
que el hijo de un rey sea un ignorante
y que se dedique a sembrar el mal,
que si fuera el hijo de algún zapatero,
o de algún porquero, de vil condición. 18890
Y, por el contrario, tendría más mérito
aquel sir Gauvin, el buen combatiente,
si hubiese nacido de un hombre cobarde
que siempre estuviese sucio de cenizas,

que si hubiese sido débil y miedoso                    18895
viniendo de un padre que fuese valiente.

Sea como fuere, esto es evidente:
la muerte de un príncipe es más importante
que si se muriera un hombre del campo,
pues cuando se muere alguno de aquéllos     18900
suele comentarse por mucha más gente,
y por eso dicen dichos visionarios
que cuando se ven aquellos cometas,
es porque están hechos para dichos príncipes.

Pero aunque no hubiera ni reyes ni príncipes    18905
en provincia alguna ni en reino ninguno
y fuesen iguales todas las personas,
aunque hubiera paz o que hubiera guerra,
los cuerpos celestes no se inmutarían
y en su tiempo exacto habría cometas,         18910
por lo que podrían seguir siendo vistos
en el mismo sitio en que ya lo fueron,
con tal que en el aire se dé la materia
que les facilite tal aparición.


## El orden de la naturaleza


Dragones volantes que despiden chispas         18915
tienen como aspecto algunas estrellas
que desde los cielos perecen caer,
tal como lo creen esos visionarios,
Pero la razón impide creer
que nada del cielo pueda descender,            18920
ya que no hay en él nada corruptible
y todo está firme, sólido y estable;
ni que las estrellas reciban impactos
debido a los cuales puedan fracturarse,
pues nada podría llegar a romperlas,           18925
ya que no permiten que nada las pase
por duro que sea, o fino y agudo,
salvo si se trata de cosa incorpórea.
Así, por ejemplo, sí pasa la luz,

pero sin romperlas y sin afectarlas.                    18930
Por sus influencias, y según las épocas,
el verano es cálido y frío el invierno,
época en que caen nieves y granizos
a veces muy débiles y otras abundantes,
y se dan mil tipos de perturbaciones                    18935
por la posición distinta que ocupen,
según que se encuentren entre sí alejadas,
o que se aproximen, o que estén muy cerca.
Por cuya razón el hombre se espanta
siempre que en el cielo contempla un eclipse,           18940
ya que se imagina que está amenazado
al ver que se ocultan y desaparecen
ante su mirada todas las estrellas
que antes contemplaba y que se han perdido.
Pero, si supieran cuáles son las causas,                18945
no se espantarían de ninguna forma.

    También originan la fuerza del viento,
que hace que se eleven las olas del mar
hasta el tal extremo, que besa a las nubes;
y después lo obligan a quedarse en calma,               18950
que ya no se atreve a seguir rugiendo
ni a encrespar sus olas, ni a más movimientos
que los necesarios, esos que por fuerza
le obliga la luna a seguir haciendo,
que son las continuas idas y venidas,                   18955
las cuales no hay nada que pueda parar.

    Pero el que quisiera saber más de cerca
de las maravillas que sobre la tierra
obran las estrellas y cuerpos celestes,
tantas hallaría y tan admirables,                       18960
que incapaz sería de decirlas todas
si es que su intención fuera enumerarlas.

    En fin, de los cielos no puedo quejarme,
ya que sus influjos son beneficiosos
y muy claramente comprobarse puede                       18965
que en todo momento cumplen su misión.

    Tampoco me quejo de los elementos,
los cuales observan bien mis mandamientos
al llevar a cabo las mezclas debidas

con los intercambios que tienen fijados,                    18970
aunque toda cosa que hay bajo la luna
corruptible sea, cosa que no ignoro:
los cuerpos terrestres, por más que se nutran,
habrán de acabar todos corrompidos,
que a ello están sujetos por su complexión          18975
y a tal los obliga su naturaleza.

Esta es una regla que nunca ha fallado:
que todos los cuerpos vuelven a su origen.
Y la dicha regla es tan general,
que admitir no puede ninguna excepción.             18980

Tampoco me puedo quejar de las plantas,
que en obedecerme no encuentro remisas;
antes al contrario, siguen bien mis leyes
debido a que crecen durante sus vidas
desde las raíces hasta las hojitas,                       18985
haciéndose troncos y flores y frutos.
Cada una aporta, venido el momento,
todo lo que puede, hasta que se agosta:
árboles y matas, arbustos y yerbas.

Tampoco me quejo de peces y pájaros,                18990
que tan agradables resultan de ver;
todos ellos cumplen mis reglas muy bien
(tal como acostumbran los buenos alumnos,
que hacen sus deberes convenientemente,
y al hacer las cosas que se les pidieron           18995
no pueden por menos que honrar sus linajes,
a los cuales nunca cubrirán de oprobio.
Es, pues, un placer verlos actuar).

Tampoco me quejo de los animales
a los que les hago ir con la cabeza                   19000
mirando hacia abajo y andar por la tierra.
Estos no me causan el menor problema,
pues todos caminan tirados por mí
y hacen como hicieron sus antecesores.
Los machos van siempre junto con las hembras,      19005
formando parejas graciosas y bellas,
y de esta manera pueden engendrar
cuantas veces creen que deben hacerlo,
pues no necesitan hacer otros tratos

para realizar sus acoplamientos,                          19010
a los que se entregan voluntariamente
con inclinación sencilla y alegre,
teniéndose todos por muy satisfechos
con el bienestar que yo les concedo.

Y del mismo modo mis preciosas larvas:                    19015
moscas, mariposas, mosquitos, hormigas
y hasta los gusanos de la podredumbre
me han obedecido con gran sumisión,
como los demás que van arrastrándose,
que también se aplican en seguir mis órdenes              19020

### Desobediencia del hombre

Me quejo del hombre, a quien concedí
todos los favores que podía darle;
me quejo del hombre, a quien distinguí
haciéndole andar mirando hacia el cielo;
me quejo del hombre, el único ser                         19025
con la misma forma de su creador;
me quejo del hombre, por el que me esmero.
Pues nada tendría, si yo no le diera,
en lo que respecta a su humanidad                         19030
(tanto por su cuerpo como por sus miembros);
nada que valiera ni siquiera un rábano,
pues incluso es mía el alma que tiene:
sólo no le he dado el entendimiento.
Él tiene de mí, que soy su señora,                         19035
tres fuerzas que atañen al cuerpo o al alma,
puesto que soy yo, en definitiva,
quien le hace existir, vivir y sentir.
Y más son los bienes de que dispondría
si siquiera ser honrado y prudente,                        19040
debido a que goza de todas las gracias
con las cuales Dios adornó este mundo,
porque forma parte de todas las cosas
que están contenidas en el universo,
de cuyas bondades también participa:                      19045
tine su existencia igual que las piedras,

goza de una vida tal como las plantas
y siente lo mismo que los animales.
Pero él es mejor, puesto que es capaz
también de pensar, tal como los ángeles.          19050
¿Qué puedo deciros más de sus ventajas?
El hombre dispone de cuanto desea,
ya que constituye un pequeño mundo.
Y me hace más daño que si fuese un lobo.

## El entendimiento humano.

Mas su entendimiento, sin duda ninguna,          19055
he de confesar, pues es evidente,
que no es un favor que de mí le vino,
que mi poderío no llega hasta ahí,
pues no soy tan sabia ni tan poderosa
para conseguir algo tan valioso:                 19060
cuantas cosas hago son perecederas,
ya que todas ellas tienen un final.
El mismo Platón es quien lo recuerda
cuando nos explica cuáles son mis obras
y cómo los dioses no son corruptibles:           19065
«El demiurgo, dice, quiere conservarlos
haciendo que vivan perdurablemente
por el solo imperio de su voluntad;
y si tal deseo no los mantuviese,
éstos morirían necesariamente                    19070
Mis obras, prosigue, son perecederas,
porque mi poder es muy poca cosa
si se le compara con el poderío
de este gran señor, que todo lo ve
y observa pasado, presente y futuro              19075
en un solo instante de la eternidad.»
Dios es ese rey, ese emperador
que dice a los dioses que de ellos es padre,
como sabe bien quien lee a Platón,

—————

19063   Se refiere aquí al pensamiento central de *Timeo*. Esta concepción
del hombre como microcreación estaba muy extendida en la Edad Media,
época en la que este filósofo fue muy estudiado.

ya que estas palabras están en sus textos.　19080
Al menos, así fueron comprendidas
según el lenguaje del reino de Francia:
«A vosotros, dioses, que existís por mí:
yo soy vuestro padre, vuestro creador;
vosotros no sois más que criaturas　19085
a las que creé por mi voluntad;
por naturaleza sois perecederos,
pero sois eternos porque yo lo quiero;
porque nada existe por naturaleza,
por más que estéis hechos con gran perfección,　19090
que al final no acabe llegado el momento.
Pero todo aquello que creo oportuno
y que, como Dios, quiero unir y atar,
por ser bueno y sabio infinitamente,
no he querido nunca ni querré jamás　19095
que en ningún momento pueda ser disuelto:
el corrompimiento no ha de producirse.
Por cuyo motivo he de concluir:
puesto que empezasteis a tener la vida
por la voluntad de vuestro señor,　19100
que fue la que os dio el ser y la vida,
debido a lo cual a mí estáis sujetos,
vosotros no estáis de mortalidad
ni corrompimiento exentos del todo,
ya que moriríais necesariamente　19105
si yo no quisiera manteneros vivos.
Por naturaleza podríais morir,
pero no lo haréis porque así lo quiero,
pues mi voluntad es más poderosa
que los fundamentos de vuestra existencia,　19110
por cuya razón de mí solamente
es de donde os viene la inmortalidad.»
Este es el sentido, según está escrito,
que quiso expresar Platón en su libro,
que fue el que mejor habló sobre Dios,　19115
al que definió y le dio sentido
con más precisión que cualquier filósofo
de la antigüedad que sobre Él trató.
No obstante lo cual, no lo dijo todo,

porque no podía por sus propias fuerzas        19120
captar plenamente el significado
y la trascendencia que tener podría
el fruto nacido de cierta muchacha.
Porque es evidente que la criatura
que quiso llevar tal fruto en su vientre        19125
sabía más cosas que el propio Platón.
Ella comprendió, cuando en sí lo tuvo
(de lo cual sentía un inmenso gozo),
que lo que llevaba era el Padre Eterno
que nunca tendrá principio ni fin,        19130
quien está en el centro de todo lugar,
esfera infinita sin circunferencia;
y que era el triángulo tan maravilloso
cuya unicidad se da en los tres ángulos,
pues, aunque estos ángulos sean diferentes,        19135
forman unidad y una sola esencia.
Y fue el mismo círculo, fue el mismo triángulo,
triangular aquel y este circular,
el que se alojó dentro de la Virgen.
Platón no podía llegar a saberlo,        19140
no vio la unidad de esta trinidad
en esta sencilla trinidad unida,
ni tampoco vio al Dios soberano
que vino a este mundo bajo forma humana;
y fue el Creador, nuestro Dios eterno,        19145
el que, al conformar a la humanidad,
a cada persona dio el entendimiento.
No obstante, los hombres le hicieron la guerra
tan ingratamente, de forma tan ciega,
que a pensar llegaron engañar a Dios.        19150
Mas fueron los hombres los que se engañaron,
y así mi Señor tuvo que morir
por haber querido tomar carne humana
para liberarlos de sus sufrimientos.
    Él nació sin mí, única excepción,        19155
ya que puede todo con sólo quererlo,
por cuya razón me quedé asombrada
cuando de su madre, la Virgen María,
se dignó nacer en pro de los hombres

y después morir colgado en la cruz.                    19160
Dado que por mí no puede nacer
persona ninguna de vientre de virgen.
    Esta encarnación anunciada fue
en tiempos antiguos por muchos profetas,
tanto por judíos como por paganos,                     19165
para preparar nuestros corazones
a que recibiéramos como cosa cierta
lo que se anunciaba en las profecías.
Y así, en las *Bucólicas* que escribió Virgilio
se puede escuchar esto a la Sibila,                    19170
que hablaba inspirada por el Santo Espíritu:
«Ya un nuevo linaje desde el alto cielo
os es enviado a todos los hombres
para encaminar a los desviados,
y así acabará el siglo de hierro                       19175
y se iniciará el tiempo dorado.»
Como Albumazar, que también afirma,
y aquí poco importa cómo supo verlo,
que dentro del signo que llamamos Virgo
vendría a este mundo una digna moza                    19180
que virgen y madre sería a la vez
y amamantaría a su propio padre;
y aunque su marido viviera a su lado,
en ningún momento se uniría a ella.
Esta afirmación puede comprobar                        19185
quien de Albumazar posea los textos,
puesto que se encuentra en un libro suyo.
Y todos los años celebra la fiesta
el pueblo cristiano el mes de septiembre
para recordar aquel nacimiento.                        19190


### Proceso a la humanidad

    En todas las cosas que aquí he referido,
y Nuestro Señor lo sabe muy bien,

───────────────
19169  IV, 7-10.
19177  Astrónomo árabe del siglo IX.
19189  Se refiere al 8 de septiembre, festividad del nacimiento de María.

siempre me he esforzado para el bien del hombre
y en su beneficio siempre he trabajado.
Y aunque él es el fin de toda mi obra,                    19195
también es el único que va contra mí,
pues nunca se tiene como bien pagado
el muy desleal, el muy renegado.
No hay nada en el mundo que pueda bastarle.
Así pues, ¿qué puedo seguir de él diciendo?             19200
Son tantos los bienes con que lo colmé,
que el enumerarlos sería imposible;
a cambio, me trata con tantas afrentas,
que citar no puedo de tan abundantes.
Por ello, buen Genio, mi buen capellán,                  19205
¿es acaso justo que lo siga amando
y siga mimando con tanto cariño,
cuando se comporta de tan mala forma?
¡Que Dios me perdone desde el crucifijo!
¡Mucho me arrepiento de haberlo formado!               19210
¡Pero por la muerte que sufrió Jesús,
aquél a quien Judas se atrevió a besar
y a quien con su lanza golpeó Longino,
lo he de denunciar de todos sus crímenes
delante de Dios, que me lo entregó                        19215
y lo conformó a su semejanza,
ya que nunca cesa de estar contra mí!
Soy una mujer y no he de callar,
y desde ahora mismo habré de acusarlo,
ya que las mujeres sueltan lo que saben.                  19220
Nunca como ahora será más culpado;
no conseguirá que yo lo perdone:
todos sus defectos serán revelados,
puesto que diré toda la verdad.

Él es orgulloso, infame, ladrón,                          19225
traidor codicioso, avaro, tramposo,
glotón, maldiciente y de poca fe,
de todo envidioso y despreciativo;
también mentiroso y de todo incrédulo,
perjuro, falsario y muy vanidoso,                         19230
y en grado extremo inconsciente y loco,
así como idólatra y ser sin piedad;

es también traidor, redomado hipócrita
y un gran perezoso. ¿Qué más? Sodomita.
Él es, en resumen, tan vil y tan tonto,                    19235
que a todos los vicios quiere encadenarse
y les da cabida dentro de sí mismo,
¡Mirad en qué hierros se quiere encerrar!
¿Acaso no busca con afán su muerte
cuando a tantos males quiere condenarse?                    19240
Mas ya que las cosas están obligadas
a volver al sitio donde se produjo
el primer momento de sus existencias,
cuando se presente ante su Señor,
al que en todo instante con todas sus fuerzas              19245
hubiera debido servir y alabar
guardándose bien de toda maldad,
acaso podrá mirarlo de frente?
Y cuando el Señor tenga que juzgarlo
¿le podrá tener consideración                              19250
después que con Él tan mal se ha portado
(como en tal momento quedará probado)
este miserable, cuyo corazón
nunca se ha movido para hacer el bien?

El único bien por el que se esfuerzan                      19255
grandes y pequeños es por el honor,
sobre el que parece que se han aliado
y puesto de acuerdo unánimemente,
por más que ese honor no todas las veces
permanece a salvo aun con dicho trato,                     19260
ya que muchos sufren grandes menoscabos
y acaban muriendo o bien deshonrados.
Pero el miserable, ¿qué podrá esperar,
si bien examina lo mucho que peca,
cuando ya se encuentre delante del juez                    19265
que juzga y que ve todas las acciones
y da a cada una lo que se merece,
sin que se le olvide la mínima cosa?
¿Y qué recompensa podría esperar
excepto una cuerda, con la que lo cuelguen                 19270
en la dolorosa horca del infierno?
Allí quedará bien encadenado

con fuertes argollas que no han de romperse
ante los diablos y su vil señor.
O será cocido en grandes calderos,               19275
o quizás asado por todas las partes
en unas parrillas con ardiente fuego;
o quizás lo aten con grandes cadenas,
tal como a Yxión, a ruedas cortantes
que hacen los diablos girar con sus pies;        19280
o conocerá el mismo suplicio
de sed y de hambre que sufriera Tántalo,
el cual, aunque inmerso en medio de un baño,
por más que de sed se estaba muriendo,
nunca conseguía tocar con la boca               19285
el agua que estaba junto a su barbilla:
cuánto más hacía para conseguirla,
más se le alejaba y su sed crecía,
tanto, que jamás consiguió saciarla,
por lo que moría de sed abrasado:               19290
tampoco podía coger la manzana
que delante de él tenía colgada,
y al menor intento hecho con su boca,
más se le apartaba con el movimiento.
O bien bajará por coger del fondo               19295
la muela que debe subir a una roca,
que caerá de nuevo, debiendo subirla
una y otra vez, sin interrupción
tal como tú hacías, desgraciado Sísifo,
que a este gran tormento fuiste condenado       19300
O bien una cuba sin fondo y enorme
tendrá que llenar, sin nunca lograrlo,
tal cómo tuvieron que hacer las Danaides
para así purgar antiguos pecados.
Y vos conocéis, mi querido Genio,               19305
cómo se esforzaban por comer el hígado
de Ticio dos buitres, y con cuánto ahínco,
a los que espantar resultaba inútil.
Pero en el infierno aún hay más penas,
suplicios terribles y grandes torturas          19310

---

19279 Personaje citado por Ovidio en las *Metamorfosis*, IV, 457-63.

que conocerá ciertamente el hombre,
el cual pagará con ellos la culpa
dolorosamente y desesperado
hasta que yo quede, por fin, satisfecha.
Puesto que ese Juez al cual aludí,                    19315
que juzga igualmente lo dicho y lo hecho,
si aquí se mostrara con él indulgente,
es como si hiciera buena y agradable
la forma de obrar de los usureros:
pero dicho Juez siempre es justiciero,                19320
por cuya razón siempre fue temido:
¡es muy mal negocio darse a los pecados!
Evidentemente, todos los pecados
a los que se suele entregar el hombre,
por ser cosa suya, se los dejo a Dios,                19325
que lo juzgará cuanto tenga a bien.
Pero en los que a Amor hacen referencia,
del cual he escuchado sus múltiples quejas,
deberé exigir su reparación,                          19330
puesto que los hombres reniegan del trato
que por nacimiento firmaron conmigo
y han de respetar del modo debido
mientras que mis medios sigan empleando.


## EMBAJADA DE GENIO

Por ello, vos, Genio, el buen orador,                 19335
quiero que vayáis adonde está Amor,
el cual en servirme siempre se ha esforzado.
Él me quiere bien, de eso estoy segura,
pues su corazón, bueno y generoso,
siempre está inclinado a seguir mis normas           19340
con mayor rigor que el hierro al imán.
Id, pues, y llevadle mi cordial saludo,
así como a Venus, mi querida amiga,
y sin olvidar a los de su hueste,
salvo solamente a Falso Sembalnte:                    19345
quiero que así sepa que nunca aprecié
tener como amigos a los desleales,

ni a los orgullosos y grandes hipócritas,
de quienes se dice en las Escrituras
que son ciertamente los pseudo-profetas                    19350
(y también sospecho que es muy parecida
a Falso Semblante Forzosa Abstinencia,
por más que aparente ser caritativa).
Así que si veis a Falso Semblante
mandando a sus hombres, traidores probados,                19355
no lo saludéis, digo, de mi parte;
ni a él ni a su amiga Forzosa Abstinencia,
puesto que son gente poco de fiar,
a quienes Amor debiera expulsar
fuera de su hueste sin contemplaciones,                     19360
a menos que sepa con seguridad
que los dos amigos le son necesarios,
tanto, que sin ellos nada puede hacer.
Pues si resultara que le son precisos                       19365
y ayudan la causa de los amadores,
gracias a lo cual pueden consolarse,
en esta ocasión los perdonaré.
Así pues, amigo, id al dios Amor,
al que deberéis contarle mis quejas;                        19370
no con la intención de que haga justicia,
mas para alegrarse y tranquilizarse
con este saludo que por vos le envío
(el cual para Amor será tan gozoso
como preocupante para sus contrarios),                      19375
y aleje de sí, que no lo atormente,
la preocupación que lo está royendo.
Decidle que a vos a él os envío
para excomulgar a todos aquellos
que seguir no quieren nuestros mandamientos,                19380
y para absolver a los esforzados
que suelen obrar de buen corazón
para rectamente observar las reglas
que, por mí dictadas, quedaron escritas,
y que se dedican con gran entusiasmo                        19385
a que sus familias prosigan creciendo

---

19349   De ellos habla Mateo, VII, 15; Lucas, XI, 37.

por amar del modo que les prescribí,
por cuyo motivo he de distinguirlos
para que sus almas sientan alegría.
Pero que se guardan muy bien de los vicios          19390
que por mí quedaron arriba descritos,
y que continúen en el buen camino.
Sedles generoso en vuestra indulgencia,
que no habrá de ser de cinco o seis años,
porque siendo así, no la apreciarían:               19395
que sea indulgencia plenaria y eterna
de cuantos pecados hayan cometido,
después que con vos se hayan confesado.
Y una vez que hayáis llegado a la hueste,
en donde seréis muy bien recibido,                  19400
y dado el saludo que yo les envío
del modo que vos creáis más correcto,
habéis de hacer públicas, para que se enteren,
tanto la indulgencia como la sentencia
que quiero que vos escribáis ahora.»                19405
    Entonces escribe lo que ella le dicta.
Sellada la carta y entregada a Genio,
Natura le pide que no se demore,
mas sin olvidarse de antes absolverla
de lo que le pesa sobre su conciencia.              19410
E inmediatamente que se confesó
de todas las culpas la diosa Natura,
tal como lo exigen la ley y la costumbre,
el muy virtuoso sacerdote Genio
la absolvió de todo y ordenó que hiciera            19415
una penitencia que correspondía
a la magnitid del grave pecado
en que, según ella, había caído.
Genio le pidió que continuase
la misma labor metida en su fragua,                 19420
tal como hasta entonces la venía haciendo
cuando estaba libre de todo pecado;
como que cesara su triste lamento,                  01
que le impediría su buena labor,                    02
y que se pusiera sin perder más tiempo
manos a la obra, en tanto otra cosa

[563]

no ordenara el Rey que todo lo puede,                    19425
tanto componer como deshacer.
—«Señor, respondióle, esto haré de grado.
—En tal caso, quiero salir de inmediato,
contestóle Genio, por llegar más pronto
y antes socorrer a los amadores.                         19430
Pero antes quisiera poder despojarme
de esta embarazosa casulla de seda,
y de esta alba blanca y de este roquete.»
Desembarazado de estas vestiduras,
decidió ponerse ropa secular,                            19435
que le resultaba mucho más ligera,
como el que se apresta a asistir a un baile,
y, para ir más rápido, se puso unas alas.


### Genio en la hueste de Amor

Así pues, Natura se quedó en su fragua,
cogió sus martillos e inició el trabajo                  19440
con el mismo afán que en días pasados;
en tanto que Genio, raudo como el viento,
batiendo sus alas con celeridad,
a la hueste llega en el buen momento.
Mas no encuentra allí a Falso Semblante:                 19445
se había marchado con paso ligero
después que la Vieja fuera aprisionada
por haberme abierto todas las entradas
y por permitirme sin mayor obstáculo
hablar con mi amigo Buen Recibimiento.                   19450
Por eso no quiso esperarse a más,
sino que se fue sin decir adiós.
Pero, por su parte, Forzosa Abstinencia
aún se encontraba con los de la hueste,
la cual se aprestó con tal frenesí                       19455
para dar alcance a su buen amigo
cuando al sacerdote vio que se acercaba,
que nadie logró retenerla allí,
puesto que con Genio no quería nada;
y verla ante él sería imposible,                         19460

[564]

por mucho dinero que pudieran darle,
si Falso Semblante no estaba presente.

Una vez llegado Genio al campamento,
sin más esperar, inmediatamente,
a todos saluda tal como debía,                                    19465
diciendo después también los motivos
por los cuales vino, sin nada omitir.

Pero, por mi parte, no he de describir
las muestras de júbilo con que lo acogieron
cuando sus noticias hubieron oído.                                19470
Antes bien, prefiero abreviar la cosa
para aligerar así mi sermón,
ya que muchas veces el predicador,
cuando brevemente no dice su asunto,
hace que los fieles se vayan marchando                            19475
por su pesadez y prolijidad.

Después de lo cual, Amor revistió
allí mismo a Genio con una casulla,
y le dio su anillo, su cruz y su mitra,
que más relucían que el propio cristal;                           19480
pero no añadió otros paramentos,
puesto que tenía enormes deseos
de que les leyera aquella sentencia.
Venus, por su parte, siempre sonriente,
no podía estarse ni un momento quieta                             19485
dado que sentía profunda alegría:
para reforzar más el anatema
con el que el discurso se terminaría,
le puso en su mano un cirio encendido
(aunque he de decir: no de cera virgen).                          19490

Genio, no queriendo retrasarse más,
se puso a leer entonces la carta
en la que constaban las cosas descritas
desde un alto estrado donde se ha subido.
Mientras, los barones, para acomodarse                            19495
creen más indicado sentarse en el suelo.
Preparados todos, Genio abre la carta

---

19477   Hasta el verso 20670, Meun se inspirará de nuevo en *De Planctu
Naturae*.

y hace con su mano un signo ostensible
a fin de indicarles que deben callar.
Y, así, los barones, que esperan oírlo,          19500
se dan con el codo pidiendo silencio
hasta que se callan y quedan atentos.
Ya callados, Genio comienza a decir
la definitiva sentencia que sigue:

### Sermón de Genio

«Por la autoridad que tiene Natura,              19505
a cuyo cuidado todo el mundo está
por ser la vicaria y la condestable
del Emperador Todopoderoso,
que tiene su sede en las altas torres
de la gran ciudad y noble del mundo,             19510
a la que Natura por encargo suyo
rige y administra con muy buenas leyes
mediante el influjo que ejercen los astros,
pues gracias a ellos todo está ordenado
según los derechos que les fueron dados          19515
también por Natura, su oficial mayor,
a la cual las cosas le deben el ser
desde los inicios de la Creación,
cosas a las cuales también puso término
en su magnitud y en su crecimiento,              19520
puesto que jamás obró sin sentido
en lo contenido debajo del cielo,
el cual da sus vueltas en torno a la tierra
siempre equidistante por todas las partes
y nunca se para, de día o de noche,              19525
sino que se mueve de modo constante:
son excomulgados terminantemente,
y por eso mismo quedan condenados,
quienes desleal y traidoramente
(se trate de nobles o gente menuda)              19530
no tengan en cuenta las obligaciones

---

19510   Se alude a la *Civitas Dei* de San Agustín.

que deben guardar para con Natura.
Pero todo aquel que obstinadamente
sus fuerzas usare para mantenerla,
el que se afanare en el bien amar                    19535
con gran lealtad, sin reserva alguna,
trabajando en ello convenientemente,
en el Paraíso será coronado.
Pero habrá de hacerlo con buena intención,
porque de otro modo de él me ocuparía               19540
con la autoridad y el rigor debidos,
y nunca podría perdón obtener.

   En mala ocasión Natura les dio
a los desleales que aquí he criticado
punzones, tablillas, martillos y yunques            19545
para trabajar tal como debían;
o rejas con punta muy bien afilada
para que su arado marcase los surcos
en buenos barbechos, no llenos de piedras,
sino muy mollares, húmedos y fértiles,              19550
que a tiempo debido tendría que arar
todo el que quisiera sacarles provecho.
Mas no los trabajan estos desleales
porque no desean servir a Natura;
parecen más bien querer destruirla                  19555
al no golpear jamás en los yunques,
ni grabar tablillas, ni arar los barbechos,
faenas que hizo Natura agradables
para que su obra se continuase
y para que Muerte triunfar no pudiera.              19560

   Enorme vergüenza debieran sentir
estos desleales a quienes aludo
cuando no se dignan hacer el esfuerzo
de en una tablilla su nombre escribir
ni dejar señal por leve que sea.                     19565
Poca calidad deben de tener
las tales tablillas, que se estropearán
si nadie proyecta escribir en ellas;
y, del mismo modo, si ningún martillo

---

19545   Todos estos instrumentos tienen valor fálico, así como las
labores con ellos realizadas simbolizan el acto físico del amor.

golpea en el yunque, como es lo indicado,                    19570
en cuanto que cese ese martilleo
la herrumbre vendrá a pudrirlo todo;
y aquellos barbechos, al no ser hendidos
por arado alguno, serán como eriales.

Tendrían que ser enterrados vivos                            19575
quienes no hacen uso de las herramientas
que Dios conformó con sus propias manos
y proporcionó a mi ama Natura
para que pudiera proseguir su obra.
Puesto que empleando convenientemente                        19580
tales utensilios, los cuerpos mortales
podrían gozar de perpetuidad.

Mas se emplean mal, como puede verse,
y si hubiera acuerdo de todos los hombres
de en sesenta años no querer usarlos,                        19585
se interrumpiría la procreación.
Y si esto pluguiera a su Creador,
significaría el final del hombre:
las tierras por ello, sin gente estarían,
tan sólo pobladas por los animales                           19590
si la humanidad no se renovase,
a menos que Dios crease otros hombres
o resucitase a los que murieron
para repoblar de nuevo la tierra.
Pero, en todo caso, si no procrearan                         19595
durante aquel plazo, sería su fin,
y de esta manera, si a Dios le pluguiese,
todo quedaría por volver a hacer.

Si alguien me opusiera que Dios dintinguió
a algunas personas con el privilegio                         19600
de la castidad, mientras a otras no,
le diré que Dios, que es suma bondad
y nunca ha cesado de darnos sus bienes,
por dicho motivo hubiese dispuesto
que cada persona lo pudiese ser                              19605
y le hubiese dado dicho privilegio.
Por eso me atengo a mi conclusión:
el mundo vendría a su perdición.

Y aquí no imagino que pueda haber réplica

[568]

ni que ésta pudiera disponer de base,                 19610
debido a que Dios, en su creación,
a todos amó de la misma forma,
por cuya razón dio un entendimiento
a todos y a todas, indistintamente.
De lo que deduzco que era su intención              19615
que todos pensasen, y no sólo algunos,
y, pensando, todos pudieran seguir
el mejor camino que lleva hasta Él.
Pues si Él concediera que vivieran vírgenes
algunas personas por mejor seguirlo,                 19620
¿por qué a los demás se lo negaría?,
¿por qué no querría darles tal ventaja?
Y, al dársela a todos, podría pensarse
que su creación le importaba poco.

   Que el que sepa hacerlo me responda a esto,      19625
pues yo no sé más sobre esta materia.
Vengan adivinos para que adivinen,
que aquí los invito a que teologicen.
Mas quienes no emplean aquellos punzones,
gracias a los cuales nacen las personas,             19630
en esas tablillas bellas y preciosas,
a las que Natura para estar ociosas
no había previsto ni había formado,
sino que, al contrario, las confeccionó
para que escribieran sus mejores páginas             19635
hombre y mujeres, recíprocamente;
quienes de Natura tienen dos martillos
y no los emplean de forma correcta
golpeando bien y firme en el yunque;
quienes están ciegos por tantos pecados              19640
y tan desviados por su gran orgullo
que quieren dejar el recto camino
que por ese campo placentero va,
prefiriendo ir, estúpidamente,
a labrar un campo desértico, estéril,                19645
donde su semilla no podrá ser fértil
y en donde sus surcos nunca serán rectos,
dado que el arado se fue desviando
siguiendo un trazado que no es el debido,

en la dirección antinatural                        19650
de los que prefieren imitar a Orfeo,
que nunca intentó ni arar ni escribir
ni en la buena fragua dar el menor golpe
(debiera haber sido colgado del cuello
este tal Orfeo, que fue el inventor          19655
de esta mala práctica, que es contra natura);
todos esos hombres que aprender no quieren
la buena lección que les enseñaron,
y que para hallar el recto sentido
no quieren leer de atrás adelante,               19660
sino que prefieren invertir los términos
cuando se les llama a deletrear:
¡que no solamente sean excomulgados
(quedando a la espera de ser condenados
puesto que quisieron seguir tal camino)!     19665
¡que pierdan también, antes de morir,
porque se la arranquen, esa limosnera
que los dintinguía como masculinos!;
¡que pierdan también aquellas bolsitas
de las cuales pende la bolsa mayor!;          19670
¡que también les saquen aquellos martillos
que están enfundados en esas bolsitas!;
¡que, del mismo modo, queden sin punzón,
cuando no han querido grabar ni una letra
en esas tablillas, que son tan valiosas        19675
y que fueron hechas para tal función!
Y en lo que respecta a reja y arado,
ya que no labraron como era debido,
¡destrozados sean en todas sus piezas
sin poder ya nunca reparados ser!               19680
Y todos aquellos que sigan su ejemplo,
¡que vivan sus vidas con toda deshonra!;
¡y que sus pecados, tan graves y horribles,
les sean un día tan insoportables,
que en todo lugar les hagan sufrir               19685

---

19651   Según Ovidio *(Metamorfosis,* X, 79-85) Orfeo habría sido el
primer pederasta, práctica a la que se dio tras la muerte de Eurídice.
19667   La limosnera podía constar de tres bolsas, una de ellas central y
más larga. La analogía con los miembros viriles es evidente.

y que el sufrimiento lleven en la cara!
¡Por Dios, caballeros, vos, que aún vivís,
no queráis seguir tan malos ejemplos!
Antes bien, seguid a Natura siempre
con una presteza propia de escuderos,                    19690
con máz rapidez y mas ligereza
que puedan mostrar pájaros y ardillas.
No desperdiciéis el perdón presente,
pues aquí os perdono todas vuestras faltas
con tal que queráis seguir a Natura.                     19695
¡Moveos, saltad, emplead los miembros,
que en ningún momento puedan enfriarse
y que no se queden jamás embotados!
¡Poned en acción vuestras herramientas,
que, si se trabaja, se siente calor!                     19700
Y arad, caballeros, por Dios os lo pido,
que vuestros linajes se mantengan vivos,
porque, si de arar no tenéis cuidado,
se terminarań necesariamente.
Alzad vuestras ropas, pero por delante,                  19705
como si quisierais recoger el viento,
o bien desnudaos si lo preferís;
eso sí, evitando quedar destemplados.
Coged firmemente con vuestras dos manos
las dos asideras de vuestros arados                      19710
y, bien sostenidas en vuestros dos brazos,
haced de manera que la dura reja
esté dirigida convenientemente
para introducirla en el entresurco.
Y a los dos caballos que vayan delante                   19715
no habréis de dejarlos que marchen despacio,
sino que, al contrario, tendréis que arrearlos
y no levemente: con golpes tan grandes
y llenos de furia como os sea posible,
para así poder arar más profundo.                        19720
O si usáis los bueyes de robustos cuernos,
acopladlos bien a vuestros arados
y aguijonearlos sin interrupción,
que os dará Natura muchos beneficios.
Así pues, picadlos, y cuanta más fuerza                  19725

hagáis, más profundos lograréis los surcos.
Y una vez que hayáis tanto tiempo arado
que de este trabajo estéis ya cansados
y que la labor esté terminada,
en ese momento podréis descansar,                    19730
porque los esfuerzos ininterrumpidos
no pueden durar demasiado tiempo,
y así no es posible volver a empezar,
por lo que la obra podría pararse;
y de este trabajo nunca habrá que hartarse.          19735
Cadmo, por mandato de la diosa Palas,
accedió a labrar muchos celemines
que sembró con dientes de una gran serpiente,
de donde nacieron muchos caballeros,
los cuales se hicieron tal guerra entre sí,          19740
que en ella murieron casi todos ellos.
Sólo se salvaron cinco compañeros,
los cuales vinieron a ayudar a Cadmo
cuando pretendía construir los muros
de Tebas, ciudad que él mismo fundó.                 19745
A Cadmo ayudaron a poner las piedras
y gracias a ellos pobló la ciudad,
que es muy afamada desde muy antiguo.
Este Cadmo, pues, sembró bien su campo,
por cuya razón prosperó su pueblo.                   19750
Si, por vuestra parte, hacéis como él,
pasará lo mismo con vuestros linajes.
    Además, tenéis dos buenas ayudas
con las que podréis salvar los linajes,
y, si la tercera no fuerais vos mismos,              19755
mostraríais ser locos de remate.
Y para ayudaros sólo hay un remedio:
el que os esforcéis denodadamente.
Por un frente sólo seréis atacados,
y tres campeones no serían tales,                    19760
ni merecerían ser así llamados,
si no consiguieran al cuarto vencer.

---

19736  Episodio contenido en las *Metamorfosis,* III, 102-30.
19763  Estas hermanas que favorecen o entorpecen son las Parcas,
cuyos nombres se citan a continuación.

Tres hermanas hay, si no lo sabíais,
de las cuales dos vendrán a ayudaros.
Sólo la tercera os puede dañar,                    19765
que es quien corta el hilo de todas las vidas.
Habéis de saber que estarán con vos
Cloto, la hilandera que lleva la rueca,
así como Láquesis, que guía los hilos.
La tercera es Átropos, que rompe y destruye        19770
cuanto sus hermanas consiguen hilar.
Átropos no piensa más que en destruiros:
si vuestros barbechos quedan sin arar,
de vuestros linajes dará buena cuenta:
a vosotros mismos os sigue de cerca.               19775
Mayor enemigo jamás conocisteis
ni ante más cruel os enfrentaréis.
¡Llegado ese día, que Dios os ayude!
Debéis acordaros de vuestros abuelos
y vuestras abuelas, que tan bien obraron,          19780
y de su conducta tomar buen ejemplo,
evitando así vuestra destrucción.
¿Y qué es lo que hicieron? Que piense un momento
aquel que desee su ejemplo seguir:
tanto se esforzaron y tan bien lucharon,           19785
que con su combate os dieron la vida;
y de no haber hecho tal caballería,
no hubierais podido venir a este mundo.
Así pues, ya entonces pensaban en vos
amorosamente, solidariamente.                      19790
Por lo cual pensad en los que os sucedan
y vuestros linajes podrán mantenerse.
    En ningún momento debéis desistir:
punzones tenéis, así que escribid.
No tengáis jamás los brazoa caídos.                19795
Golpead, forjad, echad el aliento;
tenéis que ayudar a Cloto y a Láquesis,
y, así, si seis hilos lograse cortar
la muy vengativa y malvada Átropos,
que puedan quedar aún otros doce.                  19800
Por eso pensad en multiplicaros,
con lo que podréis tomaros venganza

de la muy traidora y la muy ladrona
Átropos, que aguarda vuestra destrucción.
Pues esta furiosa y vil destructora,                            19805
que en todo momento combate a la vida
y a quien sólo alegran las muertes que causa,
es la que alimenta al cruel Cerbero,
quien tanto desea que muera la gente,
que tiembla de gusto sólo de pensarlo,                          19810
y se moriría furioso de rabia
si esa desgraciada no lo socorriese;
pues si no existiera, él jamas podría
encontrar a nadie que lo alimentase.
A Átropos le gusta mucho amamantarlo                            19815
y, para tratarlo con mayor ternura,
a este gran mastín lo pone en sus pechos
(ella tiene tres, no dos como todas)
que mete en las bocas de sus tres cabezas.
De ellos chupa y tira Cerbero con gusto.                        19820
Tanto, que jamás se siente saciado,
y además no quiere ser amamantado
si no es de esa leche, ni admite tampoco
ser alimentado con otro manjar
que el que ella le trae de cuerpos y de almas                   19825
de hombres y mujeres, y que le coloca
en gran cantidad en su triple boca.
Ella solamente del mastín se ocupa
y, aunque siempre está llenando sus fauces,
jamás consiguió hallarlas vacías                                19830
por más alimento que pudiera echarle,
pasto del que sienten una gran envidia
esas tres hermanas llamadas las Furias,
siempre deseosas de poder mataros,
cuyos nombres son Alecto, Tisífone                              19835
(sé cómo se llama cada una de ellas)
y, la más pequeña, la insaciable Mégera,
las cuales, si pueden, habrán de comeros.
   Las tres os esperan allá en los infiernos,
en donde maltratan con mil sufrimientos:                        19840

---

19833 Divinidades mitológicas de la venganza, que habitan en los
infiernos guardados por Cerbero.

golpean, fustigan y quitan la piel,
ahogan y queman, y cuecen y asan
ante los tres jueces allí reunidos
en el tribunal, delante de todos,
a todos aquellos que mientras vivieron          19845
sólo se emplearon en hacer el mal.
Los jueces obtienen con dichos tormentos
que los condenados confiesen los crímenes
que en toda su vida pudieron hacer
desde el mismo instante en el que nacieron.     19850
Ante estos tres jueces todo el mundo tiembla,
incluso yo mismo, con sólo citar
los nombres que tienen y que aquí os diré:
uno es Rodamantes, el segundo es Minos
y el tercero Éaco, hermanos los tres            19855
(pues los tres tenían como padre a Júpiter),
los cuales, según se dice en los libros,
fueron en sus vidas personas honestas,
y tan bien supieron cumplir la justicia
que fueron nombrados jueces del infierno.       19860
Este justo premio les fue concedido
por Plutón, el cual estaba esperándolos
para que la gente, cuando se muriera,
tuviera la pena que se mereciera.

   Señores, por Dios, no vayáis allí.           19865
Antes bien, luchad contra los pecados
que Natura, que es nuestra ama y señora,
me vino a contar estando en mi misa.
Contómelos todos, que no he de citar;
sólo diré ahora que son veintiséis             19870
mucho más nocivos de lo que pensáis.
Los que os encontráis limpios y vacíos
de la suciedad de tales pecados
jamás caeréis dentro de las redes
de aquellas tres Furias que antes he nombrado,  19875
cuya mala fama conocemos bien;
ni habéis de temer el terrible juicio
de aquellos tres jueces que tanto condenan.
Y si no enumero aquí los pecados
es porque no quiero más tiempo cansaros:        19880

con gran brevedad quedaron expuestos
en el muy ameno *Libro de la Rosa*.
Así pues, en él podéis consultarlos
para así guardaros mejor de pecar.
Debéis intentar llevar buena vida:                                    19885
que todos los hombres busquen a su amiga
y cada mujer corra tras su amado
para solazarse placenteramente,
que, si os amarais con sinceridad,
nadie podrá nunca acusaros de eso.                                    19890
Y ya satisfechos del dulce placer
que hace sólo un rato os he aconsejado,
habréis de pensar en bien confesaros
para hacer el bien y evitar el mal;
e invocad después al Dios celestial                                   19895
que Natura tiene como su señor,
el cual, al final, vendrá a socorreros
cuando vuestras vidas Átropos detenga:
Él es la salud del cuerpo y del alma,
Él es el espejo donde mi señora                                       19900
Natura se mira, pues nada sabría
si de tal modelo copiar no pudiera;
Él es quien le dicta, Él quien la gobierna
y en Él sólo ve cómo ha de actuar:
cuanto ella conoce, Él se lo enseñó                                   19905
cuando la tomó como camarera.
Y acabo pidiéndoos que este mi sermón,
palabra a palabra, tal como os lo dije,
tal como también mi señora os manda,
siempre en vuestra mente se quede grabado                             19910
(no siempre se puede disponer del libro
y, además, resulta penoso escribirlo),
y que lo aprendáis muy bien de memoria,
para de esta forma, do quiera que estéis,
en bosques, ciudades, burgos y castillos                              19915
o en otro lugar, podáis recitarlo,
tanto en el invierno como en el verano,
a quienes aquí no lo han escuchado.
Es bueno aprenderse muy bien la lección
y en particular si es de buena escuela;                               19920

[576]

pero aún mejor resulta enseñarla,
puesto que se gana en reputación.
Y estas mis palabras son muy vistuosas
y han de ser tenidas como más valiosas
que cualquier zafiro, rubí ni diamante.          19925
Queridos señores, mi señora tiene
gran necesidad de predicadores
para amonestar a todos aquellos
que viven al margen de los mandamientos
que seguir debieran de manera estricta.          19930

### El paraíso

Y así predicáis de buen corazón,
no os podrá en su día seros denegada,
esto os lo aseguro y os doy mi palabra,
si sois consecuentes en dichos y en hechos,
la entrada en el parque del campo florido          19935
en donde apacienta sus buenas ovejas,
que pacen y saltan entre verdes hierbas,
el Cordero místico, hijo de la Virgen,
el bello Cordero de lana blanquísima.
Por el prado aquel, de abundante pasto,          19940
siempre en compañía dulce y agradable,
por la noble senda que en él se abre paso
(que está muy florida de hierbas y flores
ya que por allí no anda mucha gente),
dirigen sus pasos las blancas ovejas,          19945
en cuyo semblante reina la alegría,
para alimentarse de la fina hierba
y las florecillas que nacen en ella.
Habéis de saber que este dulce pasto,
cuya calidad es excepcional,          19950
está producido por las florecillas
que nacen allí muy puras y frescas,
siempre tan fragantes como en primavera,
y son tan bonitas y resplandecientes
como las estrellas que están en el cielo          19955
entre aquella hierba, que conserva el brillo

[577]

que le da el rocío al nacer el día;
estas florecillas siempre están vestidas
con esos primores con los que nacieron
de vivos colores, frescos y brillantes;                              19960
y, al atardecer, no quedan marchitas,
puesto que conservan toda su tersura
tanto por la noche como por el día,
y por eso siempre son apetecibles,
pues ninguna de ellas, me debéis creer,                             19965
no está muy abierta ni está muy cerrada,
ya que resplandecen por entre la hierba
en el buen momento de su exacta edad,
debido a que el sol que luce sobre ellas
en ningún momento las quiere dañar,                                 19970
por cuyo motivo no bebe el rocío
del que todas ellas suelen refrescarse,
y así las mantine siempre muy vivaces
con el justo aliento que da a sus raíces.

Os digo también que esas ovejillas,                                 19975
tantas son las hierbas y las florecillas,
que jamás podrían comérselas todas
aunque se pasaran el día paciendo,
pues todo ese pasto volverá a nacer
por mucho que puedan y quieran pacer,                               19980
ya que, aunque os parezca que digo mentiras,
estos tales pastos no se agotan nunca
por más que el rebaño coma sin cesar.
Y así, mantenerlo no cuesta dinero,
puesto que las pieles no han de ser vendidas                        19985
para alimentarlo, y no se comercian
tampoco sus lanas para hacer vestidos
ni mantas a gente que venga de fuera.
Tampoco será vendido el rebaño
ni serán, por ello, sus carnes comidas,                             19990
ni habrá de sufrir, porque allí no existe
el menor peligro de caer enfermo.
No obstante lo cual, habré de decir
que no es de extrañar si a ese Buen Pastor
que lleva a pastar tan feliz rebaño                                 19995
se le puede ver vestido de lana;

pero hay que decir que no lo ha esquilado
pensando en sacar el menor valor:
Él jamás lo hará, sino que le gusta
que su aspecto sea como el del rebaño.                    20000
    Os diré algo más, aunque brevemente:
nunca en tales campos se ha visto la noche.
Efectivamente, sólo existe el día,
en el que no llega la noche jamás
ni en el que jamás viene la mañana                        20005
por mucho que el alba quiera aparecer,
dado que ese día se da en la mañana
y que esa mañana se une a la noche.
    E igual que del día digo de las horas.
Siempre en un momento sigue perdurando                    20010
ese eterno día que nunca anochece
por más que la noche pugne por venir,
puesto que carece de toda medida
la bella jornada que dura y que dura
y que está riente en su claridad.                         20015
Allí no se da pasado o futuro;
para que entendáis el significado,
todos los momentos se dan en presente
y en este presente todo está medido.
Pero tal presente no es algo que pasa                     20020
progresivamente hasta que transcurre,
como no es tampoco algo por venir,
con lo cual sería presente pasado.
Este tal presente siempre es un momento
en donde el futuro nunca ha de llegar                     20025
dada la firmeza de su permanencia,
debido a que el sol, siempre en su apogeo,
de continuo está lanzando sus rayos
haciendo que el día no tenga final
y que en primavera perdurable quede.                      20030

20115  Es decir, Virgilio *(Geórgicas,* I, 125-140).

Nunca se vio día tan puro y tan bello,
ni siquiera cuando reinaba Saturno,
el que gobernaba los días dorados,
a quien tanto daño Júpiter causó
y menoscabó, puesto que a su padre                    20035
infamemente cortó los cojones.
Porque ciertamente, y justo es decirlo,
a todo varón resulta humillante
y perjudicial no tener sus miembros;
y quien lo despoja de sus genitales,                  20040
además de hacerle, según imagino,
esa humillación y ese gran perjuicio,
le causa también, y de esto no hay duda,
que pierda el amor de su buena amiga,
que ya no estará tan ligada a él.                     20045
Y si se tratara de un hombre casado,
dado que muy mal le irían las cosas,
sería más grave, porque desde entonces
gozar no podría de su buena esposa.
Es grave pecado el castrar a un hombre.               20050
¡Por amor de Dios y de San Ivurtrio!,                    01
esto es para mí mucho más que un crimen,                 02
puesto que el que mata, a uno solo mata                  03
de un golpe fatal, y éste tal se acaba.                  04
Pero el criminal que capa a otro hombre                  05
le impide que dé la vida a sus hijos,                    06
perdiéndose así sus almas también                        07
que nunca podrán ser recuperadas                         08
por muchos milagros que puedan hacerse.                  09
Causar dicha pérdida es grave pecado                    010
y es al mismo tiempo injuria tan grande,                011
que, mientras que viva el descojonado,                  012
estará pensando cómo ha de vengarse;                    013
pues no solamente no ha de perdonarlo,                  014
sino que, si puede, lo querrá matar,                    015
por lo cual podría morir en pecado                      016
y, de ser así, iría al infierno.                        017
Y, lo que es más grave, el que castra a otro

no le habrá quitado, sin más, los cojones,
ni sólo a su amiga, a quien tanto amaba
y a quien nunca más podrá poseer,
ni sólo a su esposa, que eso es lo de menos:      20055
también el valor y la inclinación
que deben tener los hombres de pro,
ya que los castrados, y de eso no hay duda,
suelen ser cobardes, perversos y viles
debido a que adquieren alma de mujer.      20060
El que está castrado, efectivamente,
se suele mostrar abúlico en todo
salvo, en todo caso, para aquellas cosas
que pueden causar el daño más grande,
ya que para hacer cualquier diablura      20065
están las mujeres siempre bien dispuestas
y el descojonado en esto es igual,
pues sus caracteres son muy parecidos.
    Pero, en todo caso, el que está castrado,
aunque nunca sea ladrón o asesino      20070
ni aunque nunca hiciera pecado mortal,
habrá cometido al menos la falta,
muy grave por cierto, para con Natura
de no haberle dado lo que ésta pedía.
Ninguna disculpa le puede servir      20075
ni nadie podrá por ello excusarlo.
Al menos no yo: antes al contrario,
si se considera cuán grave es la cosa,
yo preferiría quedarme sin lengua
antes que excusar al descojonado      20080
de tan mala acción, de tan gran pecado
que contra Natura hubo cometido.
    Mas por grave cosa que sea castrar,
Júpiter no quiso cometer tal acto
con otra intención que la de poder      20085
tener para sí el reino paterno.
Y cuando logró convertirse en rey
y ser proclamado el señor del mundo,
a todos sus súbditos dio sus mandamientos,
sus obligaciones y disposiciones,      20090
por lo cual dispuso que en todo lugar,

y para que todos supiesen vivir,
leyesen su bando en audiencia pública,
cuyo contenido cito para vos:
«Júpiter, el rey que rige este mundo,                    20095
manda y establece mediante esta ley
que cada persona piense en su acomodo,
y, si alguna cosa le viene a gustar,
hágala, si quiere y si puede hacerla,
para, de esta forma, sentirse feliz.»                    20100
   Ninguna otra cosa les quiso añadir:
le era suficiente con que se supiera
que él les permitía que hicieran aquello
en que, a su entender, placer encontraran.
Puesto que el placer, tal como decía,                    20105
era lo mejor que existir podía,
así como el bien mayor de la vida
que toda persona debe desear.
Y para que todos siguiesen la regla
y que en su conducta observar pudiesen                   20110
ejemplo de vida, no dejó de hacer
para su placer lo que le placía
este tal don Júpiter, el gran jaranero
que pasó sus días en continuas fiestas.
Pues tal como está dicho en las *Geórgicas*              20115
por quien escribió también las *Bucólicas*
(puesto que en los libros griegos encontró
cómo fue la vida en tiempos de Júpiter),
antes de que Júpiter ocupara el trono,
no se había usado jamás el arado,                        20120
por lo cual los campos estaban incultos
al no ser labrados en ningún momento;
ni habían plantado tampoco sus lindes
aquellas personas sencillas y buenas:
en aquellos tiempos todos disfrutaban                    20125
de lo que la tierra buenamente daba.
Júpiter mandó dividir las tierras,
cosa que hasta entonces nadie deseara,
entre todos ellos después de medirlas.
Fue el que a las serpientes hizo venenosas              20130
y enseñó a los lobos a ser predadores,

ya que se placía en hacer el mal;
quien taló los árboles que daban la miel
y cegó las fuentes do brotaba el vino,
quien hizo que el fuego se fuera extinguiendo          20135
buscando la forma de hacer daño al hombre,
que debió buscarlo frotando las piedras.
Pues era malvado y encizañador.
Él fue el inventor de otras nuevas artes:
quien a las estrellas descifró y dio nombre;          20140
quien hizo tender trampas, lazos, redes
para capturar las bestias del monte
a las que, el primero, les lanzó los perros,
prácticas que nadie había empleado;
quien amaestró las aves de presa,          20145
cosa que a la gente llegó a apasionar,
y, en vez de batalla, provocó el asalto
de las codornices con los gavilanes;
hizo que en el aire se entablaran luchas
entre buitres, grullas, azores y halcones,          20150
a los que adiestró mediante reclamos:
para retenerlos siempre junto a sí
y que regresasen de nuevo a su lado,
los alimentaba de su propia mano.
Con tal maestría obró el jovenzuelo,          20155
que el hombre está ahora preso de esas aves,
y esa gran pasión que siente por ellas,
pasión que antes era gran enemistad,
es porque las usa como cazadoras
de esas avecillas plácidas y alegres          20160
a las que jamás pudo dar alcance
y de cuyas carnes siempre fue goloso,
pues le apetecían extremadamente
por ser un bocado de sabroso gusto,
por cuyo motivo fue siempre tras ellas.          20165
Metió los hurones en las madrigueras
para así cazar mejor los conejos,
que ya no tendrían protección ninguna.
Él fue, por gustarle tanto el buen comer,
quien hizo limpiar, asar y trinchar          20170
diversos pescados, de mar y de río,

y quien inventó otras salsas nuevas
a base de especias de diversas clases,
en las que ponía diferentes hierbas.
Así se inventaron esas nuevas artes,                    20175
pues todas las cosas pueden ser vencidas
mediante el esfuerzo, y por la pobreza
que pone a las gentes en necesidad,
ya que los ingenios se ponen en marcha
por las estrecheces en las que se encuentran,           20180
según opinión del célebre Ovidio,
el cual conoció durante su vida
riqueza y pobreza, honor y deshonra,
según las noticias que nos da de él mismo.

En definitiva, la obra de Júpiter                        20185
cuando de aquel reino logró apoderarse
consistió en cambiar una situación
de bien para mal, de mal en peor:
con él la justicia quedó malparada.

A la primavera hizo menos larga,                         20190
una vez que al año dividiera en cuatro
tal como hoy en día vemos repartido;
pues frente a verano, otoño e invierno,
que con primavera forman hoy el año,
antes solamente primavera había.                         20195
Mas esta unidad no gustaba a Júpiter,
por lo que, al lograr ocupar el trono,
quiso destruir aquella edad de oro
para hacer, primero, una edad de plata
y a continuación una edad de bronce,                     20200
por cuyo motivo decayó la gente,
que se vio abocada a obrar con maldad.

### El Buen Pastor

Ahora aquella edad es edad de hierro
(tan bajo ha caído la antigua inocencia)
ante el gran contento de los habitantes                  20205

20184   En las *Metamorfosis*, I, 114-174.

del reino infernal, tenebroso y sucio,
quienes de los hombres sienten gran envidia
mientras que los ven gozar de la vida.
Por eso al final presas quedarán
en el sucio establo, y esto para siempre,          20210
las ovejas negras, desgraciadamente,
dolorosamente, tristísimamente,
pues no caminaron por la estrecha senda
que el bello Cordero siempre les mostró,
siguiendo la cual pudieron salvarse;               20215
sus negros vellones blancos estarían
de no haber seguido la más ancha senda
por la que llegaron hasta aquel lugar,
por donde marchaban en tal cantidad,
que hasta era difícil caminar por ella.            20220
    Mas ningún cordero que en ella se encuentre
vestirá una lana que valga la pena
ni de la que pueda hacerse un buen paño;
porque llevará muy duro cilicio,
mucho más agudo y más doloroso                     20225
cuando a las costillas se sienta aplicado,
que lo que sería si fuera pelliza
hecha con la piel de peludo erizo.
Pero el que consiga escardar la lana,
la cual es tan cálida, tan suave y blanda,         20230
después de lograr buen acopio de ella
y pueda cubrirse con esa melena
que suele adornar las blancas cabezas,
se podrá vestir, llegadas las fiestas,
magníficamente, cual rey o cual ángel              20235
(si es que estos espíritus se visten así).
Por cuya razón, queridos barones,
quien de tal tejido se pueda cubrir
estará vestido de noble ropaje
y, por ir vestido tan solemnemente,                20240
más apreciará esa blanca lana,
pues tales ropajes no se ven apenas.
    Por eso, si fuera celoso el pastor
que guarda el ganado y cuida del cerco
en tan bello parque, evidentemente                 20245

ni a una sola negra dejaría entrar
por más insistencia con que lo pidiera,
pues sólo querrá cuidar de las blancas,
que conocerán bien a su pastor.
Por eso, las blancas siempre van tras él,                    20250
el cual las conoce muy bien una a una
porque a todas ellas las ha apacentado.

Y os digo también que el más agradable,
el más delicioso y el más adorable
de todo el ganado que está allí reunido                      20255
es el Corderillo, dulce y cariñoso
que guía al ganado por tan bello parque
gracias a su esfuerzo y a su sufrimiento,
porque sabe bien que al menor desvío
de cualquier oveja, si el lobo la ve,                        20260
el cual siempre está detrás del ganado,
en cuanto abandone a sus compañeras
y deje al pastor que la está cuidando,
se abalanzará sobre la indefensa
e implacablemente será devorada,                             20265
por más que se hiciera para socorrerla.


### Crítica a Guillaume de Lorris

Este Corderillo os está esperando.
Y ya no diré sobre él nada más,
salvo que recemos todos a Dios Padre
para que, mediante su madre María,                           20270
siga permitiéndole llevar el ganado
para que ese lobo no pueda dañarlo,
y para que vos nunca sucumbáis
yéndoos a jugar a aquel bello parque
que es tan delicioso y tan adorable,                         20275
de tan verdes hierbas y de tantas flores,
de tantas violetas y de tantas rosas
y de tantas otras excelentes cosas.
Ya que todo aquel que al jardín cuadrado,
sólo franqueable por puerta escondida,                       20280
donde aquel amante vio la bella danza

que estaban haciendo Recreo y los suyos,
en fin, el jardín que ya conocemos,
que es también muy bello y muy agradable,
comparar quisiera con el que antes dije,                    20285
ese tal caería en un grave error,
de tal magnitud o quizás mayor
que si comparase fábula y verdad.
Pues el que estuviera en aquel jardín
o se limitara tan sólo a mirarlo,                           20290
podría afirmar sin temor a dudas
que ese tal jardín no sería nada
en comparación con el que yo digo,
el cual no está hecho de forma cuadrada,
sino que es redondo y tan sin aristas                       20295
como nunca fueron rueda ni pelota
pulidos, ni igual de redondeados.
Pero, caballeros, ¿qué queréis que os diga?
   Citemos las cosas que aquel joven vio
en el interior y en el exterior                             20300
con pocas palabras, sin más extendernos,
que no es mi propósito fatigaros más.
Pudo contemplar muy feas imágenes
que estaban pintadas fuera del jardín.
Mas el que mi parque por afuera viera,                      20305
contemplar podría pintados también
dentro del infierno todos los diablos
con cara tan fea, que provoca espanto;
y representados todos los defectos
que tienen su sede dentro del infierno,                     20310
y al mastín Cerbero, que todo lo guarda.
Vería igualmente la tierra completa
con la gran riqueza con la que se adorna
y todas las cosas que le pertenecen.
Vería también el inmenso mar,                               20315
con todos los peces de distintas clases
y cuanto se puede encontrar en él;
y grandes corrientes de agua turbia o clara
y las otras cosas, grandes y pequeñas
que suelen hallarse en todos los ríos.                      20320
Y también el aire con sus pajarillos,

con sus mariposas y con sus mosquitos
y con todo tipo de animal con alas.
Asimismo el fuego, que destruye todo,
tanto si es movible como si está fijo.                          20325
Podría ver, pues, los cuatro elementos.
Y también vería todas las estrellas,
muy claras, muy bellas y muy relucientes,
sin que falte alguna, ni errante ni fija,
cada cual unida a su propia esfera.                            20330
Quien allí estuviera, todas estas cosas
vería pintadas por fuera del parque
tal como aparecen en la realidad.

Ahora pasemos dentro del jardín                                20335
para recordar las cosas que había.
Vio, según decía, en el verde prado
al bello Recreo con gran elegancia
y, con él bailando, a su compañía
sobre aquellas flores que tan bien olían.                      20340
También pudo ver, según declaró,
verdes hierbas, árboles y mil pajarillos,
en tanto que oía que las fuentecillas
su voz elevaban al caer sus aguas,
y una hermosa fuente debajo de un pino.                        20345
También afirmaba que desde Pipino
no se vio tal árbol, y que aquella fuente
nunca tuvo par por su gran belleza.

Señores, por Dios, prestad atención:
si se considera y examina bien,                                20350
todas esas cosas que dice aquel joven
sólo son mentiras y exageraciones.
Pues allí no hay nada que sólido sea,
ya que cuanto vio es perecedero.
Allí vio carolas que se terminaron,                            20355
como morirán quienes las bailaban,
e igual pasará con todas las cosas
que en aquel jardín pudo contemplar.
Ya que la nodriza del mastín Cerbero,
aquella a quien nadie puede arrebatarle                        20360
a persona alguna, pues lo arrasa todo
cuando tiene a bien emplear su fuerza

(costumbre que nunca dejó de tener),
Átropos, la cual no hace distinciones,
cortará al final las vidas de todos.               20365
(No las de los dioses, con tal que existieran,
pues es conocido que lo que es divino,
por serlo, no está sujeto a la muerte.)
   Y ahora tratemos de las bellas cosas
que, según os dije, se ven en mi parque.           20370
Pero os hablaré genéricamente,
que de otra manera puedo equivocarme,
ya que si debiera decir la verdad,
aquí no sabría muy bien expresarme,
pues ninguna mente se imaginaría                    20375
ni boca ninguna podría contar
la suma belleza y el valor tan grande
que tienen las cosas que en él pueden verse,
ni la bella gente ni las grandes fiestas,
éstas perdurables y muy verdaderas,                 20380
que suelen hacerse sin interrupción
por los moradores de tan bello sitio.
Pues de cuanto existe de muy deleitable,
y que al mismo tiempo es real y eterno,
pueden disfrutar los que están allí.                20385
Lo cual es muy cierto, dado que allí beben
muchas cosas buenas también de una fuente
de do mana un agua de gran calidad,
muy bella, muy clara, muy límpida y pura
con la que se riega todo aquel recinto.             20390
De tal agua beben las ovejas blancas:
ellas son las únicas que pueden hacerlo
puesto que las negras allí no entrarán;
y una vez que aquéllas hayan abrevado,
no conocerán nunca más la sed                       20395
y no morirán, pues en ese parque
es desconocida toda enfermedad.
¡En qué buen momento entraron allí,
en qué buen momento vieron al Cordero
quienes caminaron por la estrecha senda            20400
siguiendo las huellas de aquel Buen Pastor
que quiso acogerlas con tanto cuidado!

¡Jamás hombre alguno se podrá morir
si beber pudiera una sola vez!
¡Y no de esa otra, la que bajo el árbol          20405
dijo que corría por piedra de mármol!
¡Debía de estar loco de remate
cuando dicha fuente se atrevió a ensalzar!
Dado que esta fuente es muy peligrosa,
y tan insalubre y tan venenosa,                  20410
que causó la muerte al bello Narciso
cuando se miraba en su superficie.
Nuestro propio joven no tuvo reparos
de reconocer este inconveniente,
ni quiso ocultar sus muy graves riesgos          20415
cuando la llamó «peligroso espejo»,
y al decir también que al mirarse allí
muchísimas veces dio grandes suspiros
por la gran tristeza que entonces sintió.
¡Ved, pues, la dulzura que hay en tales aguas!   20420
¡Dios, qué buena fuente y qué saludable,
que hace que los sanos se pongan enfermos!
¡Y cuán provechoso suele resultar
ir a contemplarse en aquellas aguas!
Aguas que, decía, salen abundantes               20425
de dos manantiales que son muy profundos.
Así pues, la fuente, según yo lo entiendo,
no tiene sus aguas porque de ella broten,
ni tampoco es suya ninguna otra cosa,
ya que lo que tiene le viene de afuera.          20430
No obstante, asegura que es incomparable
y mucho más clara que la plata fina.
¡Ved con cuánta fábula pretende engañaros!
Puesto que es tan negra, tan turbia y tan sucia,
que si alguien pretende meter la cabeza          20435
para contemplarse, no verá ni gota
(perderá, además, paciencia y razón
por ser imposible el reconocerse).
    Dijo que en el fondo hay doble cristal
al que el sol, que nunca deja de brillar,        20440
hace relucir mediante sus rayos,
y es tanta su luz, que aquel que lo mira

sólo una mitad verá de las cosas
que están contenidas en este jardín;
y que para ver la otra mitad,                         20445
lo tiene que hacer desde otro lugar,
dada su virtud y su claridad.
Mas en mi opinión muy turbio es el fondo,
pues, de lo contrario, ¿por qué no refleja,
cuando el claro sol le envía sus rayos,                20450
la totalidad de lo reflejado?
Pues porque no puede, a mi parecer,
ya que está sumido en la oscuridad,
la cual es tan negra y tan consistente,
que no les permite que se reconozcan               20455
a aquellas personas que en él se contemplan,
puesto que la luz le viene de afuera.
Y si el sol no puede pasar con sus rayos
hasta ese cristal por la oscuridad,
le será imposible reflejar las cosas.                  20460
Pero la otra fuente de la que os hablé
es de una belleza inconmensurable.
Así pues, abrid bien vuestros oídos,
que os voy a contar grandes maravillas.

## La fuente de la vida

De esta fuente, pues, que antes he citado,            20465
la cual es tan bella y maravillosa
y tan saludable (debido a que cura
a todo aquel ser que siente tristeza),
siempre están manando por tres manantiales
unas aguas dulces, muy claras y vivas.                20470
Y esos manantiales se encuentran tan cerca,
que dan la impresión de ser sólo uno;
hasta tal extremo que, cuando se miran,
se ven a la vez los tres y uno solo,
pero, aunque al contar queráis deteneros,             20475
no os será posible llegar hasta cuatro,
ya que siempre había tres y uno a la vez:
por esta virtud se caracterizan.

20478   Esta insistencia en la Trinidad divina es un reflejo del problema

Jamás conocióse una fuente tal,
puesto que sus aguas salen de ella misma,                    20480
y no como vemos que ocurre con otras,
a las que les vienen por otros conductos.
La fuente que os digo se basta a sí misma,
y se tiene en pie con una firmeza                            20485
que le envidiaría una roca nueva.
Tampoco precisa de cuenco de mármol
ni le es necesaria la sombra de un árbol,
pues de tan arriba le brotan las aguas,
aguas que jamás le habrán de faltar,                         20490
que el árbol más grande no las tocaría
por más que sus ramas fueran elevadas.
Salvo que, quizás, en una pendiente
por la que esas aguas vienen descendiendo
puedan encontrar un humilde olivo                            20495
bajo cuya sombra se deslizarían.
En tal situación, cuando tal olivo
siente que esas aguas que aquí estoy citando
vienen y le riegan hasta las raíces
con esa frescura que es tan saludable,                       20500
de ellas se alimenta con tanta avidez,
que en el mismo instante comienza a crecer
y empieza a cargarse de frutos y de hojas,
por lo cual se pone tan fuerte y tan alto
como nunca el pino que el otro contó                         20505
se pudo elevar del nivel del suelo,
ni cuyas raíces tanto se extendieron
que le permitieran hacerse más bello.
Este olivo, pues, así engrandecido,
extiende sus ramas por sobre la fuente,                      20510
que, de esta manera, recibe su sombra;
y, para gozar de esta gran frescura,
los animalillos van allí a pastar,

---

teológico que preocupó por excelencia en el siglo XIII, época en que, una
vez más, se atacó ese dogma. El hereje de turno fue Gioachino de Fiore
autor del *Evangelio Eterno* citado en el verso 11802. Sus teorías anti-
trinitarias (él era un místico) fueron condenadas en el Concilio Lateranen-
se IV (1215), pero tal condena no logró sofocar su irradiación.

20509   Este olivo, símbolo de la paz, lo es también de la cruz.

y allí se refrescan chupando el rocío
que la dulce sombra hace que se extienda        20515
por las bellas flores y la tierna hierba.
De una de las ramas de este hermoso olivo
pende una inscripción de letras pequeñas,
las cuales anuncian a quienes las leen
mientras que descansan en su grata sombra:        20520
«Aquí, por debajo del florido olivo
que en sí lleva el fruto de la salvación
corre la excelente Fuente de la Vida.»
¿Cuál sería el pino que se le igualara?
También os diré que en tan buena fuente        20525
(cosa que no cree la gente insensata,
porque considera que esto sólo es fábula)
reluce un carbunclo con gran esplendor
y un fulgor mayor que las otras piedras,
el cual es redondo y tiene tres caras.        20530
Está situado en tan alto sitio,
que se puede ver sin dificultad
con toda su luz por todo ese parque,
puesto que sus rayos desviar no pueden
ni vientos, ni lluvias ni nublado alguno,        20535
dada su potencia y su gran pureza.
Y debéis saber que de cada cara,
y ésta es la virtud mayor del carbunclo,
sale el mismo brillo que de las restantes,
ya que son sus fuerzas interdependientes.        20540
Por eso, sus caras no se diferencian
jamás entre sí, pues brillan las tres,
ni nadie podría notar diferencias
por mucha atención que ponga en mirarlas,
ni puede tampoco pensar que no hay tres        20545
y considerar que no hay más que una.
    Y no necesita que otro sol la alumbre,
ya que en sí contiene una luz tan pura,
tan resplandeciente y tan luminosa,
que aquel otro sol que hacía brillar        20550
al doble cristal de aquella otra fuente,
en comparación sería muy turbio.
    ¿Qué podré deciros aún de esta piedra?

En este lugar no brilla otro sol
que ese tal carbunclo de tan clara luz.			20555
De él viene la luz que ilumina al parque,
y lanza unos rayos de un fulgor mayor
que el de cualquier sol que pueda existir.
Por ello, la noche queda desterrada
y hace que aquel día del cual os hablé			20560
mantenga su luz perdurablemente
sin ningún principio ni ningún final,
y que se mantenga en el mismo punto
sin cambiar de signo y en el mismo grado,
por lo cual ignora toda referencia			20565
u otro cualquier límite que pueda medirlo.
Además contiene la rara virtud
de que el que lo mira detenidamente,
si está colocado convenientemente
de forma que vea su cara en el agua,			20570
le será posible, do quiera que esté,
contemplar las cosas que encierra este parque,
por lo cual podrá distinguirlas todas
y reconocerse reflejado en ella.
Y cuando en la fuente se viera una vez,			20575
nunca más será posible engañarse
por cosa ninguna que pueda existir,
pues de ella procede la sabiduría.

Otras maravillas podría contaros,
como el que los rayos de este noble sol			20580
no deslumbran nunca, ni dañan tampoco
los ojos de quienes lo miran de frente,
ni ejercen sobre ellos el menor perjuicio,
sino que les dan más fuerza y viveza.
Y esta gran salud pueden transmitir			20585
por la calidad de su bella luz
y por su calor tan atemperado,
el cual da lugar a tan buena atmósfera,
que todo este parque de olores se llena
y una gran dulzura se desprende de él.			20590
Para no teneros más tiempo escuchando,
sólo añadiré ahora una apuesta,
y es que quien su forma y composición

pudiera haber visto, podría decir
que en un paraíso tan bello como éste          20595
ni siquiera Adán pudo recrearse.

## Fin del sermón

Y ahora, señores, ¿me podéis decir
cuál es el mejor, el jardín o el parque?
Dad vuestra opinión, mas teniendo en cuenta
lo que les rodea y lo que contienen;           20600
respondedme, pues, con sinceridad
¿cuál de entre los dos más bello os parece?
Decidme también en cuanto a las fuentes
¿de cuál de ellas manan las aguas más sanas
y más transparentes y vivificantes?            20605
Juzgad las virtudes que las dos contienen
y decid cuál de ellas es más virtuosa.
Juzgad asimismo las piedras preciosas;
comparad el pino con aquel olivo
que cubre a la fuente do mana la vida,          20610
que yo me atendré a lo que falléis
si, por vuestra parte, después de pensar
en los elementos que he proporcionado,
dais una sentencia ecuánime y justa.
No obstante, yo debo preveniros de algo:        20615
en lo que falléis no habré de meterme,
pero si observara que os equivocaríais
porque no quisierais juzgar rectamente,
desde ya os prometo que inmediatamente
ante otras instancias iría a apelar.            20620
Y para poneros más pronto de acuerdo,
con breves palabras quiero resumir,
según lo que aquí dije de ambas fuentes,
sus grandes virtudes y características:
aquélla produce la muerte a los vivos,          20625
y ésta resucita a los que murieron.
Señores, sabed con seguridad
que, si os comportáis convenientemente
y en cada momento hacéis lo debido,

de esta buena fuente beberéis el agua.               20630
Y para que os sea lo que os prediqué
mucho más ligero de tener presente
(dado que lección de pocas palabras
es mucho más fácil de memorizar),
quiero recordaros con gran brevedad               20635
las buenas acciones que debéis hacer:
honrad a Natura en cada ocasión
y servidla siempre con buena intención;
si a otro le quitáis la mínima cosa,
debéis devolverla en cuanto podáis;               20640
y si no podéis, porque os es difícil,
devolver los bienes que alguien os prestó,
deberéis tener la firme intención
de hacerlo, si un día gozáis de riquezas;
no penséis jamás en matar a nadie               20645
y tened muy limpias la boca y las manos;
sed siempre leales y caritativos,
que entonces iréis a aquel bello parque
siguiendo las huellas del dulce Cordero,
donde viviréis perdurablemente               20650
bebiendo del agua de la buena fuente,
la cual es tan pura y de tal virtud,
que ya nunca habréis de temer la muerte
en cuanto podáis mojar vuestros labios,
sino que estaréis con gran alegría               20655
cantando ya siempre, por siglos y siglos,
motetes, tonadas y otras cancioncillas
en la verde hierba, entre florecillas
y bajo el olivo bailando carolas
Mas ¿cómo podría seguir yo cantando?               20660
Más vale que enfunde ya mi caramillo,
porque hasta lo bueno puede ser pesado
y mucho podría llegar a cansaros,
por cuyo motivo termino mi cuento.
Después se verán vuestras actuaciones,               20665
cuando allá en lo alto os vea llegados
para predicar sobre las almenas.»
    Con estas palabras les hablaba Genio,
que a todos les daban placer y consuelo.

Después arrojó el cirio en la plaza                           20670
y al morir la llama salió un bello aroma
que se propagó por todo el lugar.
Y no hubo mujer que de él se librase,
pues tan bien lo supo Venus esparcir,
gracias al gran vuelo que al viento le dio,   20675
que todas quedaron en sus corazones,
en sus pensamientos y en sus intenciones
muy bien impregnadas de tan buen aroma.
Y Amor la sentencia que les fue leída
tanto propagó por entre la gente,            20680
que todo el que fuera hombre de valía
tenía que estar de acuerdo con ella.

   Una vez que Genio leyó su mensaje,
aquellos barones, llenos de alegría
(debido a que nunca, tal como decían,        20685
habían oído un sermón tan bueno,
ni desde el momento en el que nacieron
habían gozado de un perdón tan grande,
ni habían oído jamás en sus vidas
una excomunión tan justa y legítima),        20690
para no perder aquella indulgencia,
todos se adhirieron a dicha sentencia,
mientras respondían con vivo entusiasmo
y voces de «Amén, hágase y hagámoslo».
En tal situación de encendidos ánimos,       20695
ninguno quería demorarse más.
Y puesto que a todos les gustó el sermón,
quieren aprendérselo palabra a palabra,
ya que les parece que es muy saludable
por aquel perdón, lleno de indulgencia,      20700
que habían oído con tanto fervor.


## INTERVENCIÓN DE VENUS

Mientras tanto, Genio desapareció
y ya nunca de él tuvieron noticias.
Entonces gritaron algunos barones:
«¡Que venga al asalto sin más esperar        20705

quien quiera seguir aquella sentencia,
pues nuestro enemigo ya está muy cansado!»
Todos los demás se ponen en pie
para proseguir con aquel asalto
a la fortaleza, que quieren tomar.                    20710

Venus, que también se encuentra dispuesta,
antes de atacar pide a los sitiados
que rindan sus armas. ¿Mas qué hicieron ellos?

Vergüenza y Pavor así respondieron:
«Vuestra petición os podéis ahorrar,                  20715
pues en el castillo nunca habréis de entrar.
—Yo opino lo mismo, y aun estando sola,
añadió Vergüenza, yo os resistiría.»
Venus, cuando oyó lo que ésta le dijo:
«¡Atrás, poca cosa! ¿Cómo os atrevéis,               20720
respondió enfadada, a hablarme en tal tono?
Ahora veréis la gran destrucción
si no me rendís sin más el castillo:
tan poco valéis para defenderlo,
que sucumbiréis ante mis ataques.                     20725
¡Por vida de Dios! Habréis de rendiros,
o yo os mandaré quemar en la hoguera,
pobres desgraciadas, sin misericordia.
Todo este recinto se me rendirá,
del que arrasaré todas las defensas,                  20730
después de lo cual os haré azotar,
quemaré las vigas, tiraré los postes
y haré que los fosos queden allanados.
No habrá de quedar piedra sobre piedra
de las barbacanas que habéis levantado,              20735
y, aunque las hicisteis de una gran altura,
nada evitará que no las arrase:
Buen Recibimiento permitir podrá
que coja quien quiera rosas y capullos,
algunos vendidos y otros regalados.                   20740
Ya nunca podréis mostraros tan fieras
que evitar podáis que la gente acuda:
incluso vendrán como en procesión
(y esto sin hacer excepción alguna)
hasta los rosales para saquearlos                     20745

cuando las murallas haya derribado.
Y para poder reducir a Celos,
haré que se arranque por todo lugar
la vegetación que cubre su campo,
y de esta manera abriré el camino                    20750
para permitir que puedan coger
capullos y rosas laicos y eclesiásticos,
tanto regulares como seculares.
Ya ninguno habrá que se me resista,
pues todos vendrán a cumplir mis órdenes,            20755
aunque no lo harán de la misma forma:
unos actuarán simuladamente
y otros, al contrario, a la luz del día;
mas quienes llegaran por senda escondida
no obstante serán tenidos por buenos.                20760
Mas quienes no vengan serán difamados
y serán llamados viles y truhanes,
aun no mereciendo tanto deshonor
como algunos otros que acusar no osamos.
Puesto que es sabido que algunos malvados            20765
(a los cuales Dios y San Pedro en Roma
quieran confundir por sus malas obras)
dejarán las rosas para hacer peor,
por cuya razón les darán ortigas
los mismos diablos que los inspiraron.               20770
A esos tales Genio, siguiendo a Natura,
debido a su vicio y a su perversión,
los ha colocado, según su sentencia,
en el mismo bando que a nuestro enemigo.
   Así pues, Vergüenza, si aquí no os humillo,       20775
poco he de apreciar mi antorcha y mi arco,
que no he de invocar otros testimonios.
Porque, ciertamente, jamás os querré
ni a vos ni a Razón, de la cual sois hija,
pues sois muy crueles para quienes aman,             20780
y porque el que sigue vuestras ordenanzas
ya nunca podrá amar por amor.»
   Dichas estas cosas, Venus se calló
porque le bastaba con estas palabras.
Inmediatamente se coge las ropas                     20785

mostrando en su rostro que está enfurecida,
y una vez asido con gran decisión
su certero arco, empulga la antorcha
y tensa hasta el máximo, llegando a la oreja,
la cuerda que mide justo lo preciso,                       20790
apuntando bien, como buena arquera,
hacia una tronera apenas visible
que en aquella torre está medio oculta.
Pero por delante, no por un costado,
la cual por Natura con gran maestría                       20795
estaba situada entre dos columnas.
Estas dos columnas fueron construidas
con muy bella plata, sobre las que había
en lugar de arqueta una imagencita
de plata también, ni alta ni baja,                         20800
ni excesivamente delgada ni gruesa,
puesto que tenía la medida exacta
de brazos y manos y de envergadura,
pues no le faltaba ni menos ni más.
Tenía otro miembro mucho más hermoso,                      20805
y más oloroso que manzana de ámbar,
que en sí contenía bello santuario
muy bien recubierto de un rico sudario,
de mayor valor y de más nobleza
que los que se vieron en Constantinopla.                   20810
Si algún hombre hubiera que a modo de ejemplo
pretendiera hacer la comparación
entre tal imagen y otra bien tallada,
lo podría hacer con la más famosa
que hizo Pigmalión, y concluiría                           20815
que era comparar ratón y león.

## HISTORIA DE PIGMALIÓN

Fue este Pigmalión un buen tallador,
el cual esculpía en madera y piedra,
así como en cera, marfil y metales,

---

20794 y ss.   La tronera y la arqueta con su imagen figuran el sexo
femenino.

20817   Relato basado en las *Metamorfosis*, X, 242-297.

y en los materiales que podemos ver 20820
que están empleados en las esculturas.
Para demostrar su gran maestría
(ya que fue el mejor de los de su tiempo)
y para adquirir gran celebridad,
un día se puso manos a la obra 20825
queriendo lograr una bella imagen.
Esculpió el marfil con gran maestría,
tanta, que quedó muy contento de ella,
porque parecía más perfecta y viva
que la más perfecta de las criaturas: 20830
ni las muy hermosas Helena o Lavinia
lucieron jamás un color más fino,
ni en cuanto a sus formas se le igualarían
por más que nacieron sin defecto alguno,
ni la vencerían tampoco en belleza. 20835
Del todo asombrado por la perfección
quedó Pigmalión al mirar su estatua;
mas, al contemplarla, no se percataba
de que en tal mirada de Amor era presa,
tanto, que no supo cómo reaccionar. 20840
Se puso después a hacerse reproches
e inició un lamento que frenar no pudo:
«¿Qué es esto?, se dijo, ¿estaré soñando?
Múltiples imágenes he esculpido ya
cuya perfección era valiosísima, 20845
pero por ninguna nunca sentí amor,
y ahora ante ésta me veo indefenso,
pues me está quitando todo mi sentido.
¡Ay de mí! ¿De dónde me viene esta idea?
¿Cómo es que es posible sentir tal amor? 20850
A una imagen amo que ni habla ni oye,
que no se estremece, que se queda inmóvil
y que no podrá sentir como siento.
¿Cómo pude yo de amor ser herido?
No puede haber nadie que, si me escuchara 20855
lo que estoy diciendo, no se sorprendiera,
porque soy el loco más grande del mundo.
¿Y qué puedo hacer en tal situación?
De haberme ocurrido amar a una reina,

[601]

podría esperar ser correspondido,                    20860
puesto que la cosa no es extraordinaria.
Pero el que ahora siento me parece horrible,
dado que no nace de lo natural,
y al amar así mal estoy obrando:
Natura conmigo tiene a un muy mal hijo          20865
y se ha deshonrado trayéndome al mundo.
Pero yo no puedo reprocharle a ella
este loco amor que en mi pecho siento,
ya que sólo yo soy el responsable.
Desde que me dieron el nombre que tengo,         20870
desde que me muevo con mis propios pies,
nunca había oído caso parecido.
Pero este mi amor no es tan alocado,
porque, si los libros dicen la verdad,
muchos han ardido en más loco amor.             20875
¿Acaso no amó un día en el bosque
el bello Narciso a su propia imagen
que vio reflejada en la clara fuente,
a la cual quería incluso besar?
Pero no logró gozarse con ella,                 20880
sino que murió, según el relato
que de él nos quedó, que es tan conocido.
Comparado a él, yo estoy menos loco
porque, en cuanto a mí, siempre que lo quiero
la puedo coger, besar y abrazar                 20885
y de esta manera puedo consolarme;
porque él no podía nunca conseguir
la que contemplaba en aquella fuente.
     Y, por otra parte, en muchas regiones
muchos han sentido amor por mujeres             20890
a las que sirvieron con todas sus fuerzas
y a las que jamás pudieron gozar,
por cuyo motivo sufrieron muchísimo.
     ¿Pero acaso Amor me trata mejor?
No lo creo así, puesto que, en su caso,         20895
podían guardar alguna esperanza,
tanto de besarlas como de otra cosa,
y a mí me ha negado cualquier ilusión
de poder gozar, como tienen todos

aquellos que esperan de Amor recompensa.                    20900
Pues cuando me vienen fervientes deseos
y me acerco a ella de pasión movido,
ella me responde con la rigidez
propia de los troncos, y también tan fría,
que, cuando mis labios en los suyos tocan,      20905
igualmente fría se queda mi boca.
Pero ¿cómo puedo decir tales cosas?
    A pesar de todo, ¡gracias, dulce amiga!
Os pido perdón por lo que os he dicho.
Pues mientras queráis seguir concediéndome    20910
el dulce sabor de vuestra sonrisa                       01
y de vuestros bellos y amorosos ojos                    02
el dulce mirar, y la alegre risa,
deberé tenerme por muy satisfecho.
Pues dulce mirada y amable sonrisa
son para el amante placer infinito.»
    Pigmalión entonces se postra en el suelo    20915
y empapa su rostro de múltiples lágrimas
mientras a la imagen le jura su amor.
    A ella todo esto le es indiferente,
ya que no oye nada, ya que nada siente,
ni puede aceptar sus ofrecimientos,        20920
y así, cuanto más se esfuerza en servirla,
más en su opinión cree perder el tiempo.
    Pero no por eso en su esfuerzo cesa,
ya que la pasión le quitó el sentido
y, poquito a poco, va desesperándose,        20925
dudando ya de ella si es persona o cosa:
con suma dulzura su rostro acaricia
creyendo que, en vez de tocar la pasta,
aquella turgencia de la carne es propia
cuando en ella ejerce presión con los dedos.    20930
    Así Pigmalión se está debatiendo
sin tregua ninguna, sin ningún consuelo,
y, según los cambios de su estado de ánimo,
la odia o la ama, sonríe o solloza,
se muestra feliz o se ve abatido,        20935
se está atormentando o está más tranquilo.
    A su imagen viste de muchas maneras,

poniéndole trajes muy bien acabados
y confeccionados de lana o de seda,
o bien de escarlata o de piel sobada,          20940
o de otros tejidos que van adornados
de colores frescos, finos y suaves,
y bien adornados con pieles muy ricas
de armiño, gineta, marta cibelina.
Después se los quita para comprobar            20945
lo bien que le sienta la ropa de seda:
cendales, dalmáticas, briales de Arabia
azules, bermejos, verdes y amarillos,
jametes, ranzales y otras muchas prendas,
con las que parece que fuera un arcángel       20950
por la sencillez de su compostura.
En otros momentos le pone una túnica
sobre la que cae un cubrecabeza
que cubre sus hombros y guarda su rostro
para que parezca de noble familia,             01
sencilla, cortés, muy pura y honesta,          02
dando la impresión de ser una dama             03
de buenas costumbres muy bien enseñada.        04
Pero no le gusta taparle la cara,              20955
porque no querría seguir la costumbre
de los sarracenos, que con estameña
les cubren los rostros a las sarracenas
cuando al exterior tiene que salir
para que en la calle no puedan ser vistas,     20960
pues son unos hombres que rabian de celos.
En otros momentos le viene la idea
de cubrirla entera de bellas guirnaldas
amarillas, rojas, azules o verdes,
cogidas en trenzas delgadas y espléndidas      20965
de seda y de oro con pequeñas perlas;
y un precioso broche, de una gran belleza,
le pone de adorno sobre la cenefa,
a la cual adorna y la cubre toda
de una muy sutil corona de oro                 20970
que engastada está de piedras preciosas
en bellos chatones de forma cuadrada,
cuyos lados tienen sendos semicírculos.

Y eso que no digo con detenimiento
la gran cantidad de pequeñas piedras                    20975
que adorna su entorno formando dibujos.
También le coloca en sus dos oídos
dos delgadas láminas de un oro muy fino,
y para que el cuello no quede desnudo,
le pone asimismo collares de oro                         20980
que forman conjunto con otro en el pecho.
También se preocupa de ceñirla bien
con un cinturón de tan buen tejido
como nunca joven tuvo en su cintura,
de donde desciende una limosnera                         20985
de un valor muy grande y de gran belleza,
en donde le mete de esas piedrecitas
que suelen hallarse a orillas del mar
con las cuales gustan jugar las mocitas,
que las van buscando bellas y redondas.                  20990
La calza también con gusto exquisito,
poniendo en sus pies muy bellas sandalias
que han sido cortadas con gran maestría,
las cuales la elevan dos dedos del suelo.
Este es el calzado que más le conviene,                  20995
no como se suele usar en París,
puesto que sería calzado muy rudo
nada conveniente para tal mocita.
Y con una aguja fina y penetrante
hecha de oro fino, y con hilo de oro,                    21000
y para que esté mejor entallada,
le cose las mangas muy prietas al brazo.
Le lleva asimismo las primeras flores,
dado que con ellas las bellas muchachas
se gustan cubrir en la primavera.                        21005
La alegra con pájaros y le lleva juegos,
siempre presentándole aquellos objetos
que a las jovencitas suelen agradar.
Tampoco se olvida de hacerle coronas,
pero con un arte poco acostumbrado,                      21010
ya que emplea en ellos su gran maestría.
Y mientras le pone anillo de oro
en su dedo, dice como amante esposo:

«Yo, con este anillo, me uno con vos:
seréis siempre mía y yo siempre vuestro.          21015
Que Himeneo y Juno me quieran oír
para que bendigan nuestros esponsales,
pues otros ministros de la religión
no quiero, ni aun siendo célebres mitrados,
ya que aquellos son dioses de las bodas.»          21020
   Pigmalión entonces se pone a cantar,
con voz armoniosa, de una gran pureza,
a modo de misa, bellas cancioncillas
en las que se cuentan historias de amor,
bien acompañado de sus instrumentos:          21025
ni siquiera a Dios se oiría quejarse
de las melodías que de ellos arranca,
pues tiene además tantos y tan varios,
que ni Anfión de Tebas poseyó jamás
tantas ni tan varias liras ni rubebas.          21030
Para solazarse con su bella música,
empieza a tocar arpas y laúdes,
haciendo sonar después los relojes
por todas las salas y por los balcones
(gracias a unas ruedas, puestas de tal forma,          21035
que se están moviendo de modo continuo).
Tenía también otros instrumentos
que puede llevar porque son portátiles,
los unos de cuerda, los otros de viento,
de cuyos sonidos suele acompañarse          21040
su voz modulando de diversas formas.
Después en los címbalos pone su atención,
y, a continuación, tocará la flauta,
para proseguir con el caramillo
y luego el pandero y las campanillas          21045
con los que redobla y campanillea;
y después la cítara, la gaita y la trompa,
a todos los cuales saca sus sonidos;
y luego la viola, con la que violea,
y luego el salterio, con el que salteria;          21050

---

21029  Anfión es uno de los grandes músicos de la mitología, el cual
hacía incluso que las piedras se moviesen al oír las notas de su lira.

y la cornemusa, con la que se esfuerza
en sacar los aires propios de Cornualles;
y va dando saltos, brincando y bailando
y marcando pasos por todas las salas,
y coge su estatua y danza con ella.                    21055
Mas su corazón se llena de pena
al ver que la imagen permanece muda
por más que la ruegue o que la amenace.
La abraza después y yace con ella
en su propio lecho, puesto que pretende                21060
gozar del placer del enamorado;
mas no suele dar gran satisfacción
cuando la pareja se está acariciando
y uno de los dos no siente placer.

   De esta forma estaba causando la ruina              21065
de su corazón y de su sentido
Pigmalión, que andaba hacia la locura
por enamorarse de un ser insensible.
Tanto como puede, la mima y la adorna,
sirviéndola siempre con abnegación,                    21070
y no le parece que estando desnuda
es menos hermosa que si está vestida.

   Pero sucedía que en aquel país
cada año solía hacerse una fiesta
en la que ocurrían cosas prodigiosas,                  21075
a la cual venía la víspera el pueblo
a rezar a un templo dedicado a Venus.
Allí Pigmalión, que era muy creyente,
también acudió, para suplicar
una solución para su desgracia.                        21080
Roto de dolor, expuso a los dioses
la grave locura que lo está matando:
«Dioses, les decía, que todo podéis,
os vengo a pedir que escuchéis mi súplica.
Y tú, que señora eres de este templo,                  21085
Santísima Venus, ten piedad de mí,

   21051   Todos estos instrumentos son medievales. El interesado en
conocer sus formas y sonidos puede consultar la edición hecha por el
Ministerio de Educación y Ciencia, Madrid, 1979, de las *Cantigas de Santa
María,* de Alfonso X el Sabio.

[607]

pues un gran furor te suele invadir
cuando Castidad sobre ti triunfa.
Cierto es que merezco una pena grande,
ya que fui su siervo tantísimo tiempo:          21090
de ello me arrepiento con sinceridad
y te pido ahora que me lo perdones.
Y que me concedas, dada tu bondad,
tu benevolencia y tu gran dulzura,
y por la promesa de que aquí reviente          21095
si en lo sucesivo sigo a Castidad,
que aquella que tiene ya mi corazón,
aquella hermosura hecha de marfil,
reciba de ti corazón y vida
porque pueda hacerla mi leal amiga              21100
Y si me concedes lo que aquí te pido,
si una sola vez fuera hallado casto,
dispón de mí para ser colgado,
o descuartizado a golpes de hacha,
o que en la garganta me vea metido              21105
del mastím Cerbero, guardián del infierno,
el cual me triture y me trague vivo,
o que me encadene a perpetuidad.»
    Venus, que escuchó esta petición
que el joven le hacía, mucho se alegró          21110
porque a Castidad ya no serviría
y en lo sucesivo a ella seguiría,
ya que lo veía muy arrepentido
y muy bien dispuesto a hacer penitencia,
desnudo en los brazos de su buena amiga,        21115
con tal que accediera a hacerla vivir.
Para que gozara y por darle término             01
a las desventuras de este Pigmalión,            02
Venus a la imagen vida concedió,
la cual convirtióse en mujer tan bella,
que en ningún lugar podría encontrarse
ninguna mujer que se le igualara.               21120
    No quiso perder más tiempo en el templo,
sino que volvió de nuevo a su estatua
inmediatamente el buen Pigmalión
después de que a Venus le hubiera rogado,

ya que no podía pasar mucho tiempo                    21125
sin estar sin ella y sin contemplarla.
Así que a su casa se vino corriendo
y no se detuvo hasta que llegó.

Nada del milagro conocía aún,
si bien en los dioses mucho confiaba,                 21130
y, cuando se vio ante ella de nuevo,
avivóse el fuego de su corazón.
Se dio cuenta entonces de que estaba viva:
se puso a palpar su cuerpo desnudo
y a admirar al tiempo sus largos cabellos,            21135
rubios y brillantes como el oro fino;
y al examinarla notó que en las venas
corría la sangre en gran abundancia
y que el corazón latía con fuerza.

No dándole crédito a lo que veía,                     21140
retrocede un tanto, sin saber qué hacer
y sin atreverse a acercarse a ella,
ya que tiene miedo de estar encantado.
«¿Qué es esto, se dice, una tentación?»
¿Es esto real? No, sino que es sueño.                 21145
Pero nunca tuve sueños tan reales.
Porque ¿estoy soñando? No, que estoy despierto.
Así pues, ¿de dónde la visión me viene?
¿Acaso un fantasma, acaso un diablo
vino a aposentarse dentro de mi imagen?»              21150

A tales palabras por fin respondió
aquella mocita de cuerpo tan bello
y cuyo cabello semejaba al oro:
«No hay ningún diablo ni fantasma alguno,
mi querido amigo, pues soy vuestra amiga:            21155
aquí me tenéis dispuesta a aceptar
vuestra compañía y a daros mi amor
si, por vuestra parte, lo tenéis a bien.»
Pudo entonces ver que lo que pidió,
gracias al milagro, era realidad,                     21160
por lo que acercóse para asegurarse
de que todo aquello no era fantasía,

---

21185   Todo este episodio está inspirado de nuevo en las *Metamorfosis*
(X, 298-477).

y para entregarse con esa vehemencia
del que ha deseado con tanta pasión.
Ella hizo otro tanto, y allí se juraron           21165
ambos sus amores, mientras que se daban
a toda caricia con febril pasión:
ardorosamente mil besos cruzaron
y, haciéndose fiestas como dos palomos,
pasaron su tiempo deleitablemente.               21170
    Ambos a los dioses les dieron las gracias
por haberles hecho tan grande favor,
y, en particular, a la diosa Venus
que, más que los otros, los favoreció.
    Ahora sí que está Pigmalión contento,        21175
ya que nada turba su felicidad,
pues ella le da todo lo que él quiere:
si él algo decide, ella está de acuerdo,
y si ella algo pide, él se lo concede:
por nada en el mundo jamás se opondría           21180
a satisfacer su menor deseo.
Ahora puede ya gozar de su amiga
a su voluntad, que ella está dispuesta.
Y tanto se amaron, que ella quedó encinta
de Pafo, su hija, nombre que se dio              21185
a esa misma isla, según la leyenda,
y de quien nació Cínara, su rey,
el cual fue muy bueno, salvo en una cosa:
hubiese vivido siempre muy feliz
de no haber caído en el sucio engaño             21190
de Mirra, su hija de cabellos de oro,
a la que una vieja ¡que Dios la confunda!
muy vil y malvada, sin ningún escrúpulo,
condujo hasta el lecho de su propio padre
hallándose ausente su madre la reina.            21195
Así pues, la joven metióse en el lecho
de su padre, el rey, el cual ignoraba
que era con su hija con quien se acostaba:
la vieja sembró muy mala semilla
al hacer al padre yacer con la hija.             21200
Como resultado de estas relaciones
nacería un hijo, Adonis el bello.

Mirra fue después convertida en árbol:
su padre sin duda la hubiera matado
cuando se enteró del terrible engaño                    21205
gracias a una vela que mandó encender.
Pero no logró cumplir su propósito,
dado que la joven, después de aquel acto,
consiguió escapar en rápida huida.
pues, de otra manera, allí hubiese muerto.             21210
   Mas esto es salirse mucho del asunto,
por lo que conviene volver hacia atrás.
Sólo pretendía, al contar la historia,
que entendierais bien mi comparación.
Pero no quisiera reteneros más,                         21215
y me es necesario volver a do estaba,
porque en otro campo me conviene arar.
Así pues, decía que si comparar
alguno quisiera de estas dos imágenes
sus sendas bellezas, a mi parecer                       21220
se podría dar esta relación:
tal como el ratón vale mucho menos
que el león, que en fuerza le es muy superior
por su valentía y por su grosor,
de la misma forma, y sin duda alguna,                   21225
la de Pigmalión saldrían perdiendo
con aquella imagen de la que os hablaba.


## LA ANTORCHA DE VENUS

Muy bien disparó la diosa de Chipre
derecho a la imagen antes referida,
la que se asentaba sobre las columnas                   21230
y estaba en la torre, en su centro exacto.
¡Nunca hasta aquel día conocí lugar
que con más placer contemplar quisiera!
Hasta de rodillas yo me postraría
ante aquella imagen y su santuario,                     21235
que no dejaría por la misma arquera;

21227  La antorcha simboliza la pasión ferviente.
21331  X, 60.

aun cuando me diera su arco y su antorcha,
todo lo dejara por estar ante ella.
¡Cualquier cosa haría porque fuese mía,
por graves peligros que me sucedieran,                    21240
si alguien me ofreciera la oportunidad
o que, en todo caso, no se me opusiera!

Me propuse entonces hacerme devoto
de aquellas reliquias que os estoy citando;
y, si Dios me ayuda, las conseguiré                       21245
en cuanto que tenga lugar y momento,
pues iré a rezarles como peregrino.
¡Dios quiera guardarme de ser engañado
ni que cosa alguna impedirme pueda
el que de la rosa goce, al fin, un día!                   21250

Venus no quería demorarse más
y, cuando su antorcha tiene ya encendida,
la dispara al aire, que surca veloz,
para fustigar a los del castillo.
Habéis de creerme si digo que Venus                       21255
su antorcha lanzó con tal maestría,
que imposible fue ver su trayectoria,
incluso mirando detenidamente.
Y, cuando la antorcha llegó a su destino,
llenó de pavor a los del castillo.                        21260
Extendióse el fuego por todo el recinto,
tanto, que creyeron perecer en él.
Gritan los guardianes: «¿Qué es esto? ¡Traición!
¡Los mismos diablos nos han invadido!
¡Más vale que pronto salgamos de aquí!»                   21265
Y antes de salir arrojan sus llaves.
En cuanto a Peligro, el truhán perverso,
al sentir que el fuego lo está rodeando,
se pone a correr cual ciervo de landa;
y ninguno de ellos al otro se espera                      21270
por razón alguna, ni por caridad,                          01
ni por amistad ni compañerismo.                            02
Todos, con la ropa bien arremangada,
ponen en la huida toda su atención.
Tal hace Pavor, tal hace Vergüenza,
que el castillo dejan cubierto de llamas,

[612]

pues nadie parece ya tener en cuenta 21275
las observaciones que Razón les dio.


## LIBERACIÓN DE BUEN RECIBIMIENTO

Y hete aquí que viene dama Cortesía,
la bella, la noble, la muy apreciada,
la cual, cuando ve tan gran confusión
pretende sacar del fuego a su hijo. 21280
Y junto con ella, Piedad y Franqueza
se lanzan también dentro del recinto:
a ninguna de ellas detendría el fuego
hasta ser salvado Buen Recibimiento.
Por fin, Cortesía le consigue hablar 21285
a su amado hijo antes que las otras,
ya que de palabra nunca ha sido lenta:
«Hijo de mi vida, ¡cuánto habré sufrido,
cuán entristecido tuve el corazón
por esta prisión que habéis padecido! 21290
¡Ojalá y ardiera en fuego maldito
quien os dio prisión tan dura y cruel!
Mas, gracias a Dios, ahora estáis libre,
puesto que ahí afuera, con esos malvados,
en medio del foso muerto yace ya 21295
el murmurador y vil Malaboca,
que ya no podrá ni ver ni escuchar.
A Celos tampoco tenéis que temer,
ni tenéis tampoco por la dicha Celos
que dejar de hacer lo que os apetezca, 21300
por lo que podréis aportar consuelo
a vuestros amigos cuando lo queráis,
debido a que ahora ya le es imposible
escuchar o ver las cosas que pasen,
ni tampoco existe quien pueda decírselo, 21305
ni nunca jamás hará que os encierren.
Puesto que los otros, faltos de consejo,
muy lejos de aquí se fueron huyendo
y han abandonado todos el país,
los muy despiadados y sin corazón. 21310

Por vuestra prisión sentí tal dolor, 1
que tengo perdida hasta la color, 2
mas mi corazón sentirá un gran gozo 3
si queréis hacer lo que aquí os suplico: 4
hijo de mi alma, por amor de Dios,
no os dejéis quemar en ese gran fuego.

También os pedimos amistosamente
Piedad y Franqueza, y con ellas yo,
que a aquel vuestro amigo, leal amador, 21315
queráis recibir, ¡que Dios os lo pague!
Él mucho ha sufrido por vuestra prisión
y en ningún momento pensó traicionaros,
que es de corazón muy franco y leal.
Recibidlo, pues, ya que cuanto tiene, 21320
incluso su alma, os quiere ofrecer.
Por Dios, no queráis de él desentenderos,
hijo de mi vida; antes, aceptadlo
por la obligación que a mí me debéis,
como por Amor, el cual lo inspiró 21325
y que en este asunto tanto ha trabajado.
Hijo mío, Amor vence todo obstáculo
y todas las cosas abre con su llave.
El mismo Virgilio viene a confirmarlo
en una sentencia fundada y cortés. 21330
Si queréis buscarla, leed las *Bucólicas,*
en donde se dice: "Amor vence todo,
por cuya razón hemos de acatarlo."
Y, sin duda alguna, habla con razón.
En un solo verso nos da la sentencia, 21335
que dice más cosas que un largo relato.
Así, socorred al joven que os digo,
pues el mismo Amor es el que os lo trae,
y dadle, por fin, como don la rosa.»
—«Yo se la concedo, señora, con gusto, 21340
dijo a Cortesía Buen Recibimiento.
La puede coger, y aproveche ahora
que el uno y el otro aquí nos hallamos.
Hace mucho tiempo debí recibirlo,
porque sé que ama de buen corazón.» 21345

Yo, después de darle encendidas gracias,
inmediatamente, cual buen peregrino,
con el corazón inquieto y ferviente,
como corresponde al buen amador,
lleno de alegría por tal concesión,                    21350
dirigí mis pasos a aquel santuario
para así cumplir mi anterior deseo;
llevando conmigo, como es usual,
una buena bolsa y un bordón muy sólido,
tan fuerte y tan bueno, que no es necesario            21355
mejor instrumento para ese objetivo.
La bolsa está hecha a la perfección:
de piel muy flexible, sin costura alguna,
nunca está vacía, dado que contiene
dos pequeños mazos hechos sabiamente,                  21360
que con gran cuidado, como provisión,
me había metido en ella Natura.
Natura dispuso que yo los tuviera
desde el mismo instante en que los forjó,
y les dio una forma tan bien adecuada,                 21365
que no la igualara otro forjador,
incluso mejor que el famoso Dédalo.
A mi parecer, los confeccionó
creyendo que a mí me serían útiles
en cualquier camino que quisiera andar.                21370
Esto es lo que haría sin lugar a dudas
en caso de verme en tal situación,
pues, gracias a Dios, yo sé andar muy bien.
Incluso os diré que estoy muy contento
con esos dos mazos que puso en la bolsa,               21375
y me son más útiles que el arpa y la cítola.
    Natura me hizo un honor muy grande
cuando me dotó de tal armadura,

---

21354  La bolsa y el bordón tienen valor fálico, como podrá comprobarse. De la misma forma, los caminos andados con ellos adquieren un
significado sexual.

como al enseñarme tan bien su manejo,
pues logró que fuera un experto en él.                           21380
También ella misma me había provisto
de mi buen bordón, regalo precioso
que quiso pulir con su propia mano
siendo aún muy niño e ignorando su uso.
Mas me lo entregó sin recubrimiento,                            21385
aunque no por ello resultara inútil.
Y desde el momento en que me lo dio,
yo siempre lo quise tener muy a mano,
tanto, que jamás lo aparté de mí
ni habré de perderlo si puedo evitarlo,                          21390
y nunca querré deshacerme de él
ni aunque me ofrecieran quinientas mil libras.
Fue un muy buen regalo; por eso lo guardo.
Y mucho me alegro siempre que lo miro.
Le agradezco, pues, infinitamente                               21395
el que me lo diera cuando en él reparo,
ya que muchas veces me ha sido utilísimo
en muchos lugares por mí frecuentados.
De él me sirvo bien. ¿Sabéis para qué?:
siempre que me encuentro en lugar oscuro                         21400
por donde camino, tanteo con él
los hoyos que existan y que ver no puedo,
y de esta manera distingo los vados
de forma tan clara, que puedo decir
que no tengo miedo de ahogarme jamás:                            21405
sabiendo tan bien andar por los ríos,
no he de tener miedo a cruzar sus lechos.
No obstante, muy hondos los encuentro a veces,
y de tal distancia de una orilla a otra,
que a mí me sería mucho más sencillo                             21410
poderme librar de un furioso mar
aun chapoteando con dificultades,
pues me cansaría muchísimo menos
que la travesía de tan hondos vados.
A pesar de todo, ya he pasado muchos                             21415
y hasta este momento no me fue muy mal,
pues, cuando quería meterme en alguno,
después del tanteo por mí acostumbrado,

tan bien descubiertos solían quedar,
que, cuando su fondo era inalcanzable                    21420
y había peligro de quedarme en él,
era mi costumbre el no aventurarme,
prefiriendo siempre quedarme en la orilla
para que me fuera fácil la salida.
Mas, de todas formas, no hubiese salido                  21425
de no disponer de aquellos pertrechos
que, como ya dije, Natura me dio.
Pero abandonemos caminos tan anchos
a quienes prefieran caminar por ellos.
Queden para mí las estrechas sendas                      21430
y no los caminos hechos para carros:
esas sendecillas tan gratas de ver
y de andar por ellas debemos tomar
los acostumbrados a la buena vida.
Mas debo decir que es más ventajoso                      21435
el viejo camino que el sendero nuevo,
pues en él se encuentran muchísimas cosas
de las que se puede sacar gran provecho.
Juvenal nos dice de forma muy clara
que, si alguno quiere conseguir estado,                  21440
si con vieja rica se pone a vivir,
no podrá encontrar más corto camino:
aquel que su amor entrega a las viejas
inmediatamente subirá de grado.
Y también Ovidio viene a confirmarlo                     21445
con una sentencia que no admite dudas,
diciendo que aquel que a vieja se junta
obtendrá sin duda un alto salario:
adquirir podrá una gran riqueza,
si tal mercancía quiere transportar.                     21450
Pero guárdese quien las solicite
de nada decir y de no hacer nada
que diera a entender que busca provecho
cuando les declare su fingido amor,
o incluso en el caso en que les confiese                 21455
que siente por ellas un amor auténtico,

21439   En la *Sátira*, I, 38-39.
21445   En *Ars amandi*, II, 667-68.

puesto que las duras y canosas viejas,
cuya juventud ya quedó muy lejos
(época en la cual fueron aduladas
y con gran frecuencia burladas también,          21460
por lo cual quedaron muy desengañadas)
con más prontitud pueden darse cuenta
de las intenciones falsas y engañosas
que lo que acostumbran a hacer las mocitas,
que no suelen ver jamás el peligro              21465
cuando el burlador las está engañando:
antes bien, se creen que cuanto les dicen
es tan verdadero como el Evangelio,
puesto que hasta entonces han sido muy crédulas.
Pero aquellas viejas cubiertas de arrugas,      21470
muy escarmentadas y muy maliciosas,
saben tantas cosas sobre tales artes,
que de ellas adquieren una enorme ciencia
por su larga edad y por su experiencia.
Y, así, desconfían de esos burladores            21475
que engañarlas quieren con falsas palabras
diciéndoles cosas bellas de escuchar,
cuando por ganar de ellas los favores
tanto las suplican y tanto se humillan
pidiendo clemencia con las manos juntas;         21480
y tanto se inclinan y hasta se arrodillan
y echan tantas lágrimas que todo lo mojan,
simulando incluso la crucifixión
para que se fijen mucho más en ellos;
de esos que prometen engañosamente               21485
cuerpo y corazón, amor y dinero,
y juran mil veces, para ser creídos,
lo santos que son, fueron y serán,
a fin de poder irlas embaucando
con tanta palabra que no es sino viento.         21490
Pues éstos actúan como el cazador
que a las aves caza mediante el engaño,
a las cuales llama con dulces sonidos
cuando alegres vuelan por entre las ramas,
con la pretensión de que, al escucharlos,        21495
vengan a caer en ocultas redes.

Y el ave insensata termina viniendo,
pues no ha comprendido nada del sofisma
que, para atraparla, ha sido empleado
usando sonidos dulces de escuchar,          21500
tal como es el caso con las codornices,
que suelen cazarse con facilidad.
Pues la codorniz, oído el reclamo,
de inmediato acude y viene a caer
derecha en la red que se le ha tendido      21505
sobre el verde prado de hierba abundante.
Mas si es codorniz experimentada,
nunca acudirá por más que lo escuche
por los escarmientos antes recibidos,
dado que ya ha visto otras muchas redes     21510
que pudo evitar sin sufrir más daño,
en las que, en principio, debió haber caído
cuando se acercaba hacia aquellas hierbas.
Así pues, las viejas antes mencionadas,
dado que en un tiempo fueron requeridas      21515
y luego engañadas por quien las sirvió,
cuando aquellas cosas vuelven a escuchar
y vuelven a ver las mismas conductas,
incluso de lejos pueden darse cuenta,
y así es muy difícil que engañadas sean.     21520
Ni aun por los que actúan con sinceridad
y quieran amarlas verdaderamente,
si es que por ventura Amor los cazó:
aunque en tal prisión sientan un gran gozo,
un placer tan grande y tan deleitable        21525
que nada les sea de mayor agrado
que la sola espera de poder gozarlas,
por más que la espera los haga sufrir:
incluso en tal caso, las viejas se temen
que puden ser víctimas de una nueva trampa,  21530
por cuya razón afinan su oído
por si les dijeran verdades o fábulas,
sopesando así muy bien las palabras
por miedo de ser de nuevo engañadas
de la misma forma que lo fueron antes,       21535
cosa que recuerdan muchísimo aún hoy.

Por ello las viejas, todas, consideran
que todos los hombres quieren engañarlas.

En fin, quien pretenda seguir tal camino
y amar de este modo para enriquecerse,                21540
o porque encontrara un placer en él
si es que lo que busca es sólo el delite,
bien lo puede andar, si éste es su deseo,
y que logre en él lo que pretendiera.

En cuanto a vosotros, los que amáis las jóvenes, 21545
por mí no quisiera que os equivocarais
(pues me lo prohibió Amor, mi señor,
cuyos mandamientos son muy agradables).
Por lo cual os digo como cosa cierta
(que en esto me crea quien quiera creerme),      21550
que es muy conveniente intentarlo todo
para así gozar de cuanto se ofrezca,
como suele hacer el buen catador,
que conoce bien todos los bocados
debido a que gusta de todas las carnes           21555
(en olla, en parrilla, rellenas, en pasta,
o fritas, o asadas, con salsas, sin ellas)
que en una cocina vienen a parar,
y sabe aprecir, como rechazar,
lo que está bien hecho y lo que está mal,         21560
ya que las probó de todas las formas.
Es, pues, conveniente que tengáis presente
que aquel que lo malo nunca haya probado
no podrá saber lo bueno apreciar,
como quien no sepa qué cosá es honor              21565
no sabrá jamás qué es eso de infamia;
ni nunca sabrá lo que es el confort
quien de la miseria nada haya sabido,
y por tal motivo no ha de disfrutarlo
si no conoció la necesidad:                        21570
a quien no supiera sufrir los rigores
nunca se debieran dar comodidades.
Debéis conocer las cosas contrarias:
unas en las otras están contenidas,
y el que a una de ellas quiera definir            21575
habrá de tener en cuenta a la otra:

el que no lo hiciera, por más que lo quiera,
no podrá jamás lograr su propósito,
porque quien las dos no tenga presentes,
no podrá saber en qué se distinguen,                    21580
y por tal motivo no conseguirá
definir ninguna de manera válida.

Yo, pues, mis arreos, tal como los tengo,
de serme posible llegar a buen puerto,
quería ponerlos en aquel lugar                          21585
con tal que pudiera acercarme a él.
Así pues, anduve con tal decisión
gracias al bordón en que me apoyaba,
que entre aquellos dos pilares tan bellos,
con gran ligereza y con decisión,                       21590
me pude postrar en muy poco tiempo,
porque deseaba poder adorar
fervorosamente y con devoción
aquel santuario tan maravilloso
sin malicia alguna y sin falsedad.                      01
Allí ya no había la menor barrera                       02
que se mantuviera todavía en pie,                       21595
puesto que a ese fuego nada resistió,
el cual derribó todos los obstáculos,
respetando sólo aquel santuario.
Así pues, alcé levemente el velo
tras el cual estaban aquellas reliquias                 21600
y pude acercarme a la bella imagen
que en el santuario colocada estaba.
Con gran devoción empecé a besarla
y, para explorarla con detenimiento,
pensé en la tronera meter mi bordón                     21605
y la limosnera que colgaba de él.
Yo estaba seguro de meterlo entero,
pero no fue así, por lo que insistí,
y a pesar de todo no lo conseguía:
entrar no podía de ninguna forma                        21610
debido a que había una empalizada
(que sentía bien, pero no veía),
con que la tronera bien se protegía
desde el mismo día que la construyeron,

[621]

pues la rodeaba por todos los sitios                    21615
y le procuraba una gran defensa.
Tuve que emplearme con más energía
e insistir más veces aunque las fallara.
Si me hubieseis visto cómo me esforzaba,
para que encontrarais algo parecido,                    21620
forzoso os sería acordaros de Hércules
cuando pretendía darle muerte a Caco:
golpeó su puerta tres veces con fuerza,
y otras tantas veces falló en el empeño;
tuvo que sentarse tres veces también                    21625
por agotamiento, y recuperarse
del enorme esfuerzo con que se empleaba.
Yo, que, por mi parte, tanto me esforzaba,
me veía ya preso de la angustia
al no conseguir vencer el obstáculo:                     21630
a mi parecer, tan cansado estaba
como el propio Hércules, y bastante más.
Mas di tantos golpes que, a pesar de todo,
pude percibir una estrecha grieta
por donde creí que pasar podía,                          21635
aunque precisaba romper esa cerca.

    Y fue justamente por esa rendija
de acceso difícil, dada su estrechez,
por donde intentaba abrirme camino:
rota ya la cerca con mi buen bordón,                     21640
pude en la tronera por fin penetrar,
pero no del todo, sino sólo en parte.
Mucho me pesaba no entrar por completo,
pero era difícil adentrarse más.
Mas no cejaría por nada en el mundo                      21645
hasta que el bordón no entrase del todo.
Así que, por fin, pude introducirlo.

    Pero con la bolsa no ocurrió lo mismo,
que meter no pude debido a las mazas,
las cuales por fuera quedaron colgando.                  21650
Las dificultades fueron importantes
por la pequeñez de aquel pasadizo,
pero, por estrecho que pudiera ser,
no hubiera dejado jamás de insistir.

Si de su abertura pude darme cuenta,                    21655
nadie había entrado por allí hasta entonces,
sino que fui yo quien pasó el primero,
pues por su estrechez se dejaba ver
que dicho lugar no fue frecuentado.
Mas decir no puedo si tal como yo                       21660
pudieron pasar otros peregrinos.
Sí diré que a mí tanto me agradó,
que pensar así ni se me ocurriera
aunque fuera cosa del todo evidente.
Pues no suele nadie de aquello que ama                  21665
tener duda alguna, aunque lo merezca,
y yo, por mi parte, no tuve ninguna.
Todavía más: convencido estaba
de que por allí nadie había entrado.
Y si penetré por aquel lugar,                           21670
puesto que otra entrada no se me ofrecía,
fue para coger la rosa en su punto.
    En fin, ya sabéis cómo me empleé
hasta que, por fin, la pude lograr.
Y ya conocéis cómo habéis de obrar.                     21675
Pues de esta manera, si os fuera preciso,
en cuanto que llegue la dulce estación,
queridos amigos, momento en el cual
queráis ir también a coger las rosas,
tanto las abiertas como las cerradas,                   21680
podréis acudir con conocimiento
para conseguir lo que os proponéis.
Haced, pues, lo mismo que aquí habéis oído,
si es que no sabéis hacerlo mejor.
Pero si vosotros más cómodamente,                       21685
de mejor manera o más sutilmente
por dicho lugar pudierais pasar
sin tanto cansaros y sin estancaros,
lo debéis hacer como prefiráis
una vez sabidos cuáles son mis métodos,                 21690
puesto que podréis tener la ventaja
de haber conocido cómo me he empleado
sin que yo os cobrara por mis enseñanzas,
por lo cual tenéis que darme las gracias.

Así pues, estando de aquella manera,   21695
me pude acercar tanto a aquel rosal,
que pude a mi antojo alargar mis manos
por entre las ramas y coger la rosa,
mientras me rogaba Buen Recibimiento
que no cometiera desmesura alguna.   21700
Yo le prometí para asegurarlo,
pues me lo pedía insistentemente,
que no entraba en mí hacer otra cosa
que lo que él mandara y que yo quisiera.

El grácil rosal cogí por las ramas,   21705
que eran más delgadas que el mimbre más fino,
y cuando lo tuve al fin en mis manos
delicadamente para no pincharme,
me puse a cortar aquella rosita
evitando al máximo que sufriera daño.   21710
Y para lograrlo, necesariamente
tuve que apartar todas las ramitas
poniendo cuidado para no romperlas,
ya que no quería producir destrozos.
Mas me fue preciso, aunque brevemente,   21715
forzar la corteza de aquel fino tallo,
pues de otra manera sería imposible
el lograr la cosa que más deseaba.

Y a pesar de todo, debo confesarlo,
parte de su grano sí que se cayó   21720
mientras que la rosa estaba agitando.
Eso sucedió porque la toqué
para contemplarla pétalo por pétalo,
puesto que quería bien examinarla
hasta el mismo fondo sin dejarme nada,   21725
cosa que creía que era necesaria.
Así que los granos tanto se mezclaron,
tanto se juntaron unos a los otros
cuando la toqué, que el leve capullo
empezó a extenderse y a hacerse más grande.   21730

En esto tan sólo falté a mi palabra,
pero estoy seguro que por esta acción
nunca ningún mal querrá que me venga
mi tan dulce amigo, que en nada se opuso,
ya que me consiente que haga cuando quiera          21735
las cosas que él sabe que tanto me agradan;
aunque me recuerda siempre el compromiso
diciendo que yo no lo tengo en cuenta,
por cuyo motivo no me porto bien.
Pero no me pone más dificultades                    21740
para que yo cese de seguir cogiendo
el tallo y la rama, la flor y las hojas.
    Cuando a tal estado ya me vi llegado,
cuando pude ver con toda evidencia
que mi aspiración era realidad,                     21745
y para mostrar a mis bienhechores
mi gran lealtad y agradecimiento
como debe hacer todo buen deudor
(ya que les debía tantísimas cosas
cuando por su ayuda podía gozar                     21750
de tanta riqueza, que, a decir verdad,
la misma Riqueza no me superaba)
al dios del Amor y a su madre Venus,
quienes más que nadie me favorecieron,
y después al resto de los de la hueste              21755
(y aquí pido a Dios que sigan viniendo
para socorrer a los amadores),
y besando a todos con mucho cariño
las gracias les di diez veces o veinte.
Pero de Razón no quise acordarme,                   21760
que perdió su tiempo dándome consejos.
En cambio a Riqueza aquí la maldigo,
que sin compasión se portó conmigo
cuando se negó a que entrar pudiera
en aquella senda que ella custodiaba                21765
(mas no se enteró de que yo tomara
alguna otra vía, por la que llegué
adonde me encuentro, y a grandes zancadas).
Y también maldigo a los enemigos
que con tanto afán contra mí actuaron,              21770

y en particular la malvada Celos,
quien, con su sombrero lleno de sospechas,
prohíbe las rosas a los amadores
(¡bonita custodia está haciendo ahora!).
Antes de partir del bello lugar, 21775
en donde me hubiera quedado más tiempo,
pude, pues, coger con gran alegría
la tan bella flor del rosal florido.
Así conseguí la rosa bermeja.
Llegó el día entonces y me desperté. 21780


## AQUÍ SE TERMINA EL ROMAN DE LA ROSA

# ÍNDICE

# PARTE II

Colección Letras Universales

## DE PRÓXIMA APARICIÓN